고통받는 세계

지은이 장궈칭張國慶

중국사회과학원 미국연구소 국제문제전문가다. 『신징바오(新京報)』, 『베이징청년보(北京靑年報)』, 『중국경영보(中國經營報)』에서 칼럼니스트로 활동하고 있으며, '현재 중국을 이끌어나가는 오피니언 리더'로 선정되기도 했다. 미국의 매스컴 및 정책결정의 메커니즘과 강대국들의 관계에 대해 오랫동안 연구하고 수많은 글을 발표한 바 있다. 저서로 『발언권―미국은 왜 세계를 주도하는가』, 『미국 대통령의 지혜』, 『대통령들―미국 성장의 비밀병기』, 『한 사람의 세계―부시를 들여다보다』 등이 있다. 미국 AP통신, 『뉴스위클리』, 『아사히신문』 등 중국 국내외 언론사와 인터뷰하고 CCTV, 피닉스TV, 시나닷컴 등에서 미디어평론가로 활동하고 있다. 복잡한 세상을 또렷하게 들여다보고, 전문적인 문제를 쉽게 풀어내며, 엄숙한 화제를 가볍게 쓰자는 좌우명을 가지고 있다.

옮긴이 허유영

한국외국어대학교 중국어과와 동 대학 통번역대학원 한중과를 졸업했다. 현재 전문번역가로 활동하고 있다. 중국어 학습서 『쉽게 쓰는 중국어 일기장』을 출간했으며, 『10년 후 부의 지도』, 『신해혁명』, 『다 지나간다』, 『디테일의 힘』, 『저우언라이 평전』, 『저탄소의 음모』 등 다수의 책을 우리말로 옮겼다.

고통받는 세계

지은이 장궈칭 | **옮긴이** 허유영 | **처음 찍은날** 2013년 3월 4일 | **처음 펴낸날** 2013년 3월 11일 | **펴낸곳** 이론과실천 | **펴낸이** 김인미 | **등록** 제10-1291호 | **주소** 121-829 서울시 마포구 상수동 323-2 2층 | **전화** 02-714-9800 | **팩시밀리** 02-702-6655

被折騰的世界 : 這十年美國攪動世界的背後
Copyright © Zhang Guo Qing
Korean Translation Copyright © 2013 by Theory and Praxis Publishing Co.
This translation is published by arrangement with Beijing Xiron Books Co., Ltd
through SilkRoad Agency, Seoul, Korea.
All rights reserved.

이 책의 한국어판 저작권은 실크로드 에이전시를 통한
Beijing Xiron Books Co., Ltd와의 독점 계약으로 도서출판 이론과실천에 있습니다.
저작권법에 의해 한국 내에서 보호를 받는 저작물이므로 무단 전재와 무단 복제를 금합니다.

ISBN 978-89-313-6049-3 03300

· 값 20,000원
· 잘못된 책은 바꾸어 드립니다.

고통받는 세계

장궈칭 지음 | 허유영 옮김

이론과실천

차 례

일러두기
- - - - - - - -
본문의 각주는 모두 용어 및 문장에 대한 이해를 돕기 위해 옮긴이가 붙인 것이다.

일본의 선택과 동북아 관계

3·11 일본 대지진이 발생했을 때, 『고통받는 세계』를 집필하고 있던 나는 때마침 일본에 체류하고 있었다. 지진의 직접적인 피해를 입은 것은 아니지만 지진의 참상을 더 가까이에서 보았기 때문에 이 책의 마지막 장에서 일본에 대해 논할 때는 앞부분보다 글의 분위기가 더 어둡다.

예전부터 나는 일본을 비극적인 나라라고 생각했다. 다른 나라에 고통을 주었을 뿐 아니라 일본 스스로도 우울한 정서가 짙게 깔려 있다.

우선 일본은 국가 포지셔닝부터가 비극적이다. 지정학적으로 볼 때 일본은 주변국들과 원만한 관계를 유지하면서 경제대국의 지위를 유지하는 것이 최선이다. 그렇게 했다면 캐나다처럼 살기 좋고 책임감이 강한 나라가 될 수 있었을 것이다. 하지만 일본은 정치대국이자 군사대국을 향한 집착을 버리지 못했다. 일본의 이런 잘못된 포지셔닝을 보며 사람들은 80년 전 한반도와 중국에 대한 그들의 무력 침략을 떠올리고 그들이 또다시 주변 국가들에게 군사적인 도발을 감행하지 않을까 우려한다.

이것은 결코 현명한 선택이 아니다. 일본은 지리적으로든 천연자원으로 보든 지정학적 위치로 보든 다시 군사대국이 될 가능성은 전혀 없다. 스스로 군사적 확장을 감당하기도 힘들 뿐더러 세계적인 군사대국인 미국, 중국, 러시아가 일본을 둘러싸고 있다. 더욱 공교로운 것은 이 세 나라가 모두 일본과 전쟁을 벌인 경험이 있기 때문에 역사적인 은원 관계가 깊이 뿌리내려 있다는 점이다.

일본의 현명하지 못한 선택은 그뿐만 아니다. 그들은 강대국과의 관계를 잘못 설정했다. 중국이 비록 일본과 역사적으로 깊은 은원 관계를 가지고 있기는 하지만 결코 무시할 수 없는 나라다. 1세대 정치인들의 노력에 힘입어 중국과 일본은 1970~80년대에 국교를 회복했으며 중국이 개혁개방을 실시한 후에는 일본 제품이 중국인들에게 좋은 이미지를 얻었다. 게다가 최근 20년 동안 중국이 고도의 경제발전을 이루면서 일본에게도 절호의 기회가 찾아왔다. 일본이 역사 문제를 정확하게 인식하고 중국과의 경제무역 관계를 적극적으로 발전시켰더라면 1985년 플라자합의 이후 발생한 일본 경제의 거품 붕괴와 그로 인해 초래된 잃어버린 20년의 충격을 크게 상쇄시킬 수 있었을 것이다. 고속철도만 해도 베이징-상하이 간 고속철도를 비롯해 중국에서 추진하는 여러 개의 고속철도 사업에서 일본이 참여할 수 있는 기회가 있었다. 그런데 하필이면 그때 야스쿠니 신사 참배, 역사교과서 수정 등 중국인의 반일 감정을 자극하는 일련의 사건이 터지는 바람에 일본은 그 기회를 놓쳐버리고 말았다.

근본적인 원인은 일본이 과거의 잘못에서 진정한 교훈을 얻지 못했기 때문이다. 아직도 중국인을 얕보고 무시하는 인식이 일본인들의 뼛속 깊이 사무쳐 있는 것이다. 중국이 일본 문화의 원류임에도 불구하고 말이다.

　일본과의 문제에 있어서 한국인들의 태도는 매우 존경스럽다. 중국과 마찬가지로 일본으로부터 침략과 유린을 당한 과거를 가진 나라로서 한국인들은 강렬한 민족의식과 놀라운 단결심을 발휘했다. 한국인들은 국산품 애용을 통해 역사적인 잘못을 뉘우치지 않는 일본인들에게 반격했다. 이것은 일본이 독도 문제에 있어서 한국인들을 두려워하는 중요한 원인이기도 하다. 어떤 의미에서 보면 한국인들의 일본산 제품 불매운동은 일본인들에게 경고의 메시지이자 객관적으로는 전쟁 발발을 억제한 것이었다. 일본인들에게 한국인의 단결심을 보여주었기 때문이다.

　아이러니한 것은 일본인들이 그토록 선망하는 미국이 바로 몇 번이나 일본을 배신하고 좌절을 안겨준 나라라는 것이다. 미국은 군사적으로는 일본에 두 개의 원자탄을 투하한 바 있고, 외교적으로는 일본을 제치고 중국과 전격적으로 국교정상화를 이루었으며, 경제적으로는 엔화 평가절상을 유도해 일본 경제를 장장 20년간 침체시켰다. 또 정치적으로도 2005년 일본의 UN 안보리 상임이사국 진출 문제에서 결국에는 지지를 철회함으로써 일본의 노력을 물거품으로 만들었다. 그런데 일본은 바로 그런 나라를 존경하고 동경하고 있는 것이다. 일본의 어리석음을 굳이 더 증명할 필요가 있겠는가?

　요컨대 국가의 포지셔닝과 강대국과의 관계라는 가장 중요한 두 가지 문제에서 잘못된 선택을 한 탓에 일본은 길을 잃고 불리한 위치에 서게 되었고 동북아에 불안을 가중시켰다. 일본에서 중일 관계와 한일 관계를 중시하는 몇 안 되는 정치인 중 하나인 하토야마 총리가 미국에게 미운털이 박혀 낙마한 것은 참으로 유감스러운 일이다. 그가 내놓은 동아시아 경제공동체 구상도 그의 사임과 함께 흐지부지되고 말았다. 21세기 일본의 가장 큰 실수는 바로 중국이 주도하는 동아시아의 발전이라는 성장 기차에 올라타지 못한 것이다. 한 술 더 떠서 중국과 전쟁이라도 벌이게 되면 일본 경제는 완전히 붕괴될 가능성도 배제할 수 없다.

잘못에서 교훈을 얻지 못하는 사람은 똑같은 실수를 반복할 수 있다. 또한 상황을 정확하게 판단하지 못하는 사람은 기회를 잃고 위험을 감수해야 한다.

『고통받는 세계』는 미국이 세계를 등 뒤에서 쥐고 흔든 과거 10년간의 이야기를 담은 책이다. 그런데 사실 동북아에서는 일본이 100년 넘게 이 지역에 가장 큰 불안 요인을 제공했다. 하지만 한국, 중국, 러시아가 성장하고 발전한 덕분에 일본이 일으키는 불안 요인들도 이제는 점점 큰 위협이 되지 못하고 있다.

한국어판 서문을 쓰는 동안 박근혜 여사가 한국 대통령으로 당선되었다. 박근혜 대통령 당선자에게 진심으로 축하를 전한다. 특히 그분께서 주한 중국 대사를 접견하고 중국에 특사를 파견하는 등 중국과의 관계를 중요하게 인식하고 있음을 매우 반갑게 생각한다. 한중 관계가 한일 관계를 넘어서 한국의 가장 중요한 외교 관계로 자리 잡을 것임을 기대한다. 이는 매우 현명하고 정확한 선택이다.

이스라엘이 최근 중국에게 계속 손짓을 보내고 있음을 주목해야 한다. 중국이 유태인 난민들을 세 차례나 기꺼이 받아들여준 것에 대한 고마움도 작용했겠지만, 그보다 더 큰 이유는 영리한 이스라엘인들이 중국이 21세기에 발전 가능성이 가장 큰 나라임을 알아보았다는 것이다.

한국과 이스라엘의 이런 지혜를 일본인들도 본받기를 진심으로 소망한다.

나는 세계의 판도를 이렇게 본다

과거 10년간 세계는 혹독한 몸살을 앓았다.

미국의 9·11 테러와 일본의 3·11 대지진이라는 사상 초유의 사건을 통해 두 경제대국이 겪은 충격은 세계 경제의 판도를 바꾸어놓았을 뿐 아니라 정치 환경까지도 변화시켰다.

3·11 대지진의 장기적인 영향에 대해서는 아직 정확한 평가를 내리기 힘들지만 9·11 테러는 '판도라의 상자'를 연 중대한 사건이었음을 누구도 부인할 수 없다. 그 사건은 역사상 가장 미숙한 전쟁인 아프가니스탄 전쟁을 촉발시키고 '그럴지도 모른다'는 가정 하에 일어난 이라크 전쟁의 빌미가 되었으며, 푸틴처럼 개인적인 매력이 철철 넘치는 지도자를 탄생시키기도 하고, 역사상 가장 논란이 많은 미국 대통령 부시 주니어가 활약할 무대를 마련해주기도 했다. 하지만 빈 라덴 사살이라는 전쟁의 목적을 달성했음에도 반테러 전쟁이 한 고비를 넘긴 것은 아니었다. 그 사이에 몇 차례 폭등한 국제유가와 가장 많은 대화를 나누고도 실제 행동으로 옮겨진 것은 거의 없는 기후 문제 등이 끊이지 않고 사람들을

괴롭혔다. 설상가상으로 일본 원전의 방사능 유출은 원자력발전의 미래에 먹구름을 드리웠으며, 그 와중에 2011년 초 북아프리카와 중동에서 발생한 재스민 혁명과 '제2의 판도라 상자'라고 불리는 리비아 전쟁이 사람들의 고통을 더욱 가중시켰다.

정신없이 밀어닥치는 혼란과 전쟁, 재앙 속에서 사람들은 이 세상이 도대체 어떻게 돌아가고 어떻게 변화하고 있는 것인지 불안감을 떨칠 수가 없다.

세계의 판도를 재편한 9·11 테러

Ⅲ

21세기의 첫 10년 동안 세계의 판도를 바꿔놓은 두 차례 위기가 발생했다. 하나는 9·11 테러고 다른 하나는 월가에서 촉발된 글로벌 금융위기다. 이 두 건의 위기는 모두 미국을 '시발점'으로 하고 있으며 공교롭게도 모두 부시 대통령 재임 기간에 발생했다는 공통점이 있다. 또한 이 두 사건은 미국의 발전에 타격을 입히고도 모자라 전 세계적으로 거대한 파급 효과를 일으켰다.

희대의 비극으로 기록된 9·11 테러는 사람들에게 침통한 기억을 남겼을 뿐 아니라 시대에 한 획을 긋는 중대한 전환점이 되었다.

2004년 9·11 테러조사위원회가 발표한 최종 보고서에 따르면, 테러가 발생하기 전 약 10년간 미국은 미국 본토, 특히 국경의 안보 문제에 큰 관심을 두지 않았다. 하지만 9·11 테러 이후 미국인들의 안보 인식이 철저히 바뀌었다. 이 점은 까다롭고 엄격한 애국자법USA Patriot Act의 통과를 미국인들이 큰 거부감 없이 받아들인 것만 보아도 알 수 있다.

안보에 대한 우려는 북한 핵문제와 이란 핵문제가 대두되면서 더욱 확산되었고, 급기야 미국의 국가안보전략에서 **반테러와 대량살상무기 확산 방지**가 중심으로 떠올랐다. 그 후 10년 동안 미국은 외교와 군사 분야의 모든 역량을 이 두 가지 중점 과제에만 집중시켰으며 논란거리만 양산해낸 이라크 전쟁을 끝내지 않고 계속 질질 끌었다. 이런 전략적 분쟁 유발은 오바마 정부가 리비아 내전에 대해 보여준 모호하고 어중간한 태도에서도 잘 드러난다.

9·11 테러 이후 고조된 안보에 대한 우려는 예상치 못한 부작용을 낳았다. 영국 학자 리사 자딘Lisa Jardine의 말처럼 '반테러 전쟁'은 서방 국가들을 무력충돌의 소용돌이 속으로 밀어 넣었으며 점차 서방 국가 국민들과는 아무런 관련도 없는 별개의 것들로 변질되었다. 충돌은 수많은 사상자를 낳았지만 그 충돌의 원인은 점점 모호해졌다. 상황은 미국과 영국 정부의 예상과 다른 방향으로 전개되었다. 부시 정부는 이라크에서 난관에 부딪친 후 행정 능력이 크게 약화되었으며 경제위기 방어와 국내 문제 해결에 집중할 수 없었다. 부시 정부가 서브프라임 위기에 뒤늦게 대처에 나서고 그 대처방법들이 별다른 효과를 내지 못한 것도 그 때문이다.

서브프라임 위기가 확산되고 금융위기가 촉발되자 안보에 대한 우려가 더욱 고조되었다. 가뜩이나 불확실성과 복잡한 지정학적 위기가 도사리고 있던 세계에 월가에서 시작된 금융 쓰나미가 불어닥쳐 미국인들의 경제적 자신감을 크게 꺾어놓고 전 세계에 '검은 눈보라'를 일으켰다. '검은 눈보라'에 뒤덮인 세계는 춥고 어두워 한 치 앞도 분간할 수 없었다. 금융 쓰나미의 여파로 아이슬란드의 국가 파산, 두바이의 위기, 그리스 등 유럽 국가의 재정위기 등이 연달아 발생하면서 세계인들은 이루 말할 수 없는 물리적 고통과 정신적인 부담을 맛보아야 했다.

9·11 테러 이후에 나타난 안보 불안감이 특정 지역에 국한되어 간헐적으로 나타났다고 한다면, 2008년의 금융 쓰나미가 가져온 충격파는 지역을 막론하고 전 세계에 걸쳐 광범위하게 확산되었다. 빈국이든 부국이든 충격을 피할 수 없었고 금융, 부동산을 비롯해 산업 전반이 침체되었으며 금융경제와 실물경제가 동반 추락해 주식과 부동산에 투자한 이들이 너 나 할 것 없이 심각한 손실을 입었다. 불투명한 미래와 글로벌화라는 거시적인 배경이 연쇄효과를 일으켜 사람들의 심리적 부담은 나날이 가중되었고 수많은 사람들이 기본적인 생계조차 위협받는 지경에 이르렀다. 2011년 북아프리카와 중동에서 일어난 대규모 시위와 혼란도 모두 이런 배경과 무관하지 않다.

객관적으로 볼 때 미국에서 발생한 이 두 차례 위기는 세 가지 결과를 낳는데 그중 하나가 바로 강대국들 간의 관계 변화다. 9·11 테러는 미국과 중국, 미국과 러시아의 관계를 크게 변화시켜 강대국 간의 관계에 훈풍을 불어넣었다. 그 후 이라크 전쟁과 기타 무력충돌로 인해 미러 관계가 급격히 냉각되고 미국과 유럽의 관계에도 금이 가기는 했지만 오늘날 국제사회의 중요한 한 축으로 떠오르고 있는 미중 관계만큼은 완전히 새로운 국면을 맞이하게 되었다. 2010년에는 미중 양국 사이에 한때 냉랭한 기운이 흐르기도 했지만 어쨌든 미중 관계가 차근차근 발전하고 있는 것만은 분명한 사실이다.

이는 미중 두 나라가 세 가지 이해관계로 얽혀 있기 때문이다. 우선 미국은 이미 중국의 급부상이라는 현실을 인정했으며 중국과 적대 관계가 된다면 두 나라 모두 처참한 손실을 입는다는 사실을 잘 알고 있다. 또한 미국이 추진하고 있는 수많은 국제 문제들을 성사시키기 위해서는 중국의 이해와 지지가 필수적이며 중국과 반목할 경우 미국이 치러야 할 대가가 너무 크다. 마지막으로 미중 양국이 이미 너무도 많은 분야에서 상대를 필요로 하고 있기 때문에 맞물려 돌아가고 있는 톱니바퀴 중 하나만 어긋나도 나라 전체에 심각한 악영향을 미칠 수 있다. 이렇게 **거대한 이익공동체**를 와해시킬 수 있는 정치세력은 아직 이 세상에 없다.

하지만 금융위기는 강대국의 관계를 재정립하는 순기능을 발휘하기도 했다. 미국이든 러시아든 모두 큰 타격을 입고 국내의 혼란을 해결하는 일에 급급해 대외적인 갈등을 심화시킬 겨를이 없었으며 그 덕분에 미러 관계에 표면적인 갈등이 줄어들었다. 또 한편으로는 이 세계적인 위기를 해결하기 위해서는 강대국 간의 협력이 필수적이었다. 경제위기가 닥치자 미국은 과거의 오만함을 버리고 자세를 낮추어 경제 회복에 도움이 될 수 있는 모든 외부의 힘을 기꺼이 받아들였다.

2005년 부시 대통령이 베이징北京을 방문했을 때 자전거 하이킹을 즐긴 것을 두고 미중 관계를 '**자전거 모델**'에 비유한 사람들도 있었다. 적당한 속도로 오랫동안 자전거를 타기 위해서는 정확한 자세를 유지해야 한다. 정확한 자세란 신체 각 부위가 적절한 조화를 이루도록 균형을 잡고 전방을 주시하는 것이다. 이와 마찬가지로 양자 간 관계가 건전하게 유지되기 위해서는 적절한 시기에 효과적인 협조가 이루어져야 하며 미래를 내다보는 원대한 안목도 필요하다.

조금 더 깊이 들어가보면 이 금융위기도 9·11 테러와 마찬가지로 상호 의존의 필요성이 강화된 현재의 세계에서는 평등의식과 적극적인 글로벌 협조가 인류 전체를 행복하게 한다는 사실을 일깨워주는 중요한 계기가 되었다. 또한 미국과 유럽이 차례로 심각한 어려움에 봉착하자 중국을 비롯한 신흥시장국가들이 어떤 역할을 담당해야 할 것인지가 세계적인 관심사가 되었다. 2011년 4월 BRICs(브릭스)[1] 국가들의 정상회담에 세계인의 이목이 집중된 것도 그 때문이다.

이와 관련해 서양의 소비문화와 복지사회 개념, 금융감독시스템을 되돌아보고 반성하려는 움직임이 나타나기 시작했다. 현실적인 관점에서 볼 때 이런 성찰은 각국의 경기 회복에 긍정적으로 작용할 것이며, 장기적으로는 사람들의 생활방식과 가치관을 변화시키고 세계의 '정신적인 지도'를 다시 그리게 될 것이다.

평화를 지탱하는 세 개의 축

|||

과거 10년간 우리가 접했던 국제뉴스들 가운데 상당 부분은 재난에 관한 것이었다. 자연재해, 환경보호, 반테러 전쟁, 다국적 범죄, 에이즈 예방 및 퇴치, 인도주의의 위기 등등 수많은 재난이 우리의 생활을 혼란에 빠뜨리고 정신적인 고통을 가중시켰다. 그런데 이 세상 곳곳에 위기가 도사리고 있지만, 또 한편으로는 균형을 되찾을 수 있는 기회도 무궁무진하게 많다.

사실 과거 10여 년 동안, 특히 구소련이 해체된 후 경제글로벌화가 진행되면서 세계는 줄곧 새로운 균형을 모색해왔다. 단지 9·11 테러 이후 반테러 전쟁을 치르고 여러 가지 복잡한 지정학적 위기가 출현하면서 균형을 바라는 열망이 더 강렬해졌을 뿐이다. 지역을 기반으로 한 조직

---

1 2000년대를 전후해 빠른 경제성장을 거듭하고 있는 신흥국가를 일컫는 경제용어다. 2003년 미국의 증권회사인 골드만삭스의 보고서에서 처음 등장했으며, 브라질(Brazil), 러시아(Russia), 인도(India), 중국(China) 등 4국의 영문 머리글자를 딴 것이다. 2010년에 남아프리카공화국(South Africa)이 공식 회원국으로 가입하면서 기존의 'BRICs' 4개국에서 'BRICS' 5개국으로 확대되었다. 공통적으로 거대한 영토와 인구, 풍부한 지하자원 등 성장잠재력을 갖추고 있다.

이 잇따라 탄생하고 국제사회에서 부시의 일방주의 외교에 대한 반감이 나타난 것이 모두 사람들의 이런 열망이 표출된 결과다.

여러 번의 위기를 직접 목도한 사람들은 **강대국들의 힘이 상대적으로 균형을 이루어야만** 위기를 방지하고 통제할 수 있음을 깨달았다. EU(유럽연합)가 내부의 힘을 통합하기 위해 저토록 애쓰는 것도 국제사회에서 더 강한 영향력을 발휘하기 위함이다. 러시아 정부와 국민들이 단합해 '부흥'을 꾀하고 중국도 WTO(세계무역기구)에 가입한 후 세계의 관심을 한 몸에 받으며 빠르게 성장했고 신흥경제세력을 대표하는 BRICs 국가들이 활기차게 발전했다.

국제사회가 차츰 균형을 찾아가면서 앞으로는 국제적인 협의가 더욱 강화되고 개별 국가가 함부로 무력을 사용해 문제를 해결하는 것이 불가능해졌다. 이제 무력만으로 모든 문제를 해결하는 것은 사람들이 원치 않을 뿐 아니라 결코 성사될 수 없는 불가능한 일이기도 하다. 미국 학자들도 군사력만으로 세계의 안정을 유지시키는 것은 불가능하다는 사실을 인정하고 있다. 이 세계는 복잡하게 얽히고설킨 각종 법률에 의해 제약을 받고 있으며 다양한 위기가 도사리고 있기 때문이다. 리비아 전쟁 당시 미국이 섣불리 지상전에 개입하지 못한 것도 바로 그 때문이다. 오바마 정부는 이라크 전쟁의 전철을 밟지 않기 위해 최대한 신중을 기하지 않을 수 없었다.

현재 세계의 판도는 세계적인 패권을 쥔 슈퍼 강대국과 여러 개의 지역 패권국들이 주류를 형성하고 있으며, 국제적인 사안의 해결 여부는 그 나라들의 협력에 의해 좌우된다. 이 나라들이 긴밀히 협력하기 위해서는 강대국 간의 적극적인 협상과 다른 나라들의 더욱 적극적이고 능동적인 참여가 필요하다. 어떤 민족이든 국민이든 문화든 모두 세계의 미래를 위해 그 무엇으로도 대신할 수 없는 중요한 역할을 수행하고 있다. 오늘날에는 이 사실이 과거 그 어느 때보다도 더 중요해졌다.

이 밖에도 현재 세계는 경제글로벌화라는 배경 속에서 **세계 각국이 공동으로 누리는 경제적 이익의 균형**을 모색하고 있다. 글로벌화는 인간의 창의력을 자극하는 원동력이자 부를 창출하는 원천으로써 세계에 거대한 활력을 불어넣고 있다. 하지만 글로벌화 역시 오늘날 세계에 존재하는 두 가지 거스를 수 없는 법칙, 즉 긴급 원조와 상호 의존이라는 법칙을 준수해야만 한다. 부유한 국가의 국민들이 아무리 많은 자원을 점유하고 아무리 강한 발언권을 가지고 있다 해도 가장 도움을 필요로 하는 이들, 즉 가장 빈곤하고 취약한 사람들을 완전히 외면하고 무시할 수는 없다. 그들을 돕는 것은 도의적인 책임일 뿐 아니라 평화와 안전을 수호하기 위해 필요한 의무이기도 하다.

강한 발언권을 가졌다면 그에 상응하는 책임의식도 뒤따라야 한다는 사실이 현실에서 이미 여러 번 증명되었다. 몇몇 강대국 지도자들은 반미주의나 기타 어떤 논쟁거리를 원망하고 비난하기 보다는 남들을 위해, 환경을 위해, 그리고 세계를 위해 무엇을 했는지 스스로 뒤돌아보아야 할 것이다.

2001년 카타르 도하에서 열린 WTO 각료회의가 결렬된 것도 부국과 빈국이 상호 이해와 공동의 이익에 입각해 화합하고 조화를 이루어야 한다는 사실을 더 강하게 확인시켜준 사례다. 도미니크 드 빌팽 Dominique de Villepin 전 프랑스 국무총리도 "빈곤계층이 사회적 공평성을 누릴 수 있다는 희망을 상실한다면 우리가 아무리 노력한들 아무 결과도 얻지 못하거나 노력의 성과가 오래가지 못할 것이다. 우리가 하는 일들이 각국 국민들의 이해를 얻지 못할 것이며 각 지역 간에 틈이 벌어지고 그 거리가 점점 멀어질 것이기 때문이다"라고 말했다.

다시 말해, 앞으로 우리는 이 모든 책임을 어떻게 공동으로 짊어질 것인가 하는 거대한 과제를 해결해야 한다. 이 쉽지 않은 과제를 해결하기 위해서는 각 나라와 문명체 사이에 더 깊은 이해와 소통이 이루어져야 한다.

그런데 근본적으로 보면 서로 다른 문명 간의 이해와 소통, 그리고 이 과정에서 생성되는 상호 이익에 대한 존중과 인정이야말로 더욱 중요한 균형이다. 이것이 바로 힘의 균형이나 이익의 균형과 밀접하게 관계된 **심리적 균형**이다. 과거 몇 년간 중동 등지에서 발생한 비극적인 사건들은 이 세 가지 균형이 파괴될 경우 상상을 초월하는 결과가 나타난다는 사실을 확인시켜주었다.

미국과 이스라엘은 기회가 있을 때마다 헤즈볼라Hezbollah,[2] 하마스HAMAS[3] 등과 테러리즘을 연관시키려 하지만 많은 학자와 정치인들은 중동의 충돌이 본질적으로 테러리즘의 문제가 아니라 영토 분쟁이라고 지적하고 있다. 화해를 이루기 위해서는 양측이 모두 양보하고 상대방의 이익과 심리적 요구를 이해하고 배려해야 한다. 폭력과 테러리즘은 빈곤과 절망, 굴욕감과 소외감 속에서 싹튼다는 사실을 알아야 한다.

현재 이스라엘은 미국의 지원 속에서 중동의 가장 막강한 군사대국으로 굳건히 자리 잡았다. 이스라엘은 중동에서 유일하게 핵무기를 보유한 나라이기도 하다. 이스라엘은 강자의 입장에서 한 발짝 물러나 양보하고 참고 자제하는 모습을 보여주어야 한다. 사실 이스라엘인이든 아

---

2 레바논의 이슬람교 시아파 교전단체로, 정당의 역할도 수행한다.
3 이스라엘에 대한 테러를 주도하고 있는 팔레스타인의 대표적인 무장단체에서 시작해 현재 팔레스타인 자치정부의 집권당으로 가자 지구를 통치하고 있다.

랍인이든 평화 추구라는 궁극적인 목표 앞에서는 승자도 패자도 없다. 양측 모두 '눈에는 눈, 이에는 이'라는 생각을 버리지 않는다면 번영은 영원히 찾아오지 않을 것이다.

타인의 문화를 이해하고 타국이 필요로 하는 것이 무엇인지 아는 것은 평화와 공존의 환경을 구축하기 위해 반드시 필요한 요건이다. 이에 대해 세계윤리재단의 이사장 한스 큉Hans Kung 신부는 "서방은 정말로 이슬람 국가와 진지하게 대화를 나눌 생각이 있는가? 서방이 이 같은 화약통을 만들지 않았다면 민중의 분노가 남에게 이용당하지도 않았을 것이다. 작은 불씨 하나만 있어도 이 화약통이 터져 이슬람 세계 전체에 축적된 실망과 분노가 폭발할 수 있다"라고 말했다.

한스 큉은 평등, 자유 등 공통의 가치관과 민주, 인권 등 '위대한 성과'를 강요하는 이들에게 먼저 인도주의와 생명 존중, 일치단결, 진실함과 정직함, 윤리체계 등을 통해 사람들에게 활력을 불어넣고 우선적으로 대화를 통해 전쟁을 막아야 한다고 역설했다.

우리가 타인을 존중하고 그들의 문화를 인정하고 그들이 평화와 번영을 누리기 위해 필요한 것이 무엇인지 알아야만 민족과 문화의 장벽을 넘어 진정으로 교류하고, 더 나아가 인류 전체가 원하는 평화를 구축할 수 있다. 이 점에 있어서 남아공이 매우 훌륭한 본보기가 될 수 있을 것이다.

바람을 거슬러 모래를 일으키면 결국에는 서로의 오해만을 낳을 뿐이다. 바람의 방향에 순응해 배를 밀어야만 멀리 순항할 수 있다.

세계를 고통스럽게 한 미국의 마음

‖‖

"우리는 세계를 통치할 괴물을 길러냈다."

미국 시인 스티븐 빈센트 베네Stephen Vincent Benét는 자신의 시에서 미국과 미국인들이 가진 거대한 산업생산력을 칭송하고 미국의 힘을 노래했다. 미국인들에게 힘이란 곧 능력이요 매력이다. 힘이 있어야 자신의 이익을 보호하고 미래를 창조할 수 있으며 사람들의 관심을 끌 수 있다. 하지만 조금 더 깊이 들어가보면 미국은 힘을 숭배하는 신념 때문에 광활한 바다를 누비고 다니며 국제적인 사안마다 자국의 영향력을 발휘하고 책임지려 하는 것이다.

케네디는 "다른 국가들은 오로지 자국의 이익에만 관심을 쏟는다. 의무를 지닌 나라는 미국뿐이다. 이 의무는 태평양 너머 1만 마일, 대서양 너머 3000~4000마일까지, 또 남쪽으로 수천 마일 밖까지 뻗어나간다. 세계 전체 인구의 6퍼센트밖에 되지 않는 이 미국만이 이런 책임을 짊어질 수 있다"고 말했다. 반세기 전 케네디의 이 한 마디가 과거 10년 동안 미국이 전 세계를 누비며 분란을 일으킨 모든 행동들을 설명해주고 있다.

2006년 3월, 부시 대통령이 임기 중 두 번째로 발표한 미국의 국가안보전략National Security Strategy을 보면 미국의 이런 대국주의가 점점 외부로 확장되었음을 분명히 알 수 있다. 2002년에 발표한 국가안보전략과 마찬가지로 이 보고서에서도 미국이 세계 최강국으로서의 지위와 안보를 유지해야 하며, **미국이 세계에서 절대적인 우위를 유지하는 것**이 부시 정부가 굳건하게 추구하는 목표이자 이상임을 확실하게 천명하고 있다. 이 점을 분명히 인식한다면 미국이 가지고 있는 핵심 논리들을 쉽게 이해할 수 있을 것이다.

첫째, 미국을 위협할 가능성이 있거나 미국에 대해 공공연하게 도전하는 세력을 제거한다. 그중 하나가 테러리즘이고 다른 하나는 이란이다. 과거에는 사담 후세인 정권도 그중 하나였다. 미국은 자국의 힘을 보호하기 위해서라면 가능한 모든 수단과 방법을 동원해 한 곳에 집중적으로 투입한다. 적어도 그들의 대외정책에서 이러한 성향이 확실하게 드러난다. 부시 정부의 대외정책이 미국 국내에서 한때 열렬히 지지 받았던 원인도 그런 성향 때문이다.

둘째, 미국이 바라는 세계의 민주화를 실현시키는 과정에 대해 미국 국가안전보장회의NSC 보좌관을 지낸 스티븐 해들리Stephen Hadley는 "효과적인 민주제도의 시행이야말로 각국 정부가 자국민의 자유와 번영, 안전을 보장할 수 있는 최적의 방법이다"라고 말한 바 있다. 미국은 자신들이 보기에 '민주화가 부족한' 국가에서 미국의 개입으로 인해 '색깔혁명'[4]이 더 많이 발생한다 해도 크게 개의치 않는다. 사실 그중 일부 국가의 경우 '부족한 것'은 민주화가 아니라 미국과 더 우호적인 관계라고 하는 편이 더 정확하다.

셋째, 전략의 갈림길에 놓인 국가들이 미국이 원하는 방향을 선택하도록 유도한다. 이 점은 미국이 발표한 「4개년 국방검토보고서Quadrennial Defense Review Report」에서도 특별히 언급된 바 있다. 현재 중국, 인도, 러시아가 바로 전략의 갈림길에 놓인 국가에 해당한다.

중국 문제에 있어서 미국은 '중국이 세계적인 경제강국으로 도약할

---

4 동유럽과 중앙아시아에서 공산주의가 붕괴되면서 일어난 사회저항운동에서 시작된 말로 부패하거나 독재적인 정부에 반기를 들고 민주주의를 요구하는 운동이다. 특별한 색이나 꽃으로 상징되는 경우가 많다.

수 있도록 지지하고 지정학적인 분야에서 중국이 국제사회의 건설적인 동반자로서 충실히 역할을 해주기를 바란다.' 인도에 대해서는 미국과 인도가 국가의 이익이라는 관점에서 광범위한 교집합을 가지고 있다고 여기기 때문에 인도와 전략적 동반자 관계를 맺고 싶어 한다. 또한 러시아에 대해서는 '러시아가 민주제도와 대의제를 잘 운용하고 독재주의로 흐르지 않으면서 어느 정도의 투명성을 유지해주기를' 바란다.

미국이 중국과 인도, 러시아를 이토록 중요하게 생각하는 것은 그것이 자국의 전략적 이익에 부합하기 때문이기도 하지만, 미국의 미묘한 대국 정서가 섞여 있음을 부인할 수 없다. 미국은 유구한 역사를 지닌 이 세 나라가 앞으로 세계 무대에서 중요한 역할을 수행하게 될 것이며, 그들이 미국의 절대적인 지위에 도전하고 위협을 가할 수 있음을 우려하고 있기 때문이다.

국제사회에서 강대국이 되기 위해서는 그에 적합한 조건과 자질을 갖추고 있어야 하는데, 현재 지구상에서 강대국이 될 수 있는 태생적인 조건을 갖춘 나라는 미국과 중국, 러시아 단 세 나라뿐이다.

현실적으로 볼 때, 미국은 중국과 러시아의 도약은 막을 수 없는 대세이기 때문에 현실을 받아들여야 한다고 생각하고 있다. 따라서 미국은 '전략적 갈림길에 서 있는 국가'들이 최소한 미국의 이익을 해치지 않는 선택을 하도록 유도하는 것을 최선의 전략으로 삼았다.

미국의 국가안보전략 보고서에서 가장 빈번하고 명확하게 등장하는 단어가 바로 이익이다. 에너지 안보, 보호무역, 핵확산 방지 등이 모두 '이익'과 관계되어 있다.

이에 대해 '20세기의 토크빌Tocqueville'이라고 불리는 영국 정치학자 데니스 브로건Denis Brogan은 "미국인들에게 전쟁은 예술이 아니라 거래일 뿐이다. 그들은 도의적인 승리에는 전혀 관심이 없다.……**미국은 어마어마하게 큰 기업이며** 주주들 모두 기업이 적자를 내지 않기를 바라고 있다. 그들의 역사를 살펴보아도 이런 희망과 기대는 확실한 근거를 가지고 있다"고 말했다.

미국이 '어마어마하게 큰 기업'이라면 대외적으로 효율을 중시할 수밖에 없다. 협력하든 배신하든, 부드러운 미소로 대하든 날카로운 칼을 들이대든 '주주들'은 모든 것을 이해할 수 있다. 하지만 대내적으로는 인간중심적인 관리를 강조하고 유연하고 관용적으로 법규를 운용하며 모두가 상의하고 대화해서 일을 처리한다. 모두의 이익이 걸린 문제이기 때문이다. 언론이나 정치인, 논객 등은 모두 훌륭한 '윤활유'의 역할을 하며 각자의 자리에서 맡은 일을 충실히 수행하고 있다.

미국인들은 내재된 힘을 하나로 모아야만 대외적인 발전을 탄탄하게 뒷받침할 수 있으며, 대외적인 발전과 이익이 다시 내부의 응집력과 '저력'을 증강시킨다는 사실을 잘 알고 있다. 미국의 입장에서는 이런 선순환이 이루어져야만 장기적인 번영을 실현할 수 있다.

그런 점에서 미국의 대국 정서가 얼마나 이중적인지 잘 알 수 있다. 미국이 '안팎'에서 보여주는 행동이 확연하게 다르다는 사실과 그 둘 사이의 상호작용을 이해해야만 국제적인 사안에서 미국이 보여주는 행동을 정확하게 파악하고 그들의 국가안보전략 이면에 숨겨진 심오한 뜻을 들여다볼 수 있다.

국가 간의 갈등과 충돌, 압박과 피압박은 모두 자국의 이익을 위한 것이다. 단지 대부분의 경우 이익을 화려하게 포장하거나 따뜻한 온정이라는 망토를 덮어 그 안을 쉽게 들여다볼 수 없을 뿐이다.

1945년, 평화가 전쟁을 얻다

|||

칼 빌트Carl Bildt 전 스웨덴 총리는 "우리 부모 세대들은 미국인이든 유럽인이든 모두 1945년을 잊지 못할 것이다"라고 말했다.

그해에 히틀러가 지하벙커에서 사망했다. 그는 죽기 전 이미 수많은 사람들을 죽음을 내몰았으며 유럽 대륙을 폐허로 만들고 수없이 많은 이들의 영혼에 깊은 상처를 남겼다. 그리고 같은 해 세계에 평화를 향한 희망이 다시 싹텄다. 세상은 온통 황폐해졌지만 적어도 사람들은 나치의 악몽에서 벗어났다고 확신했다. 평화의 서광이 유럽과 전 세계를 비추는 듯했다.

1929년 당시 프랑스 외무상이었던 아리스티드 브리앙Aristide Briand이 전 총리 겸 외무상 에두아르 에리오Edouard Herriot의 전폭적인 지원을 받아 '유럽연방' 수립을 제안하고 그 이듬해 유럽 각국에 유럽연방안 양해각서를 제출했다. 이 제안이 다른 유럽 국가들의 호응을 얻지는 못했지만, 20세기 들어 처음으로 정식 제출된 평화연방안이라는 점에서 큰 의의를 가진다. 그 후 유럽은 전쟁의 비참함을 뼈저리게 경험한 후 1945년이 되어서야 마침내 유럽 통일에 대한 구상을 구체화시키기 시작했다.

비록 처칠이 1945년 7월 대선 패배로 정치계를 떠나기는 했지만 '**유럽을 하나로 통합하자**'는 그의 주장은 유럽의 미래를 바꾸어놓았다.

1947년 5월 한 연설에서 누군가 처칠에게 "당신이 수립하려는 통일된 유럽의 정치 및 지리적 경계선은 어디까지입니까? 어떤 나라를 포함시키고 어떤 나라를 배제시킬 것입니까?"라고 물었다. '유럽 통합'을 주장한 노련한 정치가 처칠은 이 질문에 대해 아주 개방적인 태도로 대답했다. "우리의 임무이자 바람은 경계선을 긋는 것이 아니라 경계선을 없애는 것입니다. 우리의 목적은 유럽의 모든 국가를 단결시키는 것입니다. 영토가 유럽 안에 속하고 그 국민들이 기본적인 인권과 자유를 누리고 있기만 하면 어떤 나라도 배제시키지 않을 것입니다. 우리 유럽의 민주적인 문명은 기본 인권과 자유 위에서 수립된 것입니다.”

유럽인들이 제2차 세계대전의 패전국 독일과 이탈리아에 대해 제1차 세계대전 때와는 완전히 다른 태도와 정책을 취한 것도 바로 이런 인식이 바탕에 깔려 있었기 때문이다. 유럽인들은 독일과 이탈리아까지 모두 포함시켜야만 유럽을 단결시키고 새로운 유럽으로 거듭날 수 있다고 생각했다.

유럽인들에게 있어서 1945년 5월 9일은 유럽에서 세계대전이 끝난 기념비적인 날이다. 1870년부터 1945년까지 두 차례 세계대전을 포함한 세 번의 대규모 전쟁을 겪으면서 유럽은 사분오열되어 있었다. 하지만 오늘날 유럽에서는 과거 적국이었던 나라들이 평화롭게 공생하고 있다. “독일인들은 빈곤과 위험의 근원이 아니며 자국을 위해, 그리고 유럽 대륙 전체를 위해 번영을 회복하게 될 것이다”라고 했던 처칠의 예언이 실현된 것이다.

더욱 설득력 있고 상징적인 의미를 갖는 것은 제2차 세계대전이 끝나고 유럽석탄철강공동체European Coal and Steel Community가 창설된 후 오늘날의 EU로 발전하기까지 과거 철천지원수였던 프랑스와 독일이 세계 역사상 유례를 찾을 수 없을 만큼 긴밀한 협력 관계를 보여주었다는 점이다. 이 두 나라는 탄탄한 상호 신뢰 관계를 구축해 다른 강대국들이 부러워하는 본보기가 되었을 뿐 아니라 EU의 창설과 확대를 함께 추진했다. 특히 시라크 프랑스 대통령과 슈뢰더 독일 총리 재임 당시에 양국 간 협력이 최고의 전성기를 누렸다.

공동의 목표와 민족의 이익을 긴밀히 연계시키고 어제의 적을 오늘의 벗으로 받아들이는 관용을 베풀었으며 성의 있는 사과와 철저한 전후 청산이 이루어졌다. 이 모든 것이 과거 60여 년 동안 거의 완벽하게 실현되었으며, 이로써 유럽은 세계에서 가장 안정적인 대륙으로서 한때 서로 적대 관계에 있던 다른 나라들에게 좋은 모범이 되었다. 폭풍우가 지나간 후 무지개가 뜬 것처럼 한층 돈독해진 프랑스와 독일의 관계는 많은 국가들의 부러움을 샀다. 중유럽 국가와 터키 등이 유럽의 대가족에 포함되기를 열망했던 것이 그 점을 증명하고 있다.

세계는 더 광범위하고 탄탄한 연합이 필요했다.

공통의 위기와 도전 앞에서 힘을 합쳐야 하는 것은 유럽만이 아니었다. 대문호 빅토르 위고는 "언젠가 미합중국과 유럽 합중국 양대 국가 집단이 바다를 건너 서로 손을 맞잡고 각자의 물품과 예술, 천재들의 창조물을 주고받는 날이 올 것이다.……"라고 예언한 바 있다. 다행스러운 것은 전쟁이 인류에게 재앙을 안겨주었지만, 그와 동시에 사람들에게 평화에 대한 갈망과 통합의 필요성에 대한 인식도 심어주었다는 사실이다. 제2차 세계대전 이후 대서양동맹도 서약을 맺고 민주정부를 수립하기 시작했으며, 더욱이 UN(국제연합)의 창설은 전 세계가 공동으로 평화와 발전을 추구하기 위한 첫 포문을 열었다.

이 과정에서 전쟁의 극심한 고통을 경험한 유럽은 특별한 역할을 발휘했다. 설령 유럽 국가들이 제2차 세계대전을 통해 제각각 다른 교훈을 얻었고, 또 이 전쟁과 자신들의 미래에 대해 각기 다른 생각을 품고 있다 해도 모든 유럽인들이 공감하는 점이 하나 있었다. 바로 다시는 유럽 국가들 사이에 전쟁이 발생해서는 안 되며 적극적인 협력을 통해 공동 번영을 이룩해야 한다는 것이었다.

1945년 5월 9일, 처칠이 트루먼 미국 대통령에게 전보를 보냈다. 날카롭고 단호한 언변으로 유명한 처칠은 전보에서 노르망디 상륙작전을 성공시킨 유럽연합군 총사령관 아이젠하워 장군을 극찬했다. 처칠은 아이젠하워 장군이 연합군을 민족주의 사상으로 똘똘 뭉치게 만드는 위대한 업적을 이루었다고 평가했다.

아이젠하워가 총사령관으로 있는 동안 연합군을 단결시킬 수 있었던 비결은 통일적인 지휘와 전략으로 군대의 정신을 통합시킨 것이었다. 긴밀한 협력이 이루어진 덕분에 미국과 영국 군대 모두 아무 어려움 없이 지휘 계통을 바꿀 수 있었다. 이런 정신적인 협력과 상호 신뢰는 제2차 세계대전 이후 유럽의 재건과 미국과 유럽 간의 장기적인 우호 관계 수립을 가능하게 한 핵심 요인이기도 했다.

아이젠하워 정신은 현실적으로도 큰 의의를 가진다. 오늘날 테러리즘, 핵확산, 국가 간의 빈부격차, 환경오염 등 여러 가지 문제들을 해결하는 데 있어서 유럽이 전후 60년 동안 보여준 조화, 협력, 관용 등을 본받아야 할 것이다.

아울러 미국의 새로운 역할도 기대해볼 만하다.

1945년 이후 미국은 과거 그 어떤 시기보다 더 중요한 역할을 수행했다. 유럽인들이 지금까지도 높이 평가하는 것은 세계 최강국인 미국이 국제기구의 수호자 역할을 하고 있으며, 국제법을 존중하고 일치된 의견에 따라 타인을 구속하기 위해 자국도 기꺼이 그 구속의 틀 안으로 들어갔다는 점이다. 1945년 당시 미국의 위상은 오늘날 미국의 그것에 결코 뒤지지 않았다. 미국은 당시 유일하게 정상적으로 돌아가고 있는 경제체이자 힘으로 보나 영향력으로 보나 제2차 세계대전의 유일한 승전국이자 핵무기보유국이었다. 필적할 상대가 없는 미국이 UN을 비롯해 브레턴우즈 회의Bretton Woods Conference에서 창설에 합의한 국제기구들을 창설하고 북대서양조약기구NATO를 통해 유럽의 안전 보장을 위해 노력하는 등 유럽 통합을 실현하는 데 있어서 결정적인 역할을 수행했던 것이다.

하지만 유감스럽게도 미국이 일방적으로 '세계적인 테러와의 전쟁'을 도발함으로써 반세기 넘게 이어져 오던 미국과 유럽의 동맹 관계와 협상의 메커니즘이 완전히 붕괴되고 말았다. 원하든 원치 않든 간에 동맹국들은 미국을 지지할 것인지 반대할 것인지 둘 중 하나를 선택해야만 했고, 북대서양조약기구는 가장자리로 밀려나 미국이 필요로 할 때에만 힘을 쓸 수 있는 도구로 전락해버렸다.

냉전의 종식이 모든 것을 바꾸어버린 것이다. **강대한 힘의 견제**가 사라지고 나자 미국의 오만한 성격이 부시 정부를 통해 노골적으로 표출되고 말았다. 이것은 오바마 정부가 부시의 정책과 최대한 거리를 두고 경계선을 명확하게 긋기 위해 안간힘을 쓰는 이유이기도 하다.

이제 대서양을 사이에 두고 있는 두 대륙은 예전처럼 손을 맞잡고 같은 곳을 향해 전진하려 하지 않는다. 유럽인들에게는 1989년이 그 분수령이었고, 미국인들에게는 2001년이 유럽과 맞잡은 손을 놓은 결정적인 시기였다. 그런데 아이러니하게도 미국과 유럽의 관계가 변화한 근본적인 원인은 1945년 이후 60여 년 동안 이어져 온 그들의 동맹 관계에서 찾을 수 있다.

제2차 세계대전 이후 미국과 유럽의 전략적 문화의 차이는 대부분 둘 사이의 확연히 다른 역사적 경험에서 기인한 것이다. 로버트 케이건Robert Kagan 미국 브루킹스연구소 선임연구원은 전후 유럽은 협상과 무역, 국제법, 다자주의를 전략적 문화로 삼은 반면, 미국은 자신들이 지닌 지위를 세계에 과시하고 유지하기 위해 강경한 외교, 무력 사용, 일방주의, 그리고 타국에 미국의 가치관을 전파하는(또는 종교적 색채를 띤 설교식 외교정책을 펼치는) 전략적 문화를 형성했다. 미국과 유럽의 이런 차이와 그로 인해 나타난 갈등 관계는 미국과 기타 다른 나라 사이에 존재하는 복잡한 관계의 축소판이라고 할 수 있다.

어떤 의미에서 볼 때, 21세기로 들어선 후 처음 몇 년 동안 세계 패권국과 지역 패권국들이 정도의 차이는 있지만 거의 모두 자국의 역할을 변화시켰다. 그중 가장 관심을 끈 것이 미국의 역할 변화다. 9·11 테러, 강대국 간의 관계 분열, 핵확산 위기, 이라크 전쟁 등 일련의 중대한 위기를 겪으면서 미국은 어떻게 역사를 존중하고 현실을 직시할 것인지, 또 어떻게 조화와 공동 발전을 추구할 것인지에 대해 다시금 생각해야할 필요가 생겼다. 그래야만 세계 각국이 갈등을 줄이고 협력을 확대시킬 수 있었기 때문이다.

행복감에 관한 미국의 생각

|||

지금으로부터 214년 전 3월 존 애덤스가 제2대 미국 대통령으로 취임했다. 미국 독립의 영웅이라고 할 수 있는 그는 정치와 전쟁을 연구하고 후손들에게 아무 걱정 없이 예술과 문학, 무용, 음악 등에 몰두할 수 있는 평화로운 세계를 물려주겠다는 염원을 가지고 있었다.

그는 행복감이란 갑자기 하늘에서 뚝 떨어지는 것이 아니라 앞사람이 나무를 심어놓으면 그 나무가 자라 후손들이 시원한 그늘을 즐기는 것과 같으며, 행복을 누리기 위해 스스로 노력하지 않으면 안 된다고 생각했다. 행복감을 누리고 싶다는 이런 열망이 대대로 내려오면서 미국의 발전을 촉진하는 중요한 원동력으로 작용했다.

오늘날 미국의 발전 수준은 200년 전 사람들의 상상을 훨씬 뛰어넘는 것이다. 집집마다 에어컨이 있고 냉장고에 음식이 가득 차 있으며 인터넷을 통해 책상에 앉아서도 세계일주를 할 수 있고, 또 휴대폰으로 언제 어디서든 천 리 밖에 있는 가족과 대화하게 될 줄은 애덤스조차 상상하지 못했을 것이다. 하지만 그럼에도 불구하고 현대인들은 행복감을 느끼지 못하고 있다.

우리는 행복한 시대에 살고 있지만 상당히 많은 사람들이 행복감을 느끼지 못한다. 이런 **'진보의 역설'**이 사회학자들의 중요한 연구과제가 되었다. 미국의 유명한 칼럼니스트 그레그 이스터브룩Gregg Easterbrook이 쓴 『진보의 역설The Progress Paradox』이라는 책을 보면 사람들이 행복감을 느끼지 못하는 근본적인 원인을 사회에서 찾고 있다.

현실을 보면 미국인들은 행복할 수 없는 여러 가지 이유를 가지고 있다. 통계자료에 따르면, 미국의 허술한 총기 관리로 인해 해마다 1만 2000건의 총기 사고가 발생하고 있으며, 일 년에 미국인 10명 중 2명은 각종 범죄의 피해자가 된다. 이 비율은 세계에서 단연 최고다. 또한 빈곤 인구의 비율도 해마다 높아지고 있다. 2009년 말 미국의 빈곤층이 4400만 명으로 전체 인구 중 14.3퍼센트를 차지해 1994년 이래 최고를 기록했다. 2009년 미국 가정 중 결식가정의 비율이 14.7퍼센트로 2006년에 비해 30퍼센트나 증가했다. 사람들은 자기 주변, 또는 자기 자신이 겪고 있는 수많은 고통과 어려움들로 인해 행복감을 느끼지 못하고 있다.

하지만 우울함을 유발하는 가장 중요한 원인은 바로 내면적인 심리에 있다. 사회심리학의 관점에서 보면 적당한 불안감은 경각심을 유지시킨다는 점에서 필요한 것이다. 하지만 문제는 아직 발생하지도 않은 재난에 대한 걱정과 우려가 개인의 심리로는 감당할 수 없을 정도로 커지면 사람들은 현실 생활에서 만족감과 행복감을 느낄 수 없다.

미국인들의 이런 우울한 정서는 2006년 중간선거에서 상당 부분 표출되었다. 공화당이 선거에 대패하자 공화당 내에서 반성의 목소리가 나타났는데 일부 사회학자들은 이에 대해 매우 흥미로운 관점을 제시했다. 부시의 공화당 정부와 공화당 의원들이 저지른 현실적인 잘못 외에도 **현실 생활에 대한 불안감**이 바로 유권자들의 표를 민주당으로 집중시킨 미묘한 원인이라는 것이었다. 이런 불안감은 '9·11 후유증'이자 이라크 전쟁으로 생겨난 좌절감에서 온 것이었다. 이와 똑같은 상황이 2010년 중간선거에서도 재연되었다.

요즘은 '재난'에 대한 근심을 가중시키는 요인들이 더 많아졌다. 지구 온난화로 인해 인간의 생존 환경이 악화되고 있으며 이론적으로 볼 때 자연재해가 더 심각해지고 빈번해질 것으로 예상된다. 또한 세계적인 에너지 쟁탈전이 심화되면서 에너지 고갈과 에너지로 인한 충돌이 발생할 가능성을 배제할 수 없다. 핵확산 위협과 이란 등에 대한 공격과 제재가 보복 행위를 불러올 수도 있으며, 금융위기로 인한 연쇄반응과 경기 회복에 대한 암담한 전망이 사람들의 불안감을 더욱 증폭시키고 있다. 물론 좋은 소식도 간간이 들려오고 있지만, 좋은 소식보다는 나쁜 소식을 더 크게 받아들이는 것이 사람의 본성이다.

'상대적 박탈감'도 국민들이 느끼는 행복감이 경제성장과 정비례하지 않는 중요한 원인이다. 일찍이 마르크스는 『임금노동과 자본Wage Labour and Capital』이라는 책에서 이런 특수한 불안감에 대해 이렇게 묘사했다. "작은 집을 가지고 있을 때, 주변의 집들도 전부 작다면 그 집이 아무리 작아도 집에 대한 사회의 모든 수요를 만족시킬 수 있다. 하지만 그 집

근처에 궁전이 들어서면 그 작은 집은 비루한 오두막처럼 좁게 느껴지고 그 집에 살고 있는 사람들의 수준도 낮은 것으로 인식된다. 또한 작은 집의 규모가 아무리 문명의 진보에 발맞추어 확장된다 해도 그 부근에 있는 궁전의 규모도 똑같은 정도로, 또는 더 크게 확장된다면 작은 집에 사는 사람들은 점점 불편해지고 불만족스러워지며 점점 남들에게 무시당하게 된다."

마르크스의 이 비유는 국제 관계에서 발생하는 일련의 현상들을 이해하는 데 훌륭한 참고 자료가 될 수 있다. 사람들이 다른 나라의 급성장에 불안함을 느끼고 과도하게 반응하거나, 자국의 인권 문제도 심각하면서 다른 나라의 인권 문제를 비판하며 심리적 만족감을 느끼는 현상 등을 모두 이런 맥락에서 이해할 수 있다. 그런 점에서 볼 때, 현재 중국을 향한 세계 각국의 비판과 문제 제기들은 모두 성장의 대가인 셈이다. 그럴수록 역경을 견디고 극복해야만 진정한 강자가 될 수 있다.

영국의 경제학자 앤드류 오스왈드Andrew Oswald가 제기한 논리를 곰곰이 생각해볼 필요가 있다. 그는 산업화된 국가들이 시간이 흐를수록 행복감이 계속해서 커지지 않는다는 것은 누구도 부인할 수 없는 사실이며, 앞으로 현명한 후손들은 경제성장이 아니라 행복을 목표로 삼아야 할 것이라고 말했다.

진정으로 국민들의 행복감을 높이고자 한다면 각국 정부와 사회단체의 적극적인 노력 외에도 대중들 스스로 감사하는 마음과 너그러운 관용을 가지고 불필요한 비교나 원망하는 마음을 줄여야 한다. 각박한 현실보다는 내면의 불안과 원망, 무력감 등이 사람을 더 고통스럽게 하는 법이다.

세상은 돌고 도는 것이다. 영원히 불리하고 불평등한 처지에 머물러 있어야 하는 사람은 없다. 눈앞의 현실만을 바라보고 불안해하기 보다는 멀리 내다보는 안목이 필요하다.

'고통스럽지 않은' 중국의 외교를 위해

‖

과거 10년 동안 중국은 외교 분야에서 적극적이고 능동적인 태도로 안보, 경제, 에너지 등과 관련된 국제적인 위기 대처에 참여해왔다.

세계 각국이 위기를 적극적으로 예방하고 대처하게 된 중요한 계기가 바로 9·11 테러다. 9·11 테러 이후 '위기관리'가 세계적인 명제로 떠올랐으며, 중국 외교 역시 예외가 아니었다. 그 뒤를 이어 북한 핵문제, 반테러, 에너지 문제 등이 꼬리에 꼬리를 물고 나타나면서 '위기관리'라는 말 속에 수많은 의미가 덧붙여졌고 위기 방어의 중요성도 더욱 커졌다.

주위를 둘러보면 중국의 안보 환경은 결코 낙관적이지 않다. 중국과 인도 사이의 국경 문제가 해결되지 않은 채 남아 있고, 미국은 동남아 국가에 진출해 중국 포위 전략을 구사하며 중국과 신경전을 벌이고 있다. 게다가 아프가니스탄 전쟁도 완전히 끝나지 않았고 미국과 북한의 갈등과 북한 핵문제는 여전히 해결의 실마리를 찾지 못하고 있다. 이런 상황에서 정적인 외교가 유일한 방법은 아니며 중국은 세계를 향해 외교의 문을 활짝 열어야 한다. 따라서 어떻게 하면 위기에 선제대응할 것인가가 중요한 과제로 떠올랐다.

미중 관계만 놓고 보면 몇 년 후 위기가 발생할 것이라고 가정하고 미리 준비하는 것은 그리 현명한 방법이 아닌 듯하다. 미중 관계를 종횡으로 확장해 부정적인 면을 줄이고 통제함으로써 양국 관계에 영향을 미칠 수 있는 위기를 효과적으로 예방하는 것이 가장 현명한 방법이다.

특히 경제협력을 강화하는 것이 무엇보다도 중요하다. 미중 양국의 교역이 밀접해질수록 미국 정부가 중국에 불리한 조치를 취할 경우 그로 인해 미국이 감당해야 하는 부작용도 커진다. 그렇게 되면 미국 국내에서 중국과의 관계를 이성적으로 처리해야 한다는 목소리가 커져 미국 정부도 부담을 느끼게 될 것이다. 과거 몇 년간 위안화 평가절상과 중국의 무역정책을 둘러싸고 미중 양국 간에 불협화음이 출현하기도 했지만, 미국 정부와 경제계가 중국과의 관계가 얼마나 중요한지 잘 알고 있기 때문에 소탐대실하는 오류를 범하지 않았다.

뿐만 아니라 중국은 반테러와 핵확산 방지 등의 문제에 있어서 적극적으로 역할을 발휘하며 국제적인 이미지를 높였고, 미국을 비롯한 여러 나라들도 중국을 새로운 시선으로 바라보고 국제적인 사안에 있어서 중국과 협력하며 양자 간 정치 관계를 강화했다.

중국이 EU, ASEAN(아세안), 남미, 호주 등과의 관계를 강화하자 미국 등 기타 서방 국가들도 국제사회에서 중국의 영향력이 높아지고 있음을 인식하고 중국과 원만한 양자 관계를 유지하는 것이 다른 나라들과의 관계에도 미묘한 영향을 미친다는 사실을 깨닫게 되었다. 인간관계에서 인맥은 일종의 능력이며 이 점은 국가 간에도 마찬가지다.

협상 메커니즘을 수립하고 개선해나가고 정상외교를 강화하는 것 역시 위기를 방어하고 공감대를 높일 수 있는 중요한 방법이다. 과거 10년 동안 미국과 중국, 유럽과 중국, 중국과 러시아의 정상들이 서로 빈번하게 교류해왔고 그 결과 외교, 경제, 군사 등 여러 분야에서 협상 메커니즘이 수립되고 부단히 개선되어왔다. 이는 상호 신뢰 및 협력을 강화하는 효과를 거두었을 뿐만 아니라 오해를 해소하고 위기를 예방하는 데 있어서도 커다란 역할을 했다.

미중 양국의 정상이 핫라인을 통해 긴밀히 연락하고 양국 외무장관을 비롯한 고위층의 교류와 상호 방문도 예전보다 훨씬 많아졌다. 부시 정부 시절 콜린 파월 국무장관은 "미중 양국 고위층 간의 회담이 빈번해지고 언론들이 이를 더 이상 중대한 사건으로 다루지 않게 되었다"라고 말한 바 있다. 이런 것들이 모두 미중 관계의 안정과 발전에 중요한 역할을 했다.

중국의 소통형 외교는 중국에 대한 다른 나라들의 인식을 바꿔놓았다. 과거 이른바 '중국 위협론'이 대두되어 미국, 유럽은 말할 것도 없고 동남아에서도 중국을 의심스런 눈초리로 바라본 적이 있었다. 그러자 중국은 적극적인 접촉을 통해 자국에 대한 세계 각국의 불신을 해소하는 것에 외교의 중점을 두었다.

매스미디어가 큰 영향력을 발휘하고 있는 오늘날에는 소통의 중요성이 점점 높아지고 있다. 중국인들도 WTO 가입 이후 스마일 외교와 경제 외교, 소통형 외교가 국가의 이익에 부합하는 가장 효과적인 외교수단임을 깨닫기 시작했다. 중국 지도자가 미국을 방문하면 미국 언론들은 미국과 중국의 원만한 관계가 양국 모두 이익에 부합한다는 점을 앞다투어 강조하곤 한다. 중국이 P&G, 코닥, 모토로라 등 미국 기업들의 세계 최대 시장이며 중국 시장의 빠른 성장이 미국 자동차 업체들에게 커다란 기회라는 점이 이미 미국 언론들을 통해 대중들에게 널리 알려져 있다.

한편 중국 경제의 빠른 성장에 대한 낙관적인 전망들도 중국의 위상을 높이는 데 중요한 역할을 했다. 중국 경제가 고속성장해 미국 등 선진국들과 거의 어깨를 나란히 하며 세계 경제성장의 원동력으로 부상하자 거대한 중국 시장이 가진 매력이 중국 위협론을 잠재운 것이다.

과거 10년간 중국이 구사해온 시장 전략이 큰 효과를 발휘했음은 이미 현실에서 충분히 증명되었다. 서방 학자들은 중국 정부가 경제력을 이용해 주변 국가들과의 여러 가지 문제들을 효과적으로 해결하는 점을 높이 평가하고 있다.

아울러 일부 국제기구와 국제회의도 중국의 소통형 외교를 세계에 과시하는 중요한 무대가 되었다. APEC 정상회의, BRICs 정상회의 등에서 중국은 항상 주목 받았으며 중국이 선사하는 수많은 기회들이 회의 참석자들 사이에서 중요한 화제가 되었다.

중국인들은 위기와 도전 속에서 새로운 기회와 전환이 싹튼다는 사실을 잘 알고 있다. 급변하는 국제 환경이 중국의 외교를 어렵게 하기도 하지만 다른 한편으로는 중국의 국력을 강화하고 책임 있는 대국이라는 이미지를 형성할 수 있는 새로운 계기라는 인식이 확산되고 있다.

에너지 외교도 중국 외교에서 중요한 비중을 차지하고 있으며 중국 외교의 위상이 날로 격상되고 있음을 보여주는 단면이다. 이라크 전쟁이 발발하기 전 에너지 정치학의 국제적 권위자인 미국 학자 마이클 클레어Michael Klare는 인간의 욕구는 무한히 팽창하는데 자원이 부족한 모순에서 오는 갈등이 국제사회에 새로운 긴장 국면을 조성할 것이며 국지적인 충돌이나 전쟁이 발생할 수 있다고 경고했다. 그로부터 얼마 지나지 않아 미국이 이라크에 대한 군사행동을 개시하자 중국인들의 경각심이 고조되었다.

이라크 전쟁은 중국인들이 에너지 안보의 중요성과 에너지자원 확보를 둘러싼 복잡한 역학 관계를 인식하는 중요한 계기가 되었다. 중국은 이미 미국의 뒤를 이어 세계 제2위의 에너지 소비국이 되었다. 따라서 에너지자원을 확보하지 못할 경우 중국 경제는 발전 속도가 저하되거나 심하면 발전이 아예 멈춰버릴 수도 있다. 여기에 덧붙여 러시아 극동송유관의 노선을 둘러싸고 중국과 러시아 사이에 분쟁이 발생하자 중국인들의 에너지 안보 의식이 더욱 강화되었다.

석유 가격의 불안정한 등락으로 사람들이 바짝 긴장하고 있을 때, 에너지 전문가들도 동북아의 에너지 소비량이 이미 EU를 초월했으며 이것이 에너지 부족과 가격 급등을 유발하는 새로운 요인이라고 지적하고 나섰다. 스위스 제네바에 위치한 석유컨설팅업체 페트로로지스틱스는 "세계 석유 생산량이 머지않아 최고점에 다다를 것"이라고 전망했다. 이를 계기로 중국은 석유안보전략을 전면적으로 검토하고 전방위적인 에너지 외교를 펼치기 시작했다. 그 후 몇 년 동안 중국은 에너지 공급 다원화 전략을 펼쳐 중앙아시아, 중동, 아프리카, 남미에서 모두 중요한 에너지 공급 관계를 맺었으며, 영국, 러시아 등과 에너지 분야에서 적극적으로 협력하기 시작했다.

뿐만 아니라 중국의 에너지 외교가 다른 외교 요소들과 긴밀히 결합되어 에너지 외교의 수준이 크게 높아졌으며 그 깊이와 범위가 과거와는 비교할 수 없을 만큼 달라졌다. 중국이 남미, 아프리카 국가들과 적극적인 에너지 협력을 추진한 것은 모두 이런 맥락에서 설명할 수 있다.

더욱 중요한 것은 중국의 에너지 외교가 체계적이고 전 세계를 범위로 하며 매우 장기적인 전략이라는 사실이다. 이제 중국인들은 더 이상 자신들이 세계 각지에서 에너지자원을 대량 확보하고 있음을 숨기지 않으며, 중국의 외교 관계에 에너지자원이라는 요소가 중요하게 연결되어 있다.

국제규칙에 적응하고 더 나아가 국제규칙을 완벽하게 이용하는 데 있어서 중국은 매우 훌륭한 학습능력을 발휘하고 있다.

WTO 가입 이후 일 년간의 밀월기가 지나자 중국과 미국을 비롯한 다른 국가 사이의 무역마찰이 부쩍 빈번해지고 그동안 중국을 관망하고 있던 나라들이 갑자기 공개적으로 중국을 비난하기 시작했다. 위안화 평가절상을 둘러싼 분쟁이 시작되면서 2003년 하반기부터 미중 무역마찰이 빠르게 증가하고 반덤핑 소송도 크게 늘어났다. 중국인들은 그제야 WTO 가입이 자신들에게 기회이자 이득인 것만이 아니며 그에 상응하는 대가도 치러야 한다는 사실을 깨달았다.

국제무역에서 위기에 직면하자 국제규칙에 대한 중국인들의 인식도 새롭게 바뀌기 시작했다. 국제기구에서 방관자의 역할만 해서는 안 되며 적극적으로 역할을 발휘해 국제적인 위상을 높이고 국가의 이익을 보호해야 하며, 단순히 국제규칙에 적응하고 실천하기만 하는 것이 아니라 효과적으로 이용해 국가의 이익에 보탬이 되어야 한다는 사실을 인식한 것이다.

아울러 외교를 통해 국제무역에서 중국에게 집중되는 압력을 경감시키는 효과도 얻었다. 중국은 반덤핑 관련 합의를 분석해 미국, EU 등 반덤핑 수단을 사용하고 있는 강대국들에게만 유리한 불공정 조항을 찾아내 문제를 제기하고 양자 간 협상을 통해 각국과 경제 분야에서 긴밀히 협력하는 한편, WTO의 반덤핑 관련 합의 가운데 중국에게 불리한 조항들이 개정될 수 있도록 노력을 기울이고 있다.

미국이 중국을 시장경제국으로 인정하지 않으려 하는 것도 이것이 국제무역에서 중국에게 적당한 압력을 가하는 데 유리하기 때문이다.

미국인들은 중국이 시장경제를 완전히 습득하지 못한 상태에서도 비약적인 발전을 이룩했다는 점에 놀라워하고 있다. 현재 중국은 많은 국제규정과 제도를 받아들였을 뿐 아니라 외교 무대에서도 예전보다 훨씬 유능하고 숙련되게 역할을 발휘하고 있다. 중국은 과거에 비해 훨씬 적극적으로 국제협력에 동참하고 있다. 중국인들이 점점 '외향화'되고 중국의 외교가 점차 성숙해가는 것을 보면서 세계인들도 이 세상이 중국으로 인해 달라지고 있음을 점차 깨닫게 될 것이다.

균형을 상실한 세계는 고통스러울 수밖에 없다. 고통을 조금이라도 줄이고 싶다면 균형을 되찾아야 한다. 균형을 되찾는 여정에서 중국의 평화로운 발전이 큰 기회를 제공할 수 있기를 기대한다.

제1장

잔뜩 부풀려진 유가

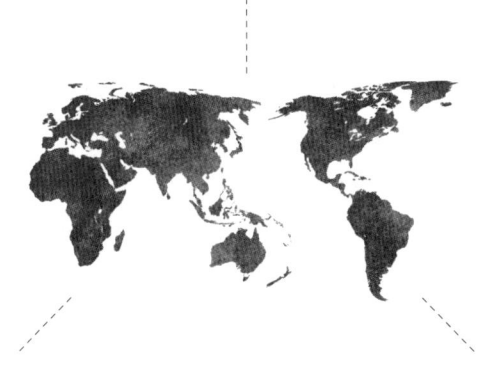

어떤 모임에서 한 젊은이가 나이 지긋한 노신사에게 물었다.

"나이 드신 분들이 역사를 좋아하는 이유가 무엇입니까?"

노신사가 대답했다.

"역사와 함께 자신의 지나간 세월을 회상할 수 있기 때문이지. 과거를 돌이켜보고 싶은 것은 사람의 본능이 아닌가?"

그렇다. 사람들은 대부분 고향이나 모교에 대해 애틋한 감정을 가지고 있다. 특히 유가 문제에 있어서는 그런 향수가 더 두드러진다.

35년 동안 유가가 무려 48배나 폭등했다. 구체적인 가격을 비교해보면 그 상승폭을 좀더 실감할 수 있을 것이다. 1973년 배럴당 3.011달러였던 것이 1980년에 32달러로 10배가 되었다가 2008년에는 147달러까지 올랐다. 원유 가격이 검은 미소를 띤 채 세계 경제에 맹렬한 공격을 퍼부으며 세상의 파란만장한 변화를 고스란히 지켜봐온 것이다.

사실 불과 10년 전까지만 해도 사람들은 배럴당 20달러인 유가를 둘러싸고 갑론을박하고 있었다. 그런데 지금 우리는 유가 100달러 시대임을 인정하지 않을 수 없다. 특히 2008년 유가의 광적인 폭등을 경험한 후로는 유가가 또다시 배럴당 100달러를 돌파해도 사람들이 느끼는 충격의 강도가 예전보다 훨씬 약해졌다.

사실 충격이 적었다기 보다는 사람들이 유가 급등에 대해 무덤덤해졌다는 표현이 더 정확할 것이다. 고통이 오랫동안 계속되고 일상화되면 정신적인 마비 상태가 찾아오는 법이다.

그런데 문제는 사람은 고기를 먹지 않아도 살 수 있지만 자동차는 기름 없이는 살 수 없다는 사실이다.

1
사르코지는 왜 성급하게 리비아를 공격했나?

오일머니에는 항상 충돌과 갈등이 수반된다. 이라크 전쟁의 여파가 다 사그라지기도 전에 또다시 리비아 전쟁이 터진 가장 근본적인 원인이 오일머니라는 것은 이미 공공연한 비밀이다.

2011년 3월 20일 새벽, 프랑스가 주도하는 다국적군이 리비아에 대한 군사공격을 감행했다. 공교롭게도 이날은 이라크 전쟁 8주년이 되는 날이었다.

이라크 전쟁과 같은 날 발발했다는 특별한 우연 때문인지 리비아 전쟁이 과거의 전철을 밟는 것이 아니냐는 우려의 목소리가 조심스럽게 흘러나오기도 했다. 하지만 사람들을 가장 당혹스럽게 만든 것은 가장 앞장서서 이 전쟁을 도발한 나라가 바로 프랑스라는 사실이었다.

과거 중동에 대한 군사공격은 대부분 미국이 주도했다. 심지어 이라크 전쟁이 발발하기 직전까지도 프랑스는 참전을 거부한 국가였다. 그런데 어찌된 일인지 이번에는 사르코지가 자발적으로 총대를 메고 오바마는 줄곧 내키지 않는 듯 확실한 입장 표명을 하지 않다가 브라질 방문 기간에 "지상군 투입은 배제한다"는 조건으로 제한적인 군사행동을 승인했다. 오바마의 이런 태도는 미국이 스스로 뒷걸음질 치며 프랑스에게 주도권을 내어 주고 있다는 인상을 심기에 충분했다.

그렇다면 프랑스는 왜 이렇게 바짝 몸이 달았던 것일까?

사실 이는 사르코지의 평소 성향이 그대로 드러난 행동이었다. 그는 무슨 일을 하든 앞장서서 적극적으로 처리하는 것을 좋아한다. 프랑스인들조차 사르코지를 무슨 일을 하든 맨 앞에서 스포트라이트를 받고 싶어 안달이 난 지도자라고 평가한다.

사르코지가 재임 기간 동안 했던 일들 가운데 가장 파격적인 것은 집시 추방이었다. 그의 집시 추방 조치는 세계적인 비난과 논란을 불러일으켰고 '인권의 수호기사'를 자처하던 프랑스를 하루아침에 웃음거리로 만들어버렸다.

한 일본 작가는 "프랑스는 세계에서 자존심이 제일 강한 나라지만 1940년 독일에 투항한 후로는 국제사회를 주도할 기회를 얻지 못했다. 미국에서는 대도시 외에는 세계지도를 구하기가 어렵지만 프랑스에서는 전국 각지의 서점마다 세계지도를 팔고 있고 심지어 다른 나라의 상세한 지도까지도 살 수 있다"고 은근히 비꼬기도 했다.

사르코지에게는 또 다른 괴벽이 있었다. 잘난 척 하기를 좋아한다는 것이었다. 그런데 도에 넘치는 잘난 척은 남들의 미움을 살 뿐 아니라 스스로를 난처한 지경에 빠뜨리기도 한다. 리비아 문제에 있어서 사르코지가 처한 딜레마 역시 뽐내기를 좋아하는 그의 성향이 만들어낸 것이었다.

리비아 전쟁은 사르코지의 '잘난 척' 하는 버릇과 밀접하게 관련되어 있다.

카다피가 반정부 세력과 대치하고 있을 때, 사르코지는 대세가 이미 반정부 세력 쪽으로 기울었음을 재빨리 알아차렸다. 그러자 사르코지는 놀라운 결정을 했다. 세계에서 유일하게 리비아 반군 정부를 공식적으로 인정하고 나선 것이다.

그런데 사르코지는 자신의 영리함에 도취된 나머지 큰 실수를 저지르고 있다는 사실을 알아차리지 못했다. 바로 자신의 행동이 적어도 세 명의 심기를 거스르고 있다는 사실이었다. 머지않아 그는 잘난 척 하는 자신의 취미로 인한 부작용을 고스란히 감당해야 하는 처지가 되고 말았다.

제일 먼저 사르코지의 행동에 화가 난 것은 '오랜 친구' 카다피였다.

사르코지가 리비아 반군과 화기애애하게 악수를 나누고 있는 사이, 카다피는 사르코지의 '안면몰수'에 대해 강한 분노를 금치 못했다. 사르코지가 엘리제 궁에 레드카펫을 깔고 카다피의 프랑스 방문을 열렬히 환영한 것이 불과 3년 전의 일이었던 것이다.

당시 '뽐내기' 좋아하는 사르코지는 두 팔을 활짝 벌려 카다피를 영접했을 뿐 아니라 카다피가 엘리제 궁 옆에 베두인족의 전통에 따라 천막을 설치해 묵을 수 있도록 허가했다.

그런데 카다피 정권의 몰락이 얼마 남지 않은 듯하자 사르코지가 언제 그랬느냐는 듯이 반군과 손을 잡고 카다피의 등 뒤에서 총구를 겨눈 것이었다. 누구보다도 카다피 본인이 가장 큰 충격을 받았겠지만 옆에서 지켜보는 이들도 간담이 서늘했다.

카다피는 이런 비정한 현실 앞에서 길게 말하고 싶지도 않았던 것 같다. 그는 즉각적으로 프랑스와 국교를 단절하고 더욱 맹렬한 기세로 반군을 공격했다.

사르코지가 미움을 산 두 번째 인물은 메르켈 독일 총리였다.

원래 EU는 리비아 사태를 논의하기 위해 긴급회의를 개최하기로 되어 있었다. 그런데 회의가 열리기 바로 전날 사르코지가 '난데없이' 독단적으로 리비아 반군 정부를 인정한다고 선언한 것이다. 그의 이런 행동이 메르켈 등 기타 EU 국가 정상들을 난처하게 했음은 두말할 필요도 없다. 뿐만 아니라 사르코지의 이런 행동은 독일을 향한 무언의 압력이기도 했다. 앞뒤 따질 것 없이 자신의 뒤를 따르라는 메시지였다.

몇 년 전부터 독일은 점차 과거의 경제 번영을 회복하면서 EU 내부에서도 점차 영향력을 키워가고 있었다. 특히 동유럽 국가들이 대부분 친독일 성향으로 돌아서자 EU 내에서 프랑스의 입지가 점점 줄어들어 프랑스가 은연중에 불만을 품고 있는 상황이었다. 사르코지가 지중해연합[5] 구축을 제창한 것도 독일의 공세에 대항하기 위함이었다.

하지만 사르코지가 고안한 지중해연합 구축 방안은 처음부터 리비아와 독일의 협공에 부딪혔고 여기에서부터 사르코지와 카다피의 관계가 틀어지기 시작했다.

그러던 중 리비아에서 내전이 발생하자 사르코지는 마침내 고대하던 기회가 찾아왔다고 판단했던 것이다. 대세가 리비아 반정부 세력 쪽으로 기울어가는 조짐이 보이자 사르코지는 발 빠르게 리비아 반정부 세력의 조건을 모두 수용하고 반군 정부를 리비아의 대표 정부로 인정했다. 반군이 정권을 장악할 경우 리비아를 완전히 친프랑스 국가로 만들 수 있다는 계산이 깔려 있었음은 물론이다. 특히 EU 정상회담이 열리기 직전에 리비아 반정부 세력을 인정했다는 것은 독일을 향해 이미 기정사실이 되었으니 동의하는 것이 좋을 것이라는 메시지를 던진 셈이었다. 이는 독일에 대한 정면 도전을 의미했다.

그런데 문제는 메르켈이 그리 호락호락한 인물이 아니라는 점이었다. 이 소식을 들은 메르켈 총리는 노발대발하며 프랑스의 장단에 춤을 추지 않기로 단칼에 결정했다. 결국 리비아에 대한 무력공격을 담은 UN

---

5 지중해를 둘러싸고 있는 유럽과 중동, 아프리카 3개 대륙의 43개국이 결성한 국가 연합을 말한다. 지중해 연안국에만 국한시켜 연합을 구성하자는 사르코지의 첫 제안과 달리 메르켈 총리 등의 반발로 인해 EU 회원국도 포함시켰다. 리비아는 마지막에 불참을 선언해 가입하지 않았다.

안보리 결의 1973호 투표에서 독일이 BRICs 4개국과 함께 기권표를 던지는 해괴한 장면이 연출되고 말았다. 독일은 서방 국가들 중 유일하게 프랑스의 제안을 거절한 나라였으며, 그 후에는 프랑스가 주도한 리비아 공습에 대해 줄곧 강 건너 불구경하듯 수수방관했다. 이라크 전쟁 이후 또 한 번 서방 강대국 간에 분열이 발생한 것이었다.

사르코지가 미움을 산 세 번째 인물은 알랭 쥐페Alain Juppe 프랑스 외무장관이었다.

쥐페가 브뤼셀에서 열린 외무장관회담에 참석하고 있는 사이에 사르코지가 독단적으로 리비아 반군 정부를 인정한다고 선언했던 것이다. 그 때문에 쥐페는 EU 회원국 외무장관들에게 어찌된 상황인지 설명할 수가 없었다. 게다가 명색이 외무장관인 그가 이렇게 큰 사안을 사후에 통보 받았다는 사실은 그의 기분을 언짢게 만들기에 충분했다.

이런 감정은 1972년 미중 관계 정상화 당시 일본이 그 사실을 나중에 알고 느꼈던 그것과 비견할 만했다. 당시 일본의 태도는 매우 강경했다. 일본은 미국이 일본을 따돌리고 중국과 국교 정상화를 추진하는 것에 대해 불쾌함을 표시하기 위해 미국보다 먼저인 1972년 9월 29일에 중국과 국교 정상화에 합의했다. 당시 국교 정상화를 주도한 다나카 가쿠에이 일본 총리는 중국인들에게 강한 인상을 남겼다. 하지만 쥐페는 일본인들과는 상황이 달랐다. 그는 사르코지의 부하직원이므로 일본처럼 과격하게 항의할 수도 없는 노릇이었다.

그런데 남에게 미움을 산 것도 문제지만 더 심각한 문제는 사르코지가 상황을 오판했다는 점이었다.

사르코지는 원래 전 세계에 자신의 남다른 판단력을 과시하고자 했다. 그런데 예상 밖의 일이 벌어지고 말았다. 그가 리비아 반군 정부를 인정한다고 선언하기가 무섭게 반군 정부가 '예기치 않게' 수세에 몰리기 시작한 것이다. 심지어 반군 지도자가 여차하면 도망칠 준비를 하고 있다는 소식까지 들려왔다.

사르코지도 초조해지기 시작했다. 리비아 반군이 궤멸된다면 지중해 연합 구축이라는 프랑스의 계획이 수포로 돌아갈 뿐 아니라 사르코지 자신도 국제적인 웃음거리가 될 것이었다. 더구나 2012년에 프랑스에서 대선이 치러질 예정이었다.

하지만 사르코지에게는 퇴로가 없었다. 그때부터 사르코지에게는 리비아 반군에 관한 일이 프랑스 자국의 일보다 더 중요해졌다. 사르코지는 리비아 내전의 주역처럼 이리저리 바쁘게 뛰어다니며 사태 수습을 위해 애썼다. 그는 제1차 세계대전 이후 독일군이 마지노선을 기습적으로 돌파할 때와 버금가는 속도로 UN 안보리 결의 1973호를 통과시킨 다음 서둘러 프랑스 군대를 파견해 리비아를 공습했다.

그런데 프랑스의 이런 행동이 이번에는 미국 오바마 정부의 심기를 언짢게 하고 말았다.

오바마의 입장에서 프랑스가 미국을 제치고 앞으로 나서면 혹시 모를 위험을 피할 수 있다는 장점이 있는 반면 세 가지 점에서 입장이 난처해진다.

첫 번째는 프랑스가 동맹국들에게 통보하지도 않은 채 리비아에 대해 제일 먼저 군사행동을 한 것이었다. 이것은 리비아 전쟁이 시작된 후 미국, 영국 등이 사르코지 정부에 대해 분노를 금치 못한 큰 원인이기도 하다.

사르코지의 행동은 과거 이라크 공습을 감행한 부시 주니어를 연상시켰다. 영국 언론들은 사르코지처럼 충동적인 사람들은 종종 그때그

때 드는 직감만으로 결정을 내리고 "그들 뜻대로 되도록 내버려둘 수 없다", 또는 "우리가 반드시 행동해야 한다"라고 간단하고 단호하게 선언하기를 좋아한다고 조롱했다.

'충동파'들은 종종 윈스턴 처칠을 영웅으로 떠받들곤 하지만 사실 이것은 큰 착각이다. 처칠은 겉으로는 충동적인 것처럼 보이지만 실제로는 매우 치밀한 사람이어서 무슨 일을 하든 행동으로 옮기기 전에 완벽한 계획을 세웠다. 흥미로운 것은 스스로 '결정권자'를 자처하는 부시 주니어가 백악관의 자기 집무실에 처칠의 반신상을 놓아두었다는 사실이다. 하지만 더욱 재미있는 것은 오바마가 대통령에 취임한 후 곧장 그 반신상이 치워졌다는 점이다.

두 번째는 오바마가 외국에 체류하는 동안 리비아에 대한 선전포고를 할 수밖에 없었다는 점이다. 이것은 미국 역사상 유례가 없는 일이었다. 게다가 그 선전포고를 한 장소가 공교롭게도 리비아 내전에 반대하는 브라질이었다.

우유부단한 성격의 오바마는 리비아에 대한 무력 개입 여부를 놓고 오랫동안 고민했다. 군사행동 전에 동맹국들과 몇 차례나 의견을 나누었고 리비아에 대한 무력 개입과 관련한 대국민 연설에서 매우 신중한 태도를 보인 것을 보면 그의 고민이 깊었음을 대충 짐작할 수 있다. 언론은 이 대국민 연설에 대해 오바마가 무력 개입의 목표를 설명하는 것보다 미국이 취하지 않을 행동(지상군 파견)을 강조하는 데 더 많은 시간을 할애했다고 논평했다.

세 번째는 사르코지의 리비아 공습으로 인해 오바마가 전쟁을 도발하지 않는다는, 특히 이슬람 국가들과 전쟁을 하지 않겠다는 약속을 깨뜨릴 수밖에 없었다는 점이다.

리비아에 대한 군사공격을 개시할 당시, 오바마는 남미 국가들을 방문하고 있었다. 에보 모랄레스 볼리비아 대통령은 이를 두고 "버락 오바마 대통령은 2년 전 노벨 평화상을 수상했다. 그런데 지금 그는 세계 평화를 수호하고 있는가? 그는 폭력을 도발하고 있지 않은가? 어떻게 침략과 공습을 자행하는 사람에게 노벨 평화상을 줄 수가 있는가? 이는 범죄이자, 공격이며 도발이다."라고 강도 높게 비난했다.

오바마 뿐만 아니라 그의 서방 동맹국들도 사르코지가 왜 이렇게 급하게 리비아를 공격했는지 궁금하기는 마찬가지였다.

그런데 사람들이 예상치 못한 것이 있다. 사르코지를 가장 조급하게 만든 것이 실은 일본에서 일어난 대지진이라는 사실이다.

일본 대지진과 쓰나미는 전 세계를 비통함에 빠뜨렸지만, 뒤이어 터져 나온 원전 위기는 세계인들을 공포로 몰아넣었다. 특히 원자력발전 산업이 가장 발전한 프랑스에서 자연히 원전에 관한 격렬한 논쟁이 발생하게 되었다.

프랑스는 전력 생산량의 74퍼센트를 원자력발전에서 얻고 있다. 일본의 원전 사태를 보고 두려움에 사로잡힌 프랑스 언론들은 프랑스가 지진다발국은 아니지만 알프스 산과 피레네 산, 니스 시 부근이 지진발생 위험지역에 속한다는 사실을 보도했으며, 환경보호를 강조하는 프랑스의 야당과 민간단체들도 프랑스가 원전을 점진적으로 폐쇄해야 한다고 강력하게 주장했다.

게다가 메르켈 독일 총리의 결정도 프랑스 정부를 더욱 궁지로 몰아넣었다. 메르켈 총리가 독일 내 17개 원전에 대해 전체적으로 안전점검을 실시하고, 이 기간 동안 노후된 7개 원전은 가동을 중단하겠다고 발표한 것이다. 뿐만 아니라 신재생에너지 설비 건설에 투입하는 예산을 최소한 200억 유로(약 280억 달러) 늘려 원전 수요를 신재생에너지로 대체할 것이라고 선언했다. 2010년 독일이 신재생에너지 분야에 투입한 예산이 260억 유로였으므로 이 분야에 대한 예산을 77퍼센트나 늘리겠다는 것이었다. 독일의 이 같은 발표가 프랑스에게 커다란 부담이 되었음은 물론이다.

이런 상황에서 사르코지 정부는 원전 개발의 당위성과 안전성을 변호하는 한편 서둘러 돌파구를 찾기 시작했다. 원전 개발이 걸림돌에 부딪친다면 그로 인해 줄어드는 에너지를 어디에서 보충할 수 있을까?

제일 먼저 사르코지의 시야에 들어온 것이 바로 혼란에 빠진 리비아였다. 지정학과 역사적인 관점에서 볼 때, 리비아는 사르코지의 구미에 딱 맞는 나라였다. 프랑스는 서방 강대국들 가운데 리비아와 지리적으로 가장 가까울 뿐만 아니라 20세기 초부터 1951년 리비아가 독립을 선언할 때까지 리비아 남부 지역을 오랫동안 통치한 이력도 있었다.

사르코지가 소유욕이 매우 강하다는 사실은 이미 널리 알려져 있으며 그 자신도 "빈 자리가 있으면 차지할 것이다"라고 공개적으로 말하며 자신의 강한 소유욕을 굳이 감추려 하지 않았다. 그는 이것이 남자다움의 표현이라고 생각했기 때문이다. 이것은 그가 역대 프랑스 대통령 가운데 사생활이 가장 복잡한 대통령이라는 별명을 얻게 된 원인 중 하나이기도 하다. 그는 프랑스 역사상 최초로 재혼 경력을 가지고 당선된 대통령이며, 또 재임 기간 중 이혼한 최초의 대통령이기도 하다.

그러나 사르코지가 리비아 내전에 개입한 가장 중요한 이유는 바로 석유에 있었다. 리비아는 세계 제12위 산유국으로 산유량이 세계 석유 소비량의 1.8퍼센트, OPEC(석유수출국기구) 전체 산유량의 6퍼센트를 차지하고 있으며 산유량의 85퍼센트를 유럽에 수출하고 있다. 리비아의 산유량이 세계 10위권 밖이기는 하지만 석유매장량이 아프리카 국가 중 가장 많은 데다 원유의 품질이 좋고 원가도 비교적 낮다는 장점이 있다. 이 밖에도 리비아가 프랑스에서 매우 가깝다는 점도 중요한 원인으로 작용했다.

석유재벌들도 배후에서 사르코지를 부추겼다. 전쟁이 발발하기 전 프랑스 석유기업들이 리비아에 수십억 달러를 투자했기 때문에 만약 프랑스의 지원을 받은 반군 세력이 정권을 장악하게 된다면 프랑스는 전쟁 이후 더 많은 에너지를 확보할 수 있었다. 그리고 이는 프랑스 에너지 산업의 발전과 에너지 안보 유지에 큰 도움이 될 것이었다.

우고 차베스 베네수엘라 대통령이 "서방 국가들 모두 리비아의 석유를 탐내고 있지만 그중에서도 가장 탐내고 있는 것이 바로 프랑스일 것"이라고 꼬집은 것도 틀린 말은 아니다.

힐러리 미국 국무장관도 사르코지를 겨냥해 "무력 개입으로 인한 위험부담이 크고 많은 피를 흘릴 수 있음에도 불구하고 사르코지가 자신의 고집을 꺾지 않고 있다."고 말한 바 있다.

이익이 있는 곳이라면 아무리 위험하고 험난한 길이라 해도 마다하지 않는 것이 사람의 본성이다.

2
폐유를 도둑맞다?

세계가 고통을 겪으면 개인도 그 고통에서 자유로울 수 없다.

사르코지를 괴롭히는 고민은 어떻게 하면 체면을 만회하고 석유자원을 확보해 유가 등락으로 인한 고통에서 국민들을 구하느냐 하는 것이었다.

사르코지는 과연 얼마나 심각하게 고민했을까? 이 점을 엿볼 수 있는 실례가 있다.

유가가 하늘 높은 줄 모르고 치솟고 있을 때 미국 몇몇 주의 패스트푸드 식당에서 폐유 도난 사건이 연이어 발생했다. 누군가 감자튀김을 만들고 난 폐유를 훔쳐간 사건이었다. 유가가 고공비행을 하자 폐유를 돈을 받고 파는 것도 모자라 훔쳐가지 못하도록 지켜야 하는 황당한 일이 벌어진 것이다. 왜 그렇게 되었을까?

유가가 급등하자 폐식용유를 연료유로 변환하는 업종이 큰 호황을 누리고 폐식용유의 매입 가격이 8년 사이에 4배로 급등했던 것이다. 상황이 그러하니 폐식용유를 훔쳐가는 도둑이 생기는 것도 무리가 아니었다.

물론 폐식용유가 식탁으로 다시 흘러들어가지 않고 자동차 연료로 사용되는 것은 국민들의 건강이라는 측면에서 보면 좋은 일이기도 했다. 하지만 이 사건이 미국인들의 체면을 손상시킨 것은 분명했다. 미국이 어쩌다 폐식용유까지 훔치는 신세로 전락했단 말인가? 미국 언론은 이렇게 된 근본적인 원인을 찾기 시작했고, 갖가지 분석과 추측 끝에 지정학적 위기가 원흉으로 지목되기에 이르렀다.

무슨 일이든 처음 한 번이 어렵지 일단 한 번 발생했다 하면 그 후로는 쉽게 반복되는 법이다. 2011년 유가가 배럴당 100달러를 돌파하기 전에도 이미 여러 차례나 100달러를 돌파한 적이 있으며 그중에서도 가장 최근은 2008년이다.

특히 잊을 수 없는 사건은 2008년 1월 2일 국제유가가 배럴당 100달러를 돌파한 후 반 년도 안 되어 다시 140달러를 돌파해 마침내 배럴당 147달러라는 사상 최고 기록을 세웠다는 점이다.

유가가 하늘 높은 줄 모르고 맹렬한 기세로 치솟았다. 유가가 예상했던 상한선을 돌파할 때마다 사람들은 속수무책으로 받아들이는 것 외엔 달리 방법이 없었다. 그런데 사람들이 유가가 어디까지 오를 것인지 치열한 논쟁을 벌이고 있을 때 이를 비웃기라도 하듯 유가가 순식간에 추락하기 시작했다. 유가가 주가만큼이나 불안정하게 오르내림을 반복했으며, 이런 불확실성은 유가에 더욱 날개를 달아주었다.

단기적인 관점에서 보자면, 2011년에 유가가 다시 100달러 선을 돌파한 것은 산유국들의 불확실성에 의한 것이었다. 리비아는 하루 산유량이 160만 배럴로 전 세계 하루 산유량의 2퍼센트를 차지한다. 그런데 정세 불안으로 리비아의 산유량이 4분의 3 이상 감소하고 전쟁이 발발한 후에는 원유 생산이 사실상 중단되고 말았다.

사우디아라비아가 발 빠르게 산유량을 늘리기는 했지만 시장의 불안 심리를 잠재우기에는 역부족이었다. 게다가 다른 중동 산유국들의 상황도 낙관할 수 없었다.

엎친 데 덮친 격으로 다국적 에너지기업들이 속속 리비아에서 철수해 원유 생산에 차질이 빚어지자 유가에 대한 불안이 세계적으로 확산되었다.

요즘 같은 인터넷 시대에는 공황 심리가 전파되기 시작하면 걷잡을 수 없이 빠른 속도로 확산된다는 것을 잘 알고 있을 것이다.

불확실성은 사람들의 신경줄을 잔뜩 잡아당겼을 뿐 아니라 유가까지도 가만히 두지 않았다. 원유시장에서 전쟁, 폭동, 테러 등 리스크에 대한 투자자들의 우려와 긴장은 '공포 프리미엄fear premium'을 유발했고, 국제적인 투기꾼들은 이런 심리를 이용해 막대한 수익을 챙겼다.

어떤 일이 발생했을 때 한없이 불안해하고 걱정하는 것은 인간의 태생적인 약점이다.

이른바 '공포 프리미엄'이란 쉽게 말해 유가에서 공황 심리가 차지하는 비중을 뜻한다. 다시 말해 100달러라는 가격이 실제 원유의 가치가 아니며 그중 최대 40퍼센트는 공포와 불안으로 인해 부풀려진 것이라는 뜻이다.

이런 상황은 주가와도 매우 흡사하다. 시장의 불안 심리로 인해 20달러였던 주가가 10달러로 급락한다고 치자. 그 경우 총 하락폭 10달러 중 적어도 4달러는 '공포 프리미엄'으로 인한 것이다. 보통의 경우 시장에서 불안 심리가 사라지면 주가는 다시 4달러쯤 다시 오르게 된다. 물론 주가가 완전히 이전 수준을 회복하기 위해서는 전체 주식시장이나 주가 자체에 더 많은 호재들이 나타나야 한다.

그렇다면 어떻게 해야 '공포 프리미엄'을 축소시킬 수 있을까?

공급을 늘리는 것이 한 가지 방법이지만, 더욱 중요한 것은 지정학적 형세가 뚜렷하게 안정되어야 한다는 점이다. 단기적인 불안은 사람들의 큰 불안을 불러일으키지 않지만 산유국의 혼란이 장기간 수습되지 못하면 실제로 석유 부족이 나타나게 된다.

정말로 무서운 것은 고열이 아니라 고열이 내리지 않고 계속되는 것이다.

역사는 언제나 놀라울 정도로 흡사하게 반복된다. 2008년에 유가를 미친 듯이 폭등시켰던 것도 나이지리아 등의 정국 불안이었다.

2008년 여름에는 아프리카 최대 산유국인 나이지리아의 정국 불안이 '공포 프리미엄'을 유발하는 가장 큰 요인이었다. 무력충돌로 인해 2008년 5월까지만 해도 하루 산유량이 50만 배럴에서 유지되던 나이지리아의 원유 생산이 여름에는 완전히 중단되고 말았다.

설상가상으로 2008년 5월 15일 나이지리아에서 송유관이 폭발해 약 100명이 사망하는 사고가 발생했다. 이 소식이 전해지자 나이지리아의 석유 공급 중단에 대한 우려가 더욱 가중되었고, 그와 동시에 뉴욕 거래소에서 유가가 순식간에 배럴당 127달러로 수직 상승했다. 이것이 마침내 유가의 광적인 급등을 유발하고 말았다.

조금 더 거슬러 올라가면 원유 공급이 크게 줄어들 때마다 미국 또는 유럽에서 경제위기가 발생했다는 것을 알 수 있다.

1956년의 수에즈 위기[6]는 석유 역사상 가장 큰 위기로 이 사건으로 인해 전 세계의 석유 공급량이 10퍼센트 넘게 감소했고 1990년에는 제1차 걸프전으로 인해 석유 공급량이 9퍼센트 감소했다. 그 후에도 1970년대의 OPEC 석유 감산, 이란 혁명, 1980년대의 이란-이라크 전쟁이 발생해 석유 공급량이 6~7퍼센트 줄어들자 세계적인 오일쇼크가 일어났다.

다행스러운 것은 2008년부터 2011년 초까지 나타난 석유 공급량을 보면 감소폭이 예전보다 훨씬 적어 세계 경제에 대한 충격파가 과거보다 훨씬 약했다는 것이다. 유가 급등을 초래한 진정한 원인이 석유 공급 감소보다는 이라크 전쟁에 있었기 때문이다.

---

6 1956년 7월 26일 가말 아브델 나세르 이집트 대통령이 수에즈 운하의 국유화를 선언함으로써 촉발된 위기를 말한다. 영국과 프랑스가 이에 대해 강력하게 반발해 무력으로 개입했지만 미국과 소련의 반대로 11월 초 영프 양국의 군사행동이 중단되었다.

3
이라크는 누구의 치즈를 옮겼나?

사실 일부 학자들이 몇 해 전부터 에너지 채취가 지구상에서 더 외지고 불안정한 지역으로 확산되고 있으며, 향후 중동, 중남미 등 주요 산유국의 정치적 혼란이 세계적인 에너지 공급 불안을 야기할 수 있다고 우려를 제기해왔다.

미국 정부도 이 문제를 중요하게 생각하고 우려했으며 에너지 문제가 이라크 전쟁을 일으킨 중요한 '원동력' 중 하나이기도 했다.

미국 에너지전문가들이 지적한 대로 과거 20여 년 간의 통계자료를 살펴보면 누가 미국 대통령에 당선되고 어떤 에너지 정책을 수립하고, 비정부기구NGO들이 어떤 창의적인 제안을 내놓는지와는 별개로 미국의 중동산 및 북아프리카산 원유 의존도는 계속해서 증가해왔다.

게다가 앞으로 20년 동안 중동 및 북아프리카 지역의 원유에 대한 전 세계(특히 미국)의 의존도가 계속 증가할 것이며 그 증가폭도 굉장히 클 것으로 예상된다.

이로 인해 미국은 두 가지 고민을 안고 있다.

첫 번째는 일부 지역에 잠재된 사회적, 정치적 위기다. 사실 2011년 이전부터 이미 미국의 전략전문가들이 일부 산유국의 젊은 층 인구가 급증하고 있는 것에 대해 우려를 제기했다. 젊은 층 인구가 급증하면 일자리 수요도 크게 증가하는데 문제는 그 일자리 수요를 모두 충족시킬 수 있는 나라가 거의 없다는 점이다. 보수적인 통계로도 일부 국가의 경우 실업률이 15~25퍼센트에 이를 것이라는 관측이 제기되었다. 결국 우려한 대로 일자리로 인해 불거진 갈등이 위기의 도화선이 되었다.

두 번째 고민은 독재자가 전 세계 석유의 생명줄을 쥐고 있다는 것이었다. 이것은 표면적으로 드러나지는 않았지만 이라크 전쟁이 발발한 결코 무시할 수 없는 원인 중 하나이기도 하다.

부시 취임 초기인 2001년 4월, 백악관 내각회의에서 이라크로 인해 석유시장이 불안해질 수 있으며 이는 미국이 감수하기 힘든 리스크이기 때문에 무력 개입이 불가피하다는 결론이 도출되었다.

이와 함께 부시가 피할 수 없는 사실은 그가 정한 '블랙리스트'에 속한 국가, 즉 이라크, 이란, 리비아, 수단 등이 모두 중요한 산유국이라는 점이었다. 그가 러시아와 손을 잡고 아프가니스탄에 군대를 주둔시켜 중앙아시아를 공격한 중요한 출발점도 역시 석유와 천연가스였다.

이에 대해 미국의 진보평론지 『네이션The Nation』은 부시를 겨냥해 "이라크 전쟁은 군인과 국민들의 목숨과 피를 담보로 한 석유전쟁"이라고 비난한 바 있다.

하지만 부시 정부를 가장 곤혹스럽게 만든 것은 그린스펀Alan Greenspan 전 FRB(미국 연방준비제도이사회) 의장이 자신의 저서 『격동의 시대−신세계에서의 모험The Age of Turbulence-Adventures in a new world』에서 미국이 이라크 전쟁을 도발한 중요한 동기가 바로 석유라고 폭로한 것이었다. "이라크 전쟁이 석유를 위해 도발한 전쟁이라는 이 모두가 알고 있는 사실을 정치적으로 인정하는 것은 매우 불편한 일이다"라는 그린스펀의 표현은 매우 재미있다.

"모두가 알고 있는 사실을 정치적으로 인정하는 것"이란 무슨 의미일까?

이것이 바로 언어의 예술이 아닐까. 이를 두고 '벌거벗은 임금님의 새 옷'이 아니라 '모두가 알고 있는 일'이라고 표현한 것을 보면 그린스펀은 언어유희의 대가임에 분명하다.

이 말이 그린스펀의 입에서 나왔다는 것은 부시 정부를 곤혹스럽게 만들기에 충분했다. 부시가 비록 이라크 전쟁에 경제적 의도(석유)가 있다는 것을 재삼 부인하기는 했지만 일부 경제학자와 전략전문가들은 부시가 사담 후세인을 타도하려는 진정한 의도가 석유에 있다고 굳게 믿었다. 다만 이전에는 그린스펀과 같은 중량급 인사가 이렇게 단도직입적으로 표현하지 않았을 뿐이다. 하지만 그린스펀도 과거 FRB 의장 시절에는 함축적이고 애매모호한 발언과 태도로 일관했었다.

그린스펀의 솔직한 용기에 감격했는지 미국의 한 역사학자도 미국인들의 쓰린 가슴에 소금을 뿌리는 발언을 했다. 제2차 세계대전 당시 일본에게 진주만 공습의 동기를 제공한 것이 바로 1941년 7월 26일 미국과 영국, 네덜란드가 일본에 대한 석유 공급을 90퍼센트 감축하기로 한 결정이라는 것이었다.

역사적 배경과 현실적인 필요성을 배제하고 부시 개인의 정치적인 입장만을 놓고 따진다 해도 에너지 산업과 밀접한 관계를 맺고 있던 부시 정부는 고집스럽게 이라크 전쟁을 도발할 수밖에 없었다.

어린 시절을 텍사스 주에서 보낸 부시 대통령은 석유 산업에 익숙했고 직접 석유회사를 운영한 적도 있었다. 딕 체니 부통령도 백악관에 입성하기 전 유전개발 지원업체인 핼리버튼Halliburton 사의 최고경영자를 지낸 바 있었다. 이 밖에도 콘돌리자 라이스 국무장관, 에너지회사인 엔론Enron 출신의 토머스 화이트 육군장관, 도널드 에반스 상무부 장관 등이 모두 에너지 업계와 밀접한 관계를 맺고 있었다. 이는 부시 정부가 국제 문제에 있어서 에너지 문제를 중요하게 고려할 수밖에 없었던 중요한 원인이다.

미군이 바그다드를 점령한 후에도 미국 고위층 인사들과 에너지회사의 결탁 관계는 보이지 않게 계속되며 영향력을 발휘했다. 체니 부통령과 밀접한 관계에 있었던 핼리버튼 사는 이라크 전쟁 후 재건 사업에서 적잖은 이권을 따냈을 뿐 아니라 이로 인한 '스캔들'도 끊이지 않았고, 그 후에는 부시와 친분 관계가 있는 헌트오일Hunt Oil(헌트오일의 사장 레이 헌트Ray Hunt가 부시 주니어와 오랜 친구 관계다)이 쿠르드 지역 자치정부와 석유 개발 계약을 체결해 이라크 정세의 발전에 미묘하지만 무시할 수 없는 영향을 미쳤다.

모두 같은 편이 되어 암암리에 서로 이익을 나누어 가졌으며 그 손해는 사담 후세인이 모조리 떠안아야 했다. 후세인의 불운은 부시가 미국 대통령으로 취임하면서부터 시작되었다고 할 수 있다.

누군가에게는 달콤한 사탕이 다른 누군가에게는 독약이 될 수도 있다. 이라크 전쟁이라는 독약에 목숨을 잃은 것은 사담 후세인만이 아니었으며, 너무도 많은 무고한 생명이 희생되었고 죽음에 이르지는 않았지만 만성 '광우병'에 걸린 유가도 그 희생양이었다.

미국이 이라크 전쟁을 일으킨 2003년부터 부시 임기 말기까지 국제유가는 6배나 폭등했고, 이 기간 동안 이라크의 하루 산유량은 전쟁 전약 260만 배럴에서 110만 배럴로 줄어들었다.

급등한 유가는 미국 텍사스 주에 본사를 둔 석유화학기업 엑손모빌ExxonMobil에게 막대한 이득을 안겨주었다. 이라크 전쟁 이전에 300억 달러였던 엑손모빌의 영업이익이 6년 만에 2000억 달러를 돌파했다는 사실이 이 점을 증명한다. 이 밖에도 미국 석유회사들이 이라크에 있는 대다수 유전의 개발권을 차지했다. 부시 재임 기간 말기에 이르러서야 다른 나라들이 이라크 유전 개발에 일부나마 참여할 수 있었다. 이라크의 유전 개발을 미국인들이 전적으로 주도했던 것이다.

이것이 바로 미국이 이라크 전쟁에 그토록 집착했던 근본적인 원인이다. 모든 음모와 거짓말이 폭로된 후 이라크 전쟁이 에너지 전쟁이라는 사실은 더 이상 '비밀'이 아니었다. 이라크 전쟁 이후 산유국인 이란과 베네수엘라가 미국에 반기를 들고 강하게 반발했던 것은 결코 우연이 아니다.

부시가 비록 재임 기간 내내 이라크 전쟁이 에너지 산업과 결부되어 있음을 인정하지 않았지만, 손바닥으로 하늘을 가리려는 그의 행동이 부작용을 불러오지 않을 수 없었다. 그의 이런 행동은 이라크의 반미 정서를 더욱 고조시켰을 뿐 아니라, 세계 각국이 에너지 외교와 에너지 게임에 적극적으로 참여하는 계기가 되었다. 이 두 가지 사실로 인해 국제 관계는 더욱 미묘하고 복잡해졌으며 결국 유가 상승을 부채질했다.

이 모든 과정에서 가장 큰 피해를 입은 것은 역시 유가였다. 미국은 이라크 전쟁을 '이라크와 그 주변 지역의 장기적인 안정과 번영을 위한 전쟁'이라고 선전했지만, 실제로는 원유매장량 세계 2위인 이라크가 아직도 이 전쟁으로 인한 혼란과 부작용에서 벗어나지 못하고 있고 산유량도 전쟁 이전의 수준을 회복하지 못했다. 가격 결정에 무엇보다도 중요한 공급 단계에서 심각한 문제가 생겼으니 유가 폭등은 당연한 수순이었다.

그런데 이라크 전쟁이 움직인 치즈는 비단 이라크의 석유 공급만이 아니었다. '테러 부가세'를 발생시켰다는 점을 간과하지 않을 수 없다.

이라크 전쟁은 세계적인 반테러 투쟁의 방향을 바꿔놓았다. 부시 정부는 이라크 전쟁에 대한 공습을 개시한 후 승세를 몰아 테러조직의 기지를 추격해 공격하지 않음으로써 국제 테러조직에게 숨을 돌릴 수 있는 틈을 허용했다. 이로 인해 테러 위협이 사라지지 않고 계속되어 유가 상승 랠리를 부추기는 역할을 했다.

이에 대해 경제학자들은 석유 배럴당 10달러의 '테러 부가세'를 더 지불하게 되었다고 객관적으로 평가했다. 주목해야 할 것은 이 말이 나왔을 당시만 해도 유가가 배럴당 70달러였다는 사실이다.

하지만 아무리 전 세계가 고통을 당하는 시기에도 수혜자는 있기 마련이다. 먹잇감을 발견하기만 하면 닥치는 대로 먹어치우는 악어 같은 국제투기꾼들이 속으로 가장 환영하는 것이 바로 지정학적 위기와 돌발적인 사건이다.

4
유가 등락의 수혜자와 피해자

중국에 재미있는 속담이 있다. "얼음도 한때는 단단했었다"는 말이다.

그 뜻인즉슨, 많은 것들이 고체의 형태를 띠고 있지만 그래도 집으로 가져가기 전에 정확한 재질을 확실하게 확인하는 것이 좋다는 것이다. 소홀히 했다가는 집에 돌아가자마자 단단했던 얼음이 흔적도 없이 녹아버릴지도 모르기 때문이다.

이 속담은 여러 분야에 적용될 수 있지만, 유감스럽게도 투자가들 중에는 이 이치를 제대로 이해하지 못하는 이들이 많은 것 같다. 누가 자신에게 팔아주기만 하면 감격해서 어쩔 줄 모르는 이들이 많다.

2008년 여름의 상황을 보면 이 점은 분명해진다. 당시 세계 금융시장에는 일촉즉발의 위기가 감돌고 있었다. 그런데 중국인들을 우울하게 만든 것은 중국이 금리를 인하한 후 유가가 예상을 뒤엎고 폭락한 것이었다.

이에 대해 로렌스 서머스Lawrence Summers 전 미국 재무장관이자 전 하버드대 총장은 독특한 해석을 내놓았다. 하버드대 학생들의 성적을 A, B, C 등급으로 구분할 때, 성적이 우수한 A급 학생들은 졸업 후 우수한 학자나 연구원이 되고, 성적이 보통인 B급 학생들은 장래 자신의 자녀들도 열심히 공부를 시켜 일류대학에 진학하게 한다. 그런데 성적이 제일 나빴던 C급 학생들이 백만장자가 되어 학교에 기부금을 내놓는 경우가 많다는 것이다.

왜 그럴까?

여러 가지 원인이 있겠지만 한 가지 중요한 원인은 바로 C급 학생들이 고통을 견디는 인내심이 상대적으로 강하다는 것이다. 자본시장에서 고통을 잘 견뎌내는 사람들 중에는 학생 시절에 원만한 인간관계를 형성하고 풍부한 사회경험을 쌓았으며 남다른 관찰력을 가진 이들이 많다. 그렇기 때문에 단순히 공부만 잘하는 사람들에 비해 기회를 예리하게 포착하고 야성도 강하다는 특징이 있다. 야성이란 냉혹한 자본시장에서 살아남기 위해 반드시 필요한 요건이다.

하지만 야성이 때로는 독이 되기도 한다. 많은 투자자들이 야성 때문에 재산을 탕진하는 것이다. 야성적인 사람에게 재산을 빼앗기기도 하고, 균형을 잃은 야성과 함께 재산이 순식간에 사라져버리기도 한다.

그런데 중국인들에게 올가미를 씌우는 이들이 대부분 '야생늑대'들이라는 사실을 알아야 한다. 독일계 미국인 윌리엄 엥달William Engdahl은 『석유 지정학이 파헤친 20세기 세계사의 진실A century of war, Anglo-American oil politics and the new world order』이라는 자신의 저서에서 전쟁, 석유, 국가의 이익 간의 여러 가지 관계를 대담하게 분석해 세계적으로 큰 반향을 일으켰다.

2008년의 유가 폭등에 대해 엥달은 원유 선물 시장의 다양한 금융투기가 유가 급등을 부추기는 가장 큰 원인이라고 직접적으로 지적했다.

치명적인 위험은 선물 시장 곳곳에서 늑대가 도사리고 있는 것이 아니라, 늑대를 사냥하는 사람들이 쿨쿨 자고 있다는 것이다. 유가가 낮은 포복을 하고 금융위기가 잠복해 있었던 시절에 미국도 원유 선물 시장이 정부의 감시감독에서 자유로울 수 있도록 허가하는 천진난만한 규정을 통과시킨 바 있다.

결과적으로 유가가 늑대와 함께 춤을 추기 시작했다. 얼마 되지 않아서 국제유가가 배럴당 60달러에서 147달러까지 수직 상승했다. 엥달 등 학자들은 그 당시 유가 상승의 원인 중 70퍼센트는 금융투기라고 지적했다.

늑대가 피를 좋아하듯 돈은 기회가 있는 곳으로 흐르기 마련이다. 실제로 유가가 급등했던 2007년부터 2년간 뉴욕, 시카고, 런던의 상품거래소가 대호황을 누렸다. 단 1년 만에 약 2600억 달러의 자금이 상품거래소로 유입되었다. 2003년 호황기보다 거의 20배나 많은 규모였다. 영국 『이코노미스트』지의 추산에 따르면, 이 자금 가운데 절반인 1300억 달러의 펀드가 원유 선물에 투자되었다.

1300억 달러의 늑대가 어슬렁거리는데 방심하고 있다가 물리거나 위협을 당한다면 비정한 사회만 탓할 수 없는 일이다.

어떤 늑대들이 유가를 천정부지로 밀어올린 것일까?

순식간에 몰려들었다가 썰물처럼 한꺼번에 빠져나가는 펀드가 적지 않다. 원유 선물 거래가 최대 활황을 누렸을 때 약 800종의 펀드가 원유 선물 시장으로 모여들었으며 하루 거래액도 엄청난 규모였다. 이런 펀

드들이 가장 좋아하는 것은 단기 매매를 통해 차액을 얻는 방식인데 이 것도 유가가 단기간 내에 롤러코스터 타듯 등락을 반복하는 중요한 원인 중 하나다.

하지만 정말로 무서운 것은 바로 기관, 즉 조직적인 늑대들이다.

아무리 조용한 투기라고 해도 계획과 패턴이 있기 마련이다. 2008년 금융위기 이전의 투기는 부동산에서 시작해 파생금융상품으로 이동했다가 다시 유가로 무대를 옮겼다. 이 과정을 배후에서 조종한 것은 바로 월가의 탐욕과 방종이었다.

경제학자들은 2008년에 유가 급등을 초래한 가장 중요한 원인이 서브프라임 위기 이후 FRB가 대량의 화폐를 시장에 투입한 것이라고 지적한다. 시장에 유동성이 급증하자 석유시장이 국제 투기꾼들에게 최적의 투자품목이 되었다.

엥달의 분석처럼 미국의 유명한 투자은행들이 이 유가 폭등에서 가장 중요한 역할을 했다. 특히 골드만삭스, 시티은행, 모건스탠리, JP모건은 석유 선물 거래를 쥐락펴락하는 4대 큰손들이다. 이들이 원유 선물 시장을 스치고 지나갈 때마다 시장이 크게 출렁이며 거센 파도가 일어나 유가를 밀어 올렸다.

그중에서도 골드만삭스가 가장 잔인했다. 그들은 '예언의 대가'라는 별명을 가지고 있지만 '행동의 대가'라고 불리기에도 손색이 없다.

2007년 중반 국제 원유 선물가격이 배럴당 60달러까지 올랐을 때 모두들 유가가 꼭지에 다다라 조만간 하락할 것이라고 예상했다. 하지만 골드만삭스만이 유일하게 유가가 연말이면 95달러까지 오를 것이라고 예언했다. 결과적으로 2008년 초 유가는 105달러까지 상승했다. 이 과정에서 골드만삭스는 미국의 베테랑 분석가들처럼 예측가이자 실제 시장참여자로서 '유가 고공행진'이라는 영화에서 감독과 배우의 1인 2역을 수행했다.

그런데 유가가 고점에 다다랐던 2008년 5월, 골드만삭스의 분석가 아준 무르티Arjun Murti가 "향후 2년 내에 원유 가격이 배럴당 200달러까지 오를 것"이라고 호언장담했다. 투자자들이 그의 말을 믿고 전력을 다해 배팅하고 있는 동안 골드만삭스는 오히려 유가 그래프의 마지막 상승 고점에서 재빨리 손을 뗐다.

세계 어느 곳에서나 거짓말은 언제나 쌍둥이처럼 닮아 있다.

중국에서 주식에 투자해본 사람들이라면 대부분 생생하게 기억하고 있는 사건이 있다. 2008년 주가가 무참히 붕괴되기 직전 많은 사람들이 주가지수가 8000포인트까지 무난하게 상승할 것이라고 호언장담했다. 심지어 어떤 이들은 1만 포인트 돌파도 가능하다는 대담한 전망을 내놓았다. 하지만 결과적으로 주가지수는 6124포인트에서 꺾이기 시작해 절반도 넘게 떨어졌다.

또 중국 최대 국영석유회사인 중국석유화공집단공사中國石油化工集團公司, SINOPEC가 주식시장에 상장되기 전에도 대다수 분석가들이 주가가 80위안까지 오를 것이라는 둥, 10위안까지 오를 것이라는 둥 장밋빛 전망을 쏟아냈다. 이 기업의 주가가 35위안까지 떨어졌을 때에도 다시는 이런 가격에 살 수 없을 것이라며 하늘이 준 매수 기회라고 떠드는 사람들이 적지 않았다.

과연 그 예상은 적중했다. 정말로 그런 가격을 다시는 볼 수 없었다. 중국석유화공집단공사의 주가는 그 후로 35위안에 훨씬 못 미치는 가격에서 납작 엎드린 채 좀처럼 오를 기미가 보이지 않았기 때문이다.

그 후로는 투자자들이 조금씩 영리해지기 시작했다. 이제는 아준 무르티 같은 사람들이 주가지수가 4000포인트, 5000포인트, 6000포인트까지 오를 것이라는 전망을 내놓으면 과거의 일을 기억하며 큰 탐욕을 부리지 않는 투자자들은 조용히 주식을 팔고 주식시장을 떠나기 시작한다.

자주 거짓말을 하면 아무도 믿어주지 않는 법이다. 이미 정신이 마비되어 이성적인 사고가 불가능한 사람과 이제 막 주식시장에 뛰어든 사람들을 제외하면 말이다.

5
늑대와 어떻게 춤을 추는가?

그렇다면 이런 늑대들에게 대항할 방법은 없을까?

물론 방법은 있다. 미국에서 중간선거가 실시되기 직전인 2006년 8월, 미국의 주가가 큰 폭의 조정을 겪었다. 당시 공화당의 고유가 정책으로 인해 유권자들의 민심이 야당인 민주당으로 기울어 있었다. 이 중요한 시기에 부시 정부가 갑자기 석유 거래 시장의 검은 거래를 엄격히 단속하겠다고 선언했다. 이 정책의 희생양이 된 것은 바로 영국의 석유회사 BP였다.

조사 결과, BP가 거의 1년 동안 텍사스 주에 위치한 정유공장에 대해 수 차례나 가동을 중단하고 보수를 실시하는 바람에 유가가 불안정하게 변동했으며, BP가 이를 통해 선물 시장에서 은밀히 이득을 얻었다는 사실이 밝혀졌다. 미국 정부는 BP에 거액의 과징금을 부과했고 이 소식이 전해지자 유가도 하락했다. 2008년에 유가가 147달러에서 갑자기 하락한 것도 미국 정부의 자체 조사와 밀접하게 관련되어 있다.

2007년 12월부터 미국의 상품선물거래위원회Commodity Futures Trading Commission가 국제유가 급등에 대해 조사를 실시했다. 대형 투기상들의 거래 정보를 자세히 조사한 결과, 미국에서 서브프라임 위기가 발생한 후 거액의 투자자금이 리스크를 피해 국제 원자재 선물 시장으로 대거 유입되었음을 확인할 수 있었다.

이 조사를 토대로 미국 하원 에너지통상위원회House Committee on Energy and Commerce는 2008년 6월 23일 보고서를 발표했다. 2000년 1월 뉴욕 상품거래소에서 체결된 원유 선물 거래액 가운데 투기거래가 37퍼센트를 차지했지만, 2008년 4월에는 투기거래의 비중이 71퍼센트로 급등하고 상업거래의 비중은 크게 줄어들었다는 것이었다.

국제유가가 처음으로 배럴당 140달러를 돌파한 6월 26일, 미국 하원에서 한 법안이 압도적인 찬성표를 얻어 통과되었다. 미국 상품선물거래위원회가 긴급명령 등 막강한 조치를 포함한 각종 수단을 통해 원유 선물 시장에서 과도한 투기가 발생하는 것을 억제할 수 있도록 한 법안이었다.

이 법안이 통과되자 미국 『비즈니스 위크』 등 언론도 잇따라 심층기사를 통해 현재의 원유의 공급이 부족하지 않으며 유가 상승은 순전히 투기 때문이라고 보도했다.

그 후 투기로 인한 해프닝은 빠르게 일단락되었다. 가장 불쌍한 이들은 골드만삭스의 예언을 과신한 나머지 미국의 정치 동향을 간과한 투자자들, 특히 외국 투자기관들이었다. 그들은 그 와중에서도 여전히 유가가 200달러를 돌파할 것이라는 전망을 좇아 부나방처럼 유가 선물에 계속 투자하고 있었다.

냉정한 시선으로 관찰해보면 2011년 최고조에 달했던 투기도 2008년의 상황과 닮은 점이 매우 많다. 유가와 금융정책의 관계가 큰 틀에서 벗어날 수 없기 때문이다.

일반적으로 화폐 발행량이 실물경제의 수요를 초과할 경우 사람들은 과다한 유동자금을 처분하기 위해 적극적으로 소비하게 된다. 경제학자들이 우려한 대로 2011년에 바로 이런 상황이 연출되었다. 미국에 경상수지 적자가 발생한 것은 다른 나라 국민들이 미국 상품을 소비하지 않고 저축을 많이 했기 때문이 아니라, 세계 각국(특히 미국)의 과도한 화폐 발행량 때문이다. 이런 화폐들은 경제적 기반이 부실한 상황에서 발행된 것들이다.

사실상 금융위기 이후에 FRB가 두 차례 양적완화를 실시함에 따라 많은 나라에서 대규모 신용대출이 이루어졌으며 이로 인해 유동성이 크게 확대되었다. 그러나 안타깝게도 미국 등에서 뚜렷한 경기 회복세가 나타나지 않았다. 대량으로 공급된 돈들이 실물경제로 흘러들어가지 않고 단기 투자로 몰려들어 2010년 세계적인 투기열풍이 나타나고 원자재 분야에서 원유, 구리, 금 등의 가격이 사상 최고가를 경신했다.

유가 급등의 진원지가 바로 미국이었던 셈이다.

돌이켜보면 두 차례 유가 급등 당시 미국의 경제 상황이 매우 비슷했다는 것을 알 수 있다. 즉, 미국 경제가 침체되어 금융자산의 수익률이 낮아 대량의 달러를 미국 시장으로 끌어들일 수 없게 되자 FRB가 양적완화 조치를 시행했다. 그러자 국제 투기자금이 개발도상국으로 흘러들어가지 않고 석유 등 원자재를 좇아 몰려들기 시작했고 이것이 원자재 가격 상승으로 이어진 것이다.

6
누가 어리석음을 자초하는가?

똑똑한 사람이 어리석은 행동을 한다면 무슨 이유 때문일까?

여러 가지 이유가 있겠지만 절대 무시할 수 없는 한 가지 원인은 똑똑한 사람들은 종종 중요한 일에는 큰 관심이 없고 자신의 능력과 열정을 중요하지 않은 일에 낭비한다는 것이다.

아무리 달리기가 빠른 사람도 처음부터 방향이 잘못되었다면 결국에는 체력만 낭비하는 셈이다. 오바마가 매우 대표적인 예다. 오바마는 매우 똑똑하고 매력과 활력을 갖춘 지도자다. 그는 무슨 일을 하든 완벽에 가깝게 처리해낸다. 그런데 이상하게도 미국인들 사이에서는 그의 지지율이 매우 낮다.

그 이유는 무엇일까?

한 가지 매우 중요한 원인은 그가 미국인들이 가장 관심 있는 문제에 대해서는 별로 집착하지도 않고 그리 훌륭하게 해내지도 못한다는 것이다. 그런 일들이 반복되면서 사람들의 눈에 그는 말만 번드르르한 지도자로 비춰지기도 한다.

미국인들이 오바마에게 가장 불만스러워하는 것은 높은 실업률과 더딘 경기 회복이지만, 고유가도 무시할 수 없는 원인이다.

2008년에 하늘 높은 줄 모르고 치솟던 유가를 하락시킨 것이 미국 정부의 간섭이었음은 이미 공인된 중요한 사실이다. 그런 경험을 바탕으로 2009년부터 유가 및 기타 원자재 가격이 투기 세력에 의해 급등했을 때에도 정부가 나섰다면 투기를 단속할 수 있었을 것이다. 하지만 유감스럽게도 오바마는 그 사실을 모르는 것 같았다.

게다가 오바마는 신재생에너지 분야에 대해 너무 많은 공수표를 남발했으며 이것이 오히려 유가를 고삐 풀린 야생마로 만들었다. 바꿔 말하면 지정학적 위기와 투기라는 요인을 차치하더라도 대체에너지 개발이 지지부진했다는 점도 유가 강세를 부추긴 중요한 원인이었다.

흥미로운 것은 유가가 배럴당 100달러를 돌파한 후 오바마의 지지율이 다시 50퍼센트 이하로 떨어졌다는 점이다. 오바마도 낮은 지지율에 대해 국민들을 탓할 수만은 없다. 과거 2년 동안 그가 너무 많은 기회를 그대로 흘려보냈기 때문이다. 그중에서도 신재생에너지 등 신흥 산업의 육성과 중국과의 적극적인 관계 개선은 반드시 진지하고 적극적으로 추진했어야 하는 일이었다.

사실 유가가 이렇게까지 오르기 전에도 미국은 물론 유럽 각국에서도 석유의존도를 낮추는 문제에 대해 활발한 논의가 이루어지고 있었다. 비록 당시에는 지정학과 테러와의 전쟁이라는 관점에서 출발하기는 했지만 결국 마지막 귀착점은 모두 대체에너지 개발로 모여졌다.

그래서 태양광, 풍력, 지열, 원자력 등 신재생에너지를 개발함으로써 에너지 공급의 '리스크'와 유가 급등으로 인한 충격에 효과적으로 대응해야 한다는 의견이 대세를 이루고 있었다. 오바마도 대통령 선거 기간 동안 하이브리드 자동차 산업 지원 등 적잖은 에너지 관련 공약들을 내놓았다.

오바마의 야심찬 공약에 중국인들까지 기대에 부풀었다. 오바마가 당선된 후 많은 중국 학자와 관련 업계 인사들이 신재생에너지 분야에서 미중 양국의 협력 청사진을 제시하기도 했다. 오바마의 거듭된 약속이 사람들에게 높은 기대와 희망을 갖게 했던 것이 사실이다.

그런데 안타깝게도 오바마의 약속은 행동으로 옮겨지지 않았다. 오바마는 다른 일을 처리하느라 바빠 그동안 자신이 했던 약속들을 모조리 잊어버린 듯했다. 한꺼번에 듣기 좋은 말을 너무 많이 쏟아내고 좋은 일들을 추진했지만 정작 그것들을 성사시킬 수 있는 결정적인 일은 하지 않았다.

유가가 오르자 투기꾼들은 희희낙락했지만 석유를 소비해야 하는 사람들에게는 그보다 더 큰 고통이 없었다. 오바마의 수많은 구상들은 그저 입가에서만 맴돌 뿐이고 실제 행동으로 이어진 것은 거의 없으며 신재생에너지 발전도 기대에 턱없이 못 미쳤다. 유가 급등으로 전 세계가 고통을 받고 있었지만 석유를 대신할 만한 마땅한 대체품을 찾을 수 없었다.

게다가 오바마가 난데없이 중국을 향해 비난의 화살을 퍼붓기 시작했다. 그로 인해 세계 경제의 중요한 고비였던 2009년 미국과 중국의 관계가 악화일로를 걸었고, 미중 양국이 가장 활발하게 협력할 수 있는 신재생에너지 분야가 한쪽으로 밀려나 천대 받는 신세가 되고 말았다.

하지만 유가는 오바마의 번드르르한 언변을 비웃기라도 하듯 계속해서 상승했고 에너지 산업은 지진과도 같은 변혁 앞에서 힘없이 휘둘리고 말았다. 에너지가 풍부하고 저렴한 시대는 역사 속으로 사라지고 이제는 에너지가 적고 비싼 시대로 접어들었다. 다시는 예전으로 돌아갈 수 없다.

이런데도 미국을 비롯한 강대국들이 신재생에너지 개발을 중요한 정책 과제로 삼지 않는다면 유가 급등은 이제부터가 시작인 셈이다.

유가 급등은 테러라는 지정학적 위기와 투기라는 권력, 지지부진한 신재생에너지 발전이라는 나태함이 종합적으로 작용한 결과이며, 부시와 오바마가 그 일등공신이라고 할 수 있다.

무슨 일을 하든 얼마나 열심히 하느냐보다는 정확한 방향을 잡는 것이 더 중요하다.

7
가슴이 아프도록 파이팅하다

유가 상승은 자동차를 가진 사람은 물론 자동차가 없는 사람까지도 시름에 빠뜨렸다.

이 세상에서 석유 없이 살 수 있는 사람은 아무도 없다.

유가 상승은 사람들의 외출 습관까지도 소리 없이 바꿔놓았다. 사람들은 차를 굴리기가 점점 힘들어진다는 것을 알았다. 어느 나라보다도 자동차에 대한 수요가 높은 미국이지만 고유가는 사람들의 자동차 구매 욕구를 억제시킬 만큼 대단한 위력을 발휘했다.

이 점은 미국에서 아주 다양한 방면으로 표출되었다.

자동차를 열렬히 사랑하는 미국인들에게 있어서 자동차 사용 습관을 포기하는 것은 결코 쉽지 않은 일이었다. 그러자 사람들은 자동차를 타는 대신 다른 곳에 쓰는 돈을 줄이기 시작했다.

자동차 유지비가 늘어났으니 다른 곳에 쓸 돈이 줄어들 수밖에 없었다. 한 음악과 교수는 "예전에 즐기기 위해 사용하던 돈을 지금은 기름 값으로 쓰고 있다"고 탄식하기도 했다.

한마디로 미국인들은 에너지 소비액을 줄이는 대신 다른 상품이나 서비스에 대한 소비를 줄였던 것이다. 이것을 '스타벅스 효과Starbucks Effect'라고 부른다.

'스타벅스 효과'란 무엇일까?

유가 상승으로 인한 부담감 때문에 소비자들이 한 잔에 4달러인 스타벅스 커피 대신 맛은 비슷하면서도 가격은 1~2달러인 다른 커피를 마실 수밖에 없는 상황을 표현한 말이다.

만약 하늘에서 5000달러가 뚝 떨어진다면 당신은 그것을 어떻게 쓸 것인가?

2010년 크리스마스에 미국에서 이런 설문조사를 실시했다. 조사 결과 응답자 중 47퍼센트가 빚을 갚는 데 사용하겠다고 대답했다. 이렇게 대답한 비율이 10년 만에 최고치를 기록한 것이다.

사람이 변할 것인가, 아니면 세상이 변할 것인가? 실업률 상승, 경기 침체, 유가 급등의 압력 속에서 점점 더 많은 미국인들이 자신을 바꾸는 쪽을 택했다.

이 같은 변화를 잘 설명하는 것이 바로 '가정의 재고 줄이기' 현상이다. 일반적으로 재고 줄이기는 기업들만의 일로 여겨지고 있지만 이제는 이런 '경영방식'이 일반 가정까지 널리 보편화되어 있다. 과거 20년간 미국인들은 물건을 한꺼번에 대량으로 구입하면서 상품 소비에 흥청망청 돈을 써왔다. 하지만 요즘 미국에서는 자동차에 물건을 하나 가득 싣고 집으로 돌아오는 광경을 흔히 찾아볼 수 없다. 슈퍼마켓에 자주 가는 불편함을 감수하더라도 한꺼번에 많은 물건을 사지 않는 것이다.

시대가 영웅을 만들어내듯 시대가 변화하자 그에 맞추어 상품들도 변화하기 시작했다. 과소비를 지양하려는 미국인들의 성향에 맞춘 새로운 지갑들이 등장해 큰 인기를 끌었다. 지갑 속에 돈이 다 떨어지면 자동으로 경보를 울리는 지갑이 있는가 하면 돈을 쓸 때마다 자동으로 경보를 울려 과소비를 막아주는 지갑도 등장했다.

신용카드의 인기도 수그러들었다. 2010년 추수감사절과 크리스마스

연휴 기간에 실시된 소비행태조사에 따르면, 쇼핑할 때 신용카드로 구매할 계획이라는 소비자가 2002년 이래 최저를 기록했으며, 반면 직불카드와 현금으로 구매하겠다는 응답자의 비중이 증가했다. 미국인들이 수입에 맞춰 적절하게 소비하기 위해 노력하고 있음을 의미하는 것이다. 앞으로의 기대수입이 높지 않고 물가와 유가가 급등하고 있는 상황에서 현금과 직불카드 사용은 가장 현실적이고 이성적인 선택이라고 할 수 있다.

이와 동시에 사람들의 자동차 사용습관에도 미묘한 변화가 생겼다.

고유가 시대에 휘발유 소비를 줄이고 석유의존도를 낮추기 위해 부시 정부든 오바마 정부든 모두 에너지 소비 절약을 위한 정책을 내놓고 국민들의 자동차 사용습관이 바뀌기를 기대했다.

정부의 정책 때문이든 휘발유 가격 부담 때문이든 미국인들이 자가용을 몰고 외출하는 횟수가 점점 줄어들었다. 경기 위축이 한창 진행 중이던 2007~2009년 미국인들이 자가용을 몰고 외출하는 횟수가 크게 감소하고 전체 자동차 운행거리도 사상 처음으로 2.5퍼센트 단축되었다. 경기가 조금 회복된 2010년에도 미국인들의 자동차 외출 횟수와 거리가 2007년 최고 수준을 회복하지 못했다.

자동차 사용을 줄일 수밖에 없었던 이유에는 여러 가지가 있지만, 그중 중요한 원인이 바로 높은 실업률이다. 할 일이 없으니 가계 지출을 줄이기 위해 자동차 사용을 최대한 줄였고 경제활동도 저절로 줄어들었다. 자가용 보유대수를 줄이는 가정들도 늘어났다. 자동차 사용이 불가피한 사람들도 조금이라도 더 경제적으로 사용하기 위해 카풀제가 유행하고 대중교통을 이용하는 사람들도 늘어났다.

한편 고유가로 인해 나타난 긍정적인 효과들도 있다. 대도시의 교통

체증이 예전보다 감소한 것도 미국인들의 자동차 사용습관 변화와 관련되어 있다.

환경보호운동가들도 모처럼 활짝 웃었다. 2008년 유가 급등 전에 미국인들은 에너지를 물 쓰듯 흥청망청 썼다. 유가가 비교적 저렴했기 때문에 연료절약에 대한 인식이 약해 대형 세단이나 SUV 차량이 인기를 끌었다. 미국인들은 여름에 겨울보다 더 많은 옷을 껴입고 일한다는 말이 결코 우스갯소리가 아니었다. 여름에는 냉방을 너무 많이 해서 춥고 겨울에는 난방을 너무 많이 해서 더웠기 때문이다.

하지만 유가가 상승하고 금융위기의 여파가 사라지지 않자 미국인들도 점점 실용성을 추구하기 시작했다. 2010년 말 미국의 자동차 판매대수 가운데 중대형 자동차의 비중이 65퍼센트에서 61퍼센트로 감소하고 소형 자동차의 비중은 35퍼센트에서 39퍼센트로 증가했다. 얼핏 보기에는 변동 폭이 크지 않은 것 같지만 실제로 1980년대 이후 처음으로 미국인들의 자동차 구매성향에 중대한 변화가 생긴 것이었다.

차이를 더욱 확연하게 느낄 수 있는 것은 몇 년 전 미국인들이 선호하던 지프Jeep의 커멘더Commander, 닷지Dodge의 듀랑고Durango, 포드Ford의 익스플로러Explorer 등 대형 SUV 차량들까지 할인 경쟁에 뛰어들었다는 사실이었다. 일부 업체들은 매우 파격적인 가격 할인을 제공했지만 판매대수는 크게 늘지 않았다.

미국의 이런 변화를 보며 중국인들이 미국인의 생활방식을 본받지 않을까 우려하던 학자들도 한시름 놓았다. 그들은 미국인들의 생활방식이 지구에 대한 무책임한 행동이라고 생각했다. 심지어 어떤 이들은 고유가야말로 에너지 절약을 위해 가장 효과적인 방법이라고 주장하기도 했다. 자동차를 사도 그만 안 사도 그만인 사람들은 치솟는 유가를 보며 자동차를 사지 않고, 큰 차든 작은 차든 관계없는 사람들은 고유가 때문에 작은 차를 선택한다는 것이다. 또 고유가는 면허 발급 제한보다도 훨씬 효과적인 교통체증 해소 방법이기도 하다. 사람들이 '자각적으로' 자동차를 운전하지 않거나 적게 운전하기 때문이다.

조금 극단적으로 들릴지도 모르지만 어느 정도 일리가 있는 말이다. 하지만 가장 중요한 것은 요즘처럼 경박한 시대에는 이렇게 국가와 국민을 걱정하는 사람들이 아주 적다는 사실이다.

8
자동차만 남은 채 빈털터리가 되다

고유가 때문에 뚱뚱해진 사람이 있다는 말을 믿을 수 있겠는가?

실제로 있었던 일이다. 그레이스는 전형적인 미국의 블루칼라에 속한다. 그녀는 기술집약형 업종에서 단순한 육체노동을 하며 일당을 받아 생계를 꾸렸고 집과 자동차는 은행에서 대출을 받아서 구매했다. 2010년 말 그녀는 매달 은행에 700달러 가까운 돈을 이자와 원금으로 납부해야 했고, 그 외에 기본적인 생활비와 자동차 연료비를 제외하고 나면 월급에서 남는 돈이 거의 없었다.

제일 딱한 일은 그녀가 오랫동안, 정부의 보조금 혜택을 받아 값싸고 열량이 높은 패스트푸드에 의존해온 탓에 정상 체중을 넘어섰다는 사실이다. 그녀의 몸무게는 이미 미국의 장애인 판정 기준에 가까운 200킬로그램까지 증가했다. 현재 그녀에게 남은 것이라곤 기름값조차 감당할 수 없는 자동차 한 대가 전부다.

오바마 정부와 일부 학자들은 유가가 미국의 경기 회복을 가로막지 않는다고 주장했지만 대부분의 미국인들은 그렇게 생각하지 않았다. 한 조사 보고서에 따르면, 미국인 가운데 상품의 가격을 가장 중요한 구매 결정 요인으로 꼽는 비중이 다른 국가들보다 많았으며, 특히 소득 수준이 중간 이하인 가정에서 이런 경향이 두드러졌다.

누구도 이미 익숙해진 편안한 생활방식을 바꾸고 싶어 하지 않는다. 금융위기와 유가 급등이라는 악재가 없었다면 이미 기존의 생활방식에 익숙해진 미국인들이 지갑 속 돈을 세어가며 절약해서 살려고 하지 않았을 것이다. 유가 상승이 미국인들의 생활방식을 완전히 바꾸어놓을 수는 없겠지만, 가계지출에 대한 '예기치 않은 부담'이 많은 사람들의 생활에 영향을 미치는 것은 분명한 사실이다.

그중에서도 가장 큰 영향을 받는 사람들은 소득수준이 중간 이하인 사람들이다. 에너지는 이들 가정의 가계지출 가운데 비교적 큰 비중을 차지하는 필수품이기 때문이다. 가령 일 년에 자동차를 1만 5000마일을 운행하는 사람이 있다고 치자. 휘발유 1갤런으로 20마일을 달릴 수 있다고 할 때 유가가 60센트 오를 때마다 해마다 기름값으로 450달러를 더 소비해야 한다는 계산이 나온다. 저소득 가정에게 큰 부담이 될 수밖에 없다.

예전에는 주유소에 가서 아무렇지도 않게 기름을 넣던 사람들이 지금은 매일 바뀌는 가격표를 확인하고는 쓰린 가슴을 쓸어내리곤 한다. 드디어 지출을 줄이기 위해 하이브리드카 등으로 자동차를 바꾸는 사람들도 나타나기 시작했다. 유가의 장기적인 강세가 대세라고 생각했기 때문이다.

재미있는 것은 유가 상승이 가정의 단합을 부추겨 이혼을 줄이는 효과를 기대할 수 있다는 연구 결과가 발표된 것이다. 유가 급등세가 계속되고 있던 2007년 12월 2일, 미국 미시건 주립대학이 연구논문 한 편을 발표했다. 이혼을 하면 자원과 에너지 사용효율이 떨어지고 각종 지출이 증가하기 때문에 가정의 이혼이 환경에도 부정적인 영향을 미친다는 내용이었다.

이 논문에 따르면, 이혼이 증가하면 가구 수는 증가하는 반면 가구의 구성원 수가 감소하고 토지와 생활에 필요한 비용이 늘어나게 된다. 따라서 이혼율이 상승하면 에너지 소모량도 늘어나게 되고 자원사용효율도 낮아진다는 결론이 나온다. 가정의 해체가 가족 구성원들의 생활을 독립시켜 더 많은 오염과 폐기물을 생성시킨다는 것이다.

보고서에 인용된 통계자료에 따르면, 2005년 미국 이혼가정의 1인당 전기 및 상수도 평균 소비량이 결혼 상태를 유지하고 있는 가정보다 56퍼센트나 많았으며, 자원 총 소비량도 61퍼센트나 많았다. 모든 것을 잃고 자동차만 남은 시대에 유가를 안정시키고 에너지를 절약하기 위해서는 서로를 이해하고 너그럽게 대하는 관용심까지도 필요한 셈이다.

하지만 원만한 결혼생활로도 유가 상승으로 발생한 연쇄작용을 모두 상쇄시킬 수는 없었다. 단지 유가가 상승하는 것으로 끝났다면 사람들이 이토록 어려움을 겪지는 않았을 것이다. 더 큰 문제는 오바마 정부가 2009년 여름에 미국 경제가 바닥을 치고 회복하기 시작했다고 선언한 후에도 실업률이 내릴 줄 모르고 계속 상승했으며 중산층이 더욱 붕괴되었다는 점이다. 저소득 계층의 가계상황은 더욱 열악해져 소득의 대부분을 연료, 식료품, 약품 등을 구매하고 보험료를 내고 주택대출금을 갚는 데 사용했다. 이런 상황에서 유가가 더 상승하면 저소득층은 기본적인 생활마저 위협 받게 될 것이었다.

오바마가 2009년 여름 경기 회복을 호언장담했던 것을 두고 2003년

5월 부시가 미국이 이라크 전쟁에서 승리했다고 큰소리쳤던 것만큼이나 '어리석고 천진한' 발언이었다고 말하는 사람들도 있다.

9
나는 어디에서 회복할까?

글로벌 시대에는 어느 누구도 남의 불행을 강 건너 불구경하듯 방관할 수 없다.

유가 상승이 경제성장에 걸림돌이 되는 가장 큰 원인은 소비를 위축시킨다는 것이다. 소비자들이 자동차를 굴리고 에어컨을 켜기 위해 지출하는 비용이 늘어나면 다른 곳에서 지출을 줄일 수밖에 없다.

원유 가격이 맹렬한 기세로 상승하면 소비는 위축되고 기업들은 설비투자와 직원 수를 줄일 수밖에 없으며 그러면 소비자들의 구매력은 더욱 위축되어 경제성장이 저해된다.

그런데 유가 급등은 특정 국가의 국내 경제에만 영향을 미치는 것이 아니라 세계적인 인플레이션을 유발한다는 특징이 있다. 특히 여러 나라의 경제성장이 둔화된 상황에서는 그 점이 더욱 두드러진다. 경제학자들은 만약 석유 가격이 계속 상승하고 인플레이션율이 경제성장률을 추월한다면 미국, 아시아 할 것 없이 여러 지역의 경제가 타격을 입게 되어 각국 정부가 스태그플레이션 방어를 위해 악전고투해야 할 것이라고 우려했다. 이 같은 주장은 역사에 대한 통찰에서 나온 것이다.

세계 경제가 심각한 불황을 겪은 지난 다섯 차례의 경제위기 때마다 경기 침체 직전에 유가가 급등했다는 공통점이 있다.

낙관론자들도 유가가 10퍼센트 상승하면 세계 각국의 연간 GDP 성장률이 0.2퍼센트 하락한다는 사실을 인정하고 있다. 2년 연속 유가가 10퍼센트 상승한다면 GDP 성장률이 0.4퍼센트 감소하게 되는 것이다. 이는 소비자들의 지출 감소와 기업들의 투자 감소라는 방식으로 드러난다.

그런데 미국 정부를 더욱 고민에 빠뜨리는 것은 유가와 실업률이 밀접한 관계를 맺고 있다는 사실이다. 보통 유가 상승을 제일 먼저 실감하는 것은 일반 소비자들이다. 그들은 주유소에서 자동차에 주유를 할 때마다 기름값이 올랐음을 확인하고 소비를 줄인다. 하지만 기업들은 결제 단계가 되어서야 유가 상승의 영향을 천천히 실감하게 된다. 에너지와 의료 비용이 증가하면 기업들은 제일 먼저 생산효율을 높이는 데 주력하고 고용 창출은 다음으로 미루기 마련이다.

또한 유가 상승은 제조업 전체를 위축시킨다. 유가가 상승하면 투자자들의 심리에 미묘한 변화가 생긴다. 1970년대 석유파동을 겪은 후로는 석유 가격이 상승할 때마다 소비자들이 바짝 긴장하며 거의 공황 상태에 빠지곤 한다. 경제 불황과 인플레이션에 대한 우려가 고조되고 사람들은 과거의 기억을 떠올리며 당시의 어려운 상황이 재연되지 않을까 걱정한다. 이런 분위기가 금융시장에 널리 확산되면 주가가 하락할 뿐 아니라 일자리 축소와 소비 위축이라는 부작용을 유발한다. 유가 상승을 세계적인 경기 침체의 전주곡이라고 말하는 이유가 여기에 있다.

지금까지 유가가 급등했을 때마다 경기 침체가 뒤따라 나타났다는 사실이 이 같은 논리를 뒷받침하고 있다. 1973년 중동 정세가 긴장되어 유가 상승했을 때도 경제위기가 발생했고, 1981년 이라크가 석유비축량을 감축해 유가가 배럴당 35달러까지 상승했을 때에도 역시 뒤이어 인플레이션이 출현했다.

과거 30여 년 동안 미국에 나타났던 수차례 경기 불황도 거의 예외 없이 유가 상승과 연관되어 있다.

그렇다면 유가 등락에 더욱 민감한 나라들은 어떤 나라들일까?

경제학자들에 따르면 선진국보다는 중국, 인도 같은 신흥시장국가들이 에너지 가격에 민감하게 반응한다고 한다. 그러나 에너지 낭비를 용인하는 미국의 경우 다른 선진국들보다 상대적으로 에너지 가격 변동에 취약할 수밖에 없다.

이런 관점에서 볼 때, 오바마 정부가 2010년 중국과 신재생에너지 분야의 협력을 강화하기는커녕 도리어 중국과 반목한 것이 중국에게는 기회를 놓친 것에 불과하지만 미국으로서는 크나큰 실수였다고 말할 수 있다.

2008년 유가가 급등해 꼭짓점까지 치솟는 동안 미국의 인플레이션 압력이 비교적 적었던 중요한 원인 중 하나가 바로 값싸고 질 좋은 중국산 수입품이 미국산 제품을 대신해 소비자들의 욕구를 충족시켜주었고, 미국 제조업체들을 압박해 상품 가격을 인하하도록 만든 것이었다. 중국산 제품들이 미국인에게 큰 도움을 준 셈이다.

미국 노동통계국이 2007년에 발표한 통계자료에 따르면, 환태평양 경제권에 속한 국가에서 수입한 제품이 미국의 전체 수입제품 가운데 3분의 1을 차지한 반면 이들 제품의 가격은 2003년 12월에 비해 0.2퍼센트 하락했다.

게다가 중국이 대량의 미국 국채를 사준 것도 미국 경제가 최악의 상황을 모면할 수 있었던 중요한 원인이다.

10

고유가 뒤에 숨은 불황장

활황의 뒤편에는 불황이 숨어 있다. 유가 강세가 주식시장에 있어서는 머지않아 불황이 들이닥칠 것임을 경고하는 메시지다.

사우디아라비아의 주식 투자자들에게 2011년 3월 1일은 악몽과도 같은 날이었다. 그날 사우디아라비아의 주가지수가 한때 8퍼센트나 급락했다. 결국 6.8퍼센트 하락하는 선에서 마감되기는 했지만, 2008년 이래 최대 하락률이었으며 이를 변곡점으로 사우디아라비아의 주식시장이 불황장으로 돌아섰다.

무엇 때문이었을까? 이날의 주가 하락은 단지 중동의 정세 긴장이 사우디아라비아까지 확산되지 않을까 하는 투자자들의 우려 때문이었지만, 사실 경제학자들은 이미 사우디아라비아가 혼란에 빠질 경우 국제유가가 배럴당 200달러까지 급등할 수 있다고 경고한 바 있었다.

고통스러웠던 기억은 언제나 행복했던 기억보다 더 빠르게 확산되고 부풀려지는 법이다. 2011년 초 유가가 급등하자 사람들은 2008년의 고통스러웠던 기억을 떠올리지 않을 수 없었다.

2008년 초 유가가 배럴당 100달러를 돌파하자 세계적인 증시 침체가 뒤따라 나타났다.

사람들은 유가가 배럴당 130달러를 웃돌았던 며칠 동안 미국과 유럽의 증시가 약속이나 한 듯 '블랙먼데이'를 경험했음에 주목했다. 미국의 3대 주가지수가 일제히 석 달 만에 가장 큰 하락폭을 기록했으며 유럽의 주요 주가지수도 하락을 면치 못했다.

얼마 후 국제유가가 소폭 하락하자 미국 증시가 며칠 연속 상승했다.

유가가 투자자들의 심리에 큰 영향을 미쳤음을 알 수 있다. 기억은 항상 은연중에 사람들의 심리적 감당 능력을 시험한다. 유가가 급등할 때마다 투자자들의 심리가 꽁꽁 얼어붙었으며 이런 긴장된 분위기는 금융시장 전체로 확산되었다. 그 결과는 언제나 주가의 불안정한 등락이라는 형태로 나타났다.

하지만 유가는 투자자들의 담력을 시험하는 것으로 끝나지 않았다. 유가 상승은 미국에서 소비자물가지수CPI의 상승을 유발했다. 노동시장이 침체되고 부동산 가격이 하락하는 상황에서 석유 원가의 상승은 미국 소비자들의 부담을 가중시켰고 주식시장에서는 투자자들의 관망세가 점점 강해졌다.

이런 상황은 중국인들에게도 낯설지 않았다. 2008년 초 유가가 배럴당 100달러를 돌파한 후 중국에서도 주가 폭락이 출현했다. 주가가 급락한 원인 중에는 재융자refinancing[7]와 비유통주의 유통주 전환[8] 등 국내적인 요인도 있었지만, 미국 경제의 불안이라는 외부적인 영향도 무시할 수 없었다. 특히 A주식[9]에 대규모 붕괴가 출현했던 기간이 국제유가가 급등했던 기간과 정확하게 일치하는 것은 결코 우연이 아니다.

'나비효과'라는 측면에서 볼 때, 유가가 미국 경제와 증시에 영향을 미

---

7 조달한 자금을 상환하기 위해 다시 자금을 조달하는 일을 말한다.

8 비유통주를 유통주로 전환하는 것을 말한다. 비유통주는 국유기업의 주식과 비유통 법인의 정부가 정한 주식을 의미하고 유통주는 시장에서 자유롭게 거래되는 법인의 주식을 뜻한다. 중국이 2005년 5월 비유통주를 유통주로 전환하는 비유통주 개혁을 시행했으나 비유통주의 규모가 상장기업 총 주식의 약 3분의 2에 달해 유통될 경우 공급과잉을 유발하는 등 중국 증시 불황의 요인으로 지목된다.

9 중국 증시는 A주식과 B주식으로 구분되며 A주식은 내국인 투자 전용, B주식은 외국인 투자 전용으로 구분되었으나 2001년 B주식에 대한 내국인 투자가 부분적으로 허용되고 2002년 12월 A주식에 외국인의 투자가 제한적으로 허용되었다.

쳤다면 중국 경제와 증시도 결코 그 영향을 피해갈 수 없다.

유가 상승은 중국 산업들의 전망을 어둡게 하고 이는 증시에도 악영향을 미친다. 유가가 상승하면 투자자들이 뜻밖의 상황이 발생할 수 있음을 감지하고 방어 심리를 가지는 한편, 에너지 비용이 상승해 수익이 줄어들 것을 걱정하게 된다.

어떤 업종들이 유가 급등의 영향을 가장 먼저 받게 될까?

제일 먼저 교통운송업이 타격을 입는다. 중국 항공 업종의 주가가 2008년부터 약세를 면치 못한 원인 중에도 유가 급등이 상당 부분을 차지한다. 육로운송이든 해상운송이든 운송비 급등으로 인한 손실을 메꾸지 못한다면 운송업 자체가 받는 타격도 적지 않지만 향후 수익 전망까지도 크게 축소될 수밖에 없다.

자동차 산업도 불운을 피해갈 수 없다. 신차 판매 부진이나 자동차 업종 전체의 실업률 상승 등이 모두 상당 부분 유가 급등과 관련되어 있다. 이 점은 미국 증시에서 분명하게 확인할 수 있다. 유가가 큰 폭으로 상승하면 항공 업종은 물론 자동차 업종의 주가도 일제히 하락세를 나타낸다. 그러므로 유가가 고공비행을 하고 있다면 자동차 업종주와 항공 업종주는 되도록 매수하지 않는 것이 좋다. 철천지원수의 돈으로 주식 투자를 하고 있지 않다면 말이다.

하지만 유가 상승이 이 두 업종에만 타격을 미치는 것이 아니다. 운송 비용과 원가 상승을 통해 수많은 업종이 침체를 피할 수 없다. 식생활에서부터 여행에 이르기까지 유가 등락과 완전히 무관할 수 있는 분야가 거의 없기 때문이다.

2008년 국제 곡물 가격 급등도 유가 급등과 밀접하게 연동되어 나타났다.

'연동'의 '매개체'가 되는 것은 신재생에너지다. 이라크 전쟁 등으로 인해 유가가 점차 상승하자 각국 정부가 대체에너지 모색을 위해 발 벗고 나서면서 바이오연료가 새로운 성장산업으로 부상했다. 하지만 바로 그때 많은 전문가들이 옥수수, 에탄올 등 바이오연료의 생산이 크게 증가할 경우 옥수수 등 곡물 가격이 급등해 수혜를 입겠지만 옥수수와 관련된 식품의 가격이 상승하는 부작용도 나타날 것이라고 경고한 바 있다.

유가 상승은 옥수수의 가격 상승을 유발할 뿐만 아니라 농업 생산에도 영향을 미칠 수 있다. 간단한 예로 연료 가격이 오르면 트랙터 등 농업장비의 사용 비용이 오르게 되고 일부 화학비료의 생산에 필요한 천연가스의 가격이 오르면 농업 생산비용도 증가하게 된다. 2008년경 미국 중서부에서 곡물 가격과 유가가 동반 상승하면서 토지 가격이 급등했고, 농업용 화학품 가격은 더욱 가파른 기세로 올라 대부분 제품의 가격이 두 배 가까이 상승했다.

연료 가격이 상승하면 곡물의 국제운송비용도 오르게 되고 쌀을 비롯한 여러 곡물의 수급에 영향을 주게 된다. 더욱 미묘한 것은 쌀 등 곡물 가격이 크게 상승하면 곡물 사재기나 투기 문제까지 유발시킨다는 것이다. 태국 등지에서 쌀값이 단기간에 100퍼센트 넘게 오르자 일부 농민들이 쌀을 창고에 비축해놓고 판매하지 않는 현상이 나타났으며, 이로 인해 쌀값이 더욱 폭등했다.

유가와 곡물 가격은 놀라우리만치 정확하게 연동된다.

유가가 급등세를 멈추고 하락하기 시작하자 쌀값도 점차 정상 수준을 회복했고, 호황을 누리던 농업주와 화학주도 급락하기 시작했다.

그런데 유가가 급등하면 환호성을 지르는 이들도 있는 법이다. 보통 증시와 채권 시장, 화폐 시장이 한꺼번에 급락하면 투기자금이 원유시장으로 몰려들게 된다. 나중에 가격을 부풀려 수익을 내기에 쉬운 것이 바로 원유이기 때문이다. 원유시장으로 자금이 몰리면 유가가 상승하고 반대로 주식시장에서는 자금이 썰물처럼 빠져나가 주가가 급락한다. 이런 악순환이 시작되면 유가와 주가는 상당 기간 동안 혼란에 휩싸이게 된다.

투기 세력들이 유가와 주가를 농락하자 미국 감독기관이 마침내 투기 행위를 엄격하게 단속하고 나섰다. 세계 원유시장의 투기 행위를 광범위하게 조사하기 시작한 것이다. 과연 얼마 되지 않아 유가가 빠르게 하락했다.

11
유가는 준비된 자에게 복을 내린다

1999년 이름 없는 한 전문가가 논문을 발표했다. 논문에는 머지않은 장래에 러시아가 석유와 천연가스 등 광물자원에 힘입어 다시 세계적인 경제대국으로 부상할 것이라는 주장이 담겨 있었다.

2006년 한 독일 언론이 7년 전의 이 논문을 언급하며 이것이 현재 러시아의 정책에 대한 사전 시나리오였을 것이라고 보도했다. 왜냐하면 그 논문을 작성한 사람이 바로 당시 러시아연방보안국Federal Security Bureau 국장이었으며 훗날 러시아 대통령이 된 블라디미르 푸틴이었기 때문이다.

독일 언론이 이 기사를 보도했을 당시 러시아는 조지아에 천연가스 공급을 중단하겠다고 으름장을 놓고 있었다. 독일 언론은 러시아 정부가 점점 '크렘린 궁 주식회사'가 되고 있다고 비난하며 대국의 야심과 개인의 이익이 결합되어 독일을 비롯한 유럽 국가들의 에너지 안보를 위협하게 될 것이라고 경고했다.

하지만 푸틴은 그렇게 생각하지 않았다. 그는 에너지를 무기화하는 것이 국제사회에 피해를 주지 않으며 오히려 양자 관계를 조정하는 데 도움이 될 것이라고 생각했다.

2006년 초 러시아가 우크라이나와 천연가스공급계약[10]을 체결한 후, 푸틴은 이 계약이 러시아와 우크라이나의 관계를 더욱 투명하게 만들어 줄 것이라며 만족스러워했다. 그런데 바로 그해 연말 러시아가 이번에는 조지아를 상대로 똑같은 요구를 하고 나선 것이었다.

재미있는 사실은 7년 전 푸틴이 에너지에 관한 논문을 썼을 당시 러시아와 조지아가 에너지 문제를 놓고 분쟁을 벌이고 있었다는 것이다. 1999년 가을, 아제르바이잔의 바쿠Baku, 조지아의 트빌리시Tbilisi, 터키의 제이한Ceyhan을 잇는 총 길이 1768킬로미터의 'BTC 송유관' 건설 방안이 미국의 주도로 확정되었다. 이는 당시 유일하게 러시아를 거치지 않고 중앙아시아에서 유럽으로 석유를 실어 나를 수 있는 송유관이었다. 당시 프랑스 『르몽드』지의 보도를 보면 이 송유관 건설안이 확정된 것은 매우 극적인 일이었다.

이 프로젝트가 확정되기 직전, 러시아 제1부총리인 니콜라이 악쇼넨코Nikolai Aksyonenko가 허겁지겁 아제르바이잔의 수도 바쿠로 건너가 이

---

10 2005년까지 우크라이나는 1000입방미터당 50달러에 러시아산 천연가스를 공급 받고 있었다. 서유럽 국가들에 대한 수출 가격인 평균 135달러와 비교하면 매우 낮은 가격이었다. 2005년 말 러시아가 이를 230달러로 3배 이상 올려 달라고 요구했지만 우크라이나가 받아들이지 않자, 2006년 1월 1일 러시아가 우크라이나를 통해 유럽에 공급되는 가스관을 차단했다. 그로부터 사흘째 되던 날 우크라이나는 러시아의 요구를 받아들여 향후 5년 동안 1000입방미터당 230달러에 천연가스를 공급 받기로 하고 합의를 체결했다.

프로젝트에 항의했다. 하지만 아제르바이잔 대통령의 아들이자 아제르바이잔 국영석유회사 소카르SOCAR의 사장이었던 일함 알리예프Ilham Aliyev는 거침없는 말투로 그에게 "한발 늦었소. 기차는 이미 떠났소. BTC 송유관 건설에 착수하게 될 겁니다"라고 말했다고 한다.

러시아가 걱정하는 것은 이 대립 과정에서 조지아가 중앙아시아에서 미국의 '앞잡이' 역할을 충실하게 수행하고 있다는 점이었다. 특히 러시아와 체첸 간의 끊이지 않는 분쟁이 막대한 자금이 소요될 BTC 송유관 건설을 추진하는 '타당한 빌미'가 되는 것을 두려워했다.

그 일로 인해 푸틴은 조지아에 원한을 품었고 훗날 그에 대한 보복으로 조지아에 가스 공급을 중단했던 것이다. 사실 가스 공급 중단은 작은 해프닝일 뿐이었고, 조지아의 분쟁 상대인 남오세티야의 독립을 지원한 것이 바로 조지아에 대한 러시아의 진정한 복수였다.

조지아에 대한 푸틴의 공격은 이미 오래 전부터 준비된 것이었다.

변덕스러운 오바마와 달리 푸틴은 체계적이고 치밀한 인물이다. 에너지 정책만을 놓고 보아도 푸틴은 1999년, 심지어 그보다 더 이전에 이미 에너지 정책의 방향을 확실하게 결정해놓고 있었고 에너지 외교를 강화하는 데 부단한 노력을 기울여왔다.

미국과 러시아의 관계 변화는 매우 좋은 예다. 과거 러시아가 거액의 외채를 짊어지고 내우외환에 시달리고 있을 때에는 원치 않아도 웃는 얼굴로 미국과 우호적인 관계를 유지해야 했다. '유연한 정치'에 노련한 푸틴 대통령은 힘이 부족하다고 판단되면 이 보 전진을 위한 일 보 후퇴를 하고 때를 기다릴 줄 아는 인물이다.

물론 부시 정부가 푸틴에게 큰 도움을 준 것도 무시할 수 없다. 아프가니스탄 전쟁과 이라크 전쟁, 이란 핵문제 등 원유 및 천연가스와 밀접하게 관련된 문제들이 끊이지 않고 터져 나오면서 이 지역의 지정학적 정세가 악화되었고 그 영향으로 유가가 올라 러시아가 어부지리를 얻었던 것이다.

미국 언론들도 푸틴이 줄곧 에너지 외교를 중요하게 여겨왔고 유가 상승으로 인해 큰 이득을 보았기 때문에 러시아 경제가 발전할 수 있었음을 인정했다. 사실상 미국과 러시아의 갈등 중에는 에너지 문제도 매우 중요한 비중을 차지하고 있다.

사실 푸틴 이전에 구소련 시기의 브레즈네프 정부도 유가 급등 덕분에 큰 이득을 얻은 바 있었다. 1973년 중동의 원유 수출 금지 덕분에 구소련의 기축통화 비축량이 사상 최대를 기록했다. 1972년 국내에서 발생한 기근을 해소하기 위해 외국에서 대량의 곡물을 수입해야 했던 브레즈네프 정부에게 있어서 이는 가뭄의 단비와도 같았다. 구소련은 유가 급등으로 벌어들인 부를 발판으로 1973년부터 점차 미국에 대항할 수 있는 힘을 회복하기 시작했으며, 레이건 대통령이 취임하던 1981년에는 미국을 위협할 수 있는 역량을 갖추게 되었다.

하지만 브레즈네프는 크나큰 실수를 저지르고 말았다. 너무 쉽게 곤경을 벗어나 자만한 데다가 지도층이 석유로 벌어들인 부에 도취한 나머지 경제의 탄력성을 높일 수 있는 기회를 놓쳐버리고 만 것이다. 제2차 세계대전 이전에 석유를 이용해 산업을 빠르게 발전시켜 국가를 세계 강대국으로 발전시킨 스탈린 정부와는 매우 대조적이다.

역사에서 교훈을 얻은 푸틴은 유가 급등기를 잘 이용해 국가 경제를 회복시키고 국가의 이미지를 새로 수립하기 위해 많은 노력을 기울였다. 이 점이 미국 정부에 적잖은 부담과 불쾌함을 안겨준 것도 사실이다. 구소련이 붕괴된 후 미국은 지구상에 또 다른 초강대국이 등장하는 것을 원치 않았다.

푸틴은 미국 정부의 여러 가지 약점과 전략적 기회를 충분히 이용했다. 에너지와 외교적 수단을 이용해 미국과 반목한 나라들과 교묘하게 손을 잡은 것이다. 이란, 시리아, 베네수엘라, 쿠바 등 대표적인 반미 국가들이 러시아가 내민 손을 거부할 이유가 전혀 없었다. 따라서 미러 관계는 깨지기 쉬운 살얼음 같은 관계라고 할 수 있었다. 나의 적이 모두 상대의 친구이니 이런 관계가 탄탄하게 이어질 수 있겠는가?

푸틴이 러시아의 석유재벌 호도르콥스키를 구속한 것도 미국과 러시아의 미묘한 관계에서 진정한 원인을 찾을 수 있다. 미국과 친할수록 푸틴과는 적이 될 수밖에 없는 것이다.

제2장

올리가르히의 참담한 패배

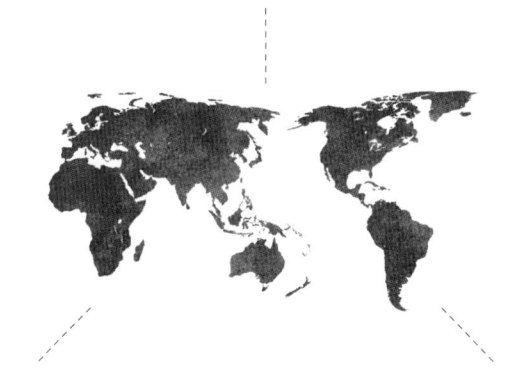

푸틴은 러시아인들에게 왜 그렇게 높은 지지를 얻었을까?

고르바초프와 옐친 시대에 극심한 정치적 변혁을 겪은 러시아인들의 눈에 푸틴이 자신감이 충만한 젊은 지도자로 보였기 때문이다. 또한 푸틴은 부패 사건에 연루되지 않았으며 책임지는 것을 두려워하지 않는 강인한 이미지를 가지고 있었다.

푸틴의 등장은 시대적 요구에 부합하는 것이었다. 당시 러시아인들이 바라는 국가지도자의 자질, 즉 결단력과 강인함을 갖춘 인물이 바로 푸틴이었다.

또한 푸틴이 체첸 문제와 과두재벌, 즉 올리가르히Oligarch[11] 숙청 문제를 처리하는 데 있어서 보여준 단호함과 집요함은 러시아인들에게 더욱 강한 인상을 남겼다.

이것은 푸틴이 올리가르히를 뿌리 뽑는 데 그토록 집착했던 원인이기도 하다. 국민이 원한다면 미국의 반대쯤은 그에게 전혀 고려의 대상이 아니었다.

---

[11] 러시아의 과두 지배 세력으로 산업 및 금융 분야에서 새롭게 떠오른 신흥재벌을 말한다. 구소련 해체 이후 러시아의 국영산업을 민영화하는 과정에서 정경유착을 통해 막대한 부를 축적해 공공사업, 언론, 석유, 제조업 등 경제 전반을 장악하고 있을 뿐 아니라 막대한 부를 바탕으로 정치권과 결탁해 막후에서 막강한 권력을 휘둘렀다.

1
푸틴은 왜 '호랑이 사냥에 나섰을까?'

2011년 2월 베를린영화제에서 러시아계 독일인 감독 키릴 투스치Cyril Tuschi가 연출한 다큐멘터리 한 편이 큰 반향을 일으켰다. 러시아 정부에 체포되어 수감된 석유기업 유코스Yukos의 전임 사장 미하일 호도르콥스키Mikhail Khodorkovsky에 관한 다큐멘터리 〈호도르콥스키〉가 바로 그것이다.

그러나 이 다큐멘터리도 호도르콥스키를 곤경에서 구해내지는 못했다. 그 영화가 발표되기 얼마 전 러시아 법원은 감옥에서 복역 중인 호도르콥스키에게 징역형을 추가했다. 이미 8년형을 선고 받은 그의 형량이 6년이나 더 늘어난 것이다.

한때 석유재벌이었던 호도르콥스키의 불행을 보며 러시아의 또 다른 석유재벌 로만 아브라모비치Roman Abramovich는 아마도 자신이 거액을 들여 인수한 첼시 축구단이 유럽 챔피언스 리그의 최우수 구단으로 우뚝 서 있음을 다행스러워하며 가슴을 쓸어내렸을 것이다. 또한 그가 과거 푸틴을 지원했던 것도 러시아 정부의 철퇴를 피하는 데 어느 정도 도움이 되었다.

아브라모비치가 호도르콥스키보다 현명한 점이 바로 여기에 있었다. 그는 권력과 경제의 미묘한 관계를 잘 이해하고 러시아 정부와 적절한 균형을 유지했다.

사실 유코스와 그 사장 호도르콥스키의 운명은 그들이 정치에 너무 깊숙이 관여했을 때부터 이미 정해진 것이었다.

호도르콥스키가 간과했지만 매우 중요한 사실이 있었다. 푸틴이 취임하자마자 올리가르히 숙청을 통해 기업인들이 정부를 좌지우지하던 옐친 시대의 폐해를 청산하겠다고 선언했다는 것이다. 옐친 시대의 혼란한 정국을 직접 목격했던 푸틴은 올리가르히가 정치에 관여해 혼란을 초래하는 상황이 계속되기를 원치 않았다. 그는 또 언제든 올리가르히들이 연합해 정부에게 반기를 들 수 있음을 우려했다. 그 때문에 그는 크렘린 궁에 입성하자마자 올리가르히들을 권력의 중심에서 밀어내는 것을 중요한 과제로 삼았다.

하지만 반드시 해야 하는 일이라고 해서 당장 착수해야 하는 것은 아니다. 영리한 푸틴은 옐친 시절에 혼란스러워진 국가를 안정시키는 것이 중요하다는 사실을 알고 있었으며 국민들에게 당장 필요한 것이 무엇인지도 잘 알고 있었다. 그는 올리가르히 숙청은 잠시 미뤄두고 우선 국민 경제를 회복시키는 데 역점을 두었다.

정국을 안정시키기 위해 푸틴은 2000년에 대다수 올리가르히들과 불가침합의를 맺었다. 올리가르히들은 정치에 관여하지 않고 정부는 재벌에게 간섭하지 않는다는 내용이었다.

유도와 펜싱을 좋아하는 푸틴은 시기의 중요성에 대해 잘 알고 있었다. 공격에 성공하려면 최적의 때를 골라 공격해야 한다. 그는 올리가르히들이 온갖 부패를 저지르는 것을 보면서도 우선은 러시아 경제 발전에 주력하며 서둘러 칼을 뽑지 않았다. 푸틴은 노련한 사냥꾼처럼 때가 무르익기를 기다리고 있었다.

그리 오래지 않아서 기회가 찾아왔다. 물론 여기에는 미국의 공이 크게 작용했다. 이라크 전쟁으로 유가가 급등하면서 러시아인들의 주머니가 두둑해지기 시작했던 것이다. 러시아 경제가 빠르게 회복되고 푸틴은 러시아를 빈곤에서 구해낸 지도자로서 국민들의 존경을 한 몸에 받게 되었다. 푸틴은 그제야 때가 무르익었음을 직감하고 유코스를 필두로 올리가르히 척결에 나섰다.

푸틴으로서는 이것이 리스크를 최소화할 수 있는 방법이었다. 미국을 비롯한 서방 사회는 의심의 눈길로 그를 주시했지만, 적어도 러시아 국내에서는 푸틴의 높은 지지율이 유지되었다. 푸틴은 올리가르히 척결을 통해 권력을 강화했을 뿐만 아니라 경제의 투명도를 높이는 일석이조의 효과를 거두었다.

올리가르히 가운데 호도르콥스키를 체포한 것은 정치적인 고려가 작용한 전략이었다.

대통령 취임 직후부터 푸틴에게는 매우 중요한 과제가 있었다. 어떻게 해야 올리가르히나 권세가들에 의해 '손발이 묶이지' 않느냐 하는 것이었다. 옐친 집권 시절에는 올리가르히들이 러시아 경제를 절반 넘게 장악하고 정치까지도 쥐락펴락하며 국가 전체를 혼란에 빠뜨린 바 있었다.

1996년 러시아 최고 부자들이 옐친의 대통령 당선을 지원했기 때문에 옐친은 그들에게 정치적으로 막대한 보답을 해주어야 했다. 옐친도 시간이 가면서 재벌들에게 허용했던 권력을 점차 축소하기는 했지만, 그들은 옐친의 딸을 러시아 최고 여자 갑부로 만들어줌으로써 정부에 대한 통제력을 유지했다.

이에 대해 이고르 가이다르Yegor Gaidar 전 러시아 부총리는 "전성기에 그들 중 7~10명은 정말로 러시아 정부를 좌지우지할 만큼 막강한 권력을 가지고 있었다. 그들은 마음대로 총리를 갈아치울 수 있었고 원한다면 어떤 경제정책이든 자신들이 원하는 대로 관철시킬 수 있었다"고 회고한 바 있다.

당초 올리가르히들이 푸틴이 그들에 의해 매수되거나 꼭두각시처럼 조종당한 인물이 아님을 눈치챘더라면 아마 어떤 수단과 방법을 동원해서라도 푸틴이 대통령에 당선되지 못하도록 막았을 것이다.

이런 상황은 100년 전 시어도어 루스벨트 미국 대통령을 떠올리게 한다. 그의 정적들은 그를 부통령으로 앉혀놓고 암암리에 그를 배척해 실권이 없는 허수아비로 만들 생각이었다. 그런데 뜻밖에도 윌리엄 매킨리 대통령이 암살당하고 시어도어 루스벨트가 대통령으로 취임하게 된 것이었다. 머지않아 루스벨트는 예상대로 정적들을 실각시켰다.

푸틴이 옐친으로부터 정권을 이어받았을 때 호도르콥스키의 비극적인 말로는 이미 예정된 것이었다고 할 수 있다.

푸틴이 제일 먼저 호도르콥스키를 숙청한 것은 호도르콥스키가 석유 산업을 장악했던 것과 관련이 깊다.

러시아는 에너지대국으로 에너지 산업이 정치와 경제 분야에서 큰 비중을 차지하고 있다. 당시 러시아의 8대 에너지기업이 러시아에서 가장 큰 64개 민영기업을 통제하고 있었으므로 그들이 가진 힘을 다 모으면 산업 전반은 물론이고 정치권까지 쥐고 흔들어 정권의 안정을 저해할 수 있었다.

푸틴 정부는 에너지 업계 올리가르히들의 힘이 급격히 강해지면서 경제 및 정치에 대한 영향력이 커지고 또 그들 중 일부는 슬금슬금 한계점을 넘어서고 있는 것을 용납할 수 없었다.

한계점이란 어디일까?

민영화가 한창 진행되고 있던 1994~95년까지 러시아 정부와 구소련의 폐허 위에서 불법적인 수단으로 막대한 부를 축적한 상인들 사이에는 일종의 묵계가 형성되어 있었다. 러시아 정부가 상인들의 불법 행위를 눈감아주는 대신 그들은 정치에 개입하지 않는다는 것이었다.

1997년 옐친이 자신의 당선에 협조한 올리가르히들과 서로의 영역에 대해 간섭하지 않는다는 내용의 신사협정을 맺었다. 푸틴 역시 집권 직후 올리가르히들과 상호불가침협정을 맺었다. 한마디로 러시아 정부는 3년에 한 번씩 올리가르히들과 정치적 경계선을 재확인했던 것이다. 그런데 유감스럽게도 올리가르히가 이 약속을 무시하고 제멋대로 정치에 간섭했던 것이다. 그들은 한 번도 정치적인 탄압이나 강한 제재를 받아본 적이 없었기 때문에 오만함에 사로잡혀 있었다. 그런데 문제는 올리가르히들의 욕심에 한이 없었다는 점이다.

환경은 종종 사람의 이상까지도 결정해버린다. 미하일 호도르콥스키의 어린 시절 꿈은 공장 경영자가 되는 것이었다. 이것은 그가 어린 시절부터 남들의 존중과 특권을 열망해왔음을 의미한다. 계획경제 체제 속에서, 그리고 물자가 부족했던 구소련의 상황에서 '존중과 특권'은 곧 빵과 우유, 그리고 자동차와 저택을 의미했다. 그와 반대되는 것은 배급을 받기 위해 끝이 보이지 않을 정도로 늘어선 줄과 갖가지 배급표였다. 호도르콥스키는 개인적인 노력과 난세 속에서 찾아낸 기회를 이용해 정말로 자신의 꿈을 실현했다.

하지만 꿈은 '진화'하는 것이다. 호도르콥스키는 어릴 적 꿈을 이룬 것으로 만족하지 못했다. 러시아 최고 갑부가 되고 나자 호도르콥스키의 야심도 커지기 시작했다. 그는 정치에 대한 강한 욕망을 숨김없이 드러냈을 뿐 아니라 실제로 집권당에 반대하는 개혁파 정당에 자금을 지원하기도 했다. '규칙'을 파괴한 그가 처벌대상이 된 것은 당연한 일이었다.

호도르콥스키는 푸틴을 과소평가했던 것이다. 아마도 옐친 시기에 총리가 너무 자주 바뀐 탓인지 푸틴이 체첸 문제에서 눈부신 능력을 과시했음에도 불구하고 호도르콥스키는 그를 얕보았다. 푸틴이 대통령이 된 후에도 돈이 권력보다 힘이 세다는 호도르콥스키의 생각에는 변함이 없었다. 그런데 문제는 이번에는 그의 상대가 결코 호락호락하지 않다는 점이었다.

냉혹한 정치계나 경제계에서는 상대를 얕보았다가는 막대한 대가를 치를 수 있다. 게다가 그것은 종종 만회할 수 없는 타격을 안겨주기도 한다.

2
호도르콥스키의 '네 가지 철없는 행동'

호도르콥스키는 적어도 네 가지 '철없는 행동'으로 푸틴의 미움을 샀다.

첫 번째는 돈으로 지도자를 괴롭혔다.

푸틴에게 2004년의 대통령 선거는 매우 중요했다. 푸틴의 첫 번째 대통령 취임은 옐친에게서 정권을 '선양' 받은 듯한 색채가 강했기 때문에 재임에 도전하는 2004년 대선이야말로 진정으로 그의 실력을 확인할 수 있는 기회였다. 이런 상황에서 고의적인 적대 행동은 정적들에게 공격의 빌미를 제공할 수 있었다.

그런데 철없는 호도르콥스키가 하필이면 바로 이런 때에 푸틴의 연임을 저지하는 대항마로 나선 것이었다. 사실 호도르콥스키는 2004년 선거에 출마할 생각이 없었지만, 선거 경험을 쌓고 자신의 정치적 영향력을 과시하기 위해 선거에 깊숙이 관여해 영향력을 발휘했다. 그는 이미 돈으로 수많은 사람들을 매수해 재벌이 된 경험이 있기 때문에 지금도, 그리고 앞으로도 같은 방법으로 모든 것을 자신이 원하는 대로 할 수 있다고 자신하고 있었다. 돈으로 흥한 사람은 돈으로 망한다는 것이 바로 그를 두고 하는 말이다.

호도르콥스키는 직접 선거에 출마하는 대신 푸틴과 대립적인 관계에 있는 국가 두마Duma[12]의 좌파 야당 러시아 연방 공산당과 우파 야당 우파연합 및 야블로코에게 자금을 지원했다.

물론 호도르콥스키에게는 다른 속셈도 있었다. 그는 의회 내에서 자신이 마음대로 조종할 수 있는 다수파를 형성시키겠다는 숨은 의도를 가지고 있었다. 더 나아가 향후 그들에 의해 '합법적인' 방식으로 총리로 추대된 다음 푸틴과 권력 경쟁을 벌이겠다는 계획이었다. 재미있는 사실은 옐친 시절에는 옐친을 지지하며 러시아 연방 공산당에게 강하게 반대했던 그가 돌연 태도를 바꾸어 러시아 연방 공산당에 자금을 지원했다는 점이다.

원칙이 없는 사람은 언제든 원칙적인 문제에서 잘못을 저지르는 법이다.

정치적 두뇌가 부족한 상인들은 권력의식이 강한 나라에서는 살아남기 힘들다. 호도르콥스키의 정치적인 판단력이 돈 버는 능력에는 크게 못 미쳤던 것 같다.

2004년 대선에서 푸틴이 70퍼센트가 넘는 압도적인 지지율로 당선되고 호도르콥스키가 적극 지원한 우파 정당 야블로코와 우파연합은 참담하게 패배하고 말았다.

---

12 러시아의 하원의회를 가리킨다.

호도르콥스키가 저지른 두 번째 철없는 실수는 지도자의 '적'을 친구로 삼은 것이다.

푸틴이 취임한 후 러시아 올리가르히들은 그를 눈엣가시로 여겼고 부시 정부도 그의 취임을 달가워하지 않았다. 과거 국제적인 자리에서 부시가 푸틴을 난처하게 한 일도 여러 번 있었다. 9·11 테러를 계기로 미국과 러시아의 관계가 호전되기는 했지만 그마저도 단 일 년뿐이었고 2003년부터는 갈등이 점차 표면화되기 시작했다.

역사와 현실에 대한 인식을 바탕으로 푸틴은 줄곧 미국을 의심의 시선으로 바라보았다. 게다가 전임 대통령 옐친이 미국인들에게 철저히 무시당했던 선례도 있었기 때문에 푸틴은 미국과 자주 왕래하며 사이좋게 지내는 사람들에 대해 강한 경계심과 미움을 가지고 있었다.

그런데 철없는 호도르콥스키는 무슨 짓을 저질렀던가? 미국과 은밀한 추파를 나눈 것도 모자라 미국인을 자기 회사의 '위기관리' 부서 책임자로 임명하기까지 했다. '위기관리'가 뜻하는 것은 경제적인 위기가 아니라 러시아 정부를 한 발 물러서게 하고 국내에서 정치적 위기를 조장하는 것을 의미했다. 이 밖에도 호도르콥스키는 미국과 적극적으로 접촉하며 기업을 미국인에게 넘길 준비를 하고 유코스의 주식 대부분을 외국으로 빼돌리기 위해 치밀한 계획을 세웠다. 이런 행동들을 흔쾌히 용납할 수 있는 지도자는 아마도 없을 것이다.

호도르콥스키의 세 번째 철없는 행동은 감히 지도자와 자리다툼을 했던 것이다.

호도르콥스키는 크렘린 궁 입성에 대한 야심을 숨김없이 드러내는 어처구니없는 실수를 저질렀다. 더욱 어리석은 점은 그는 2008년 대통령 선거에 출마할 계획이었고 푸틴은 2008년 대선에 출마할 수 없었다는 사실이었다.

5년 후의 일을 왜 그렇게 일찍부터 공공연하게 떠벌렸을까. 그의 행동은 당장 푸틴과 자리다툼을 하려는 사람처럼 보였다. 러시아의 유명한 정치평론가 안드레이 랴보프Andrei Ryabov도 "호도르콥스키가 너무 어리석었다"며 탄식했다.

호도르콥스키가 최고 전성기에 했던 발언들을 살펴보면 푸틴이 그를 숙청할 수밖에 없었던 이유들을 저절로 알 수 있다. 호도르콥스키는 푸틴 정권의 부패와 무능을 비판한 후 "내가 러시아를 올바른 길로 인도할 것이다"라고 큰소리쳤다. 그는 이미 크렘린 궁 주인의 머리맡에 앉아 호시탐탐 노리는 호랑이였던 것이다. 이 호랑이를 때려잡지 않고 어떻게 편히 잘 수 있겠는가?

호도르콥스키의 네 번째 철없는 행동은 지도자에게 사사건건 트집을 잡으며 심기를 거스른 것이다.

2003년 10월 25일, 무장한 정부요원들이 노보시비르스크Novosibirsk 공항에서 주유 중이던 호도르콥스키의 개인 전용기를 덮쳐 그를 체포해 모스크바로 압송했다. 젊고 돈 많고 잘생겼으며 로큰롤 가수처럼 자기 과시욕이 강한 올리가르히의 우두머리가 열악한 시설로 악명 높은 마트로스카야 티시나Matrosskaya Tishina 감옥의 8인실 감방에 수감된 것이다. 그에게 씌워진 죄명은 사기, 탈세, 살인, 그리고 국가 소유 주식 불법 취득이었다.

궁지에 몰리면 주변 상황을 관찰하며 조용히 있는 것이 가장 현명한 행동이다. 그런데 호도르콥스키는 여전히 입을 다물지 않고 대통령 선거에 옥중 출마를 고려하고 있다고 말했다. 상황을 더욱 악화시킨 것은 러시아의 유명한 라디오방송국 에호 모스크비Ekho Moskvy가 실시한 여론조사에서 호도르콥스키의 지지율이 푸틴 대통령을 앞섰던 것이다. 이로써 호도르콥스키는 장기 수감될 운명을 피할 수 없었다.

게다가 올리가르히의 대부이자 영국으로 망명한 보리스 베레좁스키Boris Berezovsky도 호도르콥스키의 체포에 확고한 명분을 제공했다. 2007년 베레좁스키는 자신의 재산 40억 달러 가운데 일부를 푸틴 대통령을 반대하는 이들이 민중 시위를 통해 푸틴 정부를 하야시키도록 하는 데 지원할 것이라고 선언한 바 있다. 그런데 이것이 도리어 푸틴의 올리가르히 척결이 옳은 일임을 확인시키는 계기가 되었다.

푸틴은 올리가르히 척결에 착수한 후부터 올리가르히가 국민들의 생활은 물론 국가 안보에도 커다란 위협이라는 그동안의 믿음이 점점 확고해지고 있었다. 이런 가운데 베레좁스키의 이 발언이 나오자 올리가르히에게 실제로 '정치적 음모'가 있음이 증명되었고 푸틴은 기다렸다는 듯이 호도르콥스키를 체포해 감옥에 가두었다.

푸틴의 지혜는 올리가르히들이 감히 능가할 수 없는 것이었다.

푸틴은 올리가르히들을 숙청하는 과정에서 그들을 일률적으로 처단하지 않고 분류해서 각기 다른 방법으로 처리했다. 그들을 완전히 제거하는 것이 아니라 자신의 통제 하에 두고 철저히 관리하는 전략을 선택했다. 100년 전 시어도어 루스벨트 미국 대통령도 재벌 가운데 1퍼센트를 공격해 일벌백계함으로써 나머지 99퍼센트는 사회 발전에 이바지하도록 한 바 있었다.

과연 이 전략은 즉각적으로 효과를 발휘했다.

2003년 11월 중순, 푸틴이 러시아산업기업가연맹RUIE, the Russian Union of Industrialists and Entrepreneurs 회의에 참석했을 때 당내 회의에서는 매우 보기 드문 장면이 연출되었다. 푸틴이 러시아 부호와 권세가들로부터 여덟 차례나 기립박수를 받았던 것이다.

이날의 회의를 보도한 영국 『파이낸셜 타임즈』도 이 일에 놀라워하며 한때 세상을 주름잡던 러시아 재벌들이 "두려움에 떨며 아무 말도 하지 못했다"고 묘사했다. 뿐만 아니라 그들은 얼마 전 세상을 떠들썩하게 했던 사건을 전혀 알지 못한다는 듯 아무도 유코스와 호도르콥스키의 이름을 입에 올리지 않았다.

그 후에도 기업가들이 속속 푸틴을 향한 충성을 표현했다. 세계 최대 니켈 생산업체 노릴스크 니켈Norilsk Nickel의 CEO인 블라디미르 포타닌Vladimir Potanin은 "러시아 대통령이 경제와 권력 사이에 마땅히 경계선이 있어야 한다고 확실히 천명했다. 나와 나의 많은 동료들이 그 경계선을 인식하고 있으며 그 선을 넘을 생각이 없다"고 말했다.

또한 대다수 올리가르히들은 호도르콥스키와도 확실하게 선을 긋고, 그가 자진해서 정부의 분노를 샀으므로 화를 자초한 것이며 자신의 행동에 책임을 져야 한다고 생각했다. 한 기업가는 "호도르콥스키가 푸틴과 기업계가 함께 수립한 규칙을 어기고 정치에 간섭했다. 우리도 그에게 정치에 개입하지 말 것을 경고했지만 그는 이미 마음을 정한 후였다"고 말했다.

이렇게 해서 과거 올리가르히의 대표적인 인물들 가운데 두 사람은 해외로 망명하고(베레좁스키와 블라디미르 구신스키Vladimir Gusinsky), 한 사람은 수감되었으며, 세 사람은 소리 없이 종적을 감추었고, 또 한 사람은 압력을 이기지 못해 사퇴했다. 그리고 나머지는 모두 경제를 제외한 다른 분야에 대한 야심을 완전히 버렸다. 더 이상 공개적인 장소에서 정부의 입장에 반대하는 올리가르히를 찾아볼 수 없었다.

푸틴은 눈엣가시였던 호도르콥스키를 숙청함으로써 여러 가지 정치적 성과를 함께 거두었는데 그 이면에는 옐친파의 권력 축소라는 의도가 숨어 있었다.

푸틴이 대통령으로 취임했을 때 그는 한마디로 외톨이였다. 그는 옐친파와 포스트옐친파의 힘이 불균형하다는 점을 잘 알고 있었다. 사실상 '포스트옐친파'는 거의 존재하지 않는 것이나 다름없었다. 푸틴은 현실적인 타협을 선택해 '정치 신인'의 이미지를 풍기며 정부에 옐친 정권 시절의 인사들을 대부분 유임시켰다. 그들은 '옐친 패밀리'라고 불렸으며 대부분 올리가르히와 밀접한 관계를 맺고 있었다. 올리가르히는 구소련이 해체된 후 혼란한 시기를 틈타 대형 국영기업을 헐값에 인수해 막대한 부를 쌓은 이들이다.

얼마나 헐값에 국영기업을 인수했을까?

사실 민영화에 찬성하는 서방 국가 학자들도 러시아의 민영화를 두고 세계 경제사에서 매우 드문 일이라고 평가한다. 약 십수만 개에 달하는 국영기업들이 한 기업당 평균 1300달러에 개인에게 팔렸던 것이다.

간단히 말해, 세계에서 두 번째로 큰 연방국가인 소련이 수십 년 동안 축적해온 국유자산이 하루아침에 몇몇 개인에 의해 멋대로 나누어진 것이다. 러시아 국민들이 올리가르히를 원수처럼 증오했던 것도 당연하다. 푸틴 역시 그들을 증오했지만 멀리 내다보고 그들과 거래를 했다. 옐친은 체면을 유지하면서 사임해 그 어떤 법률적 책임 추궁도 당하지 않고 안락한 노후를 보내고, 올리가르히와 그들의 이익을 대변하는 정치인들이 러시아 경제의 명맥을 장악하는 한편 푸틴은 대통령이 되는 것이었다.

옐친이 사임한 후 그와 그의 직계가족들이 더 이상 아무런 힘도 쓸 수 없었지만 푸틴이 그들을 처벌하지 않겠다는 약속을 지킨 것도 이런 이유 때문이었다. 하지만 올리가르히 척결은 별개의 문제였다. 강한 성격의 푸틴은 올리가르히들의 전횡을 계속 용인할 수 없었고 모든 권력을 자기 마음대로 휘두를 수 없는 상황을 받아들일 수도 없었다.

푸틴은 취임 직후인 2000년부터 2003년까지 올리가르히들을 기습 공격할 기회를 엿보며 치밀한 계획을 준비하고 있었던 것이다.

전임자의 그늘에서 자유롭지 못한 지도자들이 대부분 그렇듯 푸틴도 세 가지 분야에서 과거의 체제를 변화시키고자 했다. 그중 첫 번째가 경제 발전이다. 특히 러시아 경제가 깊은 수렁에서 헤어나지 못하고 있었으므로 경제를 회복시키지 못하면 민심을 얻어 자신의 능력을 발휘할 수 없었다.

다행스럽게도 푸틴 재임 기간 동안 러시아 경제에 현저한 회복세가 나타났다. 그가 취임하던 해인 1999년에 1570억 달러였던 GDP가 2006년에는 1조 45억 달러까지 증가했고 외채도 거의 상환했다. 게다가 국제 시장에서 러시아가 풍부하게 보유하고 있는 에너지자원과 원유, 천연가스 가격이 상승해 러시아의 경제 발전에 든든한 기반을 제공했다.

이런 성과 앞에서 국민들은 푸틴 정권을 높이 신뢰하고 러시아의 장래에 대한 희망을 가지게 되었다. 사람들은 국제무대에서 러시아의 위상을 높이고 스탈린 시기의 영광을 되찾기를 염원했다. 2003년 무렵에는 러시아 경제가 크게 회복되어 푸틴이 올리가르히를 처단할 수 있는 탄탄한 기반이 마련되었다.

푸틴이 착수한 두 번째 개혁은 자기 측근 인사들을 크렘린 궁에 포진시키는 것이었다. 푸틴은 크렘린 궁에 입성한 직후 정책결정권과 강력한 실권을 가진 직위에 자기 측근 인사들을 임명했다. 그중에는 상트페테르부르크**13** 출신의 고향 친구도 있었고 구소련의 첩보기관 KGB 요원

출신 인사도 있었다. 이들은 푸틴에게 충성을 다하는 사람들이었으며 중앙에서 지방에 이르기까지 빠르게 권력을 장악함으로써 푸틴이 올리가르히를 숙청하고 옐친파를 탄압하기 위한 기반을 속속 갖추어 갔다.

세 번째 개혁은 외교 분야에 대한 것이었다. 러시아처럼 민족적 자부심이 강한 국가는 국제사회에서 높은 위상을 차지할 때 국민들의 사기가 높아진다. 특히 옐친이 서방 국가들에게 철저히 무시당한 후 러시아인들은 국제사회에서 강한 목소리를 낼 수 있는 강력한 지도자가 나타나기를 고대하고 있었다. 그리고 푸틴이 바로 그들의 열망을 충족시켜줄 인물이었다.

푸틴이 국제무대에서 노련한 외교력을 보여줄수록 국내에서 지지율이 상승했고, 자국에서 지지율이 올라갈수록 국제적으로 리더십을 인정받았다. 지도자의 명망이 높아지는 것은 국가적으로도 이로운 일이다. 새로 등장한 지도자들이 국제적인 이미지를 높이기 위해 애쓰는 것도 그 때문이다. 국제 관계와 인간관계는 많은 점에서 같은 논리가 적용된다.

푸틴의 개혁은 주변으로부터 지지를 얻었다. 옐친 시대부터 이어져온 혼란 상황이 정권과 사회의 안정, 더 나아가 경제 발전에 큰 걸림돌로 작용하고 있었다. 그러므로 정치, 사회, 경제 분야의 문제를 해결하기 위해서는 불안을 야기하는 요인을 제거해야 했다.

호도르콥스키는 경제 질서를 어지럽히고 정권의 안정을 해친 '독버섯'과도 같은 존재였다. 여론조사 결과를 보아도 대다수 러시아인들이 호도르콥스키 등 1990년대 중반부터 급격히 성장한 재벌들을 거의 폭도와 마찬가지로 여기고 있었으며, 푸틴에게 충성하는 전직 KGB 요원

---

13 과거에는 레닌그라드로 불렸다.

과 군대 요직 인사들도 유코스를 비롯한 올리가르히의 기업들을 와해시켜야 한다고 생각했다. 이런 여러 가지 상황들이 호도르콥스키 숙청에 대한 푸틴의 결심을 더욱 굳건하게 해주었다.

올리가르히 척결은 지방에 대한 중앙정부의 통제력을 강화하는 데도 유리하게 작용했다. 러시아의 한 경제학자는 러시아 지방행정관의 약 4분의 1이 올리가르히의 사업과 크고 작은 관련을 맺고 있으며, 아예 지방행정관이 올리가르히의 대리인인 경우도 많다고 지적했다. 이는 중앙정부로서 결코 간과할 수 없는 문제였다.

집권 초기 푸틴은 전략적 차원에서 기업계 인사들과 '평등한 거리'를 유지하며 그들의 의견에 충분히 귀를 기울였다. 하지만 정권의 기반이 탄탄해진 후에는 더 이상 올리가르히들이 정치에 영향력을 행사하고 중앙정부의 권위를 손상시키는 상황을 용납할 수 없었다. 푸틴이 올리가르히를 척결하고 난 후 지방에 대한 중앙정부의 통제력도 강화되었다. 설령 올리가르히와 큰 관련이 없는 지방정부의 책임자들도 중앙정부의 강력한 힘과 푸틴의 굳은 결심을 확인할 수 있었다. 옐친 시기에 체첸에서 내전이 일어나고 지방정부가 중앙정부와 엇박자를 냈던 것과 비교하면 실로 커다란 변화였다.

푸틴은 올리가르히 척결만으로도 여러 가지 효과를 동시에 거두어냈다.

3
미국의 덕을 본 호도르콥스키

자신의 적, 또는 잠재적인 적을 두둔하는 사람이 있다면 그 사람도 한 번쯤 의심하기 마련이다. 더욱이 상황이 좋지 않을 때라면 이런 두둔이 당사자의 상황을 도리어 악화시키곤 한다. 호도르콥스키에 대한 미국의 비호와 두둔도 역시 불 난 집에 기름을 붓는 역효과를 내고 말았다.

2003년 겨울 푸틴은 커다란 압력을 받고 있었다. 국내에서 갖가지 유언비어가 떠돌고 해외 언론과 일부 국가의 정부까지도 그에게 비난의 화살을 퍼부었다. 특히 미국은 정부 고위 관료들이 직접 나서서 호도르콥스키를 비호하고 언론은 푸틴의 올리가르히 처단을 정치적 탄압으로 규정했다. 하지만 외국에서 호도르콥스키를 강하게 비호할수록 호도르콥스키의 몰락은 점점 가속도가 붙었다.

서방 국가들이 푸틴의 올리가르히 척결을 이구동성으로 강하게 비난한 것은 러시아인들의 성향과 푸틴의 성격을 이해하지 못한 데서 온 실수다. 러시아인들은 외부의 압력이 거셀수록 내부적으로 똘똘 뭉치는 특징이 있다. 외부의 간섭에 대한 러시아인들의 반감은 아마 세계 어느 나라 국민들보다 강할 것이다. 퓰리처 상을 수상한 전 『뉴욕 타임스』기자 헤드릭 스미스Hedrick Smith는 『러시아인』이라는 책에 러시아인들의 이 같은 성향을 자세히 분석했다.

"러시아인들의 열렬한 애국주의에는 유태인들과 같은 조국에 대한 절실하고도 흔들리지 않는 사랑이 포함되어 있을 뿐 아니라 원시적인 코뮌commune 사상, 즉 씨족 전체가 단결해 외부의 침입자에게 대항하는 자위 정신과 내부 반란자를 용인하지 않는 정신이 포함되어 있다. 또한 민족의 힘과 과거 제국의 전성기에 대한 자부심, 맹목적인 종족중심주의, 그리고 초기 미국이 미개했던 시대에 팽배했던 도덕우월주의에 대한 신념까지도 함께 섞여 있다."

게다가 푸틴은 학생 시절부터 "누구도 두려워해본 적이 없다"고 입버릇처럼 말해왔다. 푸틴은 어린 시절 자신을 괴롭혔던 친구들에게 맞서 싸웠던 일을 회상하며 "어떤 공격과 모욕에도 재빨리 반격해야 한다는 것을 알았으며 이기고 싶다면 배수진을 치고 끝까지 포기하지 않고 대담하게 부딪쳐야 한다는 것도 배웠다"라고 말했다. 이것은 러시아인들이 푸틴을 좋아하고 존경하는 이유 중 하나다.

하지만 호도르콥스키가 미국에게서 얻은 이득도 결코 적지 않았다.

푸틴과 러시아인들이 호도르콥스키에게 반감을 가진 것은 그가 정치적으로 강한 친미 성향을 가지고 있었기 때문이다. 그는 미국의 방식으로 러시아를 구할 수 있다고 굳게 믿었다.

『뉴욕 타임스』는 보도를 통해, 호도르콥스키가 2001년 봄부터 부시 대통령의 국가안보 보좌관 콘돌리자 라이스Condoleezza Rice와 만나고 싶다고 끈질기게 요청했지만 라이스는 그가 과거에 불법적인 일을 했다는 이유를 들어 만나주지 않았다고 폭로한 바 있다. 하지만 호도르콥스키는 포기하지 않고 부시 대통령(부시 대통령이 모스크바를 방문한 적이 있다)과 스펜서 아브라함Spencer Abraham 에너지부 장관과 만났으며 미국인들보다 더 자주 미국 의회를 방문해 미국의 영향력 있는 의원들과 모종의 관계를 맺었다.

동업자인 플라톤 레베데프Platon Lebedev가 체포된 후에도 호도르콥스키는 행동을 조심하기는커녕 러시아 주재 미국 대사에게 곧장 이 사실을 알렸으며 수시로 미국으로 건너가 미국 의회 의원과 에너지부 장관과 만났다. 이런 모든 행동들이 푸틴 정부의 심기를 계속 건드렸음은 물론이다.

푸틴이 겉으로 미러 관계를 중요하게 여기는 듯 보여도 자국민이 미국과 이렇게 친밀하게 왕래하는 것은 바라지 않았으며, 미국이 이를 빌미로 러시아 내부 문제에 간섭하는 것은 더욱 원치 않았다.

푸틴의 분노를 더욱 부채질한 것은 호도르콥스키가 일방적으로 미국에 납작 엎드려 아첨하다시피 했다는 점이다.

서방 언론들은 항상 호도르콥스키를 '러시아에서 유일하게 경제 개혁을 위해 노력하고 있는 기업가'라고 표현했으며 그가 활발한 자선사업을 펼치고 있다는 점을 강조했다. 그런데 이 점이 도리어 러시아인들의 미움을 샀다. 러시아인들은 극심한 민생고를 겪고 있는 동안, 틈만 나면 러시아인들의 운명을 책임지고 있노라고 입버릇처럼 말하는 호도르콥스키가 서방 국가에 막대한 돈을 퍼다 주었기 때문이다. 그가 미국 의회 도서관에 기부한 금액만 해도 100만 달러에 달한다. 하지만 그런 그가 자국민을 위한 자선사업에는 단 1루블도 내놓지 않았다.

물론 푸틴과 러시아인들을 가장 자극한 것은 호도르콥스키가 러시아의 석유 이권을 팔아넘기기 위해 혈안이 되어 있었다는 점이다.

호도르콥스키는 자신의 친미 성향을 조금도 숨기지 않고 미국을 향해 열렬한 구애를 퍼부었다. 그는 항상 미국과 러시아가 에너지 분야에서 전략적 협력을 강화해야 한다고 주장했고, 이 때문에 그를 미국 에너지 기업의 러시아 지역 대리인이라고 조롱하는 사람들도 있었다.

9·11 테러 이후 부시 정부는 에너지자원 확보를 위해 이라크를 공격하는 한편, 러시아를 미국의 에너지 공급기지로 만들기 위한 계획에 착수했다. 부시가 자신이 줄곧 무시하고 얕보던 푸틴과 화기애애하게 악수를 한 것도 바로 이런 속내가 깔려 있었기 때문이다. 좋고 싫음이 명확한 성격의 부시가 좋아하지도 않는 사람과 억지로 포옹하고 웃으며 이야기를 나누어야 했으니 그 얼마나 고역이었겠는가.

그러나 일방적으로 미국이나 서방의 에너지 공급기지가 되는 것을 원치 않았던 푸틴 정부는 OPEC의 요구를 수용해 원유 수출량을 하루에 15만 배럴 감축하는 데 동의했다. 그러자 호도르콥스키가 푸틴과 원수가 되기로 작정이나 한 듯 자기 회사의 원유 생산량을 20퍼센트 늘리겠다고 선언했다. 게다가 곧이어 다른 석유회사 사장들을 규합해 새로운 유전 개발과 설비 도입에 거액을 투자해 러시아의 산유량을 늘리겠다고 발표했다. 호도르콥스키는 "러시아가 미국과 유럽의 오일탱크가 될 수 있을 것"이라고 호언장담하며 미국에 대한 충성심을 아낌없이 표현했다.

호도르콥스키의 친미 성향은 말로만 끝나는 것이 아니었으며 행동은 말보다 훨씬 적극적이었다.

호도르콥스키가 유코스의 지분 40퍼센트를 250억 달러에 미국 석유회사에 매각하고 13.6퍼센트 지분은 공개 매각하겠다고 선언하자 러시아 정부가 더욱 긴장했다. 그의 이 발표는 유코스의 지주권을 미국에게 통째로 넘기겠다는 것을 의미했으며, 그렇게 된다면 미국인들이 러시아 에너지자원의 명줄을 쥐게 될 것이었다.

이것은 러시아 언론과 전략전문가들이 가장 두려워하는 일이기도 했다. 유코스의 산유량이 러시아 전체 산유량의 3분의 1을 차지했으므로 유코스가 매각된다면 러시아의 재정통제권 대부분이 미국으로 넘어간다는 것을 의미했다.

유가가 배럴당 23.5달러였던 2003년 당시, 러시아가 석유 수출을 통해 벌어들이는 수입이 정부의 전체 재정수입의 13~14퍼센트를 차지했으며, 이 밖에 석유 업종에서 거두어들이는 세금과 관련 업종까지 모두 합친다면 석유 산업이 러시아 재정수입의 30~40퍼센트를 담당하고 있는 셈이었다.

한마디로 유코스가 국가예산의 10~15퍼센트를 책임지고 있었다. 군비지출이 러시아 전체 예산의 13.5퍼센트를 차지한다는 것을 감안하면 어마어마한 비중임을 알 수 있다. 호도르콥스키의 계획이 실현된다면 러시아의 지배권 전체가 유코스의 새로운 주인에게로 넘어갈 수 있었다. 국가재정의 5~10퍼센트를 통제한다면 곧 전국을 장악한 것이나 마찬가지이기 때문이다.

물론 이것도 유가가 배럴당 20달러일 때의 계산이다. 2010년 말 호도르콥스키에게 추가 유죄판결이 내려졌을 때 유가가 배럴당 100달러가 넘었으므로 그 가격으로 계산한다면 아마 천문학적인 수치가 산출될 것이다.

최악의 경우 해외 주주(물론 미국을 의미한다)가 유코스의 문을 닫겠다고 위협한다면 어떻게 될까. 유코스에서 일하는 약 10만 명의 근로자가 일자리를 잃고 거리를 떠돌게 될 것이고 다른 업종에서 유코스와 관련된 일을 하는 수만 명의 직원들까지 실업자가 될 수 있다.

이는 곧 유코스의 소유자(미국 기업)가 마음만 먹으면 언제든 러시아에 거대한 정치적 위기를 일으킬 수 있는 칼자루를 쥐게 되며, 이 칼자루를 앞세워 크렘린 궁을 압박할 수 있음을 의미했다. 그렇게 되면 푸틴 정부가 유코스의 재산을 다시 국가로 환수할 수도 없었다. 미국이 도덕적, 법률적 권리를 앞세우고 각종 수단(무력수단을 포함한)을 동원해 자국민의 사유재산을 보호하려 들 것이기 때문이었다.

이런 가정이 모든 현실이 된다면 러시아가 입을 손해는 유코스의 지분 매각을 통해 벌어들일 250억 달러와는 비교도 할 수 없을 것이었다. 그런 점에서 250억 달러의 매각대금은 유코스의 몸값이 아니라 미국이 러시아 통제권을 장악하기 위한 일종의 수수료 같은 것이었다.

상황이 이런데도 호도르콥스키의 방종을 용인할 얼간이 지도자가 어디에 있겠는가.

그러면 호도르콥스키는 유코스의 지분 매각으로 무엇을 얻게 될까? 그는 겉으로는 인프라의 형태로 존재하는 비현금자본을 현금화함으로써 러시아의 외화창출에 일조하게 될 것이라고 선전했지만, 사실은 훗날 미국이 러시아의 명맥을 완전히 장악하면 자신이 미국의 앞잡이로서 러시아를 실질적으로 통치하겠다는 계산이 깔려 있었다.

미국 정부가 공식적으로는 푸틴 정부의 호도르콥스키 체포에 대해 관심과 우려를 표명하고 나중에는 몇 차례 비난하기도 했지만, 미국 언론은 호도르콥스키에게 그리 호의적이지 않았다. 『뉴욕 타임스』, 『워싱턴 포스트』 등 미국의 주요 언론들은 호도르콥스키가 미국 정치인들을 돈으로 매수한 것이나 미국 권력층과 인맥을 쌓으려 했던 것, 러시아 국가두마에서 의원들을 매수하고, 심지어 의회에서의 발언을 직접 조종했던 것 등 경제계 밖에서 했던 행동들을 객관적으로 보도했으며 미국에서 호도르콥스키의 이미지가 크게 실추되었다.

가장 치명적인 결정타는 『월스트리트 저널The Wall Street Journal』에 실린 기사였다. 이 기사는 호도르콥스키를 비롯한 올리가르히들은 옐친의 비호 아래 국가의 재산을 불법으로 취득해 막대한 부를 쌓았다고 직접적으로 지적하고, 푸틴 정부의 호도르콥스키 체포가 독재통치로의 복귀를 의미하는 것은 아니며, 이 사건은 오히려 러시아인들이 보유한 재산권과 러시아 시장의 기초를 탄탄히 다지는 과정이라고 평론했다. 이 기사를 쓴 기자는 과거 러시아 올리가르히의 부정부패와 비열함을 조사해 폭로했던 러시아어판 『포브스』지의 편집장 폴 흘레브니코프Paul Klebnikov였다. 그는 이 기사를 쓴 이듬해 모스크바의 거리에서 피살되었다. 정부에 도전한 올리가르히는 체포당해 감옥에 수감되고 올리가르히를 비난한 기자는 거리에서 객사한 것이다.

사실 푸틴은 미국인들에게 낯선 인물이 아니었다. 170년 전 미국의 앤드류 잭슨 대통령과 유사한 점이 많기 때문이다.

장군 출신의 잭슨이 미국 역사에서 중요한 인물로 기억되는 것은 그가 미국 경제와 외교를 한 단계 발전시켰을 뿐 아니라 강력한 정부를 수립하고 국가의 통일을 수호했기 때문이다. 이 모든 것들이 그의 두 차례 '전쟁'과 관련되어 있다. 하나는 연방 체제를 위협하는 사우스캐롤라이나 주를 상대로 한 '반분열 전쟁'이고, 다른 하나는 미합중국제2은행Second Bank of the United States을 겨냥한 '은행 전쟁'이었다. 두 사건 모두 연기도 총성도 없었지만 국가의 운명이 달린 양보할 수 없는 '전쟁'이었다.

당시 잭슨이 강력하게 추진한 은행재벌과의 전쟁의 발단은 미합중국제2은행의 은행장 니콜라스 비들Nicholas Biddle 등이 정치권을 조종하려 하고 외국 세력과 결탁한 것이었다. 잭슨 대통령은 이 전쟁에서 국민과 국가의 이익을 위해 평범한 정치인들은 감히 가지지 못한 투사정신을 발휘함으로써 미국인들에게 높은 지지를 얻었다.

잭슨 이후 시어도어 루스벨트도 거대 재벌들과의 반독점 전쟁에 승리함으로써 연방정부의 권위를 세우고 미국의 정치와 경제의 분위기를 새롭게 개혁했다. 이는 미국이 세계 일류 국가로 도약하는 탄탄한 바탕이 되어 주었다.

국제정치에서도 상대와 입장을 바꾸어 생각하는 것이 매우 중요하다. 미국의 일부 언론과 정치인들이 러시아의 국가적 이익을 고려하고 잭슨과 루스벨트 시절의 역사적 경험을 떠올려 푸틴과 러시아를 이해하는 모습을 보여줌으로써 미러 관계의 냉각 속도를 늦추는 효과를 거두었다.

4
크렘린 궁의 로빈후드

현명한 지도자는 민심을 거스르지 않는다.

역사는 푸틴에게 특별한 무대를 선사했다. 러시아 역사상 보기 드문 암흑기였던 옐친 시대를 청산하는 막중한 임무가 그에게 주어졌던 것이다.

전임 대통령 시절에 워낙 심한 고통을 겪었던 터라 푸틴이 경제를 회복시키고 민족정신을 고양시키기 위해 내놓은 일련의 조치들은 대부분 러시아 국민들에게 열렬한 지지를 얻었다. 러시아인들은 커다란 목표를 위해서는 고통을 감내하며 기다리고 막중한 희생도 감수하는 민족성을 가지고 있다. 이런 성향이 서방 국가의 눈에는 극단적이고 이해할 수 없는 것으로 비춰지기도 하지만, 그들은 언제나 이런 일을 기꺼이 감수한다.

게다가 미래에 대한 낙관적인 전망이 있었기 때문에 러시아인들은 푸틴이 과거 차르 시대에 버금가는 번영을 실현해줄 것이라고 기대하며 꿋꿋이 참고 기다렸다.

사실 푸틴은 집권 초기에 두 가지 정치적 사명을 띠고 있었다. 하나는 옐친 시대 엘리트층의 열망에 부응해 민주개혁을 계속 추진하는 것이었다. 하지만 국민들의 기대는 이와 정반대였다. 국민들이 원하는 것은 위대한 러시아를 부흥시켜 대국의 가치관을 재확립하는 것이었다.

엘리트층은 푸틴이 '민주'에 관심을 쏟아주길 바랐고, 대중은 그가 자유화개혁 시대에 심각하게 훼손된 국가의 '주권'을 수호해주길 바랐던 것이다. 결과적으로 푸틴은 이 두 가지 상반된 임무를 모두 성공적으로 완수했으며 최적의 균형을 유지했다.

중요한 사실은 푸틴이 러시아 부흥의 열망과 스탈린 시기의 강력한 국가에 대한 향수를 잘 이용해 민심을 단결시키는 한편, 사회 각 계층의 열망을 만족시켜 자신의 외교적 주장을 관철시킬 수 있는 중요한 기반을 마련했다는 점이다.

푸틴은 국민들의 공감과 지지를 이끌어내는 데 있어서 놀라운 능력을 발휘했다.

러시아에는 자산규모 10억 달러 이상의 부호도 있지만 월 소득이 80달러도 안 되는 빈곤층도 있다. 빈곤층이 전체 인구의 5분의 1을 차지한다. 이런 상황에서 푸틴은 민의에 순응해 나머지 임기 중에 빈곤층 인구를 절반으로 줄이겠다고 선언하고, 이를 위해 국가의 재산을 불법 취득해 막대한 부를 축적한 재벌들의 재산을 몰수해 빈곤층을 지원하겠다고 약속했다.

그래서 러시아인들은 정부가 호도르콥스키로부터 몰수한 재산 32억 달러를 공무원 임금 인상에 사용할 것이라고 예상했고, 푸틴은 여론에 화답하듯 공무원의 임금을 인상했다.

올리가르히 척결을 통해 러시아의 에너지자원이 외국으로 넘어가는 것을 저지한 후 푸틴은 더욱 매력적인 정치적 결정을 내렸다.

2005년 11월, 푸틴 대통령은 2006년부터 러시아 연방정부가 교육, 보건, 주택 등 공공사업에 40억 달러를 투입할 것이라고 선언했다. 이 계획의 핵심 중 하나가 바로 근로자의 임금과 퇴직금을 대폭 인상하는 것이었다. 임금 인상이 순식간에 러시아인들 사이에서 뜨거운 화제로 떠올랐다.

푸틴의 이런 정책을 가능하게 한 것은 에너지를 통해 벌어들이는 돈이었다. 푸틴이 취임한 후 러시아 경제는 석유 수출을 통해 6~7퍼센트의 성장세를 유지할 수 있었다. 그 덕분에 2006년 러시아 정부 예산이 7760억 루블(약 270억 달러)이나 남았다. 푸틴이 2006년부터 공공사업에 1160~1458억 루블(약 40~50억 달러)을 투입해 보건, 교육, 주택, 농업 등 4개 분야에서 개혁을 추진하고 근로자의 임금 및 퇴직금을 인상하겠다는 통 큰 정책을 내놓은 것은 바로 국가 재정이 풍족해진 덕택이었다.

이 소식이 전해지자 러시아 전체가 감동의 물결로 술렁였다. 35년 동안 거의 제자리걸음이었던 근로자의 임금이 평균 33퍼센트나 오른다는 것은 큰 사건이 아닐 수 없었다.

이 정책은 그 어떤 미소보다도 더 매력적이었다. 러시아인들은 푸틴을 대통령으로 선출한 것이 옳은 선택이었으며 푸틴의 올리가르히 척결을 지지한 것 역시 정확한 선택이었음을 다시 한 번 실감했다.

물론 푸틴의 올리가르히 척결을 지지한 것은 러시아인들의 심정적인 요구에도 부합하는 것이었다. 2003년 『포브스』가 발표한 세계 100대 부호 가운데 17명이 러시아의 올리가르히였다. 이 17명 가운데 1985년에 재산이 1000달러를 넘었던 사람이 하나도 없었으므로 거의 기적에 가까운 결과였다. 하지만 러시아인들에게는 이것이 결코 즐거워할 일이 아니었다.

러시아의 부자들은 많아졌지만 GDP는 오히려 1980년대 말 수준으로 줄어들고 전체 인구의 3분의 1이 최저 빈곤선 이하의 생활을 하고 있었다. 가난한 사람은 너무 많고 부자는 너무 적었으므로 올리가르히가 막대한 부를 긁어모으기 위해 사용했던 수단들에 수많은 논란이 제기되고 러시아인들에게 증오의 대상이 되었다.

호도르콥스키가 모든 원망과 비난의 표적이 되었다. 러시아인들은 올리가르히들이 국영기업의 민영화 과정에서 직접적인 이득을 독식했다고 생각했다. 옙게니 프리마코프Yevgeny Primakov 전 러시아 총리는 10년 넘게 이어진 이 민영화 과정을 "지독하게 야만적인 자본주의의 원시적 축적"이라고 표현했다.

올리가르히를 19세기 미국의 강도귀족Robber Barons**14**에 비유하는 사람들도 있다. 두 부류 모두 폭력적인 수단을 서슴없이 사용하고 주식시장을 조종하며 허세를 부리고 부패하고 사치스런 생활을 일삼았다는 공통점이 있다. 하지만 영국 『파이낸셜 타임즈』가 지적한 대로 그들의 경제행위만을 놓고 보면 근본적인 차이점이 있었다.

19세기 미국의 강도귀족들은 긁어모은 돈으로 정유회사, 철강회사, 철도회사 등 새로운 회사를 설립하고 혁신적으로 관리하는 데 주력했다. 반면 러시아의 올리가르히들은 블라디미르 구신스키만이 언론 네트워크를 구축했을 뿐 다른 이들은 대부분 기존의 국영기업, 특히 원자재 업체를 인수해 부를 축적하고 난 후에는 사치스러운 생활을 누리는 데만 열을 올렸다. 또한 올리가르히들은 재산을 외국으로 빼돌렸지만 강도귀족들은 반대로 자본을 다시 국내에 투자했다. 이것이 바로 본질적인 차이다.

여론조사에서도 러시아인의 70퍼센트가 민영화를 다시 검토하는 데

---

14 헨리 포드, 앤드류 카네기, 록펠러 등 19세기 후반 자본주의의 급격한 성장세를 타고 등장한 거대 자본가들을 비유한 말이다. 미국 역사가 매튜 조지프슨(Matthew Josephson)의 동명의 책에서 유래되었다.

찬성하는 것으로 나타났다. 사실상 민영화 과정에서 절대다수의 국민들은 아무런 이득도 얻지 못했으며 이로 인해 부자들을 향한 대중의 원한과 증오가 팽배해 있었다. 러시아인 중 88퍼센트가 부자들에게 반감을 가지고 있다는 통계자료도 있었다.

옐친 시기에 올리가르히의 세력 팽창으로 인해 불거진 갖가지 폐해를 직접 목도하고 미국 등 서방 국가들에게 번번이 굴욕을 당하면서도 묵묵히 참기만 해야 했던 러시아인들은 자신들의 지도자가 올리가르히와 서방 국가들에게 단호하게 "노No!"를 외치기를 간절히 바라고 있었다. 그러던 중 푸틴이 그 열망에 부응하자 러시아인들이 열광했던 것이다. 이것도 푸틴이 올리가르히 척결을 통해 얻어낸 커다란 수확이다.

통계자료를 보아도 이 사실을 확인할 수 있다. 서방 국가에서는 푸틴의 올리가르히 척결이 거센 반발과 측근의 이탈을 불러올 것이라고 예측하고 있을 때 러시아에서 실시된 여론조사에서는 푸틴을 지지한다는 응답이 전체 응답자의 73퍼센트를 차지했다. 반면 호도르콥스키 체포에 의문을 제기한 미하일 카시야노프Mikhail Kasyanov를 지지한다는 응답자는 39퍼센트에 불과했다. 결국 카시야노프는 2004년 2월 푸틴에 의해 해임되어 정치계를 떠나야 했다.

이것 역시 푸틴이 올리가르히 척결을 자신만만하게 밀어붙인 중요한 원인이다. 푸틴을 향한 러시아인들의 높은 지지는 그가 위에서 아래로의 개혁, 특히 경제 분야의 개혁을 추진하는 데 있어서 유리한 환경이 되어주었다.

따라서 푸틴은 서방 언론과 일부 국가의 평론에 연연할 필요가 없었다. 그는 국가의 이익에 부합하는 일이라면 무엇이든 과감하게 행동에 옮김으로써 대국 지도자로서의 패기와 자신감을 보여주었다. 얼마 후

바이칼파이낸스그룹Baikal Finance Group이 유코스의 계열사 중 가장 큰
석유업체인 유간스크네프트가스Yuganskneftegas의 지분 76퍼센트를 인수
했으며 얼마 후 러시아 국영석유회사인 로스네프트Rosneft가 바이칼파
이낸스그룹의 지분 전체를 사들였다. 드디어 푸틴이 정한 목표를 향해
중요한 발걸음을 내딛은 것이었다.

푸틴의 호도르콥스키 숙청이 장기적인 이익에 부합하는 선택이었음
이 증명되었다. 일찍이 에너지가 러시아의 부흥을 주도할 것임을 간파
한 푸틴은 올리가르히들이 에너지 산업을 과도하게 지배함으로 인해 러
시아 정부가 올리가르히에 의해 휘둘리고 국가가 단순히 1차 에너지 공
급국가로 전락하게 될 것을 우려했다.

따라서 산업 분야의 구조조정을 통해 석유 산업에 대한 의존도를 낮
추고 석유재벌이 정치 등 다른 분야로 세력을 확장하지 못하도록 억제
하는 것이 시급한 과제였다. 이 과정에서 에너지 산업에 대한 정부의 통
제력을 강화한 것이 훗날 러시아의 부흥에 절대적인 역할을 발휘했다.

제3장

구원 받은 러시아

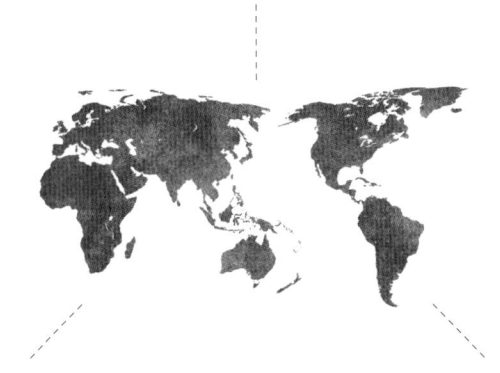

2007년 4월 23일, 76세의 노장 옐친이 정치 무대를 떠났다. 그의 퇴임은 구소련 해체 이후 10여 년간의 혼란과 급변을 떠올리게 했다. 러시아인들은 그에게 푸틴이라는 인재를 알아보는 혜안이 있었다는 점과 예상 외로 완벽한 정권 교체를 이루어냈다는 점에 박수를 보냈다.

푸틴도 옐친의 기대를 저버리지 않았다. 그는 불과 몇 년 사이에 국제사회에서 러시아의 위상을 바꾸어놓고 러시아를 부흥의 길로 이끌었다.

1
푸틴은 왜 환영 받았는가?

2002년 출간된 푸틴의 자서전에 그의 어릴 적 이야기가 나온다.

그는 어려서 상트페테르부르크의 허름한 아파트에 살았다. 빈민가의 아파트가 늘 그렇듯 출몰하는 쥐떼가 사람들의 골칫거리였다. 그런데 어느 날 쥐 한 마리가 사람들에게 쫓겨 다니다가 구석으로 몰리자 미친 듯이 사람을 공격하는 것이었다. 이 진귀한 장면이 어린 푸틴의 머리에 강하게 각인되었다. 푸틴은 그 일을 계기로 자신은 절대로 궁지에 처하는 일이 없도록 하겠노라고 결심했다.

훗날 푸틴이 옐친에게서 쇠락할 대로 쇠락한 러시아를 물려받았을 때에도 그는 어렸을 적 그 기억을 떠올렸다. 슬라브주의[15]를 신봉하는 옐친과 달리 젊고 구소련의 쇠락을 직접 목도한 푸틴은 러시아의 약점을 정확하게 알고 있었다. 그는 구소련이 해체된 후 러시아가 경제적으로 서방 선진국들에 비해 크게 뒤처진 것이 가장 큰 문제라고 생각했다.

당시 러시아는 궁지에 몰린 쥐처럼 사방을 두리번거리며 돌파구를 찾고 있었다. 8년 동안 경제규모가 절반으로 꺾이고 가장 극심한 금융위기에서 겨우 벗어난 직후였다. 러시아 정부의 전체 예산이 미국 한 도시의 예산과 비슷할 만큼 초라했고, 러시아 인구의 절반가량이 몇 달 동안 월급과 연금을 한 푼도 받지 못한 채 최저 빈곤선 이하의 생활을 하고 있었다. 지방정부는 단합하지 않고 뿔뿔이 흩어지고 올리가르히들은 제

---

15 19세기 중엽 러시아의 일부 지식층이 주장한 슬라브족의 민족주의를 말한다. 유럽 위주의 사상에 반발해 러시아의 전통적인 공동체를 바탕으로 독자적인 발전의 길을 모색하자고 주장했다.

주머니를 챙기는 데만 급급했다. 정보기관들도 각종 개혁으로 인해 심한 혼란을 겪고 있었으며 군대의 기강이 해이해지고 핵잠수함은 항구에서 녹슨 채 방치되고 있었다.

급기야 푸틴이 취임한 지 얼마 되지 않아 러시아의 핵잠수함 쿠르스크Kursk 호가 침몰하는 사고가 발생했다. 이 사고는 러시아 전체를 비통에 빠뜨렸으며 서방 언론들은 러시아가 핵잠수함을 보수할 돈도 없다고 조롱했다. 설상가상으로 체첸에서 또다시 테러가 발생했다.

사분오열된 국가를 재정비하는 것이 푸틴에게 주어진 막중하고도 시급한 과제였다.

푸틴은 당연히 러시아가 궁지에 몰린 쥐의 신세가 되는 것을 바라지 않았다. 그에게는 러시아를 부강한 국가로 만들겠다는 목표가 있었다.

푸틴은 우선 국민들에게 존경과 사랑을 받는 새로운 정치가의 이미지를 수립하기 위해 노력했다. 그는 강인함과 진중함, 지혜, 남자다운 박력, 융통성, 솔직함, 겸손함을 두루 갖추고 실용주의를 표방하는 유능한 지도자라는 인상을 풍기며 국제사회에서 점점 주목 받기 시작했다. 늙고 비둔했던 전임자 옐친과 확연히 다른 그의 모습에 러시아인들이 환호했다.

사실 러시아(구소련)의 역사를 뒤돌아보면 국민들에게 인기가 높았던 지도자들마다 공통된 특징이 있었다. 강한 개성과 활력, 과감함과 강인함이 바로 그것이다. 표트르 대제에서부터 레닌, 스탈린, 그리고 푸틴에 이르기까지 모두 이런 공통점이 있다.

더욱 중요한 것은 레닌과 마찬가지로 푸틴도 사회적 공감대를 이끌어내는 데 있어서 비범한 능력을 발휘했다는 점이다. 러시아의 사회학자 올가 크리시타놉스카야Olga Kryshtanovskaya는 가난한 집안에서 태어나 크렘린 궁에 입성한 푸틴을 신데렐라에 비유했다. 그가 사람들에게 호감을 산 것은 유머러스하고 유창한 언변과 과감하고 결단력 있는 행동, 그리고 KGB 요원이었던 이력이 그에게 신비감을 부여해주었기 때문이라고 분석했다.

그에 대한 평가를 묻는 여론조사 결과, 가장 많은 응답자가 푸틴에 대해 "정상적인 사람이며 그를 믿고 지지한다"고 대답했다. 친근하면서도 신비감을 잃지 않는 사람은 타인에게 강한 매력을 풍기는 법이다. 친근함은 사람에게 정체성을 심어주고 신비감은 호기심을 불러일으키기 때문이다. 이런 것들이 바로 푸틴이 강한 권력을 가질 수 있는 중요한 요인이었다.

미국 대통령 선거캠프에서 고문으로 활동한 바 있는 랄프 리드Ralph Reed도 "정치는 연애와 같다. 유권자를 끌어당기는 매력은 신비감에서 나온다. 신비감이 없으면 매력도 없다"고 단언했다. 강력한 지도자에게 종종 신화 같은 이야기들이 따라다니는 것도 이런 이유 때문이다.

푸틴의 강경한 태도와 과감한 추진력, 거침없는 발언도 러시아 국민들을 사로잡은 비결이다.

옐친은 퇴임하기 몇 년 전부터 후계자를 물색하며 총리를 수시로 갈아 치웠고 푸틴은 마지막으로 살아남은 총리였다. 푸틴이 총리직을 지키고 후계자로 낙점될 수 있었던 것은 그가 남들보다 날카롭고 강한 성격을 가지고 있었기 때문이다. 그는 마음에 드는 목표가 나타나면 정확하게 포착하고 끝까지 매달려 목표를 쟁취하는 집요함을 가지고 있다.

옐친이 푸틴을 발견해 중임을 맡기게 된 과정도 매우 드라마틱하다. 옐친은 자신의 회고록을 통해 푸틴을 처음 만났을 때의 일을 공개했다. 1994년 10월, 옐친이 상트페테르부르크 시장의 초청을 받아 상트페테르부르크 교외에 있는 사냥터를 시찰했다. 수행원은 많지 않았으며 모두 군복에 엽총을 메고 있었다.

그런데 늦게 도착한 한 수행원이 옐친의 시선을 끌었다. 옐친은 푸틴의 첫인상을 "군복이 잘 어울렸으며 엽총을 든 모습이 사랑하는 여인을 안고 있는 듯 자신감이 넘쳐 보였다"고 회상했다. 상트페테르부르크 시장은 옐친에게 그가 시정부의 제1부시장 블라디미르 푸틴이며 회의에 자주 지각하기는 하지만 믿을 만한 사람이라고 소개했다.

그런데 옐친이 시장과 한담을 나누는 동안 돌발 사건이 발생했다. 숲속에서 갑자기 커다란 멧돼지 한 마리가 뛰쳐나와 옐친을 향해 달려든 것이었다. 돼지의 급작스런 출현에 모두 당황해 아무런 손도 쓰지 못했다. 옐친이 이야기를 나누던 도중 안경을 바닥에 떨어뜨려서 열 명의 수행원들이 모두 바닥에 엎드려 안경을 찾고 있었기 때문에 신속하게 멧돼지에 대응할 수가 없었다.

그런데 바로 그때 어느새 일어났는지 푸틴이 재빨리 엽총을 장전하고 멧돼지를 향해 총구를 겨누었다. 곧바로 두 발의 총성이 울렸고 푸틴의 총에서 발사된 총알이 멧돼지의 심장을 명중시켰다. 덕분에 옐친은 아무런 상처 없이 위험에서 벗어날 수 있었다. 경호원도 하지 못한 일을 푸틴이 해낸 것이다.

푸틴은 그 일로 옐친에게 깊은 인상을 남겼다. 옐친은 중앙정부에 그처럼 강하고 타협할 줄 모르고 민첩한 사고를 가진 인물이 반드시 필요하다고 생각했다. 그리고 훗날 푸틴은 운명적으로 모스크바로 진출하게 되었다.

2
훌륭한 지도자는 국민을 마음 편하게 한다

고르바초프가 취임한 후 20년 가까운 세월 동안 러시아인들은 한시도 마음 편하게 살지 못했고, 옐친도 국민들이 안심하고 살 수 있게 만들고자 했지만 그렇게 하지 못했다. 그 때문에 러시아인들은 국민들이 안심하고 살 수 있도록 해주는 지도자가 탄생하기를 마음속으로 간절히 바라고 있었다.

푸틴이 옐친에 의해 총리로 발탁되었을 때 국민 대다수가 그도 전임 총리들과 마찬가지로 얼마 안 가서 교체될 것이라고 생각했다. 그동안 총리가 너무 자주 바뀐 탓에 사람들은 신임 총리에 대한 기대를 버린 지 오래였다.

그런데 이번에는 달랐다. 푸틴이 총리에 당선된 직후 체첸에서 테러가 발생했다. 그런데 우유부단했던 과거 정치인들과 달리 푸틴이 신속하게 반격을 개시해 위기를 해결해냈다. 푸틴이 국민들에게 자신의 강인한 면모를 처음 각인시킨 사건이었다.

그 후에도 푸틴의 강한 면모를 확인할 수 있는 사건들이 여러 차례 발생했다.

그동안 테러가 발생할 때마다 공포에 떨기만 했던 러시아인들은 믿음직스런 지도자가 나타나 자신만만하게 테러리스트들을 엄단할 것을 선언하고 강력한 행동을 통해 자신들을 보호해준다는 사실에 든든함을 느꼈다. 푸틴은 그 어떤 위협도 두려워하지 않고 강한 권력을 과시했으며 어떤 문제가 발생해도 두려워하거나 탄식하지 않고 아무도 원망하지 않고 해결하기 위해 신속하게 행동했다.

2002년 10월, 체첸 반군이 러시아 모스크바 남부의 한 극장에서 인질극을 벌이며 러시아 군대의 체첸 철수를 요구하는 사건이 발생했다. 푸틴은 러시아 특수부대를 파견해 강력한 진압작전을 펼쳤으며 체첸 반군 50명을 가차 없이 사살하고 3명을 생포했다. 당시 일부 서방 언론과 인권단체들은 러시아 정부가 과잉진압을 했다고 비난했지만 푸틴은 조금도 흔들림 없이 자신의 생각대로 후속 조치를 취했다.

10월 26일 저녁 푸틴이 국영TV에 출연해 진압 과정에서 인질들이 사망한 것에 사과하는 담화문을 발표했고, 28일에는 모스크바 시내 곳곳에 설치된 대형 전광판마다 푸틴의 대국민 성명 중에 나왔던 "그들(인질) 모두의 생명을 구하지 못했음을 유감스럽게 생각합니다. 목숨을 잃은 이들에 대한 애도에 동참합니다"라는 구절이 검은 바탕에 흰 글씨로 선명하게 표시되었다.

푸틴의 진심에서 우러난 애도에 러시아인들의 찬사가 이어졌다. 많은 러시아인들이 푸틴이 책임 회피에만 급급한 다른 정치인들과는 달리 대담하고 책임감이 있으며 인정미 넘치는 정치가라고 여겼다. 여론조사에서도 85퍼센트가 넘는 러시아인들이 모스크바 인질사태에서 푸틴의 대응방법이 옳았다고 응답했다.

냉소와 조롱의 시선으로 바라보던 서방 국가들은 "목숨을 잃은 사람들에 대한 애도를 통해 더욱 단결합시다"라는 푸틴의 말이 대중 사이에서 빠르게 공감대를 얻고 푸틴에 대한 국민들의 신뢰와 지지가 더욱 강해지는 것에 놀라움을 금치 못했다. 러시아의 여론도 체첸의 독립에 반대하는 쪽으로 점점 기울어졌다. 이와 함께 러시아 정부도 인질 사건과 관련된 각종 의혹에 대해 일일이 설명하며 러시아 정부에 불리한 유언비어와 오해 들에 적극적으로 해명하고 반박했다.

푸틴의 이런 행동은 서방의 여러 지도자들을 긴장시켰다. 리더심리학을 연구하는 학자들은 성공과 실패의 확률이 각각 절반씩일 때 사람들은 가장 결정을 내리기 힘들다고 말한다. 사람들은 대부분 자신의 결정, 또는 실패에 대해 책임지는 것을 두려워하기 때문이다.

의회 체제를 통해 배출된 정치인들은 무엇이든 책임지는 것을 꺼린다. 책임져야 할 일이 있을 때는 항상 애매한 태도로 일관하고 신속하게 결단을 내리기 보다는 시간을 끌 수 있을 때까지 끌다가 더 이상 버틸 수 없을 때가 되어서야 결정을 내린다.

이런 성향은 일본과 이탈리아 정치인들에게서 두드러지게 나타난다. 가능한 타협점을 찾으려 하고 이익에 조금이라도 손해를 입힐 수 있다면 누구도 앞장서서 결단을 내리려 하지 않는다. 혹시라도 문제가 발생했을 때 비난을 회피하기 위한 것이다.

하지만 이런 점에 있어서 푸틴은 완전히 다르다. 그는 과감하게 결단을 내리고 용감하게 책임을 진다. 이 점은 러시아의 전통적인 정치 문화와 관련이 있겠지만, KGB 요원이었던 그의 특수한 경력도 어느 정도 영향을 미쳤다. 바로 이 점이 그가 러시아인들에게 사랑 받고 옐친에게 신임을 얻은 이유이기도 하다.

될성부른 나무는 떡잎부터 알아본다는 말이 있다.

푸틴은 "나는 거의 모든 것을 거리에서 배웠다"고 말했다. '거리'란 주먹과 담력이 앞서는 곳이다. 푸틴을 가르쳤던 스승과 그의 동창들은 어린 시절 푸틴이 나약해 보이는 외모에 감정의 기복도 심했지만 자신보다 강한 상대에게 도전하는 것을 한 번도 두려워한 적이 없다고 회고했다. 푸틴의 학창 시절 친구는 "그는 누구도 두려워하지 않았다. 사력을 다해 싸우는 모습이 마치 작은 호랑이와도 같았다"고 말했다.

푸틴이 국민들로부터 높은 지지를 받은 것은 그의 개인적인 매력과 무관하지 않다.

사람의 매력이란 남들이 필요로 하는 때와 장소에 나타나야만 효과를 발휘할 수 있다. 푸틴이 바로 이런 사람이다. 언론과 학자들은 그를 두고 "지금까지 러시아 정부가 보여주었던 행동들과 달리 푸틴은 한번 한 약속은 무슨 일이 있어도 지키는 인물이다"라고 평가했다.

푸틴의 등장으로 러시아 정치계가 단결하고 러시아 국민들이 자신감과 희망을 회복하게 되었다.

푸틴 이전, 특히 고르바초프 시대에 러시아인들은 지도자의 변덕스러움으로 인해 큰 고통을 겪어야 했다. 지도자가 오후에 한 약속도 다음 날 아침이면 언제 그랬냐는 듯이 까맣게 잊어버리는 일이 허다했다. 하지만 푸틴은 자신이 한 약속은 반드시 지키는 인물이다.

푸틴의 왕성한 활력도 러시아인들에게 호감을 샀다. 푸틴은 전날 밤 아무리 늦게 자도 매일 이른 새벽에 일어나 30분간 체조를 하고 한 시간 넘게 유도와 수영으로 몸을 단련한 후 출근한다.

운동을 거르지 않는 것이 그가 하루 종일 활력 넘치는 모습을 유지할 수 있는 비결이다. 그에게서 풍겨 나오는 왕성한 활력과 패기는 은연중에 러시아인들에게 믿음과 자신감을 불어넣었다.

그런데 이것은 부시 주니어가 미국인들에게 인기를 얻은 원인이기도 하다. 푸틴과 마찬가지로 부시도 느긋하고 차분한 이미지를 지니고 있다. 부시는 9·11 테러가 발생했을 때도 자신의 생활습관을 바꾸지 않고 매일 밤 9시 30분과 10시 사이에 잠자리에 들고 새벽 5시 30분에 일어나 7시간 반의 수면 시간을 유지했으며, 여유 있게 점심 식사를 하고 매일 저녁 6시만 되면 무슨 일이 있어도 집무실을 벗어나 자전거를 타고

운동을 했다. 이런 규칙적인 생활습관이 미국인들에게 호감을 샀던 것이다. 미국 언론들은 부시의 이런 느긋함이 주변 사람들과 대중에게 그가 모든 상황을 통제하고 있으며 그 무엇도 미국의 안정과 번영을 해칠 수 없다는 메시지를 암시한다고 말했다. 어떤 학자들은 지도자의 이런 자신감과 낙천성 덕분에 미국인들은 9·11 테러 이후에도 계속해서 즐겁게 쇼핑을 했으며 미국 경제가 침체되지 않고 활력을 유지할 수 있었다고 지적했다.

푸틴도 마찬가지였다. 그의 규칙적인 생활습관과 안정적인 가정환경, 아름다운 아내와 귀여운 아이들, 그리고 부하 직원에 대한 신뢰와 국민들을 향한 우호적인 태도 등이 모두 대중의 마음을 사로잡았다. 이를 증명해주는 유명한 일화가 있다. 2009년 9월 14일, 당시 총리였던 푸틴이 모스크바 남부의 한 무기공장을 시찰하던 도중 공장에서 일하던 한 근로자가 푸틴에게 물었다.

"제게 기념이 될 만한 것을 선물해주실 수 있습니까?"

푸틴은 잠시 당황한 듯 선물해줄 것이 아무 것도 없다는 표정을 짓더니 그에게 무슨 선물을 받고 싶은지 물었다. 그러자 그가 농담조로 "총리님 손목시계면 됩니다"라고 대답했다.

그러자 푸틴은 조금의 망설임도 없이 자기 손목에 차고 있던 시계를 풀어 그에게 건넸다. 푸틴이 선물한 시계는 스위스 명품 브랜드의 제품으로 당시 가격이 8800달러였으며 이는 러시아 근로자의 평균 연봉과 맞먹었다. 푸틴의 이런 친화력과 소탈함에 러시아 언론의 극찬이 이어졌고 외국 언론에까지 보도되었다.

3
거울 속의 러시아

푸틴의 대통령 임기가 얼마 남지 않았던 2008년, 많은 사람들이 푸틴이 처음 크렘린 궁에 입성했을 당시의 상황을 떠올렸을 것이다. 그것은 마치 레이건이나 클린턴 대통령이 백악관을 떠날 무렵의 흐뭇했던 상황과 비슷했다. 그동안 러시아인의 주머니가 두둑해졌을 뿐 아니라 국가 전체가 활력을 되찾았다.

더욱 중요한 것은 러시아인들이 푸틴을 보며 자연스럽게 과거 러시아의 전성기를 떠올렸다는 사실이다. 푸틴은 러시아의 전통을 계승했을 뿐 아니라 전임 대통령들과 확실히 차별화되는 모습을 보여주었다. 옐친이나 고르바초프와 비교할 때 푸틴의 가장 큰 차이점은 그가 미국 등 서방 국가와의 관계에 대해 환상을 품지 않았다는 점이다.

푸틴은 자신과 러시아가 가야 할 길을 정확하게 알고 있었다. 국민에게는 기본적인 생활보장과 안전한 환경이 필요하고 국가는 번영해야 존엄성을 지킬 수 있다는 것이었다.

유도 애호가인 푸틴은 때로는 후퇴가 곧 전진이며 수비가 곧 방어라는 사실을 잘 알고 있었지만 기회를 발견하면 절대로 놓치지 않았다. 그는 또 강렬한 민족주의와 민족적 자신감으로 똘똘 뭉쳐 있지만 현실에서는 냉철한 이성과 현실성을 갖춘 지도자였다. 그는 21세기에는 미사일을 얼마나 보유했느냐가 아니라 경제가 얼마나 발전했느냐에 따라 국가의 영향력이 결정된다는 사실을 정확하게 인식하고 있었다. 따라서 그는 경제를 발전시키기 위해 적절한 타협이 필요하다고 생각했으며, 그 타협은 물론 '공짜'가 아니었다.

그는 취임 후 약 2년간 때를 기다리며 실력을 기르는 데 집중했다. 레닌과 스탈린이 시간을 벌기 위해 현실과 여러 번 타협했던 것처럼 푸틴도 때를 기다리며 러시아의 부흥을 위한 안전한 환경과 투자에 대한 믿음, 그리고 재기할 수 있는 시간을 벌었다. 푸틴의 이런 신중함과 냉철함 덕분에 러시아인들은 가장 간절히 바라던 안정을 누릴 수 있었다. 낚시를 좋아하는 푸틴은 참고 기다리면 언젠가는 물고기가 잡힌다는 사실을 잘 알고 있었다. 마침내 그가 기다리던 기회가 찾아왔다. 바로 유가 상승으로 인한 러시아 경제의 회복과 미국의 이라크전 실패였다. 그 덕분에 푸틴은 오래 지나지 않아 미국에게 큰 소리로 "노!"라고 외칠 수 있었다.

푸틴이 거둔 또 하나의 성과는 러시아인들에게 민족의식을 고취시키고 영광과 꿈을 향해 분투하겠다는 강한 투지와 자신감을 일깨워준 것이었다.

러시아인들은 푸틴의 업적과 발언 들을 전임 대통령들과 비교하고 자신들이 생각하는 이상적인 지도자 상과 비교했다. 그들이 바라는 이상적인 지도자 상이란 대부분 표트르 대제, 예카테리나 2세, 스탈린 등 역사 속 인물을 바탕으로 형성된 것이다.

그렇다면 확연히 다른 이 세 사람에게서 어떤 공통점을 찾을 수 있을까?

바로 백전불패, 강력한 권력, 장기 통치, 그리고 그들이 통치하던 시절 러시아가 번영을 누렸다는 점이다. 푸틴이 자신의 높은 지지율을 유지하려면 그런 인물들을 본받아야 했다. 이것은 푸틴 정부 전체의 가장 현실적인 임무이기도 했다.

구소련이 해체된 후 러시아인들은 과거 미국과 대치하던 강대국 소련이 더 이상 존재하지 않는다는 사실에 깊은 상실감을 느꼈다. 게다가 옐친 시기에 미국의 꽁무니만 쫓아다니다가 국가의 위신이 땅에 떨어지자 러시아인들은 자존심에 큰 상처를 받았으며 다시 강대국으로 도약하고 싶다는 열망이 강하게 나타났다.

푸틴은 이런 여론을 묵묵히 듣고 있었다.

여론에 귀를 기울이지 않는 지도자는 여론의 지지를 받을 수 없는 법이다. 이 점을 잘 알고 있는 푸틴은 취임 초기부터 '강한 러시아를 재건하자'는 구호를 내걸어 절대적인 지지를 얻었다. 민족 부흥에 대한 동경 속에서 푸틴은 올리가르히 척결과 경기 부양이라는 두 가지 전략을 실천하는 데 주력했다.

한편 푸틴은 소탈함과 성실함을 앞세워 러시아인들에게 자신의 친근하고 자연스러운 모습을 보여주었다. 전문가들은 대중의 마음을 사로잡는 푸틴의 언변을 높이 평가한다.

우선 그는 현실적인 문제를 솔직하게 인정함으로써 국민들에게 매우 성실한 모습을 보여주었다. 아주 간단해 보이지만 이를 실천하는 정치가들은 거의 없다. 푸틴은 첫 번째 임기 동안 러시아에 관료들의 부패, 심각한 인구 감소, 극동 지역 및 시베리아의 러시아 이탈 위험 등이 존재한다는 사실을 솔직히 인정했다.

푸틴이 그 문제들에 대해 새로운 해법을 내놓은 것은 아니지만, 푸틴 이전에는 그 어떤 지도자도 이런 문제들을 언급한 적이 없었다. 나중에는 또 빈곤, 부패, 범죄가 심각해 보살핌을 받지 못하는 아이들이 많으며 그 외에도 부자들의 소득이 너무 높고 부의 분배가 불균형하다는 점도 인정했다. 그 발언으로 부자들의 소득이 실제로 줄어든 것은 아니지만 푸틴의 지지율을 높이는 데는 한몫했다. 사실 국민들은 산적한 문제들이 즉시 해결되지 않더라도 정부가 문제를 숨기지 않고 시인하는 것만으로도 만족하는 법이다.

푸틴이 러시아의 단결과 통일을 위해 쏟아부은 노력들도 국민들에게 높이 평가 받았다. 푸틴은 국정자문회의에서 "사회가 사분오열되고 모두들 자기 이익에만 급급하다면 러시아는 수많은 위협을 어떻게 막아낼 수 있겠는가? 단결하지 않으면 위협을 이겨낼 수 없다고 굳게 믿는다"고 발언했다. 푸틴의 이런 인식은 러시아인들에게 깊은 영향을 미쳤고 푸틴과 메드베데프 대통령 재임 시기에 테러에서 대규모 화재까지 여러 번의 좌절이 닥쳤음에도 러시아인들은 자신감을 잃지 않았다.

아나톨리 추바이스Anatoly Chubais 전 러시아 총리는 "푸틴은 매우 대단한 능력을 가지고 있다. 누구든 그와 대화를 나누고 나면 대통령이 자기편이라고 믿게 된다"고 말했다. 이런 소탈함과 친화력도 푸틴의 매력이자 강점이다.

푸틴은 인도적으로도 훌륭한 면모를 보여주었다. 2011년 3월 11일, 일본에서 진도 8.8의 초대형 지진이 발생해 일본 내의 모든 원자력발전소가 가동이 중단되었다. 일본 전체 전력공급의 3분의 1을 원자력발전으로 충당하고 있었으므로 원자력발전소의 가동이 중단되면 LNG, 석탄 등 기타 에너지자원에 대한 수요가 늘어날 수밖에 없었다. 그러자 푸틴은 일본이 원한다면 LNG와 석탄 15만 톤을 즉시 일본에 긴급 제공하겠다고 밝혔다.

위급한 상황에 전해진 희소식에 일본인들은 감동했고 국제사회에서 러시아의 이미지도 격상되었다. 일본과 러시아가 북방 4개 섬 문제를 놓고 대립하고 있는 상황에서 푸틴은 인도적인 지원을 제안함으로써 대국의 풍모를 보여준 것이다.

4
미국의 'Mr. 늑대들'

KGB 요원으로 활동하며 엄격한 훈련을 받았기 때문인지 푸틴은 입이 매우 무거워 일이 어느 정도 윤곽이 드러나기 전까지는 공개적으로 이야기하지 않는다. 그런데 미러 관계에 있어서 어떤 발언들은 너무 오래 참았다는 느낌을 지울 수 없다.

미국이 미러 양국 간에 체결한 탄도탄요격미사일제한조약ABM에서 탈퇴하겠다고 선언했을 때 러시아는 상당히 냉정한 태도를 유지했고, 미국이 북대서양조약기구의 동유럽 확장을 추진했을 때에도 러시아 정부는 비난하기는 했지만 강력하게 반발하지 않았다. 또한 미국이 아프가니스탄 전쟁을 빌미로 중앙아시아에 군대를 주둔시켰을 때에도 한때 북부의 패권국가로 군림했던 러시아는 그리 심하게 반발하지 않았다. 부시와의 역사적 '포옹'을 실현한 후 푸틴도 한때는 미국의 지원을 받아 러시아가 부흥을 실현할 수 있을 것이라는 장밋빛 기대를 품기도 했었다.

하지만 러시아는 옐친 시기에 이미 여러 번이나 홀대를 겪은 바 있다. 기회를 엿보며 기다릴 줄 아는 푸틴은 러시아의 그런 양보와 기다림, 저자세 외교가 기대한 만큼의 효과를 가져오지 못했음을 유감스럽게 생각했다.

이라크 전쟁 이후 미국은 러시아에 대한 비난의 공세를 조금도 늦추지 않고 호도르콥스키 사건 때부터 러시아의 민주주의 탄압 문제를 집중적으로 지적했다. 게다가 미국은 '색깔 논쟁'을 일으켜 북대서양조약기구의 동유럽 확장을 추진했다. 이런 일련의 사건들이 미국과의 관계 개선을 통해 WTO에 순조롭게 가입하려던 러시아의 희망에 찬물을 끼었었다.

중앙아시아의 카자흐스탄도 WTO에 가입하자 러시아인들은 더욱 실의에 빠졌다. 카자흐스탄의 시장화가 러시아에 비해 뒤처져 있음에도 불구하고 오로지 미국이 지지한다는 이유로 WTO 가입이 성사된 것이었다.

러시아인들은 과거 독일 통일과 바르샤바조약기구 해체 과정에서 러시아가 보여준 '우호적인 태도'가 아무런 보답도 받지 못했다는 점을 억울하게 생각하고 있었고, 특히 고위급 장성들은 중앙아시아에 미국이 주둔하는 바람에 러시아가 중앙아시아로 진출할 기회를 잃고 말았다고 탄식했다.

푸틴의 인내심이 한계에 도달했다. 러시아가 경제 발전을 통해 국력이 나날이 강해지고 있었으므로 그에게 '믿는 구석'이 생기기도 했다.

2006년 미러 정상 간 전화 통화에서 부시는 푸틴에게 이란에 압력을 가해줄 것을 요청했지만, 푸틴은 러시아의 WTO 가입 문제로 슬쩍 화제를 돌리며 미국이 러시아와 WTO 쌍무협정에 서둘러 합의해줄 것을 요구했다.

고이즈미가 한국 방문 당시 노무현 전 대통령과 자유무역협정 체결과 북한 핵문제에 관해 의견을 나누고 싶었지만 회담의 '소중한 시간'이 대부분 고이즈미의 야스쿠니 신사 참배에 관한 이야기로 소모되었던 상황과 비슷하다.

푸틴은 그 후에도 WTO 가입 문제에 대해 각국이 러시아와의 WTO 쌍무협정 체결을 빌미로 러시아에 불합리한 요구를 하고 러시아의 양보를 얻어내려 하고 있다고 비난했다. 물론 이 '각국' 가운데 대표적인 국가가 바로 미국이었다.

푸틴은 대국민 담화에서 또 '늑대' 문제에 대해서도 언급했다. "지금 '늑대'가 세계의 주인 노릇을 하고 있다. 그는 민주주의와 인권 문제를 크게 강조하지만 유독 자신의 이익을 보호할 때는 민주주의와 인권의 가면을 벗어던진다. 이 늑대가 누구를 가리키는지는 모두 알 것이다."

푸틴은 수억의 러시아인들이 지켜보고 있는 가운데 미국 정부를 신랄하게 비판하고, 일주일 전 체니 미국 부통령이 러시아의 민주화 문제를 지적하며 "러시아가 에너지를 앞세워 주변 국가를 괴롭히고 영토 및 주권을 침해하고 있다"고 비난한 것에 대해 날카롭게 반격했다. 특히 푸틴은 체니가 카자흐스탄과 아제르바이잔의 민주 문제에 대해서는 일언반구도 입에 올리지 않고 풍부한 에너지자원에 대해서만 언급했다는 점에 가장 분노했다.

아울러 푸틴은 러시아의 국방예산이 미국의 4퍼센트밖에 되지 않음을 언급하며 러시아에 최첨단 장비로 무장한 강력한 군대가 필요하다고 강하게 주장했다. 푸틴이 이 시기에 군사력 강화를 주장한 것은 테러와 혹시 발생할지도 모르는 외국의 도발을 방어하기 위한 것이기도 하지만, 국방 강화를 요구하는 국내적인 압력에 대응한 제스처이기도 했다.

냉정한 푸틴은 구소련의 전철을 밟기를 원치 않았으므로 군사력 강화를 언급하는 한편 경제력 강화와 국민 생활수준 향상에 대한 결심을 더욱 강조했다. 미국에서는 '포스트 포스트 냉전post-post cold war' 또는 '신 냉전New Cold War' 등의 용어가 등장하고 있었지만 러시아인들은 다시 냉전의 어두운 그림자와 늪 속으로 빠져들고 싶지 않았다.

그런데 이 유명한 대국민 담화가 있기 바로 전날, 러시아 정부는 제2차 세계대전 승리 61주년 기념식을 유난히 대대적으로 거행했다. 이 기념식을 통해 독립국연합의 응집력 강화라는 간절한 소망을 드러내는 한편 국민들이 스탈린에 의해 강하게 각인된 강력한 국가의 역사를 되새기게끔 유도했던 것이다.

이것은 미러 관계가 진정으로 화해할 수 없는 근본적인 이유이기도 하다.

본질적으로 러시아의 풍부한 천연자원과 인력자원, 뿌리 깊은 대국의식과 민족적 자긍심, 강한 군사력과 유구한 문화적 전통과 정신 등이 모두 러시아가 오랫동안 국제적으로 무시와 모욕을 당하면서도 꿋꿋이 참아내게 만든 저력이며 세계의 패권을 쥐고 그 패권을 영원히 빼앗기지 않으려는 미국인들이 '평상심'을 유지할 수 없는 이유다.

이 때문에 두 나라는 양국 간의 '평범한 관계' 속에서도 보이지 않는 불안과 걱정, 의심을 떨쳐버릴 수 없는 것이다.

5
푸틴에 대한 미국의 착각

21세기 들어 10년 동안 미국인들은 그동안 푸틴이란 인물에 대해 자신들이 착각하고 있었음을 깨닫기 시작했다. 미국은 그동안 푸틴의 과거 경력을 통해 그의 정치적 목표와 성향을 정확하게 파악하지 못했을 뿐 아니라 그의 통치능력을 과소평가하고 있었다.

역사는 거울과 같아서 그 속에서 교훈을 얻을 수도 있고 타인을 이해하는 데 참고가 될 수도 있다. 누군가의 사람됨을 알고 싶다면 그가 지금까지 살아온 과정이 어떠했으며 곤경에 처했을 때 어떻게 행동하는지 살펴보면 거의 정확하다.

이 점은 한 나라의 지도자나 민족의 특성을 이해하는 데도 동일하게 적용된다. 그러나 유감스럽게도 미국이 예로부터 러시아를 중요한 경쟁 상대로 여겨왔고 부시 곁에서 보좌하는 라이스 국무장관이 러시아 문제 전문가였음에도 불구하고 미국인들은 푸틴의 과거 경력에 대해 자세히 연구하지 않았다.

푸틴에 대해 이야기할 때 많은 사람들이 그가 KGB 요원이었다는 점을 제일 먼저 떠올리겠지만, 푸틴의 그 이력이 대통령으로 당선된 후 외교 사무를 처리하는 데 어떤 영향을 미쳤는지 정확히 아는 사람은 거의 없다. 푸틴은 '전문성은 곧 경쟁력'이라는 말을 증명하는 살아 있는 본보기다.

구체적으로 어떤 점이 푸틴의 대통령 당선에 도움이 되었을까. 푸틴은 KGB 요원 시절 정보분석 업무를 담당했다. 직접적으로 국제사무에 참여한 것은 아니지만 하루 종일 국제 활동과 관계된 일을 다루었으며 대외무역, 대외정치 등 그 범위도 매우 넓었다. 정치계로 입문하기 전에는 대학에서 국제 관계학과 부학장을 지내기도 했다.

이 밖에도 상트페테르부르크 시정부에서 근무하는 동안 푸틴은 대외 연락위원회 위원장이었기 때문에 마거릿 대처, 헨리 키신저 등 외국 정치가들을 두루 만나며 교류 능력과 세계 각국에 대한 인식을 길렀다. 이것이 훗날 그가 서방 국가들과 교류하는 데 있어서 든든한 기반이 되었다.

푸틴은 사실 외교 분야에서 부시 대통령보다 훨씬 풍부한 경험을 가지고 있고 국제정치의 본질에 대해 깊이 알고 있기 때문에 노련한 외교 수완을 발휘할 수 있었다. 그는 언제 몸을 낮추고 언제 공격해야 하며 또 언제 대세에 순응해야 하고 언제 갈등을 피하지 않고 정면으로 부딪혀야 하는지 잘 알고 있었다. 이것도 역시 서방 국가들이 푸틴에 대해 잘 모르고 있는 사실이었다.

비록 푸틴이 서방 국가들의 방식을 인정하지는 않았지만, 그는 서방 국가들의 정치 시스템과 게임의 법칙을 분명히 알고 있었으며 어떤 단점이 있는지도 잘 알고 있었다. 지피지기를 실현한 셈이다. 특히 푸틴은 미러 양국이 실제로는 경쟁 관계에 있으며 겉으로는 친밀해 보여도 속으로는 냉랭한 사이라는 것을 누구보다 잘 알고 있었다.

국제 관계를 면밀히 관찰하고 분석했던 경력 덕분에 푸틴은 다른 나라에서는 효과를 발휘했던 방법이라도 러시아에는 적합하지 않을 수 있다는 점을 잘 알고 있었다. 이런 인식을 바탕으로 푸틴은 러시아만의 독특한 노선을 걷기로 결심하고 서방 국가들과 일정한 거리를 유지했다. 그는 미국 등 일부 국가들이 러시아에 대해 이래라 저래라 지적하는 것에 강한 반감을 느꼈다. 이것은 푸틴과 메드베데프가 서방과 결코 타협하지 않는 원칙이기도 했다.

미국이 러시아의 민주화 수준을 함부로 평가한 후 미러 관계에 심각한 신뢰의 위기가 발생했다. 인간관계뿐만 아니라 국가 간의 관계에서도 비난을 원치 않는 상대를 비난하고 지적하는 것은 현명하지 못한 일이다.

이 점을 증명하는 링컨의 일화가 있다. 링컨은 젊은 시절 남의 잘못을 지적하기를 좋아했다. 그는 남을 비난하고 조롱하는 편지나 시를 써서 일부러 사람이 많이 다니는 길에 떨어뜨리거나 자신의 경쟁자를 공개적으로 비난하는 글을 신문사에 보내기도 했다.

1842년 가을, 링컨이 스프링필드 지역 신문사에 익명의 편지를 보내 제임스 쉴즈James Shields라는 정치가를 조롱했다. 그 편지가 신문에 실리자 큰 화제가 되었고 기사를 읽는 사람들마다 박장대소했다. 오만하고 신경질적인 성격의 제임스 쉴즈가 노발대발하여 곧장 말을 타고 링컨에게 찾아가 결투를 신청했다.

하지만 싸우기도 전에 이미 승부가 난 것이나 다름없었다. 건장한 체격의 쉴즈는 긴 두 팔로 기다란 검을 휘두르며 나타났다. 반면 링컨은 체구가 왜소하고 비쩍 말라 바람만 불어도 날아갈 듯 위태로워 보였고 심지어 무기를 든 두 손이 벌벌 떨렸다. 다행히도 결투가 벌어지기 직전에 사람들이 극구 말리는 바람에 결투가 무산되었다.

이것은 링컨의 일생에서 가장 무서운 경험이었으며 그 후에는 다시는 남을 공개적으로 놀리거나 조롱하는 편지를 쓰지 않았다. 누구든 모욕을 당하면 분노한다는 사실을 그제야 깨달았던 것이다.

상대방을 함부로 조롱하거나 경멸하는 태도를 숨김없이 드러내는 것은 미숙하고 어리석은 행동이다. 하지만 유감스럽게도 부시 주니어는 링컨의 일화에서 교훈을 얻지 못한 것 같다. 그는 다른 나라를 비난해 너무 많은 적을 만들었고 이것이 미국의 위신을 크게 실추시켰다.

부시 주니어 재임 시절 미국 국무장관이었던 콘돌리자 라이스가 구소련과 동유럽 문제 전문가였지만 문제는 그녀가 연구한 것이 오늘날의 러시아가 아니라 냉전 시기의 구소련이었다는 점이다. 그녀는 러시아인들의 현실적인 욕구를 정확히 이해하지 못했기 때문에 푸틴 정부에 적절히 대응할 수 없었다.

푸틴 재임 시절 러시아는 몇 가지 쉽지 않은 과제를 안고 있었다. 우선 국내적으로 안정을 회복하고 유라시아 지역에서 러시아의 위상을 높이는 한편, 국제무대에서 강대국들과 대등한 지위를 인정받아야 한다는 것이었다. 흥미로운 사실은 푸틴이 1975년 레닌그라드 대학을 졸업할 당시에 썼던 졸업 논문의 제목이 바로 『타국과 평등하게 대우 받는 방법에 관하여』였다는 점이다. 라이스 전 국무장관 등이 이 논문을 진지하게 읽어보았더라면 푸틴과 러시아에 대한 인식이 달라졌을지도 모른다.

리더정치학의 관점에서 보면, 지도자가 초기에 썼던 중요한 논문이나 글이 훗날 통치이념에 반영되는 경우가 적지 않다. 『1812년 해전The Naval War of 1812』을 썼던 시어도어 루스벨트는 재임 시간 동안 해군력 강화에 주력했으며, 푸틴도 과거에 썼던 또 다른 논문 『러시아 경제 발전을 위한 전략상의 에너지자원』에서 자신의 에너지 전략 구상을 상세하게 밝힌 바 있다.

크렘린 궁에 입성한 후 푸틴은 서방 국가들의 비난에도 아랑곳하지 않고 자신의 주장을 실천에 옮기기 시작했으며 미국의 일부 정치인들은 이를 이미 예상하고 있었다.

6
국제정치의 '달걀 철학'

계란을 한 바구니에 담지 않는 것도 푸틴의 현명한 원칙이었다.

국제사무에 대한 경험이 풍부한 푸틴은 고금을 막론하고 명석한 두뇌를 가진 정치가들은 자신이 옳다고 생각하는 외교정책을 일방적으로 구사하는 단점이 있으며 이것이 매우 위험하다는 사실을 잘 알고 있었다. 푸틴은 모든 달걀을 한 바구니에 담지 않고 에너지를 무기 삼아 지정학적 '네트워크'를 구축하는 한편, 미국, 유럽 등 강대국들과의 시소게임을 통해 외교적 이익을 취했다. 또한 대외적으로는 러시아의 독특한 이미지를 유지하는 한편 국내에서도 지지를 얻었다.

그런데 재미있는 것은 미국과 러시아가 빈번하게 접촉한 후 푸틴과 메드베데프 모두 중국을 방문해 균형을 유지했다는 점이다. 미국 역시 이런 균형을 유지하는 데 일가견이 있었다. 2010년 여름, 힐러리 국무장관이 동유럽과 중앙아시아 5개국을 순방했다. 매우 미묘한 시기에 미묘한 지역에서 미묘한 일을 했던 것이다.

당시 미국과 러시아는 이른바 '햄버거 외교'로 상징되는 평온하고 화기애애한 관계에 있었다. 2010년 6월 24일, 오바마 대통령과 미국을 방문한 메드베데프 대통령의 정상회담이 열렸다. 회담이 끝난 후 오바마와 메드베데프는 함께 차를 타고 백악관을 떠나 워싱턴 교외에 있는 레이스 헬 버거Ray's Hell Burger라는 햄버거 식당에 갔다. 두 사람은 그곳에서 통역사만 배석시킨 채 마주 앉아 햄버거를 먹으며 환담을 나누었다. 언론은 오바마가 관례를 깨고 햄버거 식당에서 오찬을 한 것은 양국 관계가 회복되기 시작했음을 표현한 것이라고 분석했다.

지도자들은 즐거운 분위기에서 '화해의 퍼포먼스'를 보여주었지만 러시아의 강경파 정치인들은 이런 모습을 보며 불안감을 느꼈다. 사상 차원에서든 국익 차원에서든 그들은 러시아가 미국과 너무 가까워지는 것을 원치 않았다. 그것이 북대서양조약기구의 동유럽 확장에 영향을 미쳐 자신들과 자신들을 배후에서 지원하는 군수업체들의 무기 판매량이 줄어들 수 있기 때문이었다.

얼마 후 미국과 러시아 사이에 '스파이 사건'이 발생했을 때에도 미국 언론들은 강경파로 화살을 돌리며 그들이 오바마의 '회유정책'에 찬물을 끼얹기 위해 이 사건을 배후에서 일으켰을 것이라고 주장했다. 그러므로 힐러리의 동유럽 및 중앙아시아 순방은 미국 정계 강경파들을 다독이기 위한 성격이 짙었다.

또 한편으로는 당시 힐러리가 방문한 다섯 나라의 러시아에 대한 미묘한 태도 변화가 힐러리에게 압박감을 주었다.

미국 정부는 자신들이 다년간 유지해온 러시아에 대한 '측면공격' 전략이 조금씩 흔들리고 있음을 감지했다. 2010년 2월 우크라이나 대통령 빅토르 야누코비치는 취임하자마자 러시아와의 관계를 개선하고 북대서양조약기구 가입을 포기하겠다고 선언했다. 같은 해 4월에는 당시 폴란드 대통령 레흐 카친스키가 탄 전용기가 러시아에서 추락하는 사고가 발생해 러시아와 폴란드의 관계 개선에 계기가 마련되었다. 러시아가 '장례 외교'를 통해 폴란드에 '추파'를 던졌던 것이다. 이 밖에 아제르바이잔과 아르메니아, 조지아도 미국으로부터 푸대접을 받았다고 느끼며 어디로 가야 할지 모르고 방황하고 있었다.

이런 미묘한 상황에서 위기감을 느낀 힐러리는 발 빠르게 중요한 전략적 의미를 지닌 5개국을 순방했다. 그들 나라와의 관계를 강화해 불안을 잠재우는 것이 순방의 목표였다.

우크라이나 방문 기간 동안 힐러리는 미국이 우크라이나를 얼마나 중요하게 여기고 있으며 우크라이나가 미국, 러시아, EU와의 관계에서 균형을 모색하고 있음을 높이 평가했다. 다시 말해 우크라이나가 러시아와 거리를 유지하며 분쟁을 벌이는 것을 지지한다는 뜻이었다. 폴란드 방문의 주요 목적은 폴란드에 미국의 요격 미사일을 배치한다는 내용의 미사일방어협정에 서명하는 것이었다. 미국의 이 계획이 러시아의 반발을 사기는 했지만 미국은 러시아를 견제하기 위해 폴란드에 대한 탄도미사일방어시스템 구축을 고집했다. 힐러리가 코카서스 3국[16]을 순방국가에 포함시킨 목적은 아제르바이잔과 아르메니아의 영토 분쟁 지역인 나고르노Nagorno에서 두 국가를 화해시키는 한편, 압하스Abkhazia와

---

[16] 아제르바이잔, 아르메니아, 조지아를 이르는 말이다. 캅카스 3국이라고도 부른다.

오세티야 독립 문제를 놓고 러시아와 대립하고 있는 조지아를 방문해 조지아에 힘을 실어주고 러시아에 이 두 지역에서 철군하도록 압력을 넣는 것이었다. 힐러리의 이런 의도를 러시아인들도 잘 알고 있었다.

힐러리의 순방은 미국의 균형 전략을 다시 한 번 확인시켜준 것이었다. 러시아를 향해 화해의 '올리브 가지'를 내밀고 곧바로 몸을 돌려 중앙아시아와 동유럽 국가들에게는 '장미꽃'을 건넨 셈이다. 직설적으로 말하면 미국이 러시아에 대해 여전히 마음을 놓지 못하고 러시아에 대한 포위 전략을 고수하고 있음을 증명한 것이며, 이는 미러 관계가 앞으로도 계속 평온하지만은 않을 것이고 구조적인 모순으로 인해 '불가근 불가원'의 관계가 유지될 것임을 암시하는 것이기도 했다.

7
왜 조지아를 겨냥했을까?

푸틴의 진면목을 정확히 알지 못하는 것은 미국만이 아니었다. 조지아는 푸틴에 대해 미국보다도 훨씬 더 무지했다.

조지아의 남오세티야 주가 독립을 시도하고 러시아가 이를 지지함으로써 조지아와 러시아 간의 분쟁이 시작되었다. 남오세티야의 분리주의 활동은 구소련 해체 이후 끊이지 않고 계속되어 왔으며 사실상 이미 조지아 내부의 '독립 왕국'이나 마찬가지였다.

2008년 8월 7일 저녁, 조지아 군대가 남오세티야의 수도 츠힌발리로 진격해 양측 간에 치열한 전투가 발발했다. 다음 날 오전 남오세티야의 비공식 동맹인 러시아가 남오세티야로 군대를 파견했다. 불과 48시간 동안 러시아 군대는 조지아의 주력부대를 완전히 섬멸시켰고 이 사건으로 러시아와 조지아의 충돌이 더욱 격화되었다.

두 나라 간의 분쟁은 하루아침에 갑자기 시작된 것이 아니었다. 21세기로 들어서면서부터 조지아는 미국과 러시아 사이에서 매우 민감한 존재로 떠올랐다. 서방 국가에 대한 이상을 품고 있으며 과거 구소련공화국 중 하나였던 조지아를 두고 러시아와 미국 모두 탐을 내며 군침을 흘리고 있다. 그런데 조지아는 국내 상황만으로도 이미 감당하기 버거울 만큼 혼란스럽다. 예두아르트 셰바르드나제Eduard Shevardnadze 전 조지아 대통령이 반정부 여론에 밀려 하야하고 조지아 내부에서 분리 움직임이 나타난 것이 혼란을 보여주는 단적인 예다.

러시아의 입장에서는 분리독립을 주장하는 전쟁이 일어난 체첸과 국경을 사이에 두고 있는 데다가 많은 체첸 반군들이 숨어 있는 조지아에 압력을 가하는 것이 국가적으로 유리했다. 게다가 조지아는 흑해 연안에 두 개의 중요한 항구를 보유하고 있기 때문에 전략적으로도 매우 중요한 위치에 있다. 미국인들이 조지아를 탐내는 가장 중요한 원인은 바로 송유관이다. 2005년부터 가동된 이 송유관이 카스피 해에서 채굴된 석유를 아제르바이잔에서 조지아를 거쳐 터키로 운송하고 있다. 이는 중동산 석유에 대한 과도한 '의존증'을 탈피할 수 있는 중요한 석유 공급원이다. 조지아의 이런 중요한 전략적 위치 때문에 미국과 러시아가 조지아를 둘러싸고 치열하게 대립하는 것이다. 코카서스 지역 중서부에 위치한 조지아는 북쪽으로는 러시아, 동남부와 남부로는 각각 아제르바이잔과 아르메니아, 그리고 서남부로는 터키와 마주보고 있으며, 석유자원이 풍부한 카스피 해와 흑해의 항구 사이에 있다. 그러므로 조지아는 카스피 해에서 생산된 석유와 천연가스를 직접 서방 국가로 수출할 수 있는 통로인 동시에 안보상으로도 중요한 위치에 있다.

그런데 미하일 사카쉬빌리 조지아 대통령 등이 심리적으로 미국과 서방 국가 쪽으로 기울어지는 듯하자 러시아가 불안해하기 시작했다. 조지아는 체첸 반군 소탕에 협조해달라는 러시아의 건의에 적극적으로 반응하지도 않고 러시아 군대의 체첸 주둔 문제에 대해서도 협조적인 모습을 보이지 않았다. 러시아인들은 조지아가 미국을 등에 업고 자신들에게 데면데면하게 대하는 모습이 낯설다 못해 받아들이기 힘들었다. 조지아의 일부 관료들이 공개적인 자리에서 러시아의 행동을 비난하자 러시아 정부의 불만이 극에 달했다.

이런 갈등과 불만이 쌓이고 쌓여 급기야 알렉산드르 토르쉰Alexander Torshin 러시아 연방의회(의회 상원) 제1부주석이 조지아 정부가 2011년 1월 모스크바 도모데도보Domodedovo 공항에서 발생한 테러의 배후 세력일 가능성이 있다고 주장하고 나섰다.

국가와 국가 간의 신뢰가 이 정도로 악화될 수 있다는 것도 놀라운 사실이다.

러시아와 조지아의 관계가 이렇게 틀어지게 된 데에는 역사적인 은원 관계와 미국의 개입 외에 조지아의 포지셔닝Positioning도 큰 요인으로 작용했다. 대부분 한 나라의 고유한 가치는 정치적 역량에 의해 결정된다고 생각하지만 이 논리에는 허점이 많다. 강대국 국민들이 약소국 국민들에 비해 반드시 더 높은 행복감을 누리는 것은 아니다. 국가 경제가 낙후되고 국력이 약한데도 국민들이 누리는 행복감은 세계에서 가장 높은 경우를 종종 볼 수 있다.

영국 학자 마틴 와이트Martin Wight는 16세기의 제네바, 18세기 후기의 바이마르공화국과 20세기의 스위스가 모두 문화가 국가 체제에 큰 활력을 불어넣었다고 주장했다. 그들이 약소국임에도 불구하고 인류 역사에 뚜렷한 흔적을 남기고 국민들이 풍족하고 안정된 생활을 누릴 수 있었던 중요한 원인은 정확하고 지혜로운 포지셔닝에 있었다. 알 리스Al Ries와 잭 트라우트Jack Trout가 공동으로 지은 『포지셔닝』이라는 책을 보면 벨기에의 사례를 들어 국가의 포지셔닝에 대해 자세하게 설명하고 있다. 그들은 포지셔닝의 개념이 경제학의 범주를 벗어나 사회학으로 확대되었으며 좁게는 개인에서부터 넓게는 국가까지도 모두 포지셔닝의 개념을 가져야 한다고 주장했다.

조지아의 입장에서 가장 중요한 국가적 목표는 안정과 번영이다. 이 목표를 달성하기 위해서는 내부적으로 단결해야 할 뿐만 아니라, 자국이 속한 지역의 국가들, 특히 강대국들과 원만한 관계를 유지함으로써 국가 발전에 필요한 안전한 환경과 자원을 확보해야 한다. 특히 후자가 더 중요하다.

그런데 이상하게도 조지아 정부는 자국을 러시아와 힘겨루기를 할 수 있는 지역 패권국가로 포지셔닝하고 '친미반러' 방침을 정했다. 조지아는 자국에 배치된 러시아의 군사기지 두 곳에 대해 철수를 요구하고, '색깔혁명'을 주변국들에게 널리 전파시켜 독립군연합 내 반러세력의 중심이 되겠다는 의도를 노골적으로 드러내기 시작했다.

조지아의 이런 움직임은 러시아의 불만을 자극했고 양국 관계는 악화일로를 걸었다. 게다가 러시아는 조지아가 북대서양조약기구에 가입하려는 것이 지역의 안전을 위협하는 행동이라고 여겼다. 러시아 외교부는 "북대서양조약기구가 확장될수록 지역 안전에 변화가 발생한다. 조지아는 러시아와 인접해 있고 코카서스 문제도 복잡하게 얽혀 있기 때문에 상황이 더욱 특별하다. 조지아의 북대서양조약기구 가입이 성사된다면 러시아의 정치, 국방, 경제적 이익을 심각하게 해칠 것이며 코카서스의 국면을 더욱 위태롭게 만들 것이다"라고 공개성명을 발표했다.

여기에서도 북대서양조약기구의 동유럽 확장에 대한 러시아의 불만과 저항을 확인할 수 있다. 러시아 정부는 냉전이 종식된 후에도 서방 국가들이 계속해서 러시아를 잠재적인 위협 국가로 여기고 견제하려 한다고 생각했다. 러시아가 미국 등 서방 국가와 그들의 대리인인 조지아에 대해 마음을 놓지 못하는 것도 이러한 불신과 불안감이 바탕에 깔려 있기 때문이다.

그런데 조지아가 미국을 끌어안고 친미 성향을 드러내고 있지만, 아무리 그래도 미국은 조지아에서 너무 멀리 떨어져 있다. 조지아가 위기에 처했을 때 미국 정부는 말로 하는 두둔과 지지 외에는 실제로 할 수 있는 것이 별로 없다. 조지아는 이 점을 간과하고 있다. 미국은 조지아의 생각만큼 든든하게 기댈 수 있는 언덕이 아니며, 반면 러시아는 그들이 생각하는 것만큼 호락호락하지 않다. 특히 푸틴은 옐친처럼 쉬운 상대가 결코 아니다.

일본 역시 조지아와 비슷한 딜레마에 처해 있다. 조지아 의회도 이 점을 인식하고 2011년 2월 일본과 손잡고 공동으로 러시아에 대응하는 방법을 검토하기 시작했다. 두 나라 모두 자국을 러시아의 '야만적인 침략'의 피해자라고 생각한다는 점에서 동병상련하는 처지다.

하지만 두 나라가 서로의 고통을 보듬으며 힘을 합치는 것도 중요하지만 그보다는 국가의 포지셔닝이라는 문제를 함께 연구해보아야 한다. 개인도 자신의 포지셔닝을 어떻게 하느냐에 따라 인생 전체가 달라지듯, 국가 역시 얼마나 정확하게 포지셔닝을 하느냐에 따라 비슷한 규모의 국가라도 그 생존환경은 완전히 달라질 수 있다.

제4장

부추겨진 이라크

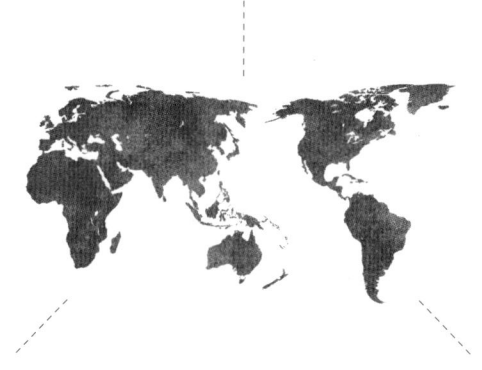

이라크 전쟁의 공격과 철수가 모두 경제적인 요인에 의해 결정되었다는 것은 누구도 부인할 수 없는 사실이다.

부시 정부는 이 같은 의혹을 극구 부인했지만 그린스펀 전 FRB 의장은 자신의 회고록을 통해 부시 정부가 이라크 전쟁을 일으킨 근본 원인이 바로 석유라는 공공연한 비밀을 직접적으로 폭로했다.

1
세상이 모두 아는 '비밀'

그린스펀의 행동으로 백악관이 난처해졌다. 그린스펀의 발언은 그 누구의 발언보다 높은 신뢰도를 가지기 때문이다. "이라크 전쟁이 석유와 연관되어 있다는 모두가 알고 있는 사실을 (정부가) 정치적 차원에서 인정하지 않는다는 사실에 비통함을 느낀다"는 그린스펀의 말은 사람들에게 깊이 각인되었다.

이라크의 석유 산업을 장악하고자 하는 미국의 의도가 만천하에 드러난 것이다. 그 덕분에 미국을 제외한 다른 나라의 에너지 업체들이 이라크의 에너지 산업 재건에 조금이나마 참여할 수 있게 되었다. 이라크 전쟁 초기에만 해도 이 사업은 미국과 극소수 국가들의 전유물이었다. 미군도 에너지 업체 경영자들이 무엇을 가장 걱정하는지 잘 알고 있었으므로 각지의 유전을 보호하는 데 가장 주력했다.

그런데 과거 영국에 의해 점령되었던 뼈아픈 기억을 가지고 있는 이라크인들은 미국이 이라크를 점령하면 자신들은 점점 더 가난해지고 기아와 인권 유린으로 고통을 겪게 될 것이라는 사실을 잘 알고 있었다. 특히 미국 기업들이 버젓이 자국의 유전을 장악하고 정작 자신들은 빈곤선 이하의 생활을 하고 있다는 사실에 분노했다. 이라크 국가안전부 장관도 "미국이 이라크 재건, 특히 석유 산업 재건이 자신들의 계획대로 움직이도록 하기 위해 고의로 시간을 끌고 있다"고 비난한 바 있다.

이라크에서 석유채취법이 수시로 개정되는 원인도 여기에 있다. 석유채취는 이라크의 경제 발전은 물론 사회 안정과도 직결된 문제다. 이라크에서 끊임없이 계속되고 있는 종파 간 다툼의 핵심도 바로 석유를 통해 얻어지는 이익의 분배에 있다. 오일머니가 적절히 분배되지 않는 한 이라크의 안정은 언제 깨질지 모르는 유리와 같다.

이라크인들이 미국의 점령에 강하게 반발한 중요한 이유도 미국이 이라크 재건보다는 석유 이권 분배에 더 열중했다는 것이다. 인프라 시설이 복구되지 않은 탓에 이라크에서 광범위한 단전과 단수가 실시되었지만 이라크 재건을 맡은 미국의 관심은 온통 석유 개발에만 쏠려 있었다. 미국은 이라크 유전 개발에 외국 기업들이 진출할 수 있도록 법적으로 허가하라고 이라크 정부를 압박하는 데만 급급했다.

이라크인들의 실망감과 좌절감도 표면화되었다. 미국은 이라크인들에게 그들이 번영과 안정, 민주, 자유를 얻게 될 것이라고 호언장담했지만, 이라크인들의 민생과 경제 상황은 사담 후세인 집권 시기보다도 더 열악해졌다. 미국인들은 이라크인들에게 행복과 자유를 가져다주는 대신 눈엣가시였던 사담 후세인을 제거하고 자국의 에너지기업이 이라크 석유 산업을 장악한다는 자신들의 당초 목적을 달성했다.

그 속에서 고통받는 것은 이라크 국민들이었다. 미국 언론들은 집과 가족을 잃은 이라크인들의 불행은 철저히 못 본 체했으며, 천문학적인 돈을 쏟아 부은 이 전쟁의 목적이 단 한 사람을 죽이기 위한 것이라는 이 우습고도 비통하기 짝이 없는 사실에 난감해 했다.

정치와는 무관한 한 생물학자까지도 "전기와 물이 부족한 사회는 문명사회가 되기 어렵다. 미국인들은 그들이 말한 것처럼 이라크인들에게 행복한 생활을 선사하지 못했으며 이에 대한 불만이 점점 높아질 것이다"라고 말했다.

이라크인들은 미국을 증오할 만한 충분한 이유가 있었지만 미군은 이라크에서 철수할 충분한 명분이 없었다. 미국 정부는 이라크 철수 이유에 대해 이라크의 안보가 크게 개선되었기 때문이라고 설명했다. 하지만 그 순간에도 바그다드에서는 여전히 곳곳에서 폭발음이 끊이지 않고 있었고 사람들은 매일 집을 나설 때마다 가족들과 긴 작별인사를 나누었다. 그것이 마지막이 될지도 모르기 때문이었다. 이라크의 경제 상황도 절망적이었다. 어떤 이들은 처참한 이라크의 상황을 보고 앞으로 10년이 지나도 이라크는 이러한 상황에서 벗어나기 힘들 것이라고 전망했다.

2
돈줄을 죄면 전진할 수 없다

2010년 8월 31일 미국이 드디어 이라크에서 철수했다. 하필 이 시기에 철군을 결정한 것은 미국의 경제 상황과 밀접하게 연관되어 있다.

밥을 다 먹기도 전에 총총히 도망쳤다는 것은 그보다 더 중요한 일이 있거나, 아니면 마지막까지 남아 있다가 밥값을 지불하고 싶지 않기 때문일 것이다. 이 두 가지 이유 모두 미국에게 해당되었다.

이라크보다 더 중요한 일이란 아프가니스탄과 이란이었다.

미국 정부의 입장에서 이라크 철군은 미군의 해외 주둔을 최소화하겠다는 오바마 대통령의 약속을 세계에 재확인시킬 수 있는 절호의 기회였다. 아프가니스탄에 주둔 병력을 추가로 투입하기는 했지만 이라크에서 '적시에' 군대를 철수시킴으로써 이 두 나라에 파견된 미군의 전체 병력이 오바마 취임 당시의 17만 7000명에서 14만 6000명으로 줄어들었다.

이라크 철수를 통해 절감한 비용을 아프가니스탄에 투입할 수 있다는 점도 매우 중요했다. 당시 미국의 경제 상황으로 볼 때 이라크 주둔군을 그대로 유지시키면서 아프가니스탄 투입 예산을 늘리는 것은 의회의 동의를 얻기 힘들었다.

오바마에게는 이라크보다 아프가니스탄이 더 중요했다. 이라크도 무시할 수 없기는 했지만 어쨌든 그것은 부시 주니어가 저질러놓은 일을 뒷수습하는 것이었으며, 오바마는 처음부터 이라크 전쟁에 반대함으로써 이미 도의적, 정치적으로 부시보다 우월한 위치를 차지하고 있었다.

다시 말해 설령 미군 철수 이후 이라크가 장기적인 혼란에 빠진다 해도 그 비난이 오바마에게로 쏠릴 위험은 없었다. 이 점을 이해한다면 오바마가 이라크 철군에 관한 담화문에서 자신이 싫어하는 부시 주니어를 왜 그렇게 자주 언급했는지도 명백해진다.

그에 반해 아프가니스탄에 대해서는 오바마가 이미 약속해놓은 것이 있었다. 대통령 선거 당시 오바마는 이라크보다 아프가니스탄의 사안에 훨씬 더 큰 관심을 보였으며, 대통령 취임 이후에도 틈만 나면 아프가니스탄 문제를 언급했다. 그러므로 아프가니스탄 문제에서 만족스러운 성적표를 내놓기 위해서는 이라크 철수가 반드시 필요했다.

한편으로는 이란에 대한 고려도 작용했다. 당시 미국의 능력으로는 두 개의 전쟁을 동시에 수행하는 것이 불가능했다. 미국과 이란의 잔뜩 경직된 관계와 이스라엘이 호시탐탐 공격의 기회를 노리고 있음을 감안할 때 미국과 이란 사이에 충돌이 발생할 가능성이 다분했다. 따라서 이란과의 충돌 가능성에 대비하기 위해서는 이라크 전쟁을 마무리해두는 것이 전략적 차원에서 유리했다.

이 밖에도 미국인들이 이라크 전쟁의 책임을 지고 싶지 않고, 또 책임질 능력이 없다는 사실도 중요한 원인이었다.

이라크 전쟁은 미군의 자존심에 상처를 입혔다. 미국은 이라크 전쟁으로 인해 국제적인 이미지가 실추되었을 뿐 아니라 미군 4400명의 목숨을 희생시키고 1조 달러가 넘는 대가를 지불해야 했다. 당초 예상했던 것처럼 이라크 침공의 목적을 일사천리로 달성할 수 없었다.

몇 년 동안의 답답한 혼전으로 예상을 훨씬 뛰어넘는 대가를 지불했지만 결국에는 바뀐 것이 하나도 없었다. 이 사실에 당황하고 좌절한 미국인들은 점차 이라크에서 손을 떼기 위한 수순에 들어갔고 적절한 때를 골라 뒷일을 이라크인들에게 맡기고 총총히 철수한 것이다.

이라크인들에게 자국의 안전을 스스로 수호할 것을 당부한 오바마의 담화에는 중요한 고비에 단합해서 경제를 회복시키고 수백만 실업자에게 일자리를 제공하는 데 모든 역량을 집중시키자는 미국인들을 향한 호소도 포함되어 있었다. 당시 미국의 최대 과제는 다른 부담을 최대한 줄여 경제위기를 극복하는 것이었다.

미군이 이라크 철수를 선언한 바로 그날 발표된 여론조사 결과에서 오바마 대통령의 지지율이 취임 이후 가장 낮은 수준을 기록했다. 응답자의 절반 이상이 오바마의 국정 능력에 대해 불만을 표시했으며, 특히 경제 위축으로 인한 불만이 가장 높게 나타났다.

경기 부양을 위해 1조 달러가 넘는 자금을 투입했지만 미국 경제는 조금도 호전되지 않았고 높은 실업률도 떨어질 줄 몰랐다. 더블딥에 대한 우려가 커지고 오바마는 취임 이래 최대 위기에 봉착했다. 경제가 회복되지 않는다면 민주당의 중간선거 참패(하원을 공화당에게 내주었다)는 그저 시작에 불과할 것이며 오바마의 재선도 물 건너 갈 가능성이 컸다. 이런 상황에서 이라크에서의 철수는 오바마 정부의 당연한 선택이었을 것이다.

3
시작이 좋다고 반드시 끝이 좋은 것은 아니다

2010년 중간선거에서 공화당이 활짝 웃었다. 공화당 승리의 가장 큰 공신은 바로 경제위기였다. 그런데 4년 전인 2006년 공화당은 중간선 거에서 이라크 전쟁으로 인해 의회통제권을 민주당에게 빼앗기는 악몽 을 경험한 바 있었다. 더욱 흥미로운 사실은 2002년에 치러진 중간선거 에서는 공화당이 바로 이라크라는 화두를 앞세워 의회를 장악했었다는 점이다. 공화당은 이라크로 흥했다가 이라크로 망한 정당인 셈이다.

2006년에 자리에서 쫓겨난 것은 일부 공화당 의원과 주지사들뿐만이 아니었다. 가장 적극적으로 이라크 공격을 주장한 럼스펠드도 국방장관 자리를 내놓고 떠나야 했으며 미국 의회 내 강경파들은 더 큰 타격을 입 었다.

이라크 전쟁이 발발한 후 벌어진 모든 일들은 강경파의 주장이 잘못 된 것이었음을 확실히 증명해주었다.

럼스펠드 등 강경파 인사들에게 있어서 2003년 3월은 아름다운 기억 으로 남아 있을 것이다. 당시 미국은 이라크에 대한 신속하고 대대적인 공습으로 절대 우위의 군사력을 과시했다. 하지만 이것은 기나긴 재앙 의 서막에 불과했다. 미국의 한 고위 장성은 "이라크 점령 당시 미국의 군사행동은 완벽했다. 하지만 그 후속 단계에 대한 계획을 세워놓지 않 은 것이 실수였다"고 말했다. 나중에 강경파들도 이라크에 대한 군사행 동을 계획하면서 재건 단계에 대해 고려하지 않았음을 인정했다.

군사훈련은 받았지만 한 나라를 관리하는 능력은 배우지 못한 미군은 상황에 적응하지 못했다. 이라크 내 군사기지가 너무 분산되어 있어 기동력이 떨어졌으며 후방 체계가 제대로 갖추어지지 못했기 때문에 미군은 '적'을 기습할 수 없었고 압도적인 물량을 투입해 위력을 과시할 수도 없었다.

게다가 미국인들은 가장 기본적인 정치적 전제를 간과했다. 민주체제를 구축하기 위해서는 우선 정부를 수립해야 한다는 사실이다. 이라크 재건에 성공하기 위해서는 국가의 시스템이 정상적으로 운영되어야 하고 그러기 위해서는 국민들의 안전과 기본적인 의식주가 해결되어야 했다.

사담 후세인이 하야한 후 이라크가 그렇게 심각하게 붕괴될 줄은 아마 미국인들도 예상하지 못했을 것이다. 전쟁이 끝나자마자 행정관리가 완전히 마비되어 행정기관에 전화를 해도 받는 사람이 없고 수도관을 수리하거나 석유수송관을 관리하는 사람도 없었다. 특히 아무도 안전을 책임지지 않았다.

질서를 유지하던 힘이 갑자기 사라지면 관리가 이루어지지 않는 법이다. 하지만 부시 정부에게는 이런 상황에 대비한 사전 준비가 전혀 없었다.

이라크를 통제하려면 현지 무장병력의 협조가 필요했다. 그러나 미국은 이라크 군대와 사담 후세인의 '군사기구'를 해산시키는 중대한 실책을 저질렀다. 이라크의 넓은 영토를 모두 통제하기에는 미군 주둔 병력이 턱없이 부족했다. 이런 사실을 사전에 경고하는 목소리가 없었던 것도 아니다. 미국 국무원의 한 부서에서 이라크 군대를 해산시킬 경우 큰 부작용이 발생할 것이라며 이라크 정예부대 10만 명을 유지시켜야 한다는 보고서를 제출했지만 받아들여지지 않았다.

이 보고서는 "이라크 군대가 사담 후세인에게 충성을 다했지만 후세인과 그가 이끄는 바트당Ba'ath(아랍사회주의 부흥당Arab Socialist Renaissance Party)으로부터 충분한 신뢰를 얻지 못했다. 이라크 사회와 지역의 균형 유지에 있어서 군대는 매우 미묘한 역할을 수행하고 있으므로 군대 해산은 심각한 부작용을 초래할 것이다"라고 주장했다. 하지만 결국에는 의회 내 강경파와 이라크국민회의INC[17]가 제안한 방식, 즉 제2차 세계대전 종전 이후 일본과 독일의 방식으로 이라크를 재건하는 방식이 채택되었다.

미국 국방부의 정책결정권자들은 이라크 군대의 해산이 이렇게 심각한 재앙을 부르게 될 줄은 꿈에도 생각지 못했던 것이다. 당시 미국 국방자문위원회도 보고서를 통해 "군대 해산은 총 쏘는 것 말고는 아무것도 할 줄 모르는 40만 이라크 병사들의 밥그릇을 단숨에 빼앗는 일"이라고 지적했으며, 한 전문가는 "40만 명에 달하는 이라크 병사들을 해산시키는 것은 200여만 명에게(이라크의 가구당 평균 가족 수가 6명이므로) 원한을 사는 일이며 이 어리석은 행동이 머지않아 재앙을 불러올 것"이라고 경고했다.

이런 경고와 예언들은 모두 현실로 증명되었다. 이라크 군대가 해산되자 군인들 대부분이 다른 군사조직으로 들어가 미군과 서방 동맹군을 습격하거나 경찰, 공무원, 국제적십자, NGO 등 이른바 '내통자'들을 공격했다.

또 하나의 심각한 문제는 이라크는 국경선이 길기 때문에 군대를 해산시킬 경우 외국 테러조직을 향해 대문을 활짝 열어주는 것이나 다름없다는 점이었다. 사실 사담 후세인은 미국 정부의 주장과 달리 알 카에

---

17 미국 국방부의 지원을 받고 있는 이라크 내 반정부단체이다.

다와 아무런 연관도 없었지만 이라크 전쟁 초기 미국이 저지른 이 어리석은 실수로 인해 정말로 알 카에다 등 국제 테러조직들이 이라크로 속속 들어와 활개를 치고 다녔다.

아프가니스탄 전쟁 때는 미군이 현지 반대파 조직을 통해 치안을 유지했지만 이라크에서는 미군이 치안 유지를 직접 담당했다. 그러나 미군 병사들은 아랍어를 할 줄 몰라 표지판조차 읽을 수 없었으므로 치안이 제대로 이루어질 리 없었으며 오히려 이라크인들에게 미국이 외국 점령세력이라는 인식만 강하게 심어주고 말았다. 반면 아프가니스탄 전쟁 때는 작전과 치안 유지 업무에 현지인들을 참여시킴으로써 아프가니스탄 주민들과 원활하게 소통했다.

4
첫 단추를 잘못 꿰다

한번 결정된 첫인상은 다시는 만회할 수 없다.

미국의 한 심리학자는 사람의 첫인상은 처음 만나서 7초 안에 결정되며 외모와 행동, 말투를 통해 사람의 인품과 문화적 수준 등 다양한 정보가 전달된다는 연구 결과를 발표했다. 실제로 원만한 인간관계는 대부분 좋은 첫인상에서 시작되는 경우가 많다.

그런데 이것은 국가 간의 관계에도 적용된다. 미국이 이라크 전쟁에서 실패한 것도 역시 좋은 첫인상을 주지 못했기 때문이다. 바그다드를 점령한 후 약 6개월 동안 미국은 이라크인들이 미국에게 가지고 있던 호감을 충분히 이용하지 못했으며 이라크인들의 기대를 저버리는 실수를 저질렀다.

타국에 대한 군사 점령으로 효과를 거두기 위해서는 점령군의 규모와 태도가 현지인들에게 어떤 인상을 주느냐가 매우 중요하다. 하지만 미국이 이른바 '이라크 해방'을 실현한 후 바그다드에 폭동과 약탈이 발생하고 무질서한 혼란이 계속됨에 따라, 미국이 후세인 정권을 붕괴시킴으로써 이라크인들이 미국에 가졌던 경외감이 크게 반감되었다. 미군은 군대 점령 이후에 발생한 약탈 행위를 모른 척 내버려두었으며 그 때문에 이라크인들 사이에서 힘이 곧 법이라는 인식이 강하게 자리 잡았다.

이라크인들이 미군에 반감을 가지게 된 것은 바그다드 점령 이후 미군들이 이라크의 무질서를 조장했기 때문이다.

설상가상으로 미국의 이라크 군정 임시행정처CPA 폴 브레머Paul Bremer 최고행정관이 '바트당 척결' 명령을 내리는 크나큰 실수를 저질렀다. 이로 인해 가장 경험이 풍부한 행정관리들이 줄줄이 자리에서 쫓겨나고 말았다.

이와 동시에 가장 기본적인 생활보장을 위한 미국의 물적 투자가 턱없이 부족한 것도 문제였다. 미국 정부는 최저 비용으로 이라크를 재건하기를 원했고 이로 인해 이라크인들의 기대가 번번이 무너졌다.

2003년 여름, 이라크의 단전 사태와 불안한 사회 분위기가 미국에 대한 이라크인들의 신뢰를 크게 실추시켰다. 이라크인들은 "후세인 정권을 단 3주 만에 붕괴시킬 만큼 강력한 세계 초강대국이 어째서 질서 유지와 전력 공급 재개에는 이렇게 더디단 말인가?"라고 의문을 제기했다. 치안 부재와 전력 공급이 수시로 끊기는 등 이루 말할 수 없는 고통이 계속되자 이라크인들은 미군이 하루빨리 이라크에서 떠나주기를 바랐다.

영국왕립합동군사연구소RUSI의 이라크 출신 학자 무스타파 알라니 Mustafa Alani는 "이란-이라크 전쟁이 가장 치열했던 시기에도 대다수 이라크인(쿠르드인은 제외)들은 개인의 안전을 걱정하지 않았다. 당시에는 사람들이 자기 생각을 자유롭게 말할 수 없었지만 적어도 하루에 몇 시간쯤은 전기와 물, 전화를 사용할 수 있었다. 하지만 지금은 이라크인들이 자기 집에서도 습격받을까 봐 불안에 떨고 전기와 수도 공급은 거의 중단되었다. 현재 이라크인들은 민주제도에 대해 아무 관심도 없으며 자신의 딸이 강간당하지 않고 아들이 상점에 다녀오다가 길에서 납치당하지 않기만을 바랄 뿐이다"라고 말했다.

폴 브레머의 경제 개혁도 민심을 얻지 못했다. 2002년 9월 19일, 브레머는 200개 이라크 국유기업을 민영화하고 외국 기업들이 이라크의 은행과 광산, 제조업의 소유권을 가질 수 있으며 이를 통해 얻은 모든 수익을 국외로 가져갈 수 있도록 허가하는 법률을 발표했다. 자본가들에게는 꿈과도 같은 이 법률에 국제법 전문가들의 비난이 쏟아지고 이라크인들이 강하게 반발했다. 이 법률은 이라크의 헌법에 위배될 뿐 아니라 이라크의 국가 이익을 해치는 것이었다.

미국을 제외한 다른 국가와 국제기구들이 이라크 재건 사업에서 제외된 것도 심각한 후유증을 불러왔다.

미군이 바그다드를 점령한 후 얼마 되지 않아서 당시 미국 국방부 차관이었던 폴 월포위츠Paul Wolfowitz가 "미국의 안보 이익을 위해 미국, 이라크, 동맹국, 그리고 이 전쟁에 기여한 국가의 기업들에게만 주요 계약의 입찰 자격을 주어야 한다"고 강력하게 주장했다. 이 조치는 프랑스, 독일, 러시아 등의 반발을 샀으며 존 맨리John Manley 캐나다 부총리까지 나서서 "심한 모욕을 느낀다"고 불만을 표출했다. 그는 이렇게 되면 캐나다 정부가 이라크 재건에 필요한 자금을 지원하기 힘들어진다고 말했다. 하지만 캐나다의 '잘못'은 후세인 정권 타도를 적극적으로 거들지 않은 것밖에 없었다.

미국의 동맹국인 영국에서도 반대 의견이 나왔다. 영국의 한 중동문제전문가는 "일부 국가들을 이라크 시장에서 배척하는 조치는 부작용을 초래할 것이다. 이는 미국의 국가 안보를 해칠 수 있다. 이라크 재건은 강력한 국제적 동맹을 통해서만 실현될 수 있다. 프랑스, 독일, 러시아 기업을 입찰에 참여하지 못하게 할 경우 이들 국가가 미국과 거리를 두게 되고 이는 견고한 국제적 동맹에 도움이 되지 않는다"고 말했다. 실제로 이로 인해 프랑스, 독일, 러시아는 상당 기간 동안 미국과 상당히 소원한 관계를 유지했다.

이 모든 상황이 이라크인들의 불안과 의혹을 더욱 증폭시켰다. 그들은 미국인들이 이라크인들이 원하는 방향으로 이라크를 재건시키려는 것이 아니라 자신들이 원하는 대로 이라크를 휘두르려 한다고 생각했으며, 미국이 이라크에서 1~2년이 아닌 5~10년 동안 머물려는 것이 아닌지 의심했다.

어떤 개인이든 국가든 민족이든 자신과 관계된 것을 스스로 통제할 수 없게 되면 억압을 느끼게 되고 강하게 반발하기 마련이다. 사람들이 스스로 운명을 통제할 수 없으면 상황을 변화시키려 한다는 것은 이미 역사에서 여러 번 증명되었다. 이라크에서 미군의 철수를 요구하는 목소리가 점점 높아지기 시작했다.

2004년 4월 이라크 중부도시 팔루자Fallujah에서 미군들이 이라크인 시신을 훼손하는 사건이 발생하자 이라크 전체가 미국에 대한 분노로 들끓었다. 그로 인해 미국은 끊이지 않는 반미 테러와 공격에 직면했다. 그러나 가장 무서운 것은 미국이 이라크인 전체에게 한 세대 넘는 원한을 샀다는 사실이었다.

『뉴욕 타임스』는 "팔레스타인의 분노한 청년들과 마찬가지로 이라크 아이들도 반미 세력을 칭송하는 음악과 사진, 전단지에 둘러싸이고 있다"고 보도했다. 미국 정부는 그제야 놀라고 긴장하며 친화력 부족이 얼마나 큰 외교적 대가를 불러오는지 절실하게 통감했다.

부시가 두 번째 임기 동안 자신이 가장 신임하는 캐런 휴스Karen Hughes 전 백악관 보좌관을 다시 백악관으로 불러들여 국무부 공공외교 담당 차관으로 임명한 이면에는 이런 이유가 있었다. 부시는 세계 각국의 최대한 많은 사람들에게 미국 사회의 적극적인 가치관을 전파해 각국 국민과 정부가 미국의 대외정책을 이해하고 받아들이기를 바랐다. 그러나 휴스의 말대로 부시에게는 첫인상을 만회할 기회가 영원히 오지 않았다. 이라크 점령 초기에 이라크인들로부터 받았던 호감을 그대로 낭비해버린 탓에 이를 만회하기 위해 수많은 대가를 치렀지만 그리 만족스러운 효과를 얻지 못했다.

5
정치적인 오판

정치적 국면에 대한 잘못된 판단은 의사의 오진만큼이나 위험한 결과를 불러올 수 있다. 이라크 정세가 바로 이 사실을 증명하는 생생한 사례다.

미국 정부와 군대, 국민들은 모두 현실적으로 부딪치게 될 어려움을 과소평가함으로써 이라크의 상황이 빠르게 회복될 것이라는 과도한 기대를 품었으며 현실적인 어려움을 참아낼 수 있는 인내심이 부족했다. 정치학자 프랜시스 후쿠야마Francis Fukuyama의 말대로 국가 재건에 성공한 나라들(제2차 세계대전 이후의 한국, 독일, 일본 등)을 보면 미군이 적어도 거의 40~50년 동안 현지에 주둔했다. 반면 미군 주둔 기간이 5년 미만인 국가들(아이티 등)은 미국의 간섭이 상황을 호전시키는 데 도움이 되지 않았다.

러시아학자 옙게니 사타노프스키Evgeny Satanovsky도 "미국의 유일한 출구는 이라크를 25~30년간 장기적으로 통제하고 이 기간 동안 친서방 이라크 정치가를 길러내 독재통치를 배제하는 것"이라고 말했다.

하지만 문제는 수십 년 동안 이라크 문제를 해결할 만한 인내심이 미국인들에게 없다는 사실이었다. 30여 년 동안 진정한 정치 참여가 이루어지지 않았던 국가에서 현지에서 나고 자란 지도자를 길러낸다는 것은 오랜 시간이 필요한 일이었다. 독일과 일본에서도 미국은 당초 계획했던 6~18개월을 훨씬 초과해 7년 동안 점령 정부를 유지시켰다.

현실적인 어려움에 대한 충분한 준비가 부족했던 것은 자기모순에 빠진 럼스펠드의 발언에서도 확연히 드러난다. 럼스펠드는 전쟁 초기부터 시작해 종전 이후에 발생하는 모든 문제를 소수의 미군 병력만으로도 해결할 수 있을 것이라는 의견을 고수했으며, 미군 병력의 이라크 주둔 기간이 12개월을 넘지 않을 것이라고 호언장담했다. 하지만 얼마 가지 않아서 그는 자신의 발언을 부정할 수밖에 없었다.

럼스펠드로부터 세뇌당한 부시가 2003년 5월 1일 "이라크 전쟁에서 승리를 거두었다"고 자신만만하게 선언한 것도 무리가 아니었다.

하지만 소수의 병력으로 모든 문제를 해결하겠다는 럼스펠드의 전략은 이라크에 안전을 가져다주지 못했다. 어떤 학자는 역사적 통계자료까지 근거로 들어 럼스펠드의 전략적 착오를 탓했다. 북아일랜드의 혼란이 극에 달했을 때 영국 경찰 및 군대 병력과 현지인의 비율이 20 대

1000이었으므로 이라크 내 미군 병력이 최소한 50만은 되어야 했다는 것이다.

이라크에는 이렇게 많은 수의 병력이 필요했지만 미국은 더 이상 병력을 조달할 곳이 없었다. 하지만 병력을 증파했더라도 큰 역할을 발휘하지 못했을 가능성이 있다. 베트남전 당시 미국이 50만 병력을 파견했지만 결국 패전했던 실례도 있다.

역사에는 드라마틱한 '장난'이 종종 끼어들곤 한다. 이라크에 대한 무력공격이 시작되었을 때 이라크가 오랫동안 저항할 줄은 아무도 예상하지 못했다. 부시와 그의 영국 '형제' 블레어 전 총리도 '연합군'이 이라크인들로부터 열렬한 환영을 받을 것이라고 예상했다. 심지어 이라크에서 저항운동이 일어났을 때도 미국 정부와 언론은 거의 대부분 사담 후세인 정권의 잔여 세력과 외국에서 온 테러조직이 선동해서 일으킨 것이라고 여기며 크게 개의치 않았다.

하지만 얼마 지나지 않아서 사람들은 더 이상 그들을 후세인 정권의 잔여 세력이라고 생각하지 않았다. 이런 현실을 깨닫자 미국의 동맹국들도 예상을 넘어 확대되고 있는 충돌에 병력을 추가로 투입하기를 원치 않았으며 반대로 군대를 예정보다 앞당겨 철수하려는 움직임이 나타났다.

그러자 미군이 난감한 처지에 놓였다. 미군의 101공중강습사단101st Air Assault Division이 바그다드로 진격하고 있을 때 데이비드 퍼트레이어스David Petraeus 사령관은 아주 기본적이지만 잊을 수 없는 질문을 던졌다고 한다.

"이 모든 것이 어떻게 끝나게 될지 말해주시겠습니까?"

그 후 똑같은 문제를 묻는 사람들이 날씨를 묻는 사람들만큼이나 많아졌다.

시작하기는 쉬웠지만 끝내기는 너무도 어려웠다. 미국 공화당과 민주당의 외교정책 전문가들은 면밀한 연구 끝에 미국의 경솔한 철군은 미국의 신용에 손상을 입힐 것이며, 이슬람 세계의 개혁이 중도에 좌절되고 이라크는 테러조직과 이란, 리비아 등 이웃국가 군대의 놀이터로 전락할 것이라는 결론을 내렸다. 존 케리John Kerry 미국 상원 외교위원장의 외교정책자문 낸시 스테트슨Nancy Stetson은 "우리가 떠나면 이라크 전체가 혼란에 빠질 것이다"라고 말했다.

이런 진퇴양난의 상황은 20세기 초의 이라크 상황과 매우 흡사했다.

당시 다른 강력한 군사세력이 바그다드로 진입하고 이집트에서부터 동북쪽으로 진격한 또 다른 부대가 팔레스타인을 점령했다. 전략가와 엘리트들의 강력한 주장에 밀려 이 부대들은 신속하게 시리아의 수도 다마스쿠스Damascus로 진격했으며 이란과 페르시아 만 국가들에게 압력을 행사했다. 게다가 그들은 구원자를 자처하며 사우디아라비아와 요르단의 정권 교체를 추진하고 이슬람 세계 전체가 다시 부흥할 것이라는 희망적인 메시지를 전달하고자 노력했다.

이 군사세력은 바로 영국이다.

몇 년 전 옥스퍼드 대학의 유명한 역사학자 엘리자베스 먼로Elizabeth Monroe 교수는 자신의 유명한 저서 『중동 지역에서 영국의 전성기 1914 ~1956Britain's Moment in the Middle East 1914-1956』에서 "영국 통치 시기는 4천 년 역사를 지닌 중동 지역의 일생 중 한 순간에 불과하다"고 했다. 이 책은 역사가 얼마나 유구한 것인지 다시 한 번 확인시켜준다.

역사학자 폴 케네디Paul Kennedy도 "역사는 완벽하게 똑같이 반복되지는 않지만 역사를 무시하는 이들에게 큰 피해를 안겨주곤 한다"고 말했다.

2003년의 세계 패권국 미국과 마찬가지로 20세기 초의 세계 패권국 영국도 중동에서 군사적 승리를 거둔 후 얼마 되지 않아 급작스런 곤경에 처했다. 당시 이라크는 부족 지도자 간의 치열한 다툼으로 혼란스러웠다. 영국이 통치하는 것이 이라크 정부가 직접 통치하는 것보다 낫기는 했지만 쿠르드인들의 마음속에는 분노와 원망이 금세라도 터질 것처럼 팽배해 있었다. 또한 수니파와 시아파는 오랫동안 대립하고 있었고 아랍인과 시오니즘Zionism**18** 세력들의 상호 불신과 투쟁은 날로 치열해지고 있었으며, 수로 정비, 식수조림 등 사회 발전을 위한 조치들로도 혼란을 잠재울 수 없었다.

영국인들은 결국 철수를 선택해야 했다.

6
강경파의 착각

9·11 테러 이후 한때 기세등등했던 신보수파 등 강경파도 오판으로 인해 큰 대가를 치러야 했다. 영국의 중동문제전문가 토비 닷지Toby Dodge가 말했듯이 신보수파는 1990년대의 대부분의 시간을 사담 후세인을 전복시키기 위한 전략을 수립하는 데 사용했다. 하지만 그들은 사담 후세인이 하야한 후에 이라크를 어떻게 할 것인지에 대해서는 진지하게 고민하거나 현실적인 계획을 수립하지 않는 결정적인 실수를 저질렀다.

---

18 유대인들이 팔레스타인에서 유대국가를 부흥시키는 것을 목표로 한 유대민족주의 운동을 말한다.

미군이 일사천리로 바그다드를 공격하고 점령하자 미국 고위층 사이에서 낙관론이 확산되었다. 강경파 인사들은 승리를 자축하며 이 기세를 몰아 리비아를 비롯해 미국에 불만을 품고 있는 다른 나라들까지도 공격해야 한다고 주장했다. 이 건의가 정부에 의해 받아들여지지는 않았지만 군사력에 대한 과도한 자신감만은 계속 남아 훗날 발생한 모든 재앙의 씨앗이 그 속에서 싹을 틔웠다.

이라크 전쟁을 주도한 미국의 정책결정권자들은 이라크에 대해 정확하게 인식하지 못했다. 그들이 전쟁 준비는 충분하게 했을지 몰라도 전후 복구에 대한 준비는 너무도 미흡했으며 모든 것이 자신들의 뜻대로 될 것이라는 막연한 착각에 사로잡혀 있었다.

미국 정부의 정책 전문가들은 이라크를 '해방시킨' 후에도 국가구조가 온전히 유지되어 차질 없이 운행될 것이며 이라크 공무원들도 기꺼이 자신들에게 충성할 것이라고 생각했다. 하지만 현실은 예상과 너무도 달랐다. 후세인 정권이 붕괴된 후 새로운 정부를 구축하기 위해서는 적어도 몇 년의 시간과 막대한 물량을 투입해야 했다.

부시 정부 내부에서 의견 차이가 발생한 것도 이라크 전쟁 이전에 충분한 사전 계획이 이루어지지 못한 또 다른 원인이다. 부시 정부 내부에서 강경파와 온건파가 치열하게 대립했다는 것은 이미 공개된 비밀이다. 주로 신보수파로 구성된 미국 국방부의 정책전문가들은 오래 전부터 이라크에 대한 군사행동을 갈망했지만 국무원은 더욱 신중한 입장을 취하며 다양한 경로를 통해 이라크 문제를 해결할 것을 주장했다. 방법과 입장의 차이로 인해 강경파와 온건파의 관계가 소원해졌고 작전 및 전후 계획을 수립할 때도 의견일치가 이루어지지 않았다. 전쟁 초기에는 이런 갈등이 군사적 승리에 묻혀 표면화되지 않았지만 전쟁이 난관에 봉착하자 쌓였던 갈등이 한꺼번에 폭발해 전국적으로 빠르게 확산되었다.

전쟁에서 승리하는 것과 민심을 얻는 것은 완전히 별개이고 후자가 종종 결정적인 역할을 하곤 한다. 이라크 전쟁에서도 이 점이 새삼 확인되었다. AP통신은 평론을 통해 이라크에서 미국의 최대 실패는 민심을 얻지 못한 것이라고 단언했다. 미군은 민심을 얻기 위해 거리 곳곳에서 반란을 진압했지만 오히려 이라크인들의 반감과 저항을 고조시키는 결과를 낳았다. 이것이 바로 미군의 딜레마였다. 이라크인들에게 미국인을 적대시하는 이유를 물으면 십중팔구는 자신들의 문화를 침범하고 모욕감을 주는 것이라고 대답했다.

이라크 전쟁이 발발한 지 얼마 되지 않았을 때부터 팔루자 등 이라크 곳곳에서 취재하는 기자들은 미군과 현지인들의 관계가 매우 긴장되고 냉랭하다는 것을 느꼈다. 현지인들은 이라크 주둔 미군들이 자신들에게 거칠게 대하는 것에 대해 극단적인 분노를 표출했으며, 특히 팔루자에 주둔한 미군들이 자신들의 종교적 풍습을 존중하지 않고 함부로 해치는 것을 용납하지 못했다.

미군은 점점 이라크인들이 어떤 방식으로 미군을 욕하고 비난하는지 알게 되었다. 예를 들어 수니파 삼각지대[19]의 시위자들이 손가락으로 거꾸로 된 브이v 자를 그리는 것은 영어권에서 가운데 손가락을 치켜세우는 것과 같은 의미였다. 또 미군이 이라크인들을 무시하고 경멸할 때 손가락으로 발뒤꿈치를 가리키곤 했는데 그것이 이라크에서는 가장 큰 모욕이라는 것을 미군들은 알지 못했다. 이라크 문화에 대한 미군의 모욕은 끊임없는 충돌을 불러왔으며 그로 인해 생겨난 적대감은 금전이나

---

19 라마다, 티그리트, 바그다드를 잇는 삼각시대로 미국에 대한 무력저항의 본거지이다.

진심이 담기지 않은 홍보와 선전 따위로는 해소할 수 없었다.

이 모든 문제의 근원에는 미국 강경파의 오만과 편견이 버티고 있었다. 얼마 지나지 않아 제일 처음 이라크 전쟁을 지지했던 사람들마저도 민주주의를 원치 않는 이들에게 민주주의를 강요하고 전파시킨 것이 미국인의 가장 어리석은 실수였음을 인정하지 않을 수 없었다.

그런 점에서 아이젠하워가 1954년에 했던 발언은 시사하는 바가 크다. 그는 당시 한 연설에서 "이 땅의 모든 어머니가 자녀들에게 미주, 유럽, 아시아 등에 아이들이 사는 곳과 소망이 무엇인지 알고 이해해야 한다고 가르친다면 세상에 평화가 실현될 것이다"라고 말했다.

승리의 자만심은 종종 사람을 어리석게 만든다. 이라크에서 잇따라 승전보가 전해지자 미국인들은 냉철한 이성을 던져버리고 착각에 빠졌다. 심지어 『뉴욕 타임스』의 유명한 칼럼니스트 토머스 프리드먼Thomas Lauren Friedman마저도 이라크 전쟁을 미국이 일으킨 '가장 급진적인 자유혁명전쟁'이라고 정의하고 "국제적십자위원회와 이라크 경찰서를 겨냥해 폭탄테러를 감행한 이들이 두려워하는 것은 우리가 이라크를 영원히 점령하는 것이 아니라 우리가 이라크를 영원히 바꾸어놓는 것"이라고 단언했다.

게다가 미군의 초청을 받아 이라크를 방문한 프리드먼은 이라크의 치안이 곧 통제되고 민주와 번영이 빠르게 실현될 것이라고 주장했다. 그는 또 이라크의 상황이 계속 악화될 것이라는 경고는 쓸데없는 노파심에 불과하다고 일축했다. 프리드먼의 발언은 미국 정부를 기쁘게 만드는 데는 성공했지만 그리 오래지 않아서 자신의 명성에 오점을 남기고 말았다.

강경파와 마찬가지로 프리드먼의 논리에도 후세인 정권이 붕괴됨과 동시에 이라크가 민주국가가 될 것이며 이스라엘의 안전이 보장되고 팔레스타인 문제가 저절로 해결되어 새로운 중동이 탄생할 것이라는 기본적인 인식이 깔려 있었다. 하지만 현실은 그의 '상상'과는 완전히 반대로 전개되었다. 후세인 정권이 붕괴된 후 이라크는 민주국가가 아닌 진흙탕으로 변했다.

물론 냉철한 이성을 유지하고 있는 학자들도 있었다. 이라크 전쟁이 발발하기 전 유명한 정치학자 새뮤얼 헌팅턴Samuel Phillips Huntington은 "미국인들이 이라크에 들어간다면 두 가지 전쟁이 발생할 것이다. 하나는 사담 후세인과 그의 정권, 군대를 겨냥한 전쟁으로 이 전쟁은 반년이면 승리할 것이다. 또 하나의 전쟁은 이라크 민중과의 전쟁이다"라고 말했다.

실제로 후세인 정권이 붕괴된 후 뒤이어 곧바로 헌팅턴이 예언한 두 번째 전쟁이 시작되었다. 수니파 이슬람교도들이 팔루자에서 저항시위를 벌이면서 시작된 이 전쟁에서 미국인들은 헌팅턴의 예언대로 영원히 승리할 수 없었다.

프리드먼도 어쩔 수 없이 부시에 대한 비판으로 입장을 선회했을 무렵 이라크의 상황은 이루 말할 수 없이 심각했다. 이라크 전쟁과 베트남전의 공통점과 차이점을 분석한 글과 논문이 속속 등장했다. 역사학자들은 미국이 압도적인 군사력을 가지고도 민심을 얻지 못해 패배의 쓴 잔을 마셨던 베트남전을 상기시키며 미국 국방부 내 강경파들을 향해 경고와 우려를 보냈다.

일반적으로 선제공격을 한 국가가 상대국의 희생을 최소화할수록 그 저항의 강도도 약해지고, 저항의 강도가 약하다면 전쟁에 소요되는 노력과 물량도 줄어들게 된다. 이라크 전쟁에서 미국의 정치적인 목적이

후세인 정권을 붕괴시키는 것에만 국한되었고 이 목적만 달성되면 곧장 철수할 계획이었다면, 또 이라크의 주권과 인권을 존중하고 이라크인들에게 다시 행복하게 살 수 있다는 희망을 심어주었더라면, 미국을 향한 이라크인들의 반감과 저항도 통제 가능한 수준에서 머물렀을 것이다.

7
시작도 끝도 명분이 없었던 전쟁

이라크 전쟁이 완결되지 않았지만 오바마 정부는 이라크에서 더 이상 정력을 소모하고 싶지 않았다. 오바마 대통령은 취임 직후부터 부시 정부의 정책과 명확한 경계선을 긋길 바랐으며 그 중에서도 이라크 전쟁은 가장 먼저 처리해야 할 사안이었다.

오바마는 자신이 한 약속은 적극적으로 지키려고 노력하는 정치가에 속한다. 백악관에 입성한 후 그는 이라크에서 철수해 아프가니스탄 사안을 처리하는 데 주력할 것임을 약속했다. 그러자 이라크인들은 앞으로는 자신들의 힘으로 혼란을 수습해야 한다는 사실을 깨달았다. 하지만 전후 복구와 혼란 수습은 쉬운 일이 아니었다. 미군이 철수 준비에 돌입하자 마치 철군에 반대해 시위를 벌이듯 자살폭탄테러가 연달아 발생하고 이라크의 치안 상황이 더욱 악화되었다. 게다가 2010년 3월 7일 의회 선거 이후 이라크 정국이 교착 상태에 빠져 새로운 정부 수립이 계속 지연되었으며 국제적으로 미군 철수 이후 이라크의 정치와 안전에 대한 우려가 제기되었다.

그럼에도 불구하고 2010년 8월 미군이 이라크군에 모든 전투임무를 이양하고 철수함으로써 이라크 전쟁이 종전되었다. 미국 언론은 장장 7

년에 걸친 이 전쟁을 종교적, 정치적 충돌로 점철된 전쟁이라고 평론했다. 시작부터 명쾌한 명분도 없이 시작된 전쟁이므로 종전 또한 이렇다할 명분이 없었다.

굽이굽이 험난한 길을 걸어온 미국인들은 막다른 길에 다다르자 이라크에 민주주의와 자유, 번영을 선사하겠다는 약속을 지키지 못한 채 도망치듯 떠나버린 것이었다. 이라크 주둔 미군의 작전명이 '이라크의 자유Iraqi Freedom'에서 '새로운 여명New Dawn'으로 변경된 것도 상징적인 의미를 가진다.

'판도라의 상자'를 열었던 장본인이 떠난 후 바그다드에 남은 것은 전쟁의 폐허와 이라크인들의 상처 받은 영혼, 그리고 날로 약해지는 미국의 영향력이었다. 이라크인들도 미군이 어쩔 수 없는 상황에서 황망히 떠난다는 것을 알고 있었다. 더욱 흥미로운 것은 감옥에 수감 중인 타릭 아지즈Tarik Aziz 전 이라크 부총리가 오바마 정부에게 이라크에 계속 남아달라는 뜻밖의 요구를 했다는 점이다.

아지즈는 "이렇게 우리를 버리고 가지 마십시오. 이라크를 늑대들에게 던져버리면 안 됩니다. 잘못이 있으면 고치면 됩니다. 이라크가 자멸하도록 내버려두지 마십시오"라고 간곡하게 부탁했다.

이라크의 한 평론가도 미군이 2020년까지 이라크에 주둔해야 한다고 주장했다. 낙관적인 예측으로도 이라크가 정상을 회복하기까지 10년은 걸릴 것으로 예상되기 때문이었다. 그는 미군이 이라크에서 비정상적으로 떠나는 것은 무책임한 일이라고 비난하고, 이 전쟁은 애초에 부시 정부가 있지도 않은 것을 찾겠다며 시작한 것인데 사담 후세인은 죽었고 결국 피해는 고스란히 이라크인들의 몫이 되었다며 비통함을 토로했다.

아지즈는 옥중에서도 TV를 통해 바깥 상황을 예의 주시하고 있었다.

그는 이라크가 후세인 집권 시절보다도 더 극심한 질병과 기아에 시달리고 있다고 생각했다. 그는 "사람들이 더 이상 예배를 드리지 않고 매일 수십, 수백 명이 목숨을 잃고 있다. 우리는 모두 미국과 영국이 일으킨 전쟁의 피해자다. 그들이 우리나라를 짓밟아놓았다"고 울분을 토했다. 이는 아지즈뿐만 아니라 이라크인 모두의 목소리였다.

이라크인들은 미국이 떠나는 것을 환영해야 마땅했지만 한편으로는 미국이 이라크를 쑥대밭으로 만들어놓고 폐허와 혼란만을 남긴 채 훌쩍 떠나버리는 것에 울분을 느꼈다. 오바마 정부가 미군 사상자와 피해를 강조할 때마다 이라크 언론은 수천 명의 미군 사상자보다 몇 배나 많은지 헤아릴 수도 없는 이라크인들이 목숨을 잃었음을 상기시켰다. 그들의 죽음만으로도 이 명분 없이 시작된 전쟁을 역사상 가장 황당하고 비통한 사건으로 규정짓기에 충분했다.

어떤 전쟁이든 평범한 민간인들이 가장 큰 피해자일 수밖에 없다. 7년이라는 긴 시간 동안 수많은 이라크인들이 삶의 터전을 떠나 다시는 돌아가지 못했다. 이라크의 혼란한 치안 상황은 이라크에서 한가롭게 산책이나 하고 돌아간 프리드먼 같은 이들은 결코 느낄 수 없는 것이었다. 2003년 3월부터 이라크 전역이 살해, 강간, 납치 등이 난무하는 무법지대가 되어 아이들은 학교에 갈 수 없었고 여자들은 해가 지면 집 밖으로 한 발짝도 나오지 못했다.

가장 기본적인 안전이 보장되지 않는 상황에서 이라크인들이 정상적인 생활을 영위할 리 없었다. 전쟁이 그들에게 안겨준 정신적 상처는 아무리 긴 시간이 흘러도 지워지지 않을 것이다.

전쟁으로 인해 지불한 경제적 대가도 어마어마했다. 무력충돌로 막대한 물질적 피해가 발생해 정상적인 경제활동이 불가능했고 심각한 실업

문제가 대두되었다. 미군 점령에 반대하는 폭력시위와 테러로 인해 석유자원을 충분히 이용할 수 없었으므로 그로 인한 경제적 손실도 헤아릴 수 없었다.

더욱 이라크인들의 분노를 산 것은 외국 기업들이 전쟁을 틈타 돈을 긁어모으고 있는 것이었다. 이라크 재건 사업의 대부분을 현지 경험이 풍부한 이라크 기업이 아닌 미국 기업들이 도맡았다. 그 중에서도 부시 정부 당시 체니 부통령과 친밀한 관계에 있던 핼리버튼 사가 최대 수혜자였다. 핼리버튼에 대한 조사 결과, 그들이 이라크로부터 1억 6천만 달러의 식비를 지불 받은 것으로 나타났지만 정작 핼리버튼으로부터 식사는 물론 그 어떤 음식을 제공 받은 이들은 하나도 없었다. 또한 외국 석유 기업들이 미국 엔지니어를 고용할 때 가장 우선적으로 고려하는 것이 핼리버튼의 엔지니어였다.

이라크의 사회 혼란은 외국 투자를 가로막는 가장 큰 걸림돌이기도 했다. 미국 남부감리교대학SMU 맥과이어에너지연구소Maguire Energy Institute의 마크 백스터Mark Baxter 소장은 "불안한 치안 외에 정치적 불확실성도 큰 문제다. 현재 기업들은 이라크가 어떤 법률을 시행하게 될 것이며 투자가 어떤 법적 보장을 받을 수 있는지, 이라크 정부와 계약을 체결한다면 어떤 보호를 받게 될 것인지 알 수 없는 상황이다"라고 말했다.

이라크인들의 기본적인 생활환경도 아무런 보장을 받지 못했다. 전쟁과 전후 약탈로 인해 의료기관이 심각한 피해를 입어 환자는 넘쳐나는데 치료가 제대로 이루어지지 못했다. 또한 전쟁 중에 급수 및 배수 시설이 파괴되고 가뜩이나 취약했던 사막의 생태시스템이 완전히 마비되었다. 유전이 불타 시커먼 연기가 하늘을 뒤덮고 전쟁 끝에 남겨진 무기, 지뢰 등이 이라크인들을 계속해서 위협했다.

더욱 걱정스러운 것은 새로 수립된 이라크 정부에 대한 민중의 인내심이 점점 한계에 다다르고 있다는 점이었다. 무력충돌과 폭력 시위가 끊이지 않는다는 점만으로도 정부에 대한 이라크인들의 불신과 반발을 충분히 확인할 수 있었다. 그런데 이라크 정부에 대한 미국의 지원마저 끊긴다면 과연 정부가 얼마나 지탱할 수 있을 것인가. 이 점이 사람들을 더욱 불안하게 했다. 일각에서는 이라크가 쿠르드 지역과 이란의 지원을 받고 있는 시아파 지역, 탈레반이 완전히 장악하게 될 가능성이 큰 수니파 지역으로 삼분되는 것이 아니냐는 우려도 제기되었다.

그러자 국제사회, 특히 이라크 주변국들이 힘을 합쳐야 할 필요성이 대두되었다. 미국의 이라크문제연구기관이 보고서를 통해 이라크 주변 국가들이 참여하는 대화를 통해 이라크에서 정치적 화해가 실현되도록 도와야 한다고 주장하자 이란, 리비아 등도 이라크 재건에 동참할 것인지가 국제사회의 관심사로 떠올랐다.

리비아, 이란 등 반미 성향의 국가들도 사실은 미군이 이라크에 계속 주둔해주기를 바랐다. 미국이 이라크라는 늪에 빠져 허우적대고 있는 한 미국이 이라크 주변 국가에 대해 그와 유사한 공격행위를 벌이지 않을 것이기 때문이었다.

정치적으로든 군사적으로든 마찬가지였다. 정치적으로는 이라크 전쟁의 실패를 보면서 미국이 또 다른 전쟁에 신중할 수밖에 없었고, 군사적으로는 이라크를 점령하고 있는 동안에는 미국이 다른 나라에 신경 쓸 만한 여력이 없었다. 오바마가 리비아 공습에 그토록 신중했던 이유도 여기에 있다.

사우디아라비아, 이집트, 요르단 등 온건파 아랍 국가들도 미국이 철수하고 나면 이라크에 이란과 손잡은 시아파 정권이 탄생해 이라크가 완전히 분열되지 않을까 우려했다.

이라크 전쟁에 대한 견해는 제각각 달랐지만, 전후 재건 사업으로 얻을 수 있는 이득 덕분에 국제사회가 다시 한자리에 모였다. 이 전쟁에 반대했던 유럽 국가들도 재건 사업에 지원할 용의가 있음을 밝혔다.

그러나 사실 이라크에 가장 필요한 것은 존중이었다. 그들이 선택한 발전모델과 자원을 자유롭게 통제할 수 있는 권리, 민중들의 권리, 그리고 문화와 종교에 대해 존중해주어야 했다.

프로이센의 장군 카를 폰 클라우제비츠Carl von Clausewitz는 자신의 저서 『전쟁론Von Kriege』에서 "전쟁의 결말은 절대적인 것이 아니다. 패전국은 자신들의 패배를 앞으로 정치적 관계를 통해 보완할 수 있는 일시적인 불행으로밖에 여기지 않으며, 이는 긴장관계를 해소하는 데 큰 도움이 된다"고 말했다. 그의 이 논리는 제2차 세계대전 후 독일과 일본의 빠른 발전을 통해 사실로 증명되었다.

전쟁에서 패배한 나라들이 폐허 속에서도 빠르게 발전할 수 있었던 중요한 원인은 그들이 패배한 후에도 존중 받았으며 미래에 대한 희망을 잃지 않고 국제사회와 다시 융화되기 위해 노력했기 때문이다.

8
미국인들이 귀를 기울여야 할 목소리

도미니크 드 빌팽 전 프랑스 총리는 자신의 저서 『상어와 갈매기Le requin et la mouette』라는 책에서 이라크 문제에 대해 객관적인 시각에서 상세하게 설명했다.

모두 알고 있는 바대로 프랑스는 미국의 이라크 전쟁 도발에 가장 강하게 반대했던 국가 중 하나다. 대다수 미국인들은 프랑스의 반대가 이해관계의 충돌에서 기인한 미국에 대한 도전이라고 여겼다. 당초 의도는 그랬겠지만 미국이 이라크 전쟁에 실패함으로써 결과적으로 프랑스의 주장이 옳았음이 증명되었다.

프랑스인들은 역사에서 교훈을 얻는 지혜를 가지고 있으며 미국인들도 이를 본받을 필요가 있다.

프랑스는 역사적으로 대규모 전쟁에 수차례 참여했기 때문에 타국을 정복하거나 타국에게 정복당한 경험이 많고 이를 통해 풍부한 교훈을 축적해 왔다. 그러므로 이라크 전쟁 같은 문제에 있어서 프랑스의 발언은 다른 나라들과는 다른 큰 중량감을 갖는다. 빌팽 총리는 이 책에서 나폴레옹의 스페인 원정이 실패한 과정을 찬찬히 회고했다. 스페인 원정의 실패는 정복심이 어떻게 해서 잘못된 방향으로 확대되는지 정확하게 보여주는 사례이기 때문이다.

나폴레옹의 권세가 극에 달해 있던 1808년, 아우스터리츠Austerlitz와 예나Jena, 프리들란트Friedland 등에서 전투에 승리한 나폴레옹은 유럽 대륙에 더 이상 그와 맞서 싸울 적수가 없었다. 그런데 승리의 자만심에 도취한 나머지 나폴레옹은 크나큰 실수를 저지르고 말았다.

나폴레옹은 스페인 왕족의 내분을 이용해 카를로스 4세와 그의 아들 페르난도 7세를 프랑스 서남부의 바욘Bayonne으로 납치해 스페인 왕위를 포기할 것을 강요하고 자신의 형 조제프Joseph를 스페인 국왕으로 앉혔다. 계몽사상을 추종하던 나폴레옹은 스페인 사람들이 국가의 새로운 탄생에 열렬히 환호할 것이라고 굳게 믿었다. 하지만 그의 이 행동은 돌이킬 수 없는 실수였다. 그는 이슬람 세력의 지배에 항거하는 과정에서 차츰 생겨난 스페인인들의 민족적 자긍심과 스페인 사회에 강하게 자리

잡고 있는 천주교의 특징을 간과했던 것이다.

나폴레옹은 세계에서 가장 강력한 자신의 군대가 한낱 민간 게릴라부대에게 기습당할 줄은 꿈에도 예상하지 못했다. 나폴레옹 원정군은 길목에서 매복하고 있던 스페인 게릴라부대의 기습을 받아 속수무책으로 당하고 말았다. 이에 화가 난 나폴레옹은 분풀이로 스페인 사람들을 무차별적으로 학살했다. 불쌍한 조제프 국왕은 학살을 저지해 자기 '백성'들에게 국왕의 위엄을 보이고 존경 받고 싶었지만 잔인하게 죽은 시신들이 길거리에 쌓여가는 것을 그저 지켜보고 있을 수밖에 없었다. 5년 동안 40만 명의 목숨을 앗아간 이 전쟁은 결국 프랑스 원정군이 비다소아Bidasoa 강을 건너 패퇴함으로써 종지부를 찍었다. 나폴레옹 왕조도 그때부터 쇠락기로 접어들고 말았다. 하지만 나폴레옹에게도 존경 받을 만한 업적이 있었다. 그가 세운 이집트 원정 당시에 설립한 이집트 연구소는 세계사에서 큰 의의를 갖는다. 이 연구소는 나폴레옹의 원대한 사상과 탁월한 혜안이 반영된 것이다. 그는 무력이 아니라 각자의 정체성을 존중하는 전제 하에 서로의 문화를 소통함으로써 이집트를 통치하고자 했던 것이다. 그는 자신의 군사들에게 이슬람 문화를 존중할 것을 명령했으며 현지의 엘리트들을 관리로 등용하기도 했다.

훗날 나폴레옹이 몰락해 비참하게 생을 마감하기는 했지만 그의 이런 개방정신은 오랫동안 큰 영향력을 발휘했다. 이집트 카이로에서 프랑스 연구소가 활발하게 활동했다는 사실이 이 점을 증명하는 좋은 예다. 근대 이집트 왕조를 창건한 무하마드 알리Muhammad Ali도 프랑스인들을 초빙해 그들의 자문과 협조를 얻어 이집트를 개혁했다.

빌팽은 이라크 전쟁이 지정학적인 사건이지만 일종의 문화적 상징이기도 하다고 지적했다. 그는 걸프 지역에서 진행되고 있는 파워게임이 미국과 이라크의 이익과 직결된 것이지만, 이 밖에도 민족 간의 상호 몰이해와 불신 해소라는 국제사회의 염원을 실현할 수 있을 것인지 시험하는 기회가 될 것이라고 했다.

상호 이해와 신뢰의 부족은 수많은 국제 문제의 근본적인 원인이다.

그런데 지중해를 사이에 둔 서방 문명과 이슬람 문명 간의 분쟁의 역사를 돌이켜 보면 상호 이해나 소통의 노력은 거의 찾아볼 수 없다. 수시로 변화하고 갈등과 모순으로 팽배한 이 세계에서 서로를 이해하고 상대의 목소리를 경청하는 것은 단순한 미덕을 넘어 일종의 지혜다.

현재와 역사는 결코 별개가 아니다. 역사는 오늘날의 세계에 시시각각 영향을 미치고 있다. "우리가 무력을 대하는 태도는 역사에 의해 결정된다"는 빌팽 총리의 말처럼 유구한 역사와 비옥한 문화적 토양이 축적되면 원대한 안목을 가지게 된다.

"누구도 무장한 선교사를 좋아하지는 않는다." 200년 전 프랑스 대혁명을 이끈 로베스피에르Robespierre가 한 이 말 속에 미국이 이라크 전쟁에서 실패한 원인이 축약되어 있다.

빌팽은 9·11 테러 이후 사람들이 진지하게 생각해보아야 할 문제를 정확하게 제시했다. 집단과 개인의 운명을 동일시하는 운명공동체의 인식은 옅어지는 반면 단결과 상호협력의 중요성이 커지고 있다는 것이다. 특히 미국 지도자들은 단결과 상호협력의 원칙이 민주주의를 실현하는 전제 조건임을 깨닫고, 이른바 민주제도를 타국에게 강요하기 전에 먼저 도움이 필요한 이들을 위해 과연 무엇을 얼마나 해주었는지 스스로에게 물어보아야 할 것이다.

제5장

잊혀버린 아프가니스탄

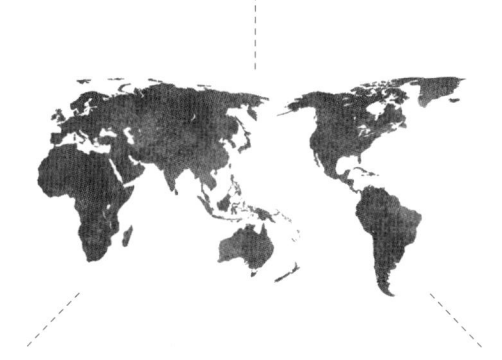

똑같은 곳에서 두 번 넘어지지 말라는 가르침을 누구나 한 번쯤은 들었을 것이다. 그런데 남들이 그곳에서 넘어졌다고 해도 자신만은 넘어지지 않을 것이라는 요행 심리를 가진 사람들이 꼭 있는 법이다.

구소련이 아프가니스탄에서 처절한 실패를 맛본 후 국가의 붕괴가 가속화되었다. 그로부터 15년 후 미국인들이 바로 그곳에서 역사를 망각한 채 "우리는 승리할 것이다"라고 자신만만하게 장담했다.

그런데 결국에는 미국도 그곳에서 고꾸라지고 말았다.

1
홀대받은 것에 대한 분노

이라크와 아프가니스탄은 우열을 가리기 힘든 나라다.

이 두 나라를 상대로 전쟁을 도발하면서 부시 정부는 모두 테러 척결이라는 명분을 내걸었다. 그런데 결과적으로 이라크 전쟁은 '그럴 수도 있다'는 추측으로 벌인 반테러 전쟁이었고, 아프가니스탄전은 '샴페인을 일찍 터뜨린' 반테러 전쟁이었다. 미국은 알 카에다와 탈레반을 아프가니스탄과 파키스탄 국경까지 몰아낸 후 마음이 느긋해져 방심하기 시작했고 그 때문에 아프가니스탄 전쟁이 '설익은 밥'이 되고 말았다.

아프가니스탄 사람들은 이라크 전쟁이 발발한 후 오바마가 집권하기까지 상당한 기간 동안 자신들이 미국에 의해 홀대받는 듯한 느낌에 의기소침했다. 물론 아프가니스탄으로 전쟁의 불길이 옮겨감에 따라, 아프가니스탄이 느꼈던 그 홀대당하는 쓸쓸함이 이라크인들에게 옮겨갔다.

아프가니스탄에 대한 오바마의 인식은 하루아침에 형성된 것이 아니다. 오바마에게 가장 크게 '기여한' 것은 아프가니스탄에 대한 미국 언론의 끈질긴 보도였다.

이라크 전쟁이 발발하기 전 상당 기간 동안 미국 언론이 '후세인 타도' 등 이라크 관련 사안에 크게 치중하면서 부시 정부와 일종의 묵계를 형성한 바 있다. 하지만 언론은 일편단심으로 이라크 전쟁만을 주장한 것이 아니라 아프가니스탄에 대한 관심의 끈을 놓지 않았다는 점에서 백악관과 조금 달랐다.

9·11 테러 1주년 무렵에 미국의 칼럼니스트 월터 사피로Walter Shapiro가 『USA 투데이』에 기고한 칼럼이 이 점을 매우 잘 보여주고 있다. 사피

로는 칼럼에서 '후세인 타도' 전쟁은 끝났지만 아프가니스탄 문제는 조금도 해결될 기미가 보이지 않고 있으며, 아프가니스탄이 알 카에다 조직의 계속된 위협으로 인해 오랫동안 빈곤과 분쟁에서 벗어나지 못하고 있음을 부시 정부가 잊어서는 안 된다고 주장했다. 그렇지 않으면 미국은 매우 책임감 없는 나라로 세계에 인식될 것이라고 경고했다.

그 전에도 카르자이 아프가니스탄 대통령에 대한 암살 시도가 일어나고 알 카에다 잔여세력이 아프가니스탄으로 돌아가고 있다는 등의 소식이 들려오면서 미국이 '후세인 타도'에 전념한 나머지 아프가니스탄 문제에 소홀해지는 것이 아니냐는 의구심이 제기된 바 있었다.

그 후 미국 언론들은 미국이 '해방시킨' 아프가니스탄이 또다시 '과거의 암흑시대'로 돌아갈 수 있다고 잇따라 경고하고 나섰다.

미국 언론의 이런 우려는 훗날 현실이 되었다. 우선 거의 사그라졌던 탈레반의 불씨가 되살아난 것이다.

부시 정부가 이라크 공격에 여념이 없을 무렵, 많은 언론들은 '미국이 아프가니스탄에 대한 영향력을 상실할 수도 있다'는 논조의 사설들을 수없이 쏟아냈다. 『크리스천 사이언스 모니터The Christian Science Monitor』 등은 미국이 아프가니스탄에서 일어나고 있는 변화를 좌시한다면 머지않아 탈레반이 실력을 회복하고 다시금 권력을 장악하게 될 것이라고 경고했다. 이 예언은 훗날 정확하게 들어맞았다.

권력과 일정한 거리를 두고 있는 언론은 권력욕에 빠져 있는 정치인들보다는 냉정하고 객관적인 시선으로 세계를 바라보는 법이다. 미국이 이라크 전쟁에 거의 모든 주의력을 집중시키고 있는 틈을 타 탈레반 세력이 은밀히 다시 결집하기 시작했다. 카르자이 정권의 권력 약화와 이라크에 몰두하고 있는 미국이 탈레반의 재기에 유리한 외적 환경을 조성해준 셈이다.

아프가니스탄의 상황이 나날이 악화되자 얼마 가지 않아 미국 정치인들도 미국이 구소련의 전철을 밟을지도 모른다는 위기의식을 느끼기 시작했다.

나중에 오바마 정부의 부통령이 된 조 바이든Joe Biden도 기고문을 통해 사람들의 관심이 이라크로 쏠려 아프가니스탄 문제를 간과할 가능성이 있다고 경고한 바 있다. 그는 혼란이 심각해질수록 그 혼란을 만회하기 위해 더 큰 대가를 치르게 될 것이며 아프가니스탄이 다시금 아편 생산 및 수출대국이 될 수 있다고 주장했다.

아프가니스탄을 '망각한' 후의 상황에 대해 미국 언론들도 비관적인 전망을 내놓았다. 『뉴욕 타임스』 등 언론들은 부시가 만족감에 도취해 아프가니스탄을 소홀히 하기 시작한 후 아프가니스탄에서 폭력사건과 정치암살시도가 끊이지 않고 발생했다고 꼬집었다. 지방군벌들도 예전보다 더 득세해 날뛰고 아편무역도 다시 불붙듯 일어났으며, 수도인 카불을 제외한 다른 지역들은 무법지대로 변했지만 각국에서 파견된 평화유지군들도 빨리 집에 돌아가고 싶은 마음에 아프가니스탄 문제에 깊이 관여하지 않으려 한다는 것이었다.

게다가 카르자이 정권은 이런 혼란을 통제할 능력을 상실해 카르자이 정부가 카불 시만의 정부가 되었다는 우스갯소리가 나올 정도였다. 수도를 제외한 다른 지역에서는 중앙정부보다 지방군벌이나 탈레반의 영향력이 훨씬 강했다.

또 한 가지 무시할 수 없는 위협은 아프가니스탄의 국민 정서였다.

나날이 혼란스러워질 뿐 호전될 기미조차 보이지 않는 현실 앞에서 아프가니스탄 국민들은 점점 좌절하고 분노하기 시작했다. 그들은 과거 구소련군 철수 이후 소련에게 홀대받았던 일을 다시금 떠올렸다.

아프가니스탄이 미국에게 버림받고 무주공산이 되자 탈레반과 알 카에다 조직이 냉큼 차지해 이를 근거지로 삼아 미국을 공격하기 시작했다. 미국 언론들은 아프가니스탄 재건 노력이 실패로 돌아가면 아프가니스탄이 다시 쇠락하고 테러리즘이 파고들 수 있는 틈을 제공하게 되어 실로 참담한 대가를 치르게 될 것이라고 경고했다.

이런 여론이 오바마에게 큰 영향을 미쳤다. 오바마는 이것이 일석이조의 기회임을 직감했다. 첫째, 이라크 전쟁에 반대하는 카드로 사용해 공화당 정부의 실책을 국민들에게 강하게 인식시킬 수 있고, 둘째, 아프가니스탄의 중요성을 강조함으로써 자신이 테러 척결을 중요하게 생각하고 있음을 보여주는 동시에 공화당 정부가 어떻게 '아프가니스탄을 잃어버렸는지' 사람들에게 널리 알릴 수 있었다.

2008년 7월 20일, 당시 민주당 대통령 후보였던 오바마가 카르자이 아프가니스탄 대통령과 카불에서 회견하고 아프가니스탄의 반테러 전쟁에 대한 지지 의사를 표명했다. 오바마는 "아프가니스탄이 반테러 전쟁의 주력전선이 될 것이다. 9·11 테러 이후 미국의 가장 큰 전략적 실수가 바로 이라크 문제에 치중해 아프가니스탄에 주의력을 집중시키지 않았던 것이다"라고 말했다.

오바마의 이런 주장은 미국 언론들의 일관된 인식과 일치한다.

특히 오바마가 민주당 대통령 후보로 선출된 후 첫 해외방문지가 바로 아프가니스탄이었다는 점은 결코 간과할 수 없는 심오한 의미가 담겨 있다. 오바마는 그 후에도 기회가 있을 때마다 "이라크가 아니라 아프가니스탄을 전략의 핵심에 놓아야 한다"고 강조했다.

그런 점에서 오바마가 백악관에 입성한 후 아프가니스탄 전쟁에 대응해야 한다며 이라크에서 손을 떼고 아프가니스탄에 주의력을 집중시킨 것은 이미 예견된 일이었다.

미국에게 홀대받은 상실감이 이제 이라크인들에게 옮겨갈 차례였다.

2
가장 긴 전쟁

내가 갖기는 싫지만 남 주기도 아까운 것에 미련을 버리지 못하는 사람, 어영부영 시간 때우듯 일하는 사람, 그리고 희망 없는 전쟁에서 손을 떼지 못하는 국가에게는 한 가지 공통점이 있다. 바로 진퇴양난에 빠져 있다는 것이다.

미국인들에게 2010년 6월 7일은 잊을 수 없는 날일 것이다. 그날을 기점으로 아프가니스탄 전쟁이 베트남 전쟁을 제치고 미국 역사상 가장 긴 전쟁으로 기록되었기 때문이다.

미국이 정식으로 베트남전에 참전한 것이 1964년 8월 7일이었고 1973년 3월 철수할 때까지 103개월 동안 전쟁이 계속되었다. 그런데 아프가니스탄 전쟁은 2001년 10월 7일에 시작되어 2010년 6월 7일에야 끝이 났으므로 베트남전보다 한 달 긴 104개월 동안 이어진 것이다.

그 기간 동안의 인명 피해와 경제적 손실은 가늠조차 불가능하다. 2010년 6월 7일까지 집계된 미군 측 사망자는 1099명이었고, 아프가니스탄 측 인명 피해는 아직 정확한 통계도 낼 수 없지만 어림잡아도 1만 명 이상일 것으로 예상된다. 그중에는 결혼식에 참석했다가 미군의 폭격을 받아 무고하게 희생된 민간인들도 포함되어 있다.

결혼식이 장례식으로 바뀐 이 참혹한 상황에 분노하지 않을 사람이 있겠는가.

경제적으로는 2010년 11월까지 미국이 전쟁비용으로 쏟아 부은 돈이 2880억 달러였다. 당시 열린 북대서양조약기구 정상회담에서 오바마 정부가 북대서양조약기구와 논의를 통해 아프가니스탄 철군 시한을 2014년으로 하는 데 합의했다. 그때까지 미국이 추가로 투입해야 하는 돈이 1250억 달러에 이를 것으로 추산된다.

한마디로 이 결과도 없을 것 같은 전쟁을 위해 미국은 4130달러가 넘는 돈을 이미 투입했거나 앞으로 투입할 것이라는 얘기다. 여기에 전역한 군인들에게 지급하는 연금까지 합산한다면 그 비용이 5000억 달러를 훌쩍 넘긴다.

일부 경제학자들은 이 지출이 미국 GDP의 2퍼센트에도 못 미치는 적은 액수라고 말하지만, 문제는 금융위기의 먹구름이 걷히지 않고 있는 상황에서 수천억 달러의 지출이 미국에게 큰 부담이 될 수밖에 없었다는 점이다. 실제로 "우리 생활과 아무 관련도 없는 지구 반대편의 아프가니스탄 전쟁에 왜 천문학적인 돈을 퍼부어야 하느냐"고 불평하는 사람들이 점점 많아졌다.

2010년 6월 7일 미국 ABC 방송국이 실시한 설문조사에 따르면, 미국 국민들 사이에서 전반적으로 좌절감이 확산되고 있고 특히 아프가니스탄 전쟁을 계속 수행할 가치가 없다고 응답한 사람이 전체 응답자의 53퍼센트에 달했다. 11월 17일에 실시된 설문조사 결과는 이 같은 여론을 더 뚜렷하게 보여주었다. 민주당 지지자들 중에서도 무려 62퍼센트가 아프가니스탄 전쟁에 부정적이고 오바마 정부가 서둘러 아프가니스탄에서 철군해야 한다고 생각하는 것으로 나타났다. 2001년 아프가니스탄 전쟁을 시작할 당시 94퍼센트의 미국인이 이 전쟁을 지지했던 것과 극명한 차이를 보여주었다.

미국인들의 불만은 이 전쟁의 의의를 공감하지 못한 데서 기인한 것이었다. 『타임』지는 미국이 상대 국가의 국내 정세가 혼란스러운 상황에서 전쟁에 승리한 적이 없으며, 특히 이 전쟁은 사람들에게 충분히 공감을 얻지 못한 충돌일 뿐이라고 날카롭게 지적했다. 탈레반의 위협이 점점 심해지고 있다는 점도 사람들을 불안하게 만들었다.

1989년과 2001년, 2003년은 아프가니스탄에 매우 중요한 해였다. 1989년에는 구소련이 해체되었고 2001년에는 아프가니스탄 전쟁이 발생했으며 2003년에는 이라크 전쟁이 발발했다. 이라크 전쟁이 아프가니스탄에 중요한 이유는 첫째, 이를 계기로 미국의 주의력이 완전히 이라크로 쏠린 것이고, 둘째, 탈레반, 더 나아가 알 카에다 조직이 이를 기회로 기사회생했다는 것이다.

사실상 탈레반은 오바마 정부가 아프가니스탄 전쟁에 관심을 쏟기 전에 이미 세력을 거의 회복한 상태였다. 미국과 북대서양조약기구의 협공도 탈레반의 기세를 꺾을 수는 없었다. 그들은 계속해서 부족 지도자들을 암살하고 아프가니스탄의 민간인들을 위협하는 등 각종 테러를 일으켰다.

아프가니스탄에서 혼란과 약탈이 일어난 120개 지역(아프가니스탄 전체 국토의 3분의 1에 해당한다)에서 실시된 설문조사에 의하면, 카르자이 정부의 지지율이 애처로울 정도로 낮은 데다가 이들 지역 주민 중 3분의 1이 반군을 지지하는 것으로 나타났다.

이 밖에도 탈레반과의 전쟁은 대단한 정신력과 인내심을 요하는 싸움이었다. 개성이 강한 논조로 유명한 영국의 정치 전문 인터넷 뉴스 『허핑턴 포스트The Huffington Post』는 아프가니스탄 전쟁이 장기간 승부가 나지 않고 지지부진한 원인을 빈 라덴의 2004년 연설에서 찾았다. 이 연설에서 빈 라덴은 과거 구소련을 장장 10년간이나 유혈충돌의 늪에 빠뜨렸던 아주 간단한 전략에 대해 이렇게 설명했다.

"적이 급하고 쉽게 화를 내는 성격이면 게릴라원 두 명을 적지로 보내 알 카에다 조직의 상징이 그려진 깃발을 꽂기만 하면 된다. 그러면 적은 노발대발하며 맹렬하게 공격을 해대고 병력, 경제, 정치에서 막대한 손실을 입어 결국 스스로 파산해버린다."

아프가니스탄에서 미국은 흡사 풍차와 싸움을 벌이는 돈키호테와도 같았다.

아프가니스탄 주둔 미군들의 사기도 땅에 떨어진 지 오래였다. 2009년 10월 12일, 『타임』지가 여러 차례나 아프가니스탄 주둔 미군들을 취재한 사진기자 애덤 퍼거슨Adam Ferguson의 보도사진집을 발표했다. 애덤 퍼거슨은 아프가니스탄 최전선을 직접 누비며 병사들이 겪고 있는 신체적 고통, 정신적 불안과 초조, 고독감, 피로, 절망감 등을 여러 각도에서 사진에 담아냈다. 『타임』지는 이 사진들이 사람들에게 전쟁의 실상을 인식시킬 뿐 아니라 이 전쟁의 미래에 대한 사람들의 판단과 선택에도 도움을 줄 것이라고 평론했다.

베트남전 당시에도 미국 언론들이 이런 방법으로 전선의 실상을 폭로해 민중의 대규모 항의시위와 반전운동을 촉발하고 결국에는 미국을 압박해 군대를 철수하도록 유도한 바 있다. 아프가니스탄 사람들의 사기는 미군보다 훨씬 더 떨어져 있었다. 미국의 공영라디오방송 NPR은 아프가니스탄을 취재하는 동안 조용한 거리에도 비통하고 암담한 그림자가 짙게 깔려 있음을 느낄 수 있었다고 보도했다. 더욱 슬픈 것은 미군이 탈레반에 대한 포위망을 좁혀갈수록 탈레반의 반격도 점점 과격해져 무고한 민간인들까지 희생되었다는 사실이다.

특히 어린이들은 전쟁에 속수무책으로 희생되었다. '카불 시 정부'가 관할하는 지역을 한 발짝만 벗어나도 아이들이 군벌에 의해 무희로 여기저기로 팔려가고 무참히 성폭행을 당했다. 대부분의 아이들이 열 살도 되지 않아 성노예로 전락했다. 게다가 이런 참극이 이미 너무도 흔한 일이 되어버려 사람들은 더 이상 문제시하거나 논의하려고 들지도 않았다.

이 모든 것이 오바마 정부에게 커다란 압력으로 다가왔다. 한편으로는 군사공격과 경제지원 등을 포함해 아프가니스탄에 대한 행동을 서두르는 명분으로 작용했지만, 또 한편으로는 미국 정부가 아프가니스탄 전략을 수립함에 있어서 우려하고 걱정해야 할 것들이 더 많아졌다. 어떻게 하면 탈레반에 대해 군사적, 정신적 공격을 병행할 수 있을지, 어떻게 하면 자금 투입을 최소화하면서 실질적인 효과를 거둘 수 있을지 등을 모두 고려해야 했다.

미군의 여러 차례 공습으로 아프가니스탄의 민간인 피해가 막심했기 때문에 오바마 정부가 공습을 최대한 자제해야 한다는 목소리도 있었지만, 공습을 배제한다면 미군과 북대서양조약기구 부대가 탈레반과의 교전에서 달리 우위를 점할 수가 없었다.

미국은 이 수많은 딜레마 앞에서 이러지도 저러지도 못한 채 깊은 고민에 빠졌다.

3
추가 파병의 저주

전쟁이 이렇다 할 진전을 보이지 않는 가운데 탈레반에게는 희소식이 전해졌다. 미국과 북대서양조약기구의 연합군 내부에서 갈등이 나타나기 시작한 것이다. 가장 주된 논쟁은 추가 파병이 실질적인 의의가 있느냐 하는 것이었다.

이라크 전쟁에서 부시가 저질렀던 실수와 마찬가지로 오바마도 자신이 아프가니스탄 문제를 중요하게 언급하기만 하면 미국 국내는 물론 세계 각국에서 속속 지지와 찬동을 표명하고, 심지어 이것이 자신의 가장 큰 외교적 업적으로 세계사에 기록될 것이라는 순진한 착각에 빠졌다. 오바마는 2009년 1월 대통령으로 취임하자마자 의기양양하게 아프가니스탄에 대한 새로운 전략을 발표했다. 이 전략에는 이라크에서 철군하는 동시에 그해 말까지 아프가니스탄 주둔 미군 병력을 6만 8000명까지 증원한다는 내용이 포함되어 있었다.

그런데 뜻밖에도 오바마의 추가 파병 계획이 미국 국내에서부터 거센 반대 여론에 부딪쳤다. 가장 대표적인 것이 1972년 민주당 대통령 후보였던 조지 맥거번George McGovern 전 상원의원의 주장이었다. 그는 아프가니스탄이 제2의 베트남이 될 수 있다고 경고했다. 그는 『워싱턴 포스트』에 기고한 칼럼에서 몇 가지 역사의 교훈을 제시하며 존 F. 케네디, 린든 존슨, 리처드 닉슨 등 역대 미국 대통령들도 미군 파병으로 사이공 정부를 구하고 호치민과 베트콩 '반군'을 타도할 수 있다는 순진한 착각에 빠졌었지만, 결과적으로 '반군'의 무장과 저항이 점점 강력해져 미군 50만 명이 분투를 벌여도 전쟁에 패배했음을 지적했다.

맥거번은 미국의 추가 파병이 탈레반의 투지를 더 부추길 수 있음을 우려했다. 추가 파병은 오히려 아프가니스탄 정부가 미국과 북대서양조약기구의 군대에 의지해 겨우 버티고 있음을 탈레반에게 알려주는 셈이라는 것이었다. 그렇다면 미군이 철수한 2014년 이후에는 아프가니스탄 정부가 기댈 언덕을 잃게 될 것이고 이는 탈레반에게 크게 고무적인 일임에 틀림없다. 미국인들도 미군의 계속된 추가 파병이 아프가니스탄 정부의 의존심만 키우게 될 것을 걱정했다.

1965년 겨울, 과거 남베트남에 대한 지상작전군 배치를 주장했던 맥스웰 테일러Maxwell Taylor 베트남 주재 미국 대사가 당시 베트남 주둔 미군 사령관 윌리엄 웨스트모어랜드William Westmoreland가 제안한 베트남 추가 파병 건의를 받아들이지 말 것을 미국 정부에 요청했다. 추가 파병이 이루어진다면 남베트남 정부가 미국의 보호에 더욱 의존하게 되고 결국 더 많은 미군을 보내달라고 요청할 것이라는 주장이었다.

이와 똑같은 상황이 40여 년 후 아프가니스탄에서 재연되었던 것이다. 오바마 정부가 추가 파병에 대해 논의하고 있던 2009년 11월, 칼 아이켄베리Karl Eikenberry(전 아프가니스탄 주둔 미군 사령관) 아프가니스탄 주재 미국 대사가 추가 파병에 대해 우려를 표명했다. 그는 미군이 무장세력 공격에 대한 새로운 임무를 맡게 되는 것에 반대했다. 그것이 오히려 아프가니스탄이 미국의 군사보호에 더 의존하게 만들어 결국 카르자이 정권이 더 많은 미군을 파견해달라고 요청하게 될 것이라고 단언했다.

미국 언론들도 추가 파병에 항의하는 민중시위를 보도하며 추가 파병에 대해 의문을 제기했다. 2009년 12월 1일, 오바마가 웨스트포인트 사관학교를 방문해 아프가니스탄에 대한 3만 명 추가 파병을 선언하자, 그 이튿날 워싱턴, 펜실베이니아, 샌프란시스코 등 주요 도시에서 동시다발적인 항의시위가 일어났다. 사람들은 거리에서 피켓을 들고 구호를 외치며 행진했다. 한 시위참가자는 "오바마여, 우리가 당신을 대통령으로 선출한 것은 전쟁을 끝내라는 것이었다. 당신이 부시와 다른 것이 무엇인가?"라고 외쳤다. 제임스 맥거번James McGovern 하원의원 등도 오바마의 추가 파병 계획에 반대하는 서명 운동을 벌였다. 그들은 이 계획이 오히려 미국이 지금까지 해왔던 반테러 전쟁을 물거품으로 만들 것이라고 날카롭게 비판했다.

『크리스천 사이언스 모니터』는 "아프가니스탄 전쟁이 오바마 대통령의 전쟁이 되었다"고 더욱 신랄하게 비난하며 이 계획을 밀어붙인다면 오바마가 외로운 길을 가게 될 것이라고 경고했다.

맥거번은 또 "설령 우리에게 아프가니스탄 전쟁을 계속 수행할 명분과 이유가 있다고 해도 그러기 위해 치러야 하는 막대한 대가를 우리는 결코 감당할 수 없다"고 말했다. 그의 이 말은 미국의 경제 회복이 지지부진한 것에 대한 국민들의 불안과 걱정을 그대로 드러낸 것이었다. 12조 달러에 달하는 천문학적인 채무를 안고 심각한 경제위기에 빠져 있는 국내 상황을 외면한 채 타국의 불필요한 전쟁에 매달려 있을 수 없다는 것이었다. 맥거번은 "군인들의 희생이 더 커지기 전에, 그리고 미국의 국채가 급증하기 전에 병사들을 귀국시켜야 한다"고 호소했다.

오바마가 3만 명 추가 파병 계획을 발표한 직후 『크리스천 사이언스 모니터』는 그로 인해 미국이 해마다 300억 달러의 국방비용을 추가로 지출해야 한다며 "추가 파병 계획은 오바마의 '융자계획'이나 마찬가지"라고 비꼬았다.

의회도 언론과 마찬가지로 오바마의 아프가니스탄 정책에 대해 회의적인 입장을 취했다. 2010년 3월 10일, 미국 하원은 데니스 쿠치니치

Dennis J. Kucinich 민주당 의원이 제출한 아프가니스탄 주둔군 철수 의안을 반대 356표, 찬성 65표로 부결시켰다. 이 법안은 오바마 대통령에게 30일 이내에 아프가니스탄에 주둔하고 있는 미군 병력을 철수시킬 것을 요구하는 내용이었다. 이 법안이 통과되었다면 오바마는 꼼짝없이 30일 이내에 아프가니스탄 주둔군을 철수시켜야 했을 것이다.

그런데 이 법안의 제기 자체가 미묘한 내분을 보여준 것이었다. 이 법안은 오바마가 추가 파병 계획을 발표한 후 오바마가 소속된 민주당에서 처음으로 나온 도전장이었다. 비록 통과되지는 못했지만, 미국 주요 언론들은 이것이 민주당 내 자유파 의원들이 아프가니스탄 전쟁에 염증을 느끼고 있으며 민주당 내부에서도 이 전쟁에 대해 의견 차이가 존재한다는 것을 보여준 것이라고 평가했다. 그리고 그 배후에는 이 전쟁의 의의와 앞날에 대한 미국인들의 의심과 우려가 깔려 있었다.

4
"아직 이혼하지 않은 사람이 있나?"

포트후드Fort Hood에서 갑작스럽게 울린 총성은 오바마를 더욱 궁지로 몰아넣었다.

2009년 11월 6일 새벽, 텍사스 주 포트후드 군사기지에서 충격적인 총기난사사건이 발생했다. 13명의 사망자와 31명의 부상자를 낳은 이 사건은 미국 역사상 군사기지 내에서 발생한 가장 심각한 범죄사건이었다. 오바마가 이 사건 희생자들의 추도식에 참석하기 위해 이미 예정되었던 일본 방문 일정까지 연기한 것만 보아도 얼마나 심각한 사건이었는지 짐작할 수 있다.

사람들은 이 사건을 '국가를 겨냥한 범죄행위'이자 '인간의 가장 악랄한 행위의 전형'으로 규정했지만, 미국 언론들은 이 사건의 원인이 미군의 심리 문제와 두 번의 전쟁으로 인한 부작용에 있다고 지적했다.

포트후드 군사기지는 미국 본토는 물론 전 세계에서 가장 큰 무장 군사기지다. 이곳에 소속된 미군들이 주로 이라크와 아프가니스탄으로 파견되어 작전에 참여했으며, 그중 대부분이 전선에 수차례 투입되었기 때문에 심리적인 스트레스와 전쟁에 대한 심한 혐오감을 안고 있었다.

2003년 이라크 전쟁이 발발한 후부터 포트후드 기지 내에서 군인들의 자살사건이 크게 증가했다. 2003년부터 2009년 7월까지 무려 75명의 군인이 자살했는데 군인들의 자살 증가가 전쟁과 밀접한 연관성을 가지고 있었다.

사실 포트후드의 상황은 미군들이 겪고 있는 심리 문제를 보여준 단면에 불과했다. 통계에 따르면, 아프가니스탄 전쟁이 시작된 후 정신적 장애를 앓고 있는 사병의 비율이 6.4퍼센트에서 36.9퍼센트로 급증했다. 미국 국방부도 2008년 미 육군부대에서 자살한 사병의 수가 30년 만에 최대를 기록했으며, 비율로 따지면 10만 명당 21명꼴로 자살했다고 밝힌 바 있다.

더욱 비통한 사실은 미군이 자살 방지를 위해 각 부대에 정신과 군의관들을 배치해 사병들의 정신 상담을 하도록 했는데, 포트후드 총기난사사건을 일으킨 니달 말릭 하산Nidal Malik Hasan 소령이 바로 정신과 군의관이었다는 사실이다!

하산 소령은 조만간 이라크나 아프가니스탄에 파병될 예정이었고 그로 인해 심한 불안감에 시달렸던 것으로 밝혀졌다. 그는 또 미국의 이라크 및 아프가니스탄 파병에 반대했지만 군인이라는 신분 때문에 자신의 의사와는 관계없이 상부의 지시에 따라야 했다. 언론은 이것이 그로 하여금 이성을 잃게 만든 내재적인 원인일 것이라고 분석했다.

이 밖에 하산이 파병되었다가 귀환한 군인들의 부정적인 감정에 영향을 받은 것도 무시할 수 없는 원인이었다. 정신과 군의관인 그는 전선에서 돌아온 수십 명의 사병들에게 심리 상담을 해주었고, 그 과정에서 참혹한 전쟁의 실상을 접하고 '극도의 공포'를 느낀 나머지 심리적 붕괴를 겪었던 것이다.

절망적인 전쟁은 사람들을 신경질적으로 만들었다. 고국으로 복귀한 군인들은 쇼핑하러 나가는 아내에게 자동차 밑에 폭탄이 설치되어 있지 않은지 꼭 확인하고, 운전할 때에도 노면 상황을 주시하고 길에 폐타이어 같은 쓰레기가 떨어져 있으면 돌아서 가라고 신신당부했다. 그들은 자신이 아직도 이라크나 아프가니스탄에 있는 듯한 착각에 빠져 있었다.

아프가니스탄에 파병되었던 한 군인은 귀환한 후에도 오랫동안 아프가니스탄의 악몽을 떨치지 못해 사람들이 붐비는 장소에서는 견딜 수가 없다고 고백했다. 사람들이 자살테러를 위해 품 안에 폭탄을 숨기고 있는 것 같아서 슈퍼마켓에서 의심스러워 보이는 사람을 덮쳐 공격한 적이 한두 번이 아니라는 것이었다. 이런 일이 반복되면서 스스로 고통스러운 것은 물론이고 주위 사람들은 그를 괴물 대하듯 했다.

이 전쟁은 사람들의 결혼생활까지도 파탄에 이르게 했다. 이라크와 아프가니스탄 주둔 미군들의 이혼율을 공식적으로 집계한 적은 없지만, 동료들과 잡담을 나눌 때 "우리 중에 아직 이혼하지 않은 사람이 있어?"라는 질문이 자주 등장한다는 한 주둔군 기지 군인의 말에서 이혼율이 매우 높다는 것을 짐작할 수 있다.

포트후드의 비극은 끝이 보이지 않는 아프가니스탄 전쟁과 이라크 전쟁이 미군들에게 얼마나 큰 심리적 스트레스를 주는지 보여주는 사건이었다.

미국 사회에서 이라크 전후 문제와 아프가니스탄 추가 파병 문제에 대한 논쟁이 거세게 일어나면서 미군들은 극심한 심리적 갈등과 반발심을 느꼈다. 사람은 보통 극심한 스트레스와 갈등에 짓눌리면 쉽게 분노하게 되는데 포트후드 총기난사사건이 바로 그 극단적인 예였던 것이다.

더욱 무서운 것은 부정적인 정서일수록 '전염성'이 매우 강하다는 사실이었다. 군사기지라는 폐쇄적인 환경에서 군인들은 동료들에게 무의식적으로 의지하게 되고, 심리적 암시와 정서의 '전염성'이 일반적인 경우보다 강하게 나타나기 마련이다. 따라서 이런 부정적인 정서가 효과적으로 해소되지 않으면 개인은 물론 집단적인 비극이 발생할 가능성이 있다.

바깥세계에서 받는 영향도 무시할 수 없었다. 포트후드 총기난사사건 이후 미국 정보기관은 하산 소령이 미국에 의해 테러 주모자로 지목된 안와르 알 아울라키Anwar al-Awlaki와 수차례 전자우편을 주고받았다는 사실을 알았다.

하산의 한 동료는 하산이 아울라키의 '가르침'을 받는 동안 눈동자에서 '광채'가 났다고 증언했다. 총기난사사건 직후 아울라키는 "하산은 영웅이며 미국 군대와의 전투는 이슬람교도 모두의 책임이다"라고 의기양양하게 말하기도 했다.

공포 역시 부정적인 정서만큼이나 쉽고 빠르게 전파된다.

총기난사사건에 간접적인 원인을 제공한 두 차례 전쟁, 그중에서도 아프가니스탄 전쟁이 미군들에게 가한 심리적 스트레스와 내적 갈등 문제가 수면 위로 떠오르자 많은 사람들이 심리 문제도 전쟁으로 인한 대가임을 인식하기 시작했다. 심지어 이것을 군인과 그 가족들이 겪고 있는 가장 큰 문제라고 말하는 사람들도 있었다. 이 모든 상황이 오바마 정부를 더욱 난처한 상황에 빠뜨렸다.

5
장군의 '실언'

오바마를 더욱 곤경에 빠뜨린 것은 내부에서 불거져 나온 파열음이었다.

2009년 10월 27일, 『워싱턴 포스트』는 아프가니스탄 주재 미국 국방부 관리인 매튜 호Matthew Hoh가 미국의 아프가니스탄 파병에 반대하는 뜻으로 사표를 제출했다고 보도했다. 미국 정부 공무원이 전쟁에 항의하기 위해 사직한 것은 처음 있는 일이었다.

그는 사표에서 "나는 미국의 아프가니스탄 전략의 목적을 이해할 수 없다. 내가 사표를 내는 것은 우리가 앞으로 이 전쟁을 어떻게 수행해야 하는지 알 수 없기 때문이 아니라 왜 이 전쟁을 계속해야 하는지, 또 우리가 어떤 결과를 얻게 될지 알 수 없기 때문이다"라며 자신이 느낀 실망감을 그대로 드러냈다.

설상가상으로 스탠리 매크리스털Stanley McChrystal의 실언은 오바마 정부에 더 큰 충격타를 날렸다. 2010년 6월, 미국과 북대서양조약기구의 아프가니스탄 주둔군 최고사령관인 매크리스털이 미국 격주간지 『롤링스톤Rolling Stone』과의 인터뷰에서 오바마가 취임 이후 시행한 아프가니스탄 전략에 대해 공개적으로 의문을 제기하고 바이든 부통령과 아이켄베리 아프가니스탄 주재 미국 대사 등 정부의 고위 관리들을 강도 높게 비난했다. 이 일이 큰 파장을 몰고 오자 6월 23일 매크리스털이 사임하고 데이비드 퍼트레이어스David Petraeus 미 중부군 사령관이 그의 후임으로 임명되었다.

오바마가 매크리스털의 사의를 받아들인 것은 어쩔 수 없는 선택이었다. 전쟁 중에 수장을 교체하는 것은 거의 금기에 가까운 일이지만 아프가니스탄 전략을 수행하는 데 있어서 분열이 생기는 것을 용납할 수 없었기 때문이다. 오바마는 바이든 부통령의 아프가니스탄 정책이 "근시안적"이며 "오바마와의 대면에서 실망을 느꼈다"는 매크리스털의 발언에 크게 분노하며 논쟁은 환영하지만 분열은 결코 용납할 수 없음을 분명히 밝혔다.

그런데 주목해야 할 것은 이것이 오바마가 아프가니스탄에 대한 추가 파병을 실시한 지 불과 6개월 밖에 되지 않아서 발생한 일이라는 사실이다.

매크리스털의 인터뷰는 미국과 북대서양조약기구 연합군 내부에서 큰 파문을 일으켰고 오바마의 아프가니스탄 정책이 넘어야 할 큰 시련으로 여겨졌다. 미국 언론들은 이 파문을 통해 미국 정부 내부에 심각한 의견 차이가 존재한다는 사실이 폭로되었으며, 이는 미국의 아프가니스탄 전쟁 수행에 대해 탈레반의 습격에 버금가는 큰 타격을 입혔다고 평론했다.

대통령과 사령관의 관계가 이토록 악화되었으니 전방 사병들이 혼란과 불안을 느끼는 것은 당연했다. 동맹국들도 불안하기는 마찬가지였고 그 와중에 쾌재를 부르고 있는 것은 탈레반뿐이었다. 『뉴스위크』지는 매크리스털의 경질 이후에도 아프가니스탄 상황은 조금도 나아지지 않을 것이라는 비관적인 전망을 내놓았다. 오바마 대통령은 매크리스털에게 하극상에 대한 대가를 치를 것을 단호하게 지시했지만 대통령의 이런 과감한 결단으로도 미국과 동맹국들이 아프가니스탄에서 점점 힘을 잃고 있는 현실을 바꿀 수는 없다는 것이었다.

그런데 매크리스털 파문은 아프가니스탄 정책을 둘러싼 미국 정부 내부의 심각한 내분에 비하면 그저 빙산의 일각일 뿐이었다. 『탈레반』의 저자인 아흐메드 라시드Ahmed Rashid는 아프가니스탄 정책을 결정한 미국의 고위 관리들이 임명된 직후부터 계속 논쟁과 내분이 끊이지 않았다고 폭로했다.

백악관은 리처드 홀브룩Richard Holbrooke 국무부 아프가니스탄·파키스탄 특별대사의 의견을 묻지도 않았고, 때로는 아프가니스탄 수도 카불에 주재하고 있던 당시 최고지휘관 매크리스털과 전임 지휘관인 칼 아이켄베리 아프가니스탄 주재 미국 대사의 의견도 묵살했다.

게다가 아이켄베리와 앤 패터슨Anne Patterson 파키스탄 주재 미국 대사도 홀브룩과 극명한 의견 차이를 보였다. 미국 국방부 내부에서 아프가니스탄 정책을 둘러싸고 일부 장군들의 내분이 표면화되었지만, 사실 그보다 더 곤란한 문제는 많은 장군들이 오바마가 정해놓은 시간표, 즉 미국이 2011년 7월부터 아프가니스탄 철군에 착수한다는 계획에 동조하지 않는 것이었다. 이와 관련해 한 미군 장교는 "시계바늘에 시선을 고정시킨 채 반란을 진압할 수는 없다"고 말했다.

오바마 정부의 또 다른 딜레마는 '출구전략'이 없다는 것이었다.

2009년 8월 『타임』지는 미국이 아프가니스탄 문제에서 손을 떼기 위한 출구전략이 있는지 의구심을 제기하며 오바마 정부의 아프가니스탄 정책이 그리 이성적이지 않다고 비꼬았다. 이 사설은 미국이 아프가니스탄 주둔군을 증원하고 있음에도 불구하고 정부 관리들은 아프가니스탄 전쟁에서 승리할 가능성이 크지 않다고 공개적으로 시인하고 있음에 의문을 제기했다. 게다가 로버트 게이츠Robert Gates 국방부 장관마저도 아프가니스탄의 앞날을 예측하기 힘들다고 발언했다.

과거 이라크에서 미국이 겪었던 일들이 아프가니스탄에서 똑같이 재연되고 있었다. 많은 군인들이 타국에서 목숨을 잃고 미국 국민들은 전쟁을 위해 거액의 세금을 납부했지만 얻어지는 성과는 거의 없었다. 게다가 전쟁이 어떻게 끝날지 아무도 알 수 없었다. 막막한 미래 앞에서 이 지루한 전쟁에 대한 미국인들의 인내심도 점점 바닥을 드러냈다.

이것은 사실 미국 사회의 심리적 변화가 반영된 결과였다. 높은 실업률과 암담한 경제 전망으로 인해 미국인들은 이 기약 없는 전쟁에 흥미를 상실했고, 이라크의 악몽을 경험한 미국인들은 아프가니스탄 전쟁이 이라크 전쟁보다 더 나은 결과를 내놓지 못할 것을 걱정했다. 추가 파병 이후에도 아프가니스탄 전쟁이 뚜렷한 진전을 거두지 못하자 미국인들과 언론의 근심이 더 깊어졌다. 그들은 끝이 어딘지 알 수 없는 이 전쟁에 신물을 내기 시작했다.

사실 오바마마저도 부시 대통령이 세워놓은 '민주적이고 번영을 이룬 새로운 아프가니스탄 건설'이라는 야심찬 목표에서 한 발 물러났다. 오바마는 2009년 3월 연설에서 "아프가니스탄에서 우리는 확고한 목표를 가지고 있다. 그것은 바로 아프가니스탄과 파키스탄에 있는 알 카에다 세력을 소탕해 그들이 더 이상 세계 그 어느 나라에서도 테러를 일으키지 못하도록 하는 것이다"라고 말했다. 미국의 아프가니스탄 정책이 아프가니스탄 재건과 번영이 아니라 탈레반 소탕과 알 카에다 세력 억제에 중점을 두기로 했음을 의미하는 것이었다.

그런데 아프가니스탄 철군 시한을 2014년으로 정했기 때문에 오바마도 2012년 대선까지는 아프가니스탄 문제에 대해 크게 고려할 필요가 없었다. 오바마가 만일 연임에 실패한다면 아프가니스탄에 대한 후속조치는 그와는 무관한 일이 될 것이었다. 부시가 저질러놓은 이라크 전쟁을 오바마가 수습했던 것처럼 말이다. 반대로 연임에 성공한다면 2013~14년쯤 되어서 아프가니스탄 문제에 집중해 자신의 임기 내에 아프가니스탄 주둔군 철수를 완료하기만 하면 최소한 체면을 세울 수는 있었다.(오바마는 2012년 대선에서 연임에 성공했다.―옮긴이) 다시 말하면, 2011~12년에는 오바마 정부가 경제 회복에 주력하고 아프가니스탄 전쟁은 소강상태로 들어설 가능성이 컸다.

탈레반 문제에 있어서도 미국은 한 발 물러났다. 아프가니스탄 내전이 끝날 기미가 보이지 않고 탈레반을 공격할수록 반격도 거세지자 미국 여론의 관심은 아프가니스탄이라는 늪에서 어떻게 빠져나올 것인지에 쏠리기 시작했다. 여러 가지 방안 중에서도 탈레반 세력을 와해시켜 아프가니스탄의 정치적 화해에 참여시키자는 의견이 힘을 얻었다.

하지만 탈레반이 그리 호락호락할 리 없었다. 아프가니스탄의 탈레반 지도자 물라 모하메드 오마르Mullah Mohammad Omar는 2010년 11월 15일 탈레반과 아프가니스탄 정부가 화해했다는 언론 보도에 대해 "오도성 유언비어"라고 비난하며 "외국 군대가 아프가니스탄에 주둔하고 있는 한 탈레반이 '꼭두각시' 정부와 대화하는 일은 결코 없을 것"이라고 단언했다. 그는 또 성명을 통해 "탈레반 무장의 '유일한 목표'는 아프가니스탄에서 외국 군대를 몰아내는 것이며 이를 위해 지구전을 펼칠 준비를 마쳤다"고 밝혔다.

저항군이 지구전을 펼치면 점령군도 빈손으로 돌아갈 수밖에 없다는 사실이 이미 역사에서 수없이 증명된 바 있다.

6

카르자이의 반격

아프가니스탄 정부의 통치능력도 미국이 아프가니스탄 정책을 수행하는 데 있어서 아무런 도움이 되지 못했다. 미국의 입장에서 볼 때 카르자이 정부는 항상 취약하고 근심스러운 존재였다. 케이토 연구소Cato Institute는 미국 정부가 아프가니스탄의 리더십 문제를 정확하게 인식해야 한다고 건의하며 미국의 도움을 가장 필요로 하는 것은 아프가니스탄 국민이 아니라 아프가니스탄 정부라고 지적했다. 이것은 탈레반이 '먼저 정부를 흔들어놓은 다음 전쟁을 통해 승리를 거둔다'는 전략을 고수해온 이유이기도 했다.

미국 언론들은 카르자이 정부의 리더십, 특히 부패 척결을 위한 노력을 줄곧 미덥지 않은 시선으로 바라보고 있었다. 미국 지식층 사이에서 큰 영향력을 지닌 진보 성향의 잡지 『마더 존스Mother Jones』가 그 대표적인 예다. 이 잡지는 아프가니스탄의 부정부패에 대한 심층기사를 연달아 보도해 카르자이의 부패 척결에 걸림돌이 되는 것이 무엇인지 분석했는데, 기사마다 카르자이 정부가 오바마 정부의 압박 아래 '어쩔 수 없이' 부패 척결에 나선 것으로 묘사되어 있었다.

『마더 존스』는 또 아프가니스탄 부패 문제가 사람들의 상상을 훨씬 뛰어넘을 수도 있다고 지적했다. 카르자이는 서방 언론이 아프가니스탄의 부패 문제에 대해 과장 보도를 일삼고 있다고 비난했지만, 아프가니스탄에서 2009년에만 총 25억 달러의 뇌물이 오고갔다는 통계가 발표되었다. 이는 아프가니스탄 GDP의 23퍼센트에 달하는 액수였다. 이런 언론 보도가 연일 이어지자 오바마 정부의 시름이 더욱 깊어졌다. 2010년 3월

28일, 오바마 대통령이 사전 예고도 없이 아프가니스탄의 미군 기지를 전격 방문해 병사들을 위로했다. 『뉴욕 타임스』는 이날 오바마가 카르자이 아프가니스탄 대통령을 만나 부패 척결에 힘쓰고 사법제도를 강화할 것을 주문했으며, 특히 부패 척결을 여러 차례나 강조했다고 보도했다.

미국의 이런 우려는 충분히 일리가 있는 것이었다. 미국의 입장에서는 막대한 인력과 물자를 투입했으므로 성과가 나오기를 기대했을 것이고, 카르자이 정부가 부패와 낮은 통치효율 문제를 어떻게 해결하느냐에 따라 미국의 아프가니스탄 전략도 달라져야 하기 때문이었다.

하지만 아이러니한 것은 카르자이 정부를 과도하게 질책할 경우 오히려 카르자이 정부의 위신을 떨어뜨리고, 아프가니스탄 국민들에게 내정에 간섭한다는 거부감을 주게 된다는 점이었다. 실제로 카르자이 정부는 여러 차례나 공개적인 자리에서 미국 언론의 자국 관련 보도에 반박하고 오바마 정부에 대한 불만을 표출했다. 또 카르자이는 반대로 미국 언론을 이용해 오바마 정부에 압력을 가하기도 했다. 2009년 10월 25일, 미국 CNN의 사전 녹화 방송에서 카르자이가 미국이 자국을 '동반자'로 인식하지 않는 것 같다며 불만을 토로하고 "미국이 당초 우리에게 했던 약속들이 지켜졌는가? 우리를 동반자로 대했는가?"라며 의문을 제기했다. 카르자이는 "동반자라면 마땅히 아프가니스탄 국민들의 생명과 재산, 전통을 존중하고 아프가니스탄이 앞으로 나아갈 방향을 이해해야 한다"고 강조하며, 미군의 공습이 아프가니스탄 민간인들에게 신체적, 경제적 손실을 입힌 것에 대해 유감을 표시했다. 이것은 미국이 카르자이 정부에 지속적으로 제기한 통치력 부재에 대한 반박이기도 했다.

UN이 발표한 보고서에 따르면, 2010년 아프가니스탄에서 발생한 민간인 사망자 수가 2700여 명으로 2009년에 비해 15퍼센트 증가한 것으로 나타났다. 2010년은 아프가니스탄에서 가장 피비린내가 진동한 한 해였다. 카르자이 역시 공습의 '피해자'였다. 2011년 3월 10일, 카르자이 대통령의 사촌 형 야르 무함마드 칸Yar Mohammad Khan이 북대서양조약기구 특수부대의 작전 중에 탈레반 요인으로 오인당해 피살된 것이다. 나토 동맹군의 탱크가 야르 무함마드 칸의 집을 겹겹이 포위한 후 미군이 집으로 들어가 그를 끌고 나와 무참히 살해했다. 이런 비슷한 참극이 아프가니스탄에서는 너무도 흔한 일이었다.

카르자이가 미국의 압박에 불만을 토로하고 이른바 '오인 사격'이라는 미군의 만행에 대해 자성을 촉구한 것은 자국의 이미지 관리를 위한 전략이기도 했다.

객관적으로 볼 때, 미국 언론들이 아프가니스탄 정부에 대해 우려를 제기하는 것은 결코 무리가 아니었다. 하지만 문제는 한 나라의 정부를 비판하고 정치 지도자에 대해 의문을 제기하게 되면 양국 관계가 타격을 입고 두 나라가 함께 추진하는 사업에도 악영향을 미칠 수밖에 없다는 점이었다. 게다가 미국 언론이 세계적으로 광범위한 영향력을 가지고 세계의 여론을 주도하고 있다는 점에서 미국 언론에 의해 어떻게 비추어지느냐는 아프가니스탄에게 무시할 수 없는 사안이었다. 특히 전란을 겪으며 세계 각국의 존중과 이해를 간절히 바라는 국가에게 있어서 미국 언론의 계속된 비판은 매우 불리한 일임에 틀림없었다.

7
오바마 VS. 폭스 뉴스

아프가니스탄 전쟁은 미국 정부와 언론의 복잡한 관계를 노골적으로 드러내는 계기가 되었다. 미국 정부와 언론은 오래 전부터 상호 협조적이면서도 견제를 멈추지 않는 미묘한 관계를 맺고 있다. 특히 오바마 정부와 폭스 뉴스가 벌인 날카로운 '설전'은 정부와 언론의 관계를 보여주는 대표적인 사례다.

2009년 10월 초, 애니타 던Anita Dunn 백악관 공보국장이 미국 신문과의 인터뷰에서 폭스 뉴스를 "공화당의 선전도구"라고 비난하며 "폭스 뉴스가 오바마 대통령과 백악관에 대해 전쟁을 벌이는 이상 우리는 그들을 합법적인 뉴스기관으로 보지 않을 것"이라고 공언했다.

그녀의 이 발언은 '전쟁'의 도화선이 되었다. 10월 18일, 람 이매뉴얼 Rahm Emanuel 대통령 비서실장은 한 발 더 나아가 '전쟁'의 불길에 부채질을 더했다. 그는 미국 CNN의 대담 프로그램인 '스테이트 오브 더 유니언State of the Union'에 출연해 "폭스 뉴스는 뉴스기관이 아닌 것 같다"고 발언했다. 그날 오전 데이비드 액설로드David Axelrod 백악관 수석고문이 "폭스 뉴스는 뉴스기관으로 대해서는 안 된다"고 말한 뒤 곧바로 이어서 나온 발언이었다.

게다가 바로 그날 오바마의 비서관 세 명이 아프가니스탄, 의료개혁, 경제에 관한 보도자료를 ABC, CBS, CNN, NBC 등에는 제공했지만 유독 폭스 뉴스에만 제공하지 않았다. 그로부터 한 달 전인 9월 중순, 오바마가 미국 5개 주요 언론사의 아침 인터뷰 프로그램에 출연했을 때에도 폭스 뉴스만 명단에서 제외된 바 있었다.

백악관 관리들의 이런 태도에 대해 폭스 뉴스는 공식 성명을 발표해 "백악관의 이런 태도가 놀라울 따름"이라며 "백악관이 일자리 문제, 의료 문제를 해결할 생각은 하지 않고 언론사에 선전포고를 하는 것은 이해할 수 없다"고 백악관을 맹렬히 비난했다.

2009년 10월 18일 폭스 뉴스의 특약 해설가이자 부시 전 대통령의 수석고문이었던 칼 로브Karl Rove가 폭스 뉴스의 뉴스 프로그램에 출연해 "백악관 관리들의 심기를 거스른 몇 가지 문제들 때문에 오바마 정부가 폭스 뉴스에 대한 '마녀사냥'을 벌이려고 하고 있다"며 백악관의 이런 행동을 언론과 전쟁을 벌였던 닉슨 전 대통령에 비유하며 "백악관이 자신의 관점에 따라 언론의 블랙리스트를 만들었다. 이는 국가에 아무런 이득이 되지 않는다. 미국 대통령으로서 이런 행동을 하는 것은 자신의 이미지를 실추시킬 뿐"이라고 원색적으로 비난했다.

폭스 뉴스의 보수파 토크쇼 진행자인 글렌 벡Glenn Beck이 2009년 7월 폭스 뉴스의 프로그램에서 오바마 대통령을 비난한 일이 오바마 정부의 공격에 빌미를 제공하기는 했지만, 사실 가장 중요한 원인은 폭스 뉴스가 아프가니스탄 추가 파병을 앞장서서 반대했다는 것이었다.

백악관은 그해 9월 폭스 뉴스가 오바마의 아프가니스탄 정책을 비판하며 "아프가니스탄 전쟁이 이라크 전쟁의 전철을 밟을 가능성이 크다. 추가 파병으로도 문제를 해결할 수 없을 것이다"라고 예언한 것을 괘씸하게 생각했다. 그런 와중에 폭스 뉴스가 여론조사를 실시해 미국인들이 아프가니스탄 전쟁으로 인해 '분열되고' 있다고 보도하면서 백악관의 분노를 부추겼다.

오바마 정부와 폭스 뉴스가 '설전'을 벌이는 동안 다른 미국 언론들은 이를 실망스런 눈길로 바라보았다. 언론들은 오바마가 폭스 뉴스와의 전쟁에 정력을 낭비하기보다 아프가니스탄 전쟁에 더 신경 써야 할 것이라고 비꼬았다. 『뉴욕 데일리 뉴스New York Daily News』는 오바마가 진정으로 걱정해야 하는 전쟁은 아프가니스탄 전쟁뿐이라고 지적했다. 또한 언론들은 대부분 오바마가 폭스 뉴스가 아니라 탈레반과 알 카에다 공격에 더 주력해야 한다는 입장이었다. 그 사이『뉴욕 타임스』,『워싱턴 포스트』등 일부 언론들은 사태가 커지는 것을 막기 위해 오바마 정부에게 이 사건을 이성적이고 차분하게 처리할 것을 주문하기도 했다. 이는 미국 주류 언론 간의 미묘한 관계가 반영된 결과였다.

폭스 뉴스는 미국 언론계의 비주류라고 할 수 있다. 미국의 주요 언론사들 가운데 폭스 뉴스만이 보수 성향을 고수하고 있고 다른 7개 언론사는 모두 자유파로 분류된다. 상반된 정치적 관점으로 인해 언론사들 간에도 명백한 의견 차가 존재하기는 하지만, 백악관과의 관계에서 문제가 발생하면 주요 언론사들도 역시 팔이 안으로 굽을 수밖에 없었다. 비록 다른 언론사이기는 하지만 정부가 정말로 한 언론사를 완전히 말살시킨다면 그 선례가 남아 얼마든지 제2, 제3의 희생자가 생길 수 있고 훗날 자신들이 그 대상이 되지 않으리라는 보장이 없기 때문이었다. 이 사건이 제법 '상품성' 있는 뉴스인데도 다른 주류 언론사들이 크게 다루어 보도하지 않은 것도 이런 이유 때문이었다.

게다가 아프가니스탄 문제에 있어서 다수의 미국 언론들은 오바마의 전쟁을 낙관적으로 바라보지 않았다. 다른 언론사들이 중재에 나서자 폭스 뉴스도 못 이기는 척 논쟁을 계속 이어가지 않았다. 백악관과 '설전'을 벌이는 동안에는 높은 시청률을 유지할 수 있겠지만 장기적으로 보면 백악관과 반목하는 것이 그들에게 결코 이득일 리 없었다. 어쨌든 백악관은 가장 많은 뉴스를 생산해내는 곳이 아닌가.

아프가니스탄을 둘러싼 논쟁은 금세 일단락되었다. 2009년 10월 28일, 마이클 클레멘트Michael Clemente 폭스 뉴스 부회장이 직접 백악관을 방문해 로버트 깁스Robert Gibbs 백악관 대변인을 만나 화해의 악수를 나누었다. 둘 사이의 화해가 이루어지기 바로 전날에는 폭스 뉴스 셰퍼드

스미스Shepard Smith 앵커는 자신이 진행하는 뉴스 프로그램에서 공화당 뉴저지 주지사 후보만을 인터뷰하고 민주당 후보를 인터뷰하지 않은 것은 '형평성에 어긋난' 행동이었음을 인정하고 "내가 그런 행동을 통제할 수 있었더라면 이런 일이 발생하지는 않았을 것"이라고 말했다.

이 만남을 통해 백악관과 폭스 뉴스의 불편한 관계가 다소 회복되었고, 폭스 뉴스도 한동안 백악관의 외교정책, 특히 아프가니스탄 정책에 대한 공세를 자제했다. 이에 대한 화답으로 오바마가 그해 12월 1일 웨스트포인트 사관학교에서 연설했을 때(아프가니스탄 추가 파병을 선언한 연설) 백악관은 폭스 뉴스에게 중계방송권을 부여했고 폭스 뉴스도 오바마의 결정을 긍정적으로 보도했다.

백악관이 폭스 뉴스를 너그러이 용서한 매우 중요한 원인은 스스로 난처한 상황에 처해 있다는 것이었다. 미국 경제가 빠르게 회복되지 못하고 오바마가 추진하는 의료개혁이 여론의 극심한 반대에 부딪히자 오바마의 지지율이 추락하고 있었다. 게다가 그의 아프가니스탄 정책이 언론과 의회로부터 뭇매를 맞고 있었기 때문에 오바마 정부로서도 폭스 뉴스처럼 영향력 있는 언론사와 반목하는 것이 결코 이득이 될 수 없었다.

퓰리처상 논평상을 수상한 정치 칼럼니스트 유진 로빈슨Eugene Robinson도 "폭스 뉴스와 적대 관계가 되면 백악관에게 이로울 것이 없다는 점은 의심의 여지가 없다. 24시간 방송하는 TV 방송국을 상대로 싸워서 이길 수 있는 방법이 없으며, 또 개방적이고 너그러운 오바마의 정치적 이미지도 해치게 될 것이다"라고 말했다. 또한 힘겨운 아프가니스탄 전쟁을 수행하고 있는 오바마 정부에게는 미국 언론들의 협조와 선전이 반드시 필요했다. 자국민과 의회에 설명하고 이해를 구해야 할 일이 많았고, 대외적으로도 동요되고 있는 동맹국들을 부추기고 사기를 북돋워줄 필요가 있었다. 이 모든 일이 미국 언론의 도움 없이는 거의 불가능했다.

사실 이것은 오바마 정부와 미국 언론의 이해관계가 일치하는 부분이기도 했다. 양측 모두 아프가니스탄 문제 등에 있어서 이견을 가지고 있기는 하지만, 어쨌든 미국의 국가 이익을 고려할 때 아프가니스탄 전쟁이 미국의 국제적인 이미지에 먹칠하고 미국 경제 회복의 걸림돌이 되기를 바라지 않았다. 그들의 공통된 소망은 미국이 아프가니스탄에서 손을 떼고 홀가분하게 빠져나오는 것이었다.

오바마 정부에게는 미국 언론의 강한 영향력이 필요했고, 미국 언론들은 오바마의 아프가니스탄 정책이 성공하기를 바랐다. 여기에서 양측의 이해관계가 접점을 찾았던 것이다. 그러나 문제는 아프가니스탄이 비극적인 상황에 진정으로 관심을 갖는 이가 없었다는 사실이다. 세상 사람들은 아프가니스탄 국민들의 고통을 까맣게 잊고 있었다.

| 제6장 |

때를 놓친 테러와의 전쟁

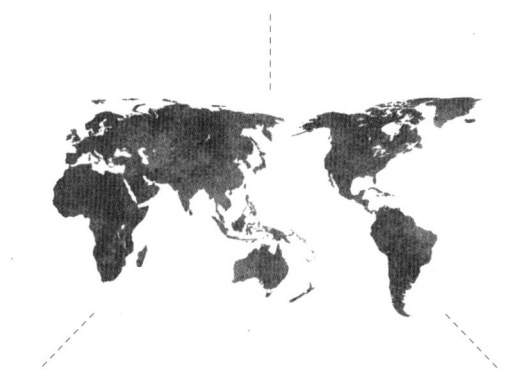

성공은 열정을 정확한 곳에 쏟아부었을 때 얻어지는 것이다.

잘못을 저지르는 것보다 때를 놓치는 것이 더 큰 화를 부르는 경우가 적지
않다.

감정도 투자도 마찬가지지만 국제 관계에서는 더더욱 그렇다.

1
배신당한 카다피

개인이든 사회든 주의력이 분산되면 순조롭게 발전할 수 없다. 9·11 사건 이후 미국에서 나타난 일련의 상황들은 이 사실을 다시 한 번 확인시켜주었다.

국제 관계라는 관점에서 볼 때, 미국에게 있어서 9·11 사건은 국제 관계를 조정할 수 있는 절호의 기회였다. 미중 관계가 강화되고 미러 관계가 일시적이나마 호전된 것은 사상 초유의 위기 앞에서 강대국들이 너그럽게 악수를 나눔으로써 화해 무드가 조성된 덕분이었다.

이해관계로 따지면 미국은 수혜자였다. 미국은 9·11 사건 이후 반테러 전쟁을 명분으로 아프가니스탄 전쟁과 이라크 전쟁을 도발하고 이두 전쟁에서 막강한 군사력을 과시함으로써 그동안 골칫거리였던 사담 후세인 정권과 미국에 비우호적인 탈레반 정권을 불과 몇 년 사이에 차례로 무너뜨렸으며, 리비아의 카다피 정권을 압박해 대량살상무기 개발 계획을 포기하게 만들었다.

하지만 카다피는 결국 미국에게 버림받고 말았다. 카다피는 리비아 전쟁이 발발한 후에야 비로소 자신의 실수를 깨닫고 후회했다. 대량살상무기 개발을 자발적으로 포기하면 미국으로부터 장기적인 보호를 받을 수 있을 것이라고 착각하고 군비 확장과 무기 현대화에 게을리했던 것이다.

더욱 우스운 일은 카다피가 돈으로 평화를 살 수 있다는 착각에 빠져 있었다는 것이다. 2007년 12월 카다피가 프랑스를 방문했을 때 단숨에 147억 달러의 대규모 계약을 체결한 것도 그 때문이었다. 이는 취임한 지 얼마 되지 않은 사르코지의 위신을 세워주기 위한 이벤트였지만, 2011년 3월 프랑스가 제일 먼저 앞장서서 리비아를 공격했다. 사냥꾼에게 쫓기는 늑대를 살려주었다가 오히려 늑대에게 물려죽은 선비의 일화를 떠올리게 한다.

미국의 압력에 못 이겨 자발적으로 군비 확장을 포기했던 이라크와 리비아가 모두 결국에는 미국, 영국 등의 공격을 피하지 못했다.

하지만 여전히 미국에게 고분고분하지 않은 두 나라가 있었다. 바로 북한과 이란이다.

특히 이란이 대표적인 예다. 마흐무드 아흐마디네자드Mahmoud Amadinejad 이란 대통령은 카다피는 발끝도 따라갈 수 없는 인물이다. 그가 이끄는 이란이 현재 지구상에서 가장 강경한 나라임을 누구도 부인할 수 없다.

사실 이라크 전쟁이 발발하기 전부터 미국의 일부 강경파 인사들이 이란을 다음 사냥감으로 지목했다. 단지 전략적인 필요에 의해 '삼키고 싶은' 충동을 잠시 억눌렀을 뿐이다. 사담 후세인 정권이 붕괴된 후 서아시아와 중동에서 미국의 영향력이 계속 강화되자 이 지역의 또 다른 '악의 축'인 이란이 자연스럽게 미국의 적수로 떠오르게 되었다.

당시 지정학, 특히 냉전 시대의 정치에 대해 식견이 풍부한 라이스 미국 국무장관은 "미국은 이란에 '테러리즘과 대량살상무기 개발에 적극적이지 않은' 새로운 정권이 탄생하기를 기대한다"라고 말했다. 이 발언은 바꾸어 말하면 미국이 이란의 '정권 교체'를 원하고 있으며, 정권 교체가 바로 미국이 이라크를 공격한 목표 중 하나라는 뜻이었다. 하지만 이란은 이라크와 달랐다.

이라크 전쟁이 얼마나 큰 재앙을 낳았는지는 논외로 하고 공격의 난이도만 놓고 보아도 이라크 전쟁은 세계 최강의 군사력을 가진 강대국이 공군도, 신형 무기도 없고 12년 동안 철저히 봉쇄되어 쇠약할 대로 쇠약해진 약소국을 상대로 일으킨 전쟁이었다. 그런데도 이라크는 싸우기도 전에 이미 사기가 땅에 떨어진 군대를 이끌고 전쟁 발발 후 일주일 동안 완강하게 저항했으며 지금까지도 약하기는 하지만 저항을 계속하고 있다.

그런데 현대화된 군대와 민족적 자부심으로 똘똘 뭉쳐 있으며 이라크보다 더 넓은 영토에 더 복잡한 지형을 가진 국가를 상대로 싸운다면 어떻게 될까? 게다가 이란은 미국에 대해 매우 강경한 반대 입장을 고수하고 있다.

미국과 이스라엘의 군사 압력에 대해 이란 고위층은 미국이나 이스라엘이 이란을 향해 '총알이든 미사일이든' 한 발이라도 발사한다면 이란 군대가 즉각적으로 이스라엘 중심부와 페르시아 만에 위치한 32개 미군 기지에 반격을 가할 것이라고 공언했다. 전쟁이 일단 발발하면 아프가니스탄에서 이란, 이라크, 레바논, 이스라엘-팔레스타인에 이르기까지 중동의 거의 모든 지역으로 불길이 번질 것이고 상상할 수 없는 재앙이 초래될 것이었다. 역사적으로 미국인들은 이미 여러 번 이란 사람들에게 혼쭐이 난 경험이 있었다.

이 밖에도 미국이나 이스라엘은 모두 전쟁의 후폭풍에 큰 부담을 느끼고 있었다. 이스라엘은 자국의 정치가 불안하고 중동에서 팔레스타인 이슬람 저항운동단체와 레바논 헤즈볼라 등으로부터 압력을 받고 있기 때문에 이란에 대해 전쟁을 선포할 경우에 일어날 수 있는 연쇄작용을 고려하지 않을 수 없었다. 미국의 입장에서도 이미 이라크라는 늪에 한 발이 빠져 있고 아프가니스탄에서도 진퇴양난의 난감한 상황에 처해 있기 때문에 이란에 대해 또다시 무력공격을 가하거나 다른 방식으로 이 지역의 긴장을 심화시킨다면 유가 급등을 비롯해 미국이 감수해야 하는 피해가 적지 않았다.

같은 지역에서 세 개의 전쟁을 동시에 수행한다는 것은 세계 최강의 군사력을 가진 미국에게도 '불가능한 임무'였다. 이런 현실적인 곤란함과 아흐마디네자드 정부의 강경한 저항 등으로 인해 미국은 이란에 대한 군사공격이라는 민감한 문제에 있어서 애매한 태도로 일관할 수밖에 없었다. 이스라엘이 이란에 대한 군사공격을 원한다는 은근한 뉘앙스를 풍길 때마다 백악관은 항상 외교적 노력을 포기하지 않을 것이라며 이스라엘에 경거망동하지 말라는 무언의 압력을 가하곤 했다.

러시아도 이란 문제를 처리함에 있어서 간과할 수 없는 나라였다. 러시아의 일부 고위층은 미국이 이란 문제에 대해 강경한 입장을 고수할 경우 러시아의 안전을 크게 위협할 것이라고 주장했다. 미국이 이란에서 전쟁을 벌여 러시아를 간접적으로 위협하든, 이란을 점령하고 통제권을 장악하든 이 모두가 러시아로서는 용납하기 힘든 일이었다. 이 때문에 러시아는 이란 핵문제를 대화로 해결함으로써 이란을 제2의 이라크로 전락시켜서는 안 된다는 입장을 고수했다. 이란은 군사, 정치, 에너지 등 많은 분야에서 러시아의 중요한 파트너이기 때문이었다.

국제사회에서도 이라크 전쟁이 끝나지 않은 상황에서 이란에서 또 전쟁이 일어나는 것을 바라지 않았다. 인플레이션 압력, 유가 강세, 곡물가격 급등, 지구온난화, 테러 위협 등 전 세계적인 문제가 끊이지 않고 발생하자 사람들은 안정과 화해를 갈망하며 강대국들이 협력을 통해 위기를 극복하기를 바랐다. 미국이 이란에 대해 무력공격을 감행할 경우 국제사회에 새로운 분열이 나타나고 지정학적인 위기가 경제위기로 번진다면 전 세계가 감당하기 힘든 충격에 빠질 것이 불 보듯 뻔했다. 따라서 국내 지지율 하락으로 고민하고 있는 오바마 정부로서는 경솔하게 이란을 건드릴 수 없었다.

미국의 경제와 국내 정치가 외교 정책과 밀접하게 관련되어 있음은 이란 핵 문제에서도 확연히 드러났다. 부시 정부든 오바마 정부든 모두 높았던 지지율이 전쟁을 계기로 급락했고, 의회도 과거 이라크 전쟁을 도발했을 때처럼 무조건 정부 편을 들 수 없었다.

게다가 오바마가 이란과의 대화를 주장한 것이, 민주당 내 대통령 후보 경선에서 그가 힐러리를 이길 수 있었던 중요한 원인이기도 했다. 선거 과정에서 힐러리는 판단 착오로 오바마에게 완패했다. 그녀는 우선 부시에게 속아 이란에 대한 무력공격을 강력히 주장했다가 지지율이 급락했고, 나중에는 베이징올림픽 보이콧을 핏대 세워 외쳤지만 부시가 그녀의 만류를 무시하고 온 가족을 데리고 베이징올림픽 개막식에 참석하는 바람에 조금 남아 있던 인기마저 완전히 잃고 말았다. 반면 오바마는 힐러리가 자멸의 길에 빠지는 것을 조용히 지켜보고 있었다.

미국의 경제 상황도 미국 정부가 이란 문제에만 매달릴 수 없는 중요한 원인이었다. 금융위기의 '후유증'이 계속 나타나고 있었으므로 미국은 이란에 향해 칼을 빼어들 힘도 부족하거니와 여론의 지지를 얻기는 더더욱 힘들었다. 뿐만 아니라 이란에 대한 무력공격은 석유시장의 불안을 더욱 부추길 수밖에 없는데 경기 침체에 빠져 있는 미국에게 유가 급등은 불난 집에 부채질 하는 격이었다. 유가 급등으로 인플레이션 압력이 가중되면 국민들의 고통이 더 심해질 것이었다.

OPEC 중 두 번째로 큰 산유국이자 원유매장량 세계 3위의 이란에서 전쟁이 일어난다면 세계 경제가 극심한 타격을 입게 되고 유가도 더욱 가파르게 상승할 수밖에 없었다. 다시 말해 자본시장의 관점에서 보더라도 이란 핵문제를 이성적으로 처리하는 것이 모든 투자자들이 바라는 바였다.

그런 가운데 2011년 초 북아프리카와 중동에서 민중시위와 혼란이 발생하자 미국과 서방 국가들이 이란 문제에만 집중하고 있을 수 없었다. 게다가 프랑스와 영국, 미국 등이 리비아에 대한 군사공격을 한창 준비하고 있던 2011년 3월 17일, 이란이 세계 최초로 '비행접시' 형태의 우주선을 개발했다고 발표했다. 이란의 핵 개발 계획은 서방 국가들의 제재를 받았지만 이란이 '비행접시'를 개발했다는 것은 다른 과학기술 분야에서 큰 성과를 거두었음을 증명하는 것이었다.

2010년에도 이란은 쥐, 거북이, 벌레를 태운 로켓 발사에 성공했다고 발표하며 9년 안에 유인우주선 발사에 성공할 수 있을 것이라고 호언장담한 바 있었다.

이라크 전쟁이 이란 핵문제에 새로운 변수로 떠올랐다는 점도 중요했다. 하지만 부시 정부가 당초 설정했던 목표, 즉 이라크를 재건해 이란의 본보기로 삼아 이란의 정권교체를 촉진한다는 구상은 실패로 돌아갔고 오히려 정반대의 결과를 낳았다. 평범한 이란 민중들은 이라크와 아프가니스탄에서 일어난 모든 일들을 지켜보며 자신들이 민주와 독재가 아니라 안정과 혼란 사이에서 하나를 선택해야 한다는 사실을 알았다.

이란을 좋아하는 사람은 없겠지만 이란이 혼란에 빠지기를 바라는 사람도 없을 것이다.

이란의 민족성에 대해 잘 알고 있는 터키의 한 학자는 "미국이 일방적인 행동을 취한다면 이란 사회 전체가 단결해 외부의 적에 대항할 것이므로 수습할 수 없는 화를 부르게 될 것이다. 이는 이란의 민족성이기도 하지만 이란 사회가 비교적 안정되어 있기 때문에 외부에서 압력이 가해지면 사람들의 단결심이 더 강해지기 때문이다"라고 경고했다.

특히 미국 국방부의 강경파 인사들은 이란의 복잡한 지형과 이란인들의 몸속에 흐르고 있는 페르시아 정신이 미군에게 치명적인 타격을 입힐 것을 두려워했다. 이라크 전쟁에서 이미 상처투성이가 된 미국인들이 섣불리 이란으로 쳐들어갔다가는 성난 맹수들의 먹잇감이 될 수도 있었다.

과거 수십 년 동안 미국의 공격 상대는 그레나다, 파나마 같은 나라들이었다. 이라크만 해도 그중에서 가장 크고 강한 나라였다. 이라크에서도 완전한 승리를 거두지 못한 미국이 그보다 더 크고 강한 이란을 상대로 승리할 수 있을 것이라고 누구도 장담할 수 없었다.

게다가 아흐마디네자드는 미국인들도 두려워하는 강한 인물로 어떤 면에서는 푸틴과도 비슷했다. 이란 국내에서 그는 국가 발전의 명확한 방향을 제시했으며, 빈부격차가 점점 심해지고 있는 이란의 현실 속에서 다수의 민중들의 입장을 대변했다. 또한 2005년 대선에서 석유 판매 수입을 국민들의 민생 향상을 위해 쓰겠다고 선언했고, 대통령 취임 후에는 저소득층을 위한 사회적, 경제적 정책들을 잇달아 발표했다. 그 자신도 물론 작은 집에서 오래된 자동차를 타면서 '평민 대통령'이라는 이미지를 국민들에게 강하게 각인시켰다.

아흐마디네자드가 서방 국가, 특히 미국에게 강경한 태도로 대할 수 있는 저력이 바로 국민들의 신뢰와 지지에서 나온다는 사실이 이미 여러 차례 증명된 바 있다. 핵 문제에 있어서 아흐마디네자드는 강경한 입장을 고수했을 뿐 아니라 '이보 전진을 위한 일보 후퇴' 전략을 유연하게 구사했다. 그는 국제사회가 설정해놓은 마지노선을 넘을 때마다 번번이 국제사회에 먼저 화해의 손길을 내밀어 외부의 압력을 최대한 해소했다. 아흐마디네자드의 노련한 수완은 미국과 이란의 복잡한 관계를 처리하는 데 있어서도 두드러지게 나타났다. 특히 그는 미국 국내 상황의 변화를 민감하게 관찰하고 백악관이 다른 일 때문에 이란에 신경 쓸 겨를이 없을 때는 미국에 대한 비난을 쏟아내고 미국 국방부가 다시 달려들어 대응하면 적당한 기회에 화해를 청했다.

아흐마디네자드가 대통령으로 취임한 후 이라크와 아프가니스탄 문제에 있어서 미국과 이란이 접촉을 재개했고 양국 사이에 여러 차례나 화해 무드가 조성된 바 있다.

2006년 5월 8일, 서방 국가들이 이란을 강하게 압박하고 있을 때 아흐마디네자드가 갑자기 부시 미국 대통령에게 서신을 보내 화해를 제안했다. 이는 1979년 이슬람 혁명으로 미국과 이란의 국교가 단절된 이래 워싱턴과 테헤란 사이에 이루어진 가장 높은 차원의 직접적인 소통이었다. 시장도 이에 빠르게 반응해 유가가 하락했고, 미국은 졸지에 싸울 상대를 잃고 말았다. 고양이와 쥐의 숨바꼭질에서 이란이 교묘하게 승리한 셈이었다.

더욱 중요한 것은 아흐마디네자드가 핵문제에 있어서 서방 국가들의 압력에 이란인의 존엄성을 연결시켜 국민들의 사기를 북돋우는 데 뛰어난 능력을 발휘했다는 사실이다. 미국이 이란 핵문제의 UN 안보리 상정을 추진하고 있을 무렵, 아흐마디네자드는 의회 연설에서 "그들이 어떤 결의안을 통과시키든 이란의 발걸음을 저지할 수는 없을 것이다"라고 발언했다. 그러자 연단 아래에 있던 국회의원들이 "미국 타도!"를 연호했다. 미국이 이란에 무력을 사용했을 때에도 아흐마디네자드가 "페르시아어 사전에는 '두려움'이라는 단어가 없다"고 발언한 후 이란 민중들은 자신들을 취재하러 온 미국 기자에게 "우리는 이미 이란-이라크 전쟁에서 지뢰 위를 지나가는 방법을 배웠다. 우리 후손들이 우리 몸을 밟고 계속 전진할 것이다"라고 말했다.

이란 같은 나라와 아흐마디네자드 같은 지도자 앞에서는 부시든 오바마든 난감함을 느낄 수밖에 없었다. 이성적으로 보면 이란 핵문제를 해결하기 위해서는 인내심과 소통, 강대국들의 노력이 필요하다. 비교적 실현가능성이 있는 방안은 '6자회담'의 모델을 참고해서 미국, 이란, 러시아, EU, 중국, 이스라엘이 참여하는 이란 핵문제 6자회담을 실시하는 것이다. 협상을 통해 이란의 발전과 지정학적 안보를 충분히 고려한 문제 해결 방식을 도출해내야 한다.

2
두 마리 토끼를 잡을 수 있다는 착각

미국은 아프가니스탄과 이라크를 점령함으로써 원하던 대로 서아시아에서 중동에 이르는 주요 에너지 수송관을 모조리 손에 넣고 중앙아시아와 코카서스 지역에 대한 영향력을 확대했다. 세계에서 에너지가 가장 밀집된 이 지역의 일부가 미국의 '세력 범위'로 편입된 것이다.

미국의 일부 정치인과 그 배후의 이익단체들은 에너지자원의 동맥을 장악하기 위해서는 이라크에서 무고한 생명이 희생되고 경제적 손실이 발생하더라도 감수해야 한다고 생각했다. 부시를 비롯한 미국 고위층이 이라크 전쟁에 집착했던 중요한 이유가 바로 여기에 있었다.

본래 큰 것을 얻으려면 치러야 하는 대가도 큰 법이다. 그런데 현실적인 대가 외에 미국이 감수해야 하는 더 큰 손실이 있었다. 바로 소중한 역사적인 기회를 놓치게 된다는 것이었다.

9·11 사건이 발생한 지 얼마 되지 않았을 무렵, 헨리 키신저Henry Kissinger는 「새로운 세계 질서 수립을 위한 기회The chance for a new world order」라는 『뉴욕 타임스』 기고문에서 "국제적인 지지를 얻어 강력한 정책을 시행할 수 있는 조건이 마련되었다. 미국의 반테러 전쟁을 둘러싸고 주요 국가들의 이해관계가 놀라우리만치 일치되기 때문이다. 동남아와 유럽의 경계에 있는 몇 개의 검은 조직들에게 위협 받기를 원하는 나라는 어디에도 없다. 하지만 테러조직에 단독으로 대항할 수 있는 나라는 거의 없다. 이제 국제적 협력을 강화하고 냉전을 완전히 종식시킬 수 있는 좋은 기회가 마련되었다"고 주장했다.

키신저는 또 "미국은 이란과 리비아까지도 적극적으로 공격해 점령해야 하며 이는 지정학적으로 테러리즘을 철저히 고립시킬 수 있는 전략"이라고 제안했다. 키신저의 이 기고문이 발표된 직후 부시 정부가 이란 등을 블랙리스트에 올려 악의 축으로 규정하고 이라크에 대해서는 직접적인 군사공격에 나섰다. 서방 국가의 많은 사람들이 이라크 전쟁에서 미국이 순조롭게 승리한다면 리비아도 꼼짝없이 굴복할 것이라고 믿었다.

반테러 전쟁이 거센 물줄기로 휩쓸려 들어간 것이 바로 그때부터일 것이다. 미국조차도 낯설 만큼 물살이 빠르고 수많은 갈림길이 나타나는 거대한 강이었다. 이 '물줄기'는 과거 냉전이 남긴 후유증을 완전히 씻어내지 못했을 뿐 아니라, 일방주의, 반미주의, 테러리즘 확산 등 수많은 부작용을 또다시 일으켰다. 반테러 동맹도 아프가니스탄 전쟁 시기처럼 강하게 단결하거나 조화를 이루지 못했다. 키신저를 비롯한 많은 사람들이 이 사실을 안타까워했다.

9·11 사건 이후 사람들은 테러리즘을 제거할 수 있는 절호의 기회를 놓쳐버렸다. 미국의 국제적인 호소력이 그 어느 때보다도 강하고, 반테러 문제에 대한 국제사회의 공감대가 그 어느 때보다 광범위하게 나타났던 시기였다. 만일 당시 미국이 일개 주권국가에 대해 전쟁을 벌이지 않고 국제사회의 역량을 결집해 알 카에다 등 테러조직을 소탕하는 데 주력했더라면 정말로 키신저가 소망했던 새로운 세계질서가 수립되었을 것이다.

그런데 결과적으로는 국제 테러조직들이 본래 자신들에게 불리했던 상황을 충분히 이용해 오히려 세력 확장의 좋은 기회로 삼고 말았다. 미군이 이라크에 가차 없이 무력공격을 가하고 있는 동안 알 카에다를 비롯한 국제 테러조직들은 한숨 돌리며 기력을 회복했고 이라크 전쟁이 끝나자 기다렸다는 듯이 반서방 정서를 선동하고 이용해 세력을 확장해나갔다. 국가와 지역 간의 불평등 현상이 심해질수록 테러조직이 발붙일 공간이 넓어지기 마련이다.

뿐만 아니라 테러조직들은 최신 통신수단과 매스컴을 최대한 활용해 사람들의 공포심을 자극했다. 서방의 일부 학자들이 경고한 것처럼 정보가 고도로 개방된 오늘날에는 테러행동의 효과가 과거보다 훨씬 크게 나타난다. 게다가 테러는 본래 '전염성'과 '번식력'이 매우 강하기 때문에 폭발 사건이 한 번 일어나면 여러 건의 폭발 사건이 도미노처럼 발생한다.

이라크 전쟁 전후로 일부 인사들이 이라크 전쟁으로 인해 국제적인 반테러 동맹의 주의력이 분산되어서는 안 된다고 경고했지만 아무도 귀담아 듣지 않았다. 그러나 사람들이 이라크 전쟁이 국제 테러조직을 소탕하는 최선의 방법이 아니었음을 깨닫기까지는 그리 오랜 시간이 걸리지 않았다.

미국 국가안전보장회의 관료 출신 플린트 레버레트Flynt Leverett는 "미국 정부가 알 카에다 조직에 대한 주의력을 분산시킨 탓에 알 카에다 조직이 아프가니스탄과 파키스탄 국경 및 동이란 지역에서 세력을 완전히 회복했다"고 말했다. 『뉴욕 타임스』는 더욱 직설적인 어조로 "부시가 이라크를 상대로 잘못된 전쟁을 도발하는 바람에 알 카에다와 빈 라덴을 철저히 소탕할 수 있는 기회를 잃고 말았다"고 비난했다.

2002년 9·11 사건 1주년 때 『뉴욕 타임스』에 매들린 올브라이트 전 미국 국무장관의 기고문이 실렸다. 이 글에서 올브라이트는 부시 대통령에게 이라크 전쟁보다 알 카에다 조직을 소탕하는 것이 더 시급하다고 강력히 호소했다. 올브라이트는 부시의 심기를 언짢게 한 이 글에서 "현재 세계의 주의력과 미국의 국방, 정보, 외교, 재정자원이 알 카에다의 민간인 사살 억제가 아니라 이라크 공격 계획에 집중되어 있다"고 지적하고, 미국이 두 전쟁을 동시에 수행하는 것은 불가능하며 이라크에 대한 공격이 알 카에다 소탕을 늦추게 될 것임을 암시했다. 올브라이트는 또 "알 카에다의 요원들이 아프가니스탄으로 복귀하고 있음을 알 수 있는 정황들이 속속 나타나고 있다. 아프가니스탄은 탈레반 지지자들이 많은 곳이다. 하지만 미국은 카르자이 정권을 충분히 지원하지 않고 있다"고 우려했다. 올브라이트는 처음부터 이라크 전쟁보다 아프가니스탄 전쟁과 알 카에다 소탕이 더 시급하다고 주장했다. 하지만 유감스럽게도 미국 정치계에서 그녀는 소수파일 뿐이었다.

이라크 공격의 '기회비용'은 실로 막대했다. 『알 카에다의 내막Inside Al Queda』의 저자인 로한 구나라트나Rohan Gunaratna는 수년 전에 "그들 (미국)이 이라크를 공격하지 않았다면 지금쯤 아마 빈 라덴을 체포했을 것이다. 당시 상황에서 가장 우수한 인물을 이 작전에서 빼내 이라크로 보낸 것이 반테러 전쟁의 가장 큰 실책이었다"라고 평가했다. 제이 록펠러Jay Rockefeller 미국 상원 정보특별위원회 회장도 "2002~2003년 미국이 이라크를 공격할 것이 아니라 파키스탄과 아프가니스탄 국경을 근거지로 한 테러조직을 일망타진해 미국에 대한 알 카에다의 위협을 제거했어야 한다"고 비난했다. 클린턴 정부에서 반테러 담당관을 역임한 다니엘 벤자민Daniel Benjamin도 2003년 9월 11일 『로스앤젤레스 타임즈』에 기고한 글에서 "부시의 전쟁 성과는 '전술적 성공과 전략적 실패의 혼합물'"이라고 평가했다. 여러 전문가들도 알 카에다가 이라크 전쟁(부시가 말하는 소위 '반테러 전쟁'의 일부)을 이용해 이슬람세계에서 성전聖戰(지하드)을 수행할 새로운 전사들을 모으고 있다고 지적했다.

결국 이라크 전쟁이 '테러 척결'의 지름길이 아니라 오히려 막대한 손실과 대가를 치르며 더 멀리 돌아서 가는 길이라는 점을 모두 인정할 수밖에 없었다. 미국은 알 카에다를 비롯한 테러조직에 투입했어야 하는 정보와 군사 자원들을 이라크 전쟁에 쏟아부음으로써 테러조직들에게 기사회생할 수 있는 기회를 주고 말았다.

두 점을 잇는 최단 거리가 반드시 직선이 아닐 수도 있다. 이렇게 복잡한 국제사회에서 직선적인 사고는 종종 벽에 부딪히는 법이다.

3
'악의 축'이 불러온 후유증

뜻밖의 행운을 경험한 이들은 행복에 도취한 나머지 다음번에 닥칠지 모르는 위기에 대비하지 않은 채 방심하고 있다가 큰 재앙을 맞이하곤 한다.

2001년 아프가니스탄 전쟁 초기에 미국이 압도적인 우위를 점하자 미국인들은 전쟁이 자신들의 완벽한 승리로 끝날 것이라는 망상에 사로잡혔다. 당시 백악관과 미국 국방부에는 과도한 낙관론이 팽배했다. 미군의 실력이 과거 아프가니스탄과 전쟁 당시 소련의 군사력에 비해 월등하다는 데 이의를 제기하는 사람이 없었다.

그러나 미국은 샴페인을 너무 일찍 터뜨렸다. 아프가니스탄 전쟁이 교착 상태에 빠진 후에야 미국인들은 자신들이 처한 상황이 과거 소련보다 결코 나을 게 없다는 사실을 깨달았다. 유일하게 다행스러운 것이 있다면 미국이 과거 소련만큼 아프가니스탄이라는 늪에 깊숙이 빠져 있지 않고 또 북대서양조약기구의 도움을 받고 있다는 것뿐이었다.

그런데도 미국은 여전히 자만에 빠져 있었다. 어떻게 하면 승세를 몰아 알 카에다를 추격해 조직을 완전히 와해시킬 수 있을지 고심해야 하는 중요한 시기에 부시 정부는 사담 후세인에 대한 집착을 버리지 못해 호랑이 새끼를 살려두는 실책을 저질렀을 뿐 아니라 어렵게 구축한 반테러 전선을 와해시키고 말았다.

2002년 1월 29일 부시의 국정연설이 그 붕괴의 시작이었다. 이 유명한 국정연설에서 부시는 이란과 이라크, 북한을 '세계 평화를 위협하는 악의 축'으로 규정하고 이들 국가가 "대량살상무기를 개발함에 따라 전 세계가 점점 심각한 위험에 빠져들고 있다. 그들이 테러리스트들에게 무기를 제공할 가능성이 크다"고 발언했다. 부시의 이 발언은 미국이 주도하는 반테러 동맹을 강화하기 위한 것이었다. 하지만 그의 의도와는 상반된 결과가 초래되었다. '악의 축'이라는 용어가 국제적으로 큰 반발과 논란을 일으키면서 여러 관계에 영향을 미치고 반테러 동맹이 분열

될 위기에 처하고 만 것이다.

부시의 '악의 축' 발언은 우선 이란과 이라크, 북한을 자신들의 적으로 규정한 것이었다. 가장 심하게 반발한 것은 이란이었다. 아프가니스탄 전쟁에서 미국을 지지했던 이란을 부시가 '대량살상무기를 개발하고 테러리즘을 수출하는 국가'로 지목했다는 사실에 이란인들의 분노가 하늘을 찔렀다. 모하마드 하타미Mohammad Khatami 당시 이란 대통령은 "부시는 몰염치하고 자만심에 도취되어 있으며 공격적이고 경멸조의 언사들로 가득 찬 그의 발언은 이란에 대한 가장 큰 모독"이라고 비난하고 "우리는 평화의 지지자이며 평화는 공정함을 바탕으로 구축되는 것"이라고 역설했다. 화해의 가능성이 보였던 미국과 이란의 관계가 이 사건을 계기로 급속도로 냉각되었다.

줄곧 미국의 눈엣가시로 여겨졌던 이라크에서도 반미 감정이 더욱 확산되었다. 이라크 정부는 미국과 이스라엘이 반테러를 빌미로 미국의 패권주의에 굴복하지 않으려는 국가들을 공격하고 있으며 부시의 연설은 이라크를 재차 공격하기 위한 여론몰이용이라고 비난했다. 이라크의 이런 우려는 훗날 현실이 되었다.

북한의 반발도 만만치 않았다. 북한 정부는 성명을 통해 "부시 대통령이 미국이 싫어하는 나라들을 테러리즘과 연결시킴으로써 이 국가들을 실력으로 제압하겠다는 위험한 의도를 드러냈다"며 부시의 이 발언을 북한에 대한 선전포고로 간주하겠다고 밝혔다. 또한 "지금까지 북미 관계에서 미국 대통령이 정책연설을 통해 이렇게 노골적으로 북한에 대한 침략 야욕을 드러낸 전례가 없다"고 일침을 가했다.

부시가 타국을 적으로 돌리는 데 천부적인 재능이 있음을 인정하지 않을 수 없다. '악의 축' 발언은 미국이 10년 동안 해결하지 못했던 세 가지 문제, 즉, 이라크 전쟁과 이란 핵문제, 북한 핵문제를 동시에 자극하는 결과를 낳았다.

부시의 발언은 동맹국들까지 난처하게 만들었다. 미국의 반테러를 적극적으로 지지해온 한국은 주변국들과의 평화 체제 강화로 부시의 이 연설에 호응했다. 김대중 당시 한국 대통령은 국회에서 "우리 경제의 미래는 남북관계에 달려 있다"고 말했다. 한국은 미국이 자국의 동포인 북한을 공격하는 것을 결코 바라지 않았으며, 미국의 강경한 방식이 한반도 정세를 더욱 긴장시켜 남북대화와 국내 경제 회복에 악영향을 미칠 것을 우려했다.

아랍 국가들도 이란과 이라크를 두둔하고 나섰다. 사우디아라비아 언론은 미국이 이스라엘의 국가테러리즘과 팔레스타인에 대한 무력 진압은 용인하면서 서로 관련 없는 세 나라를 '악의 축'으로 지목한 것은 황당하기 그지없는 일이라고 비난했다. 레바논의 영자 일간지 『데일리스타』도 부시의 발언을 "아랍 세계 전체에 대한 공격"으로 간주했다.

러시아도 부시의 발언을 지지하지 않았다. 카시야노프 당시 러시아 총리는 "부시 대통령이 이란과 이라크, 북한이 대량살상무기를 개발한다고 비난한 것은 옳지 않다"고 말했다. 부시의 발언이 나오기 전 이고르 이바노프Igor Ivanov 러시아 외무장관이 타릭 아지즈Tarik Aziz 이라크 부총리와 회견하는 자리에서 "러시아는 반테러 행동의 범위를 이라크 등 다른 나라까지 확장하는 것에 결코 찬성하지 않는다"고 말한 바 있었다. 특히 소위 '악의 축'으로 규정된 나라들이 모두 러시아와 양호한 관계를 유지하고 있었기 때문에 부시의 이 발언이 러시아의 외교 관계에 적잖은 영향을 미칠 수밖에 없었다.

부시는 다른 나라들이 자신의 관점을 열렬히 지지해주기를 바랐지만, 미국의 동맹국들조차 부시의 발언이 적절치 못하다고 여겼다. 위베르 베드린Hubert Vedrine 프랑스 외무장관은 "프랑스는 부시가 일부 국가들을 '악의 축'으로 규정한 것에 찬성하지 않으며 이란과 이라크, 북한을 테러국가로 부르기를 거부한다"고 명확하게 밝혔다.

잭 스트로Jack Straw 영국 외무장관도 부시의 '악의 축' 발언에 반테러 전쟁을 당파싸움에 이용하려는 의도가 깔려 있는 것이 아닌지 의문을 제기했다. 스트로는 "9·11 사건 이후 영국이 미국과 군사적으로 긴밀한 동맹을 맺어왔지만 더 이상은 미국의 편에 설 수 없을 것 같다"고 말했다. 영국 언론들은 부시의 이 발언이 반테러 동맹의 공동 목표를 위한 것이 아니며 오히려 동맹의 분열을 부추길 것이라고 예상했다. 이런 우려들은 나중에 대부분 현실이 되었다.

부시 정부는 수많은 반대와 우려, 의혹을 물리치고 독불장군처럼 '일방주의'와 '선제공격'이라는 자신의 주장을 굽히지 않았으며, 그 결과 이라크 전쟁을 계기로 부시의 지지율이 급락하고 국제 테러조직들에게 재기할 수 있는 틈을 허용하고 말았다.

견고한 성벽은 종종 내부에서부터 무너지곤 한다. 그 어떤 이익을 위해서였든 부시 정부가 알 카에다와 탈레반이 아니라 이라크와 이란, 북한에게 총구를 겨눈 것이 국제적인 테러 척결에 치명상을 입혔음은 분명한 사실이다.

4
빈 라덴의 죽음

2011년 5월 1일은 미국인들에게 십 년 묵은 체증이 내려가듯 통쾌한

날이었을 것이다. 10년 전 9·11 사건의 비극을 기획하고 지휘한 주모자 빈 라덴이 이날 마침내 사살되었기 때문이다.

사실 빈 라덴이 사망했다는 소식이 처음은 아니었다. 그동안 수차례나 사망 소식이 전해졌지만 번번이 오보로 판명 나곤 했다. 그 바탕에는 빈 라덴에 대한 미국인들의 깊은 원한이 자리 잡고 있었다. 그로 인해 수많은 미국인들이 목숨을 잃었을 뿐 아니라 경제적으로도 막대한 손실을 입고 외교노선을 변화시키고 '세계에서 가장 안전한 국가'라는 자부심이 무너져버린 것에 대한 원한이었다.

하지만 부시 정부는 빈 라덴을 체포하겠다고 호언장담했음에도 불구하고 임기 동안 그 약속을 지키지 못해 미국인들을 더욱 침울하게 만들었다. 오히려 빈 라덴이 더욱 용의주도하게 숨어 다니며 미국과 숨바꼭질을 벌이자 미국 언론들이 부시 가족과 빈 라덴 사이에 모종의 검은 관계 내지는 묵계가 있는 것이 아닌지 의심하는 지경까지 다다랐다.

쥐와 고양이의 숨바꼭질이 오래 계속되면 쥐가 기세등등해지는 법이다. 빈 라덴은 늘 절묘한 시기에 반짝 모습을 드러내 미국에게 수모를 안겨주거나 자신의 지지자들을 격려했다. 그가 등장할 때마다 미국과 그 동맹국들은 잔뜩 긴장했다. 그를 잡기 위해 미국과 동맹국들이 쏟아부은 경제적, 심리적 자원만 해도 상상을 초월했다.

더욱 심각한 것은 빈 라덴이 점점 하나의 상징, 또는 '아이콘'이 되어가고 있다는 사실이었다. '아이콘'을 상대로 싸우는 것은 '실제 행동'을 하는 사람과 싸우는 것보다 전략상의 난이도는 높은 반면 효과는 적게 나타나는 법이다.

빈 라덴도 '아이콘'으로서의 자신의 역할에 매우 만족스러워하는 것 같았다. 그 기간 동안 발생한 대부분의 테러가 그의 부하들에 의해 기획

되고 수행되었으며 그는 충분한 영향력과 통제력을 유지하기만 하면 그만이었다. 이 벗겨지지 않는 '장화'가 미국인들의 골칫거리가 되고 반테러를 담당한 미국 고위층 관리들을 잠 못 이루게 만들었다.

미국 의회가 일부 국가들을 제재하기 위한 각종 법안을 만들고 통과시키느라 눈코 뜰 새 없이 바쁘다는 것은 다들 알고 있을 것이다. 그런데 그렇게 바쁜 의회가 테러조직의 두목 한 사람을 잡기 위해 무려 5000만 달러의 현상금을 건 법안을 통과시켰다는 사실을 쉽게 믿을 수 있는가!

의회를 이렇게 조바심 내게 만든 것은 신출귀몰하며 좀처럼 잡히지 않는 빈 라덴이었다. 2007년 7월 13일, 미국 상원이 찬성 87표, 반대 1표로 한 법안을 통과시켰다. 빈 라덴을 생포하거나 사살한 사람, 또는 빈 라덴을 생포하거나 사살할 수 있도록 결정적인 정보를 제공한 사람에게 5000만 달러의 상금을 줄 것을 라이스 국무장관에게 요구하는 법안이었다. 그때까지 빈 라덴에게 걸려 있던 현상금 2500만 달러를 두 배로 올린 것이었다. 그로써 빈 라덴은 사상 최고의 현상금이 걸린 사나이가 되었다.

이 법안은 부시 정부의 '무능함'에 대한 '불만'이 표출된 것이었다. 이 법안을 제안한 바이런 도간Byron Dorgan 상원의원은 "시간이 6년이나 흘렀다. 알 카에다 조직은 테러리스트들의 훈련기지를 새로 구축하고 있다.…… 6년의 시간이 흐르는 동안 그들은 우리를 습격할 능력을 거의 회복했다"며 불만을 토로했다.

그 외에도 알 카에다가 미국에서 또다시 테러를 일으키지 않을까 하는 불안 여론이 높아지고 빈 라덴이 치외법권에서 용의주도하게 숨어 다니는 현실에 대한 실망감도 나타났다.

빈 라덴 체포를 위해 쏟아부은 비용이 5000만 달러를 넘은지 오래였다. 부시가 빈 라덴을 체포하겠다고 큰소리 친 후 몇 년 동안 미국과 아프가니스탄, 파키스탄 군대가 빈 라덴 한 사람을 체포하기 위해 무려 10만 명이 넘는 병력을 전선으로 파견하고 수많은 첨단 무기와 거액의 자금을 동원했다.

하지만 결과는 어떠했을까? AP통신의 말을 빌리자면 "역사상 가장 큰 깃발과 북을 앞세운 체포 작업이 아무 성과도 없이 끝나고 말았다."

그런데 오바마에게는 이것이 바로 기회였다. 대통령 선거운동 당시, 오바마는 아프가니스탄 전쟁과 알 카에다 소탕을 중점적으로 '홍보'함으로써 이라크 전쟁을 고집하는 부시와의 차별화를 꾀했다. 그가 대통령으로 취임한 후에는 미국의 전략적 중심이 완전히 이라크 전쟁에서 아프가니스탄 전쟁으로 옮겨지고 빈 라덴 체포에 더욱 주력하기 시작했다.

오바마의 전략적 변화가 최소한 빈 라덴을 체포하는 데 있어서는 효과를 발휘했음이 사실로 증명되었다. 오바마는 "빈 라덴의 죽음은 미국이 수행해 온 반테러 전쟁의 중대한 성과"라고 자평했다. 임기 내에 빈 라덴을 제거한 것은 오바마의 연임에도 유리하게 작용할 수 있었다.

하지만 빈 라덴의 죽음으로 반테러 전쟁이 끝난 것은 아니었다. 빈 라덴의 사살은 국제적인 반테러 전쟁이 그저 하나의 쉼표를 찍은 것과 같았고 마침표를 찍기까지는 아직 먼 길이 남아 있었다.

그때부터 파키스탄이 테러리즘의 주된 공격대상이 되었다. 미국은 빈 라덴 사살 과정에서 "파키스탄이 정보를 제공하고 함께 작전을 수행했다"고 강조했다. 이것은 빈 라덴 부하와 신도들의 복수의 칼을 파키스탄으로 돌리기 위한 것이었다. 어쨌든 미국보다는 파키스탄이 테러를 일으키기가 훨씬 쉽기도 했다.

과연 탈레반과 알 카에다가 파키스탄을 향해 보복을 개시했다. 아프가니스탄 탈레반의 대변인은 파키스탄의 대통령, 총리, 육군참모총장 등 정부 관리 자신들의 가장 주된 보복 목표가 될 것이며 미국은 두 번째 목표라고 밝혔다. 그러자 아시프 알리 자르다리Asif Ali Zardari 파키스탄 대통령이 파격적으로 『워싱턴 포스트』에 기고문을 보내 파키스탄은 미군의 빈 라덴 사살작전에 가담하지 않았다며 미국 정부의 발표를 부인했다.

그렇다고 해서 미국 본토가 테러 위협에서 자유로울 수는 없었다. 빈 라덴보다 더 위협적인 그의 '후계자'가 이미 오래 전부터 9·11 사건 10주기를 맞이해 미국에서 테러를 일으키기 위해 호시탐탐 노리고 있었기 때문이다. 빈 라덴 사살 소식을 발표한 직후 미국 정부는 자국민에게 여행 주의 경보를 발령했다.

미국 언론들은 역시 냉철한 관점을 유지했다. 그들은 빈 라덴의 사살로 미국과 전 세계가 더 안전해지지는 않을 것이며, 반테러 전쟁에서 빈 라덴은 더 이상 가장 큰 위협이 아니었다는 분석을 내놓았다. 빈 라덴의 '보좌'를 아울라키가 물려받았기 때문이었다.

빈 라덴의 '하야'는 2011년의 역사적인 사건이었다. 이는 그가 이제 역사의 무대에서 완전히 퇴장했음을 의미하는 것이었다. 그해 2월 9일, 미국 국가테러대응센터NCTC, National Counterterrorism Center는 미국의 안전을 가장 위협하는 인물로 알 카에다의 지도자 빈 라덴이 아닌 예멘 국적의 이슬람 성직자 안와르 알 아울라키를 지목했다. 빈 라덴은 그때부터 이미 미국의 주된 추격 목표가 아니었다. 이는 국제적인 반테러 전쟁이 '제2세대'로 넘어갔음을 의미하는 것이었다.

오바마가 부시와의 정책적 차별화를 위해 다방면에서 노력했음을 알 수 있는 대목이다. 그는 정책의 중심을 이라크에서 아프가니스탄으로 이동시켰을 뿐만 아니라 주된 공격 대상을 빈 라덴에서 아울라키로 바꾸었던 것이다. '반테러 전쟁'이라는 말도 폐기된 지 오래였다.

빈 라덴의 '하야'는 사실 미국의 반테러 전쟁에 필요한 일이었다. 이 '인사이동'에 대해 NCTC는 아울라키가 미국 본토에서 태어나고 자랐으며 테러리스트들을 모집했기 때문이라고 밝혔다. 아울라키는 영어를 능숙하게 구사하며 미국인들과 직접 소통하고 인터넷을 통해 자신의 관점을 사람들에게 널리 알려온 인물이었다.

미국 본토의 테러리즘은 미국의 큰 근심거리였고, 소위 '미국통'이라고 불리는 테러리스트들은 미국인들에게 크나큰 위협임에 틀림없었다. FBI는 알 카에다의 새로운 두목 아드난 엘-슈크리주마Adnan el-Shukrijumah가 미국에서 15년 동안 살았고 미국 영주권까지 지닌 '미국통'이라고 발표한 바 있었다. 미국 정보 당국은 슈크리주마가 미국에 대한 테러 공격을 '일생의 목표'로 삼고 있으며, 알 카에다에 가담하기 전 컴퓨터와 화학을 좋아하는 사회학도였던 만큼 미국 체제와 생활방식에 대해 아주 익숙하다고 밝혔다. 미국 본토에서 테러를 일으킬 수 있는 최적의 요건을 갖춘 셈이었다.

2011년 1월 빈 라덴이 육성녹음을 통해 인질 석방 조건으로 프랑스군의 아프가니스탄 철수를 요구하고 자신들의 제안이 받아들여지지 않을 경우 "프랑스 국내는 물론 해외에서 프랑스를 목표로 한 테러를 일으키겠다"고 위협했다. 그 후 프랑스 정보기관은 100명 넘는 유럽인들이 파키스탄과 아프가니스탄 국경 지역에서 알 카에다의 훈련을 받고 있다고 발표했다. 미국 본토에서 테러리스트를 모집할 수 있는 아울라키와 마찬가지로 이렇게 훈련 받은 유럽인들이 '본토화'된 테러를 준비하고 있다는 사실에 국제사회가 경악했다.

빈 라덴 이후에도 반테러 전쟁에는 뚜렷한 진전이 나타나지 않았지만 어쨌든 오바마에게 유리한 일임은 분명했다. 굳이 아쉬운 점을 들자면 빈 라덴 사살의 효과가 2012년 가을에 열린 그의 재임 선거 때까지 이어지기 힘들다는 것이었다.

빈 라덴 사살을 가장 반긴 사람이 오바마였다면, 두 번째로 반긴 사람은 오바마에 의해 국방부 장관으로 갓 임명된 리온 파네타Leon Panetta 중앙정보국CIA 국장이었을 것이다. 4월 28일 오바마 대통령이 파네타를 국방부 장관으로 임명한 직후에 빈 라덴 사살이라는 희소식이 전해졌으니 그보다 더 기쁜 일이 있었을까. CIA 국장의 입장에서든 국방부 장관의 입장에서든 빈 라덴 사살은 그의 큰 실적으로 기록될 것이었다.

한편 오바마가 CIA 국장을 국방부 장관으로 임명한 것도 반테러 전쟁과 아프가니스탄 전쟁에서 정부의 중요성을 증명하는 것이었다.

파네타의 후임으로 CIA 국장으로 임명된 데이비드 퍼트레이어스David Petraeus의 화려한 변신도 주목할 만한 사건이었다. 퍼트레이어스는 식견과 담력을 겸비한 인물로 아프가니스탄 주둔 미군의 최고사령관으로 근무하면서 오바마로부터 높은 신임을 받고 있었다. CIA 국장으로 임명되기 전 그는 CIA의 협조가 충분치 못하다고 몇 번이나 불만을 토로한 바 있었다. 정보의 수요자였던 그가 정보의 공급자로 변신했다는 것은 미국 정부의 정보 업무에 유리한 일이었다. 이 밖에도 알 카에다가 전략적으로나 전술적으로나 모두 세력을 확장했으므로 미국 정보기관도 그에 발맞추어 변화를 꾀할 필요가 있었다.

5

알 카에다의 변신술

적을 선제공격하지 않으면 언제든 적에게 공격당하는 법이다.

미국이 이라크 공격에 여념이 없는 동안 빈 라덴과 그가 이끄는 알 카에다도 '세력 확장'을 위해 바쁘게 움직였다. 그 결과 짧은 몇 년 동안 그들은 두터운 '팬'을 확보하고 투쟁전략을 수정하는 등 몇 가지 변화를 꾀했다. 우선 그들은 빈 라덴을 '우상화'시키고 서방 국가들과 심리전을 펼쳤다.

국제 테러조직들은 반 서방 감정을 선동하고 이용하는 데 뛰어난 재주가 있었다. 국가 간, 지역 간 불평등이 나날이 심해지면서 테러조직들은 절망과 원망에 빠진 사람들 속으로 파고들어 각국으로 세력을 확장했다.

이와 관련해서 그들이 이용한 것이 이른바 '문명의 충돌'이었다. 미국 학자 새뮤얼 헌팅턴Samuel Huntington이 우려한 대로 세속적인 미국 문화가 세계적으로 광범위하게 전파되면서 그에 대한 반발로 종교를 바탕으로 한 본토문화에 대한 광적인 숭배 현상이 생겨났는데, 그중 대표적인 지역이 이슬람이었으며 이는 대부분 '반미주의'의 형태로 나타났다.

종교가 사람들에게 점점 더 큰 영향을 미치면서 분열과 파괴를 바라는 정서도 더 급진화되었다. 따라서 미국의 입장에서는 이슬람문화와 반미정서를 일으키는 근본적인 원인을 이해해야만 했다. 그렇지 않으면 각국에서 활동하는 테러리스트들을 소탕하는 것은 요원한 꿈일 뿐이었다. 하지만 유감스럽게도 이 분야에 대한 미국인들의 노력은 턱없이 부족했다.

알 카에다의 위협을 과도하게 선전한 것도 오히려 부작용을 불렀다. 영국에서 발표된 「알 카에다의 5년 후 : 위협과 도전Al Qaeda Five Years On: The Threat and the Challenges」이라는 제목의 보고서에서도 "미국과 그 동맹국들이 9·11 사건에 대해 보여준 반응이 오히려 알 카에다의 위상을 높여주었다. 그 후 알 카에다는 테러리즘을 이라크 전쟁, 팔레스타인-이스라엘 분쟁 등 지역적 위기와 교묘하게 연결시켜 자신들을 선전하고 민심을 움직였다"고 지적했다.

이라크 전쟁이 중대한 전환점이었다. 알 카에다는 이라크 전쟁을 세력 회복의 기회로 삼았을 뿐 아니라, 미국이 이라크 전쟁에서 곤경에 빠져 있는 상황을 이용해 자신들의 영향력을 강화하고 이라크를 차세대 테러리스트 양성기지로 활용했다.

반미정서로 단단히 무장한 알 카에다의 새로운 전사들은 이라크에서 테러 기술을 빠르게 습득했다. 그들에게 이라크는 그동안 갈고닦은 실력을 시험해볼 수 있는 좋은 연습장이었다. 그들은 이슬람세계에서 초강대국을 몰아냄으로써 자신들의 비범한 용기를 과시했다. 1980년대 빈 라덴의 군대가 구소련 군대를 아프가니스탄에서 몰아냈던 것과 비슷한 상황이 재연된 것이다. 이라크에서 미국 스스로 저지른 실수도 미국에게 치명상을 입혔다. 이라크에서 미군들이 포로를 학대한 사건이 폭로되면서 전 세계에서 파장을 일으킨 것이다. 이에 대해 미국 언론들은 "적을 모독함으로써 정보를 얻어내는 심문 기술이 적들이 미국의 목표가 곧 이슬람교도 모독임을 '증명'할 수 있도록 도와주었다"고 비꼬았다.

미국을 가장 근심스럽게 한 것은 알 카에다의 '우상화'와 테러리즘의 국제화, 반미정서의 확산이었다. 조지 테넷George Tenet 전 CIA 국장은 '알 카에다의 급진사상에 영향을 받은 세계적인 운동'에 대해 언급한 바 있다. 그는 "반미정서가 확산되고 알 카에다의 파괴기술이 널리 전파됨에 따라 알 카에다 소탕 여부와는 별개로 머지않은 장래에 심각한 위협이 닥칠 것"이라고 경고했다.

빈 라덴이 위험인물이었던 원인은 그 인물 자체보다는 무슨 작전이든 그의 이름을 내걸기만 하면 각지에 퍼져 있는 테러리스트들이 즉각적으로 호응해 적극적으로 가담하고 협조한다는 사실에 있었다.

이 때문에 국제적인 반테러 전쟁에 네 가지 임무가 추가되었다. 첫째, 이슬람 민중을 겨냥한 외교를 강화하는 것, 둘째, 극단주의의 전파를 저지하는 것, 셋째, 테러조직을 겨냥한 소규모 작전 능력을 강화하는 것, 그리고 마지막으로 국제적인 협력을 강화하는 것이었다.

우상화 외에도 국제 테러활동에 미묘한 변화가 나타났다.

우선 조직의 규모가 축소되고 테러를 연쇄적으로 일으켰다는 것이다. 9·11 사건과 달리 테러 공격들이 정교함과 치밀함보다는 효과를 극대화하는 데 치중하기 시작했다. 『알 카에다의 내막』의 저자 로한 구나라트나는 "알 카에다는 테러에 관한 모든 것을 갖춘 테러 슈퍼마켓이 아니다. 다시 말해, 추종자들이 그곳에서 자금과 무기를 얻고 공격 목표에 대한 지령까지 받을 수 있는 것이 아니다. 알 카에다는 패스트푸드 프랜차이즈처럼 각지의 조직들이 자체적으로 계획을 세울 수 있도록 허가해줄 뿐이며 적들이 그 조직들에게 알 카에다라는 꼬리표를 붙이든 다른 꼬리표를 붙이든 전혀 신경 쓰지 않는다"라고 말했다.

이에 맞추어 알 카에다의 전체 구조에도 중대한 변화가 나타났다. 통일적인 조직에서 각지에 퍼져 있는 점조직들의 집합체로 바뀌어 각지의 조직들이 자주권을 가지고 행동하기 시작했다.

미군과 파키스탄이 알 카에다의 본거지를 강하게 압박하자 알 카에다는 장기적인 안목에서 근거지를 자신들의 탄생지 이외의 지역으로 옮기고 여러 곳에 새로운 거점을 구축했다. 암세포가 전이되듯 세계 각지로 파고들어 현지의 이슬람 극단주의 세력들과 적극적으로 결합한 것이다. 심지어 일부 전문가들은 알 카에다가 더 이상 국제적인 단일조직이 아니라 일부 지역의 현지 조직이라고 말하기까지 했다. 이 같은 변화를 거치며 '암세포'의 살상력도 더욱 강해졌다. 아울러 테러리즘의 동기에도 변화가 나타나고 수법도 더욱 잔인해졌다. 파급효과를 극대화하기 위해 그들은 최소한의 인원으로 최대한의 사상자를 낳을 수 있는 수단과 방법을 구사하기 시작했고, 따라서 대량살상무기가 테러리스트들의 손에 들어갈 가능성도 점점 커졌다.

테러 대상도 경제, 민간인, 도시 세 가지로 압축되었다. 개방된 포스트 산업사회에서 대도시는 테러에 대한 방어가 약할 수밖에 없고 민간인과 경제 분야는 더 쉽게 피해를 입는 법이다. 따라서 사람들이 예상하지 못한 시간과 장소를 공격해 사람들의 정상적인 생활을 파괴하고 투자환경과 경제발전을 저해하는 것이 테러리스트들의 중요한 목표가 되었다.

또한 글로벌화가 확대되면서 각국 경제가 밀접한 관계를 맺고 있고 특히 테러조직들이 생화학 무기나 핵무기를 테러에 동원할 가능성이 있기 때문에 심하면 세계 경제 전체를 마비시킬 수도 있다. 인터넷 등 최신 정보 및 통신기술을 이용해 대중적인 파급력을 높이고 심리적 불안과 공포를 가중시키고 있는 것이다.

테러리즘의 전략적 목표는 매우 분명하다. 한편으로는 정부가 자국민을 보호할 능력이 없음을 증명함으로써 사람들에게 일상생활에서도 안전을 보장할 수 없다는 공포심을 확산시키고, 또 한편으로는 사람들의 극단적인 반응을 부추기는 것이다.

6
IQ는 낮아도 되지만 EQ는 낮아서는 안 된다

과거 10년 동안 '테러망'이 형성되고 몸집을 불려감에 따라 반테러 전쟁도 더욱 복잡해지고 어려워졌다. 9·11 사건 이전까지만 해도 알 카에다처럼 가공할 '살상력'을 가진 거대한 테러조직이 없었다. 테러조직들이 대부분 소규모로 각지에 퍼져 있었으며 서로 연계되지 않고 독자적으로 행동했기 때문에 '연쇄효과'를 일으키지도 않았다.

그러나 9·11 사건으로 모든 것이 바뀌었다. 아프가니스탄 전쟁과 탈레반 정권 붕괴로 알 카에다가 한때 치명상을 입기는 했지만, 부시 정부의 판단 착오 덕분에 숨 돌릴 기회를 얻은 그들은 이라크 전쟁을 통해 국제적인 반테러 진영의 '협력'을 약화시켰다. 이라크 전쟁이 알 카에다 등 국제 테러조직들에게 새로운 활동무대를 제공했다고 해도 과언이 아니다.

완전히 끝내지 않은 전쟁(알 카에다를 끝까지 추격해 완전히 소탕하지 못한 아프가니스탄 전쟁)과 민심을 얻지 못한 전쟁(반테러 동맹이 분열된 이라크 전쟁)이 '테러망'의 형성을 위한 비옥한 토양이 되어주었음을 미국인들조차 부인하지 않는다.

이 과정에서 알 카에다에서 조용한 '세대교체'가 이루어졌다. 새로 등장한 중견급 전사들이 세계 각지로 퍼져나가 각지에서 산발적으로 존재하고 있던 소규모 테러조직과 규합해 알 카에다를 중심으로 한 거대한 테러조직 네트워크를 구축한 것이다. 몇 번의 테러 공격에서 알 카에다, 코소보 테러조직, 카슈미르 극단테러조직, 체첸 분리주의, 동남아의 이슬람급진단체 등 각지의 테러조직들이 조직적으로 연계되어 서로 협조하는 움직임이 나타나자 서방 국가에서는 그제야 이런 변화를 감지했다.

글로벌화와 정보 및 통신 기술의 발전도 '테러망'의 형성에 기여했다. 경제글로벌화가 확대됨에 따라 국제 테러조직들이 쉽게 자금과 인력을 모집하고 통신기술과 매스컴을 이용해 정보를 교류하고 연합행동을 벌일 수 있게 되었다. 그런데 유감스럽게도 테러 척결을 위한 국제적인 협력은 테러조직들만큼 긴밀하게 연계되지 못했다. 사람들은 그때까지도 테러리즘의 위험성과 새로운 변화에 대해 깊이 인식하지 못했다.

테러리즘이 날로 국제화되고 첨단화되고 있는 요즘에는 세계 어느 나라도 테러 우려에서 자유로울 수 없다. 정보를 효과적으로 소통하고 경험을 공유하지 않으면 테러조직들의 다국적 작전을 막아내기 힘들다. 하지만 정책과 반테러 문제에 있어서 각국 간의 협조가 부족하기 때문에 모든 힘을 합쳐 테러조직을 공격하는 것이 결코 쉽지 않다.

미국이 가장 대표적인 예다. 부시가 임기 동안, 특히 대선 기간에 테러 척결의 중요성을 역설하기는 했지만, 국제적인 반테러 동맹의 단결을 강화하고 일방주의적 행동을 자제하는 데 있어서는 좋은 모범을 보여주지 못했다. 뿐만 아니라 미국은 테러리즘을 양산하는 '토양'을 근본적으로 제거하는 데 있어서도 그다지 적극적이지 않았다. 그들은 자신들이 서명을 거부한 국제협약(「국제형사재판소 로마규정Rome Statute of International Criminal Court」, 「교토의정서」 등)이 모두 글로벌화로 인해 초래된 무정부상태와 금융시스템의 무한 확장을 억제하기 위한 국제적 노력의 결실임을 인식하지 못했으며, 이런 것들이 모두 테러리스트들이 원하는 것이라는 사실도 몰랐다. 미국은 이런 노력들을 무시함으로써 자국의 주권 보호를 명분으로 세계의 무정부상태를 더욱 확대시키려는 의도를 드러내고 반테러 전쟁을 분열 위기로 몰아넣었다. 그 탓에 과거 10년 동안 국제사회는 너무도 많은 '수업료'를 지불해야 했다.

모든 문제에는 원인이 있기 마련이다. 부시 집권 시절에 심어놓은 이런 잠재적인 위기에 대해 정치심리학자인 딘 키스 사이먼튼Dean Keith Simonton 미국 캘리포니아 대학 교수는 흥미로운 관점을 제시했다. 그는 논문에서 부시가 "미국 역사상 두 번째로 멍청한 대통령"이라고 주장했다. 사실 이것은 더 이상 뉴스거리도 아니다. 몇 년 전 연구에서 부시의 아이큐IQ가 높지 않다는 사실이 이미 밝혀졌기 때문이다. 그런데 흥미로운 것은 그의 '개방성'에 대한 연구였다.

'개방성'이란 무엇일까? 사이먼튼에 따르면, '개방성'이란 일종의 인지성향으로 개방성이 높은 사람들은 새로운 사물에 대한 호기심이 강하고 상상력과 창의성이 풍부하며, 다양한 지식과 예술, 새로운 관념과 행위 등을 적극적으로 받아들인다. 반면 개방성이 낮은 사람들은 폐쇄적이고 기존의 규칙을 고수하며 고정된 생활과 업무 방식을 선호하고 창의적인 사고능력이 떨어진다. 개방성이 과도하게 낮은 사람들은 문제를 자기 관점에서만 바라보고 단편적으로 인식하는 경향이 있다.

미국 역대 대통령 가운데 개방성이 가장 높은 인물은 토머스 제퍼슨으로 99.1점을 얻었고, 두 번째는 95점을 얻은 링컨이었다. 케네디와 클린턴도 모두 85점으로 나쁘지 않았다. 대략 예상했겠지만 개방성에서 꼴찌를 기록한 대통령은 바로 부시 주니어 대통령이다. 그런데 놀라운 것은 그의 개방성 점수가 0점이라는 사실이다.

이 연구 결과와 부시의 아이큐가 낮다는 종전의 연구 결과를 합쳐 생각해보면, 9·11 사건 5주기에 반테러 전쟁의 득실을 평가하는 자리에서 많은 학자들이 미국의 외교정책이 테러조직을 고립시키지 못하고 오히려 미국 자신을 고립시켰다고 지적한 이유를 어느 정도 짐작할 수 있다. 이런 난처한 상황을 초래한 데는 여러 가지 요인이 있겠지만, 부시 본인의 독불장군식 정치와 고집불통의 업무추진방식, 문제를 단편적으로 바라보는 성향도 무시할 수 없다.

2005년 『USA 투데이』에 「부시의 고집이 그 자신의 걸림돌이 되고 있다」는 제목의 칼럼이 실린 적이 있다. 이 칼럼은 부시의 독선적인 일처리 방식이 번번이 의도와는 상반된 결과를 낳고 있다고 지적했다. 이 같은 사실은 이라크 전쟁과 반테러 전쟁에서 부시 정부가 일으킨 분란을 보면 더욱 확실하게 알 수 있다.

지금은 고인이 된 에드워드 케네디Edward Kennedy 민주당 상원의원도 이 관점에 동의했다. 케네디는 2001년 부시와 함께 공립학교 개혁을 추진했지만 그 후 다시는 부시와 공동으로 일을 진행하지 않았다.

그는 9·11 사건이 부시를 더욱 완고하게 바꾸어놓았으며, 그의 '일방적인' 외교정책이 반테러 행동을 저해하고 국내의 일을 처리하는 데도 걸림돌이 되었다고 평가했다.

미국이 이라크에서 곤경에 빠진 것에 대해 오랫동안 대통령 제도를 연구해온 학자 프레드 그린슈타인Fred Greenstein은 "스스로 함정으로 걸어 들어갔다면 그것은 자신의 고집이 부른 비극적인 결과임을 알아야 한다"고 말했다.

중요한 것은 고집을 적절한 선에서 조절할 줄 알아야 한다는 점이다. 지도자의 고집 또는 집착이 때로는 좋은 효과를 내기도 한다. 여기에서 중요한 것이 바로 적절한 수위 조절이다.

부시가 주지사 등 다른 직위에 있을 때는 그의 고집스러운 성격이 이렇게 극단적인 결과를 부르지는 않았다. 하지만 반테러 전쟁은 국제적인 사안이므로 다양한 문화와 소통하고 다양한 힘을 서로 결합시켜야 하는 일이다. 따라서 과도한 고집과 자기중심주의, 타인을 배려하지 않는 행동은 심각한 부작용을 부른 것이다.

훌륭한 지도자가 되기란 그리 녹록한 일이 아니다.

테러 공격이 연이어 발생하자 각국 학자들이 9·11 사건과 반테러 투쟁을 돌이켜보며 반성하기 시작했다. 어떤 학자들은 (미국이) 이슬람세계에 대한 적대적 행동을 중단하는 것이 테러리즘을 억제하고 국제적인 화해를 이룰 수 있는 방법이라고 제안한 반면, 또 어떤 학자들은 더 넓은 아량으로 동원할 수 있는 모든 역량을 결집해 테러리즘의 위협을 막아내야 한다고 호소했다.

근본적으로 볼 때, 반테러 전쟁을 주장하는 지도자들은 이 특수한 전쟁을 지구전으로 인식하고 장기적인 안목에서 인내심을 가지고 국제적인 이해와 다자간협력을 확대시켜 나가야 한다. 그렇게 하지 않으면 테러리즘을 완전히 뿌리 뽑을 수 없다.

몇 번의 교훈을 얻은 후 미국 학자들도 미국이 반테러 전쟁에서 승리하려면 국제사회의 협력을 강화해야 한다고 주장하기 시작했다. 벤저민 바버Benjamin Barber 미국 메릴랜드 대학 교수는 "상호 의존하는 세계에서 일방주의는 아무 힘도 발휘할 수 없다"고 경고했다.

일방주의와 소프트파워soft power[20]에 대한 소홀함이 알 카에다 등 테러조직에게 발붙일 자리를 허용했음은 이미 현실에서 증명되었다. 조지프 나이Joseph Nye 하버드 대학 교수가 바로 미국이 반테러 전쟁에서 소

---

20 군사력이나 경제력과 같은 하드파워(hard power)에 대응하는 개념으로, 교육, 학문, 예술 등 인간의 이성 및 감성적 능력을 포함하는 문화적 영향력을 말한다.

프트파워를 중요하게 고려해야 한다고 주장한 대표적인 학자다. 그는 이라크 전쟁 이전에도 미국 혼자 힘으로는 전 세계에 퍼져 있는 알 카에다의 모든 두목들을 다 체포할 수 없다고 미국 국방부와 국무부에 수차례 경고한 바 있다. 그는 반테러 전쟁이 확대될수록 미국이 통제할 수 없는 것이 많다는 사실을 미국인들도 깨닫게 될 것이라고 믿었다.

2003년 육군에서 열린 한 회의에서 누군가 럼스펠드 국방부 장관에게 소프트파워에 대한 견해를 묻자 럼스펠드는 "소프트파워가 무엇인지 잘 모르오"라고 대답했다. 비단 럼스펠드뿐 아니라 미국의 고위층 관리 대다수가 9·11 사건 이후에 소프트파워가 얼마나 중요한지 이해하지 못했다. 이것이 바로 미국이 반테러 전쟁에서 숱한 어려움을 겪은 중요한 원인이다.

불행 중 다행으로 반테러 전쟁과 이라크 전쟁의 실패에서 교훈을 얻은 후 미국 학자와 고위층 관리들 사이에서 반테러 전쟁에 승리하기 위해서는 소프트파워와 하드파워가 결합된 종합적인 실력을 갖추어야 한다는 인식이 확산되기 시작했다. 이것은 오바마가 대통령 선거에서 승리한 중요한 원인이기도 했다.

미국의 유명한 언론인 파리드 자카리아Fareed Zakaria는 "현재의 테러리즘은 정부의 지원이 필요하지 않다. 그들이 자유사회의 개방성, 파괴 기술의 신속성, 극단적인 보복사상으로 똘똘 뭉쳐 있기 때문이다. 이 세 가지에 동시에 대응해야만 테러리즘을 억제할 수 있다. 따라서 상호신뢰와 협력, 호혜의 원칙 위에서 국제적인 협력 메커니즘을 구축하는 것이 매우 중요하다. 이는 미국은 물론 각국 정부의 앞에 놓인 가장 큰 과제다"라고 말했다.

러시아에서 발생한 몇 차례 비극적인 테러와 미국에서 발생한 9·11

사건을 돌이켜보면 과거 냉전 시절 적으로 대치했던 두 나라가 이제는 한 배를 탔음을 알 수 있다. 그들 앞에는 두 가지 선택이 놓여 있다. 하나는 서로 힘을 합쳐 공동의 적에게 대항하는 것이고, 다른 하나는 공멸하는 것이다.

러시아의 한 학자는 "새로운 양극 시대가 형성되고 있다. 한쪽 끝에는 일부 국가의 테러조직, 범죄조직으로 구성된 다국적 네트워크가 있다. 그들은 이데올로기만을 숭상하고 법률이나 사상, 도덕에 제약을 받지 않는다. 또 다른 한쪽 끝에는 평화를 추구하고 기본적인 가치에 공감하며 다양한 문명을 인정하는 국가들이 있다. 미국, EU, 러시아, 중국 등 모든 나라가 대표가 될 수 있다. 그들은 세계인들 대다수가 인정하는 공통된 이념을 추구하고 테러와 범죄를 소탕해 평화와 번영을 이룩한다는 목표를 가지고 있다"고 말했다.

중요한 것은 평화를 추구하는 국가들이 단결하고 주의력을 집중할 수 있느냐에 있다.

7
반테러와 빈곤과의 전쟁

가장 시급한 것은 테러리즘에 계속적인 양분을 공급하는 '토양'을 변화시키는 일이다.

미국 재정부 관리들은 빈부격차와 테러리즘 간에 직접적인 연관성이 있음을 극구 부인하고 있지만, 빈곤이 가져다주는 절망과 환멸이 테러리즘을 길러내는 온상임을 누구도 부인할 수 없다. 월터 래커Walter Laqueur, 조지프 나이를 비롯한 많은 사회학자들이 "힘이 약하고 실패한 국가들이 테러리즘의 확산을 위한 비옥한 토양"임에 동의했다.

사람들은 이라크의 정권 교체보다는 테러리즘과 테러리즘을 부추기는 세계적 환경이 변화되기를 원한다. 불균형과 경제 제재, 물질만능주의 등의 환경이 개발도상국의 불안을 일으키는 주된 요인이기 때문이다.

최근 들어 혼란이 부쩍 자주 발생하고 있는 아프리카를 예로 들어 보자. 아프리카는 세계에서 가난한 나라가 가장 많이 모여 있는 대륙이다. 세계에서 가장 가난한 50개국 가운데 33개가 아프리카에 위치해 있고, 1인당 평균 GDP가 가장 낮은 10개국 가운데 9개가 아프리카에 있다. 이들 국가의 2009년 1인당 GDP가 800달러도 되지 않았다.

부룬디의 1인당 GDP는 401달러에 불과했다. 오랫동안 내전으로 고통 받고 있는 부룬디는 전체 국민의 약 80퍼센트가 빈곤층이고 5세 이하 아동 가운데 57퍼센트가 영양실조에 걸려 있다. 중앙아프리카공화국은 거의 모든 재정을 외국과 비영리단체의 원조에 의지하고 있으며, 라이베리아는 실업률이 85퍼센트에 달하고 평균 예상수명이 44세밖에 되지 않는다.

하지만 물가가 가장 높은 지역도 아프리카에 집중되어 있다. 통계에 따르면, 2010년 세계에서 물가가 가장 높은 10개 도시 중 루안다(앙골라의 수도, 1위), 은자메나(차드의 수도, 3위), 리브르빌(가봉 수도, 7위) 세 곳이 아프리카의 도시였다. 세계에서 인플레이션이 가장 심각한 10개 국가 중에서도 세이셸, 에리트레아, 가나, 상투메프린시페, 콩고민주공화국, 앙골라 6개가 아프리카 국가였다.

아프리카는 매우 심각한 양극화를 겪고 있다. 국가 간의 빈부격차가 심해 1인당 GDP가 크게는 수십 배나 차이가 나고, 개인 간의 빈부격차도 심각해 아프리카인들 대부분이 거의 소득이 없는 상태지만 극소수 부자들은 한 국가보다도 많은 재산을 가지고 있다.

사회적 부의 심각한 불균형이 아프리카의 발전에 큰 걸림돌이자 국가적 혼란을 일으키는 근본 원인이며, 또한 테러조직이 비집고 들어갈 수 있는 틈이기도 하다. 그런데 이는 비단 아프리카만의 현상이 아니다. 세계 다른 지역에서도 비슷한 상황이 나타나고 있다.

이들 지역의 빈부격차는 부자에 대한 '시기'와 '질투'의 차원을 넘어서 이미 '절망'과 '원한'으로 확대되었다. 국제보안전략가 토마스 바넷Thomas Barnett은 "북미와 남미의 대부분, EU, 러시아, 일본, 아시아 신흥경제국(중국, 인도 등), 호주, 뉴질랜드, 남아공(이들 국가의 인구가 세계 60억 인구 가운데 약 40억을 차지한다)을 글로벌화의 혜택을 받은 '코어Core(핵심) 국가'라고 한다면, 이들을 제외한 다른 지역은 모두 글로벌화에서 소외된 '갭Gap(격차) 국가'다"라고 주장했다.

냉전이 끝난 후 미국이 타국을 무력으로 간섭한 사례들을 살펴보면 거의 대부분이 글로벌화의 '코어 국가' 이외의 국가에서 진행되었다는 것을 알 수 있다. 바로 카리브해 연안, 아프리카, 발칸, 코카서스, 중앙아시아 및 동남아의 대부분 지역 등이다. 이들 지역에는 20억 인구가 살고 있는데 그들 중 절대다수가 세계은행이 정한 기준에서 '저소득층', 또는 '중저소득층'으로 분류되며(1인당 연소득 3000달러 미만), 미국 정부에 의해 '실패한 국가'로 불리고 일부 학자들에게는 '골칫거리 국가'로 불리는 국가들이 다수 포함되어 있다. 그러나 빈 라덴과 알 카에다에게 이들 '갭 국가'는 글로벌화가 낳은 '상품'이다.

어떤 의미에서 보면, 테러 공격과 지역 혼란은 '코어 국가'를 향한 '갭 국가'의 가장 잔혹한 반격이다. '코어 국가'들이 무정부 상태에 이른 이들 지역의 사활을 간과할 경우 얼마나 심각한 부작용이 일어나는지 보여주는 것이다.

그런데 알 카에다 등 국제 테러조직들의 개입에도 일정한 규칙이 있다. 일반적으로 그들은 한 나라에 혼란이 발생해 정부와 반정부 세력, 또는 두 세력이 대립할 때까지 기다렸다가 적극적으로 개입하기 시작한다. 특히 그들은 외국의 간섭이 있는 상황을 더욱 선호한다. 이라크 전쟁이 가장 대표적인 예다. 그럴 경우 민중들의 반발을 부추기고 자신들의 존재를 숨기기가 용이하기 때문이다.

이런 국가들이 글로벌화에서 소외되고 경제발전의 열차에 올라타지 못한 채 절망과 빈곤에 위협받고 있다는 사실 자체가 세계가 안고 있는 큰 위험요소다. 게다가 국제 테러조직들은 이런 위험을 전파하고 확대하는 데 일가견이 있다.

'갭 국가'들이 안정되고 정상적인 생활을 회복할 수 있도록 지원하는 것만이 그들이 테러조직에 이용당하는 것을 막을 수 있는 유일한 방법이다.

부시는 국내에서 '한 아이도 낙오시키지 않는' 교육 정책을 시행한 바 있었다. 그와 마찬가지로 인도주의를 가질 수 없다면 최소한 현실적인 관점에서라도 '갭 국가'들을 지원해야 한다. 미국 재정부 관리들은 미국의 대외원조예산이 지난 30년간 똑같은 수준에서 유지되어 왔다고 거듭 강조하고 있지만 그것만으로는 빈부격차 해결에 있어서 모든 책임을 다했다고 할 수 없다. 미국이 국제무역에서 구사하는 보호무역주의와 국제금융시스템에 대한 독점행태만 해도 제3세계, 특히 빈곤국가들의 경제 발전을 심각하게 저해하고 있다는 사실을 알아야 한다.

과거 수십 년 동안 인간이 저지른 수많은 잘못에서 미국도 책임을 피할 수 없다. 냉전이 종식된 후 세계는 국제 정치와 경제의 새로운 질서를 수립할 수 있는 기회를 놓쳤고, 환경문제와 남북문제[21]를 근본적으로 개선하지 못했으며, 건전한 국제적 협상 메커니즘을 구축하지 못했다. 오히려 세계는 냉전 시대보다 더 무질서하고 갈등이 많아졌으며 국가테러리즘이 그 틈으로 비집고 들어가 깊이 뿌리를 내렸다.

미국은 이라크 전쟁을 도발함으로써 '판도라의 상자'를 열었고, 알 카에다와 탈레반을 완전히 소탕하지 못함으로써 호랑이를 산 속으로 돌려보내는 실수를 저질렀다. 뿐만 아니다. 월가의 탐욕과 정부의 감독 소홀이 금융위기를 불렀고 이로 인해 빈부격차가 더욱 심해졌다. 국제협력을 강화하고 남북문제를 대화로 해결하는 것만이 국제경제의 새로운 질서를 수립할 수 있는 유일한 방법이다.

---

21 선진국과 후진국 간의 경제격차문제를 가리키는 말이다.

제7장

덫에 걸린
이스라엘과 팔레스타인

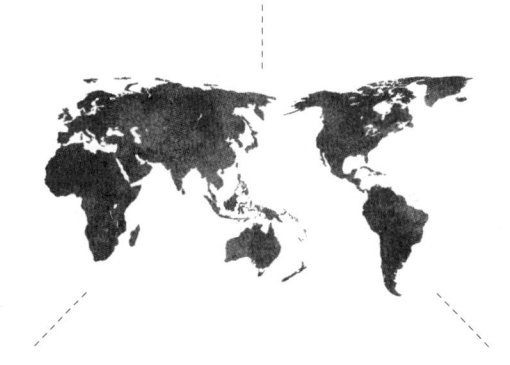

2011년 3월 11일, 요르단 강 서안 도시 나블루스 동남쪽에 있는 이타마르 정착촌에서 유태인 5명이 피살되었다. 그중 3명은 어린아이였다. 이 사건이 발생한 후 팔레스타인 급진파 조직이 이 사건에 책임을 지겠다는 성명을 발표했다.

베냐민 네타냐후Benjamin Netanyahu 이스라엘 총리는 즉시 내각회의를 소집하고 그에 대한 보복으로 요르단 강 서안에 있는 주요 유태인 정착촌 4곳에 주택 500채를 새로 짓기로 결정하고, 주택 건설 지역은 모두 이스라엘의 영토가 될 것이라고 발표했다.

이스라엘의 결정에 대해 미국도 반대 입장을 밝혔으며 팔레스타인 자치정부 수반 마흐무드 압바스Mahmoud Abbas의 대변인 나빌 아부 루데이나 Nabil Abu Rdeineh도 "이스라엘의 잘못된 결정이 이스라엘과 팔레스타인의 협상에 새로운 걸림돌이 될 뿐 아니라 중동의 평화를 완전히 가로막게 될 것"이라고 강도 높게 비난했다.

그 일로 이스라엘과 팔레스타인의 평화협상이 다시 좌초되었다.

팔레스타인과 이스라엘의 원한 관계는 그 뿌리가 워낙 깊고 오래되었으며 테러와 거의 동의어라고 해도 과언이 아니다. 두 나라 관계에서 이성을 찾아보기란 하늘의 별 따기보다도 어렵다.

1
테러의 동의어

진정한 정전이란 무엇일까? 진정한 정전을 실현하기 위해서는 진심에서 우러난 신뢰가 필요하다.

그러나 유감스럽게도 이스라엘과 팔레스타인 양측 모두 상호 신뢰의 기초가 부족하다. 팔레스타인은 이스라엘이 자신들의 성지를 점거하고 팔레스타인인들에게 가장 중요한 종교와 토지, 자유를 모두 침해했다고 생각했다. 이스라엘의 고압적인 태도, 포위, 약탈 등이 모두 팔레스타인인들의 정서를 자극했다. 땅을 점령당하자 그들은 자신을 보호하기 위해 분연히 일어났으며 이 역시 '신의 뜻'이라고 여겼다.

팔레스타인인들은 이미 이스라엘에 큰 기회를 주었다. 8년 동안 이스라엘과 협상을 벌인 것이다. 하지만 이스라엘 정부는 그들에게 아무 것도 주지 않았을 뿐 아니라 오히려 더 강압적인 식민통치를 가했다. 결국 팔레스타인인들은 스스로를 보호하기 위해 무장하고 반격하기 시작했다. 파타Fatah[22](이들은 원래 평화적인 협상이 가능할 것이라고 믿었다)도 그중 하나다.

부녀자와 어린이, 노인 들이 무고하게 희생당하는 것을 보며 '총을 든 이방인'들에게 꽃을 선사할 수는 없지 않은가. 팔레스타인인들이 바라는 것은 영속적인 평화와 안정이었다. 그들은 식민통치와 유태인들의 이민을 중단시키고 완전한 팔레스타인 국가를 수립하기를 소망했다.

하지만 이스라엘과 팔레스타인은 악순환의 고리에 빠지고 말았다. 이 것은 평화 구축을 염원하던 이들이 결코 바라지 않던 일이었다.

---

[22] 팔레스타인 민족해방운동, 팔레스타인해방기구(PLO)의 최대 조직이다.

내부 극단주의자들이 나타나면서 이스라엘과 팔레스타인 모두 내부적으로도 충돌과 분쟁이 끊이지 않았다. 온건파가 갖은 노력 끝에 평화협상을 개시하면 강경파가 극단적인 방법으로 도발해 공든 탑을 무너뜨리는 상황이 계속 반복되었다. 불신으로 가득 찬 관계는 작은 마찰로도 금세 무너질 수밖에 없었다.

충돌이 계속될수록 그 고통과 피해는 팔레스타인과 이스라엘의 무고한 민간인들이 고스란히 떠안아야 했다. 끝나지 않는 악몽 같은 전쟁과 갈등, 충돌이 벌어지는 동안 그들이 치른 물질적, 정신적 대가는 상상할 수도 없이 컸다. 미국 언론들은 이스라엘과 팔레스타인의 충돌이 '살인게임'이 되었다고 평론했다.

'게임'의 양측 당사자 모두 상대를 궤멸시키려고 했지만 둘 중 어느 쪽도 상대를 제압하지 못했다. 어느 한쪽이 압도적인 실력을 가지지 못하고 실력이 비등비등했기 때문에 충돌이 지지부진하게 계속되었다.

팔레스타인 극단주의자들은 협상을 손바닥으로 하늘을 가리는 것이라고 여겼다. 그들의 목표는 오로지 최대한 많은 수의 유태인을 사살하고 유태인들을 정착촌에서 추방하는 것이었다. 한편 이스라엘의 목표는 극단주의자들의 도발을 제압하고 그들이 스스로 붕괴되거나 이슬람사회에서 고립되어 와해되도록 만드는 것이었다.

양측은 마치 피로 대화를 하듯 한 치의 양보도 없이 폭력으로 맞섰다. 이스라엘인들은 팔레스타인인들에게 "자살폭탄테러와 습격을 중단하지 않는다면 더 강하게 반격하겠다"고 으름장을 놓았고, 팔레스타인인들은 "계속 우리 땅을 점령하고 탄압한다면 이슬람 극단주의 무장요원들이 점점 많아져 자살폭탄테러가 더 자주 일어날 것이다"라고 위협했다. 숨 막히는 긴장감이 짙은 스모그처럼 이 지역을 떠나지 않았다.

바깥에서 지켜보는 이들의 눈에 그들의 게임은 고도의 심리전이었다. 그들의 목표는 외부의 적을 위협하는 것이 아니라 내부의 사기를 북돋우는 것이었다. 어떻게 보면 죄수의 딜레마[23]와도 매우 비슷하다. 먼저 위협에 굴복하는 쪽이 내부의 압력에 못 이겨 스스로 무너지는 것이었다.

문제는 이스라엘과 팔레스타인 양측 모두 상대보다 더 강한 의지와 집착을 과시하고자 했다는 점이다. 그 때문에 오랜 세월이 흐르도록 소모전이 계속되었다. 그동안의 인명과 재산상의 피해는 차치하더라도 경제발전의 기회를 놓친 것만 해도 큰 손실이 아닐 수 없다. 2009년 1월 발표된 「중동 갈등의 대가」라는 제목의 보고서에 따르면, 과거 20년 동안 이스라엘과 팔레스타인이 분쟁을 벌이지 않았더라면 양측 모두 지금보다 두 배는 더 풍족한 생활을 하고 있을 것이다.

2
이스라엘–팔레스타인 충돌의 경제적 대가

옛 일을 돌이켜보면 안타까울 따름이다. 행복이 거의 손에 닿을 듯 가까웠던 적도 있었기 때문이다.

영화 제목으로 유명해진 카사블랑카는 신비하고 낭만적인 도시다. 그런데 1994년에는 이 도시가 중동 무역의 대문을 활짝 여는 중요한 역할을 수행했다. 당시 모로코 국왕이었던 하산 2세의 적극적인 노력으로 각

---

23 공범 두 사람을 격리시킨 후 둘 다 자백하면 둘이 동일한 형벌을 받게 되고 둘 다 죄를 인정하지 않으면 둘 다 감형을 받을 수 있지만 둘 중 어느 한 명만 자백한다면 자백하지 않은 다른 한 명이 더 무거운 형벌을 받게 된다고 알려줄 경우, 두 죄수가 서로 상대를 믿지 못해 죄를 자백함으로써 자백하지 않을 때보다 더 무거운 형벌을 받게 된다는 것이다.

국 고위층과 1000여 명의 민간 경제인들이 카사블랑카에 모여 경제정상회의를 개최했다. 그중에는 미국 기업인 150명도 포함되어 있었다.

카사블랑카 회의의 취지는 '정부 간의 평화를 민간 부문까지 확산시켜 경제 번영을 위해 유리한 환경을 조성하고 민간 부문의 교역 및 투자를 촉진하자는 데 있었다. 이 회의의 구체적인 성과로서 해외 민간투자회사들이 7500만 달러의 투자기금을 조성해 이 지역에 여행사를 설립하기로 결정했다.

당시 이스라엘 외무장관이었던 시몬 페레스Shimon Peres는 경제발전이 정치적 화해와 사회적 조화를 실현하는 데 밑거름이 될 것이며, 이스라엘과 이슬람 국가들이 경제적으로 밀접한 관계를 맺는다면 정치에서도 화해가 이루어져 중동 전체에 평화가 찾아올 것이라고 굳게 믿었다.

그런데 이듬해 요르단 암만에서 열린 회의에서 미묘한 기류 변화가 감지되었다. 아므르 무사Amr Moussa 당시 이집트 외무장관이 갑자기 강경한 어조로 중동 국가들이 이스라엘과의 관계 정상화를 너무 급하게 추진하지 말 것을 호소했다. 그러자 요르단 후세인 국왕이 일어나 유창한 언변으로 즉석에서 반박했다. "사람들에게 평화가 더 나은 생활을 의미한다면 우리는 평화를 위해 달려갈 것이다." 그러자 더 이상 아무도 무사의 발언을 지지하지 않았다. 나중에 무사는 비공식적인 자리에서 사과의 뜻을 전했다. 어떠한 상황에서든 대세에 역행하는 사람은 환영받을 수 없는 법이다.

하지만 화해 분위기는 그리 오래 가지 않았다. 이츠하크 라빈Yitzhak Rabin 이스라엘 총리가 암살당하고 네타냐후가 총리로 취임하면서 중동의 정세가 완전히 뒤바뀌었다. 역사가 뒷걸음질 친 것이다.

워런 크리스토퍼Warren Christopher 당시 미국 국무장관은 1996년 카이로에서 열린 경제정상회의에서 "이 지역이 충돌과 전쟁으로 파괴된 지 너무 오래되었다. 효율 낮은 관료주의와 보호무역주의가 팽배해 있다. 경제 번영을 원한다면 이 두 가지 문제를 시급하게 해결해야 한다. 효과적인 경쟁을 위해서는 평화만을 추구할 것이 아니라 개혁도 함께 이루어져야 한다"고 호소했다.

그는 중동이 시장을 개방하고 부패된 정치를 바로잡고 관료주의를 없애야 한다고 생각했다. 그것들이 투자자의 발길을 멀어지게 하고 소중한 자본을 낭비시키고 있기 때문이었다. 그중에서도 가장 중요한 것은 계속되는 충돌로 인해 이 지역 경제가 낙후되어 있다는 사실이었다. 크리스토퍼는 "미국 기업들은 모험을 두려워하지 않는다. 그들은 모험을 통해 발전해왔다. 하지만 그들에게도 사업 환경에 대한 자신감은 필요하다"고 역설했다.

그의 말대로 중동 충돌이 민간 자본과 민간 기업들을 이 지역에서 밀어내는 가장 중요한 원인이었다. 1984년부터 2004년까지 20년 동안 중동과 북아프리카에서 빠져나간 자본이 1800억 달러가 넘었다. 자본의 해외 유출이 중동 지역을 붕괴시키는 가장 심각한 문제였다.

전쟁의 대가는 실로 막대했다. 계속된 군사충돌은 이스라엘과 팔레스타인 간의 평화를 해쳤을 뿐 아니라 경제에도 심각한 피해를 안겼다. 둘 중 어느 쪽도 재앙을 피할 수 없었다.

팔레스타인인들의 입장에서는 팔레스타인 저항의 거점인 가자 지구를 비롯한 여러 지역에서의 무력충돌이 동포들의 생명을 희생시키고 생계를 무참히 짓밟는 일이었다. 해마다 계속되는 충돌로 팔레스타인 경제는 극단적인 상황까지 치달았다. 2000년부터 2005년까지 팔레스타인이 입은 잠재적인 경제 손실만 해도 84억 달러에 육박한다. 이는 팔레스타인 경제규모의 2배에 달하는 것이다.

특히 관광업의 피해가 가장 컸다. 세계은행이 발표한 통계자료에 따르면, 1999년 관광업이 팔레스타인 GDP의 10퍼센트를 차지했지만 2008년에는 그 비중이 4퍼센트로 축소되었다. 그런데 그마저도 일시적인 평화로 인해 회복된 것이었고, 2008년 말 이스라엘 군대가 가자 지구를 공격함으로써 관광업도 완전히 붕괴되고 말았다. 이는 중동의 정세가 안정되기만 하면 관광업도 빠르게 회복될 것임을 반증하는 것이라고 할 수도 있다. 관광업이 회복되기만 해도 팔레스타인 경제가 약 2퍼센트 성장할 수 있다.

이스라엘-팔레스타인 충돌이 심화되면 관광업이 타격을 입을 뿐만 아니라 많은 기업들이 문을 닫고 실업률도 급등한다. 이스라엘도 충돌이 발생하면 관광업 수입이 급감하고 외국인 투자도 급격히 감소한다. 소중한 돈을 '무서운 지역'에 투자하려는 사람은 없다. 이 밖에 막대한 군사지출도 재정적자를 초래하는 중요한 원인이다. 재정 적자와 수출 감소, 실업률 상승, 주가 하락 등이 국민 경제에 큰 타격을 입혀 기업계를 비롯해 국민들의 원성이 높아지면 이스라엘 정부가 팔레스타인에 대한 공격 수위를 조절함으로써 이 지역에 일시적인 평화가 찾아왔다.

이런 상황이 계속 반복되었다.

가장 안타까운 것은 중동과 북아프리카에 종교 성지가 집중되어 있다는 사실이다. 폐쇄된 국경이 개방되고 정세가 안정되면 수많은 관광객이 몰려들어 지역 경제를 발전시키고 그로 인해 더 많은 경제적 기회가 생겨날 것이다.

다행스러운 것은 오랜 고통을 겪은 이스라엘인과 아랍인 들이 갈등과 충돌이 오래 지속되면 결국에는 승자도 패자도 없이 모두가 피해를 입고 평화도 찾아오지 않을 것임을 깨닫고 있다는 사실이다.

이스라엘과 팔레스타인은 물론 중동 전체가 전쟁으로 인해 너무도 큰 대가를 치렀다. 세계가 하루가 다르게 발전하고 있는 오늘날, 전쟁에만 매달린 채 발전의 기회를 놓쳐버린다면 수십 년, 아니 수백 년이 가도 손실을 만회하지 못할 수도 있다.

경제발전은 추상적인 평화를 국민 수명 연장과 생활의 질 향상이라는 구체적인 성과로 바꿀 수 있는 지름길이다. 정부와 민간기업 간의 협조를 강화하고 전력망, 교통망, 석유 및 가스 수송관 등으로 각지를 연결함으로써 각지의 경제를 밀접하게 연계시키는 것이 위기를 해소하고 적대 관계를 종식시키는 가장 효과적인 방법이다.

평화 체제 구축은 정치와 경제 두 분야에서 동시에 추진해야 한다. 경제발전이 사회의 안정과 평화를 가져온다는 사실을 잊지 말고 처참한 현실과 경제협력을 통해 창출할 수 있는 수많은 가능성을 정확하게 인식함으로써 이스라엘과 팔레스타인 모두 현명한 선택을 해야 한다.

라빈 총리가 흘린 피를 헛되게 하지 않기를 바란다.

3
음울한 현실

고통은 시간이 흐르면서 잊히는 것이 아니라 익숙해지는 것이다.

중동에 가장 필요한 것은 강한 담력이라는 우스갯소리가 유행한 적이 있다. 호전적인 이스라엘 국방부를 가장 괴롭힌 것은 전쟁이 아니라, 전쟁에 신물이 난 국민들의 반대 여론이었다. 끊임없는 테러 공격이 이스라엘 사람들의 생활 방식을 완전히 바꾸어놓았다.

수많은 예루살렘 사람들이 위험을 피해 뿔뿔이 타지로 이주했다. 테러가 자주 발생하는 식당과 카페에는 사람들의 발길이 뚝 끊겼고 상가 밀집지역에도 경비초소가 늘어났다. 심지어 식당 안에 아예 경찰이 상주하는 경우도 많다. 맥도날드 문 앞에 총과 실탄으로 무장한 경비원이 서 있는 것을 그리 어렵지 않게 볼 수 있다.

하지만 그것으로도 사람들을 안심시킬 수는 없다. 어떤 이들은 모임에 갈 때마다 가족들과 일일이 작별인사를 나눈다. 그것이 마지막 인사가 될 수도 있기 때문이다. 텔레비전을 켜든 신문을 펼치든 매일 피로 얼룩진 소식이 들리고 행간마다 민족의 복수심이 하늘을 찌른다. 가장 안타까운 것은 아이들이 그런 환경에서 자라고 있다는 사실이다.

세계 다른 나라의 아이들은 행복한 환경에서 건강하게 자라고 있을 때, 이스라엘과 팔레스타인의 아이들은 공포 속에서 막중한 역사적 사명과 음울한 현실의 그림자에 짓눌린 채 자라고 있다. 특히 팔레스타인 아이들은 어려서부터 이스라엘에 대한 원한과 복수심을 주입당한다. 이스라엘과 팔레스타인의 관계가 앞으로도 오랫동안 진정한 평화를 이루기 힘들 것임을 예상할 수 있다.

아이들뿐만 아니라 어른들도 진동하는 피비린내와 복수심에 파묻혀 있다. 그들은 과거 10년 중 대부분의 시간을 가슴 졸이며 하루하루를 생의 마지막 날처럼 살아왔다. 가까운 사람이 바로 곁에서 쓰러져가고 나쁜 소식이 끊이지 않고 들려왔다. 실망, 공포, 좌절, 불안 등에 오래 시달린 사람들은 점점 무감각해지고 비극은 쉽게 망각했다.

이스라엘과 팔레스타인 양측 모두 상대방의 폭력을 비난하며 '눈에는 눈, 이에는 이'로 맞서고 있다. 한 사회학자는 이스라엘과 팔레스타인이 '죄수의 딜레마'에 빠져 있다고 말하기도 했다. 평화 체제 구축을 위한 노력이 번번이 좌절될 때마다 사람들은 라빈 총리를 그리워했다.

4
막중한 역사적 사명

이스라엘-팔레스타인 분쟁이 해결되기 어려운 근본적인 원인은 역사에서 찾을 수 있다.

양측의 충돌이 시작된 것은 20세기 초였다. 당시 팔레스타인은 오스만제국의 영토에 속해 있었다. 그런데 19세기 후반 유럽에서 시오니즘이 시작되고 이에 반발하는 반유태주의anti-Semitism가 나타나자 유태인들은 전 세계에 흩어져 사는 유태인들이 반유태주의자들의 공격을 피해 안심하고 정착할 수 있는 곳을 찾아 국가를 세우기를 염원했다.

불행하게도 아르헨티나와 로디지아[24]를 제치고 선택된 곳이 바로 팔레스타인이었다.

당시 팔레스타인에는 아랍인들이 거주하고 있었다. 다시 말해, 빈 땅이 아니라 엄연히 사람이 살고 있는 곳이었다. 아랍인들은 7세기부터 그곳에 거주하고 있었다. 오늘날의 팔레스타인인은 필리시테인과 카나안인, 그리고 기타 초기 아랍부족의 후예들이다. 그렇게 따지면 4천 년의 역사를 지닌 민족인 것이다. 역사적으로 로마인, 그리스인, 아랍 이슬람교도, 십자군 등의 침략을 받으면서 팔레스타인인의 선조들이 기독교도와 아랍 이슬람교도들을 포용함으로써 오늘날의 팔레스타인 민족이 형성되었다.

---

24 아프리카 남부의 옛 영국 식민지로, 현재는 잠비아와 짐바브웨로 분리 독립했다.

유태인 이민자들이 50년 동안 사들인 땅은 팔레스타인 영토의 약 6퍼센트에 불과했고 20세기 초까지만 해도 유태인은 팔레스타인 전체 인구의 10퍼센트도 되지 않았다. 하지만 합법적 또는 불법적 이민을 통해 20세기 전반 50년 동안 유태인의 인구 비율이 30퍼센트까지 늘어났다.

1947년에도 팔레스타인 영토의 94퍼센트가 아랍인들의 소유였으며 유태인이 소유한 땅은 6퍼센트에 지나지 않았다. 그런데 그해 UN 안보리 결의안 181호가 통과되면서 상황이 완전히 바뀌었다. 이 결의안은 팔레스타인 영토의 57:43으로 나누어 각각 유태국가와 아랍국가로 분리한다는 내용이었다. 유태인의 영토가 갑자기 10배로 늘어난 것이다. 그렇게 해서 마침내 유태국가인 이스라엘이 탄생하게 되었다.

하지만 이것으로 끝이 아니었다. 1948년 중동전쟁으로 이스라엘이 팔레스타인 영토의 78퍼센트를 손에 넣었고 그 후에 다시 21퍼센트의 영토를 점령했다.

이스라엘-팔레스타인의 불공평한 관계가 두 민족 간 원한의 씨앗이 되어 지금도 팔레스타인의 아랍인과 이스라엘의 유태인 간에 충돌이 끊이지 않고 발생하는 것이다. 유태인들은 마치 제2차 세계대전 동안 나치에게 당한 학살과 박해의 분풀이를 팔레스타인인들에게 쏟아낸 것 같다.

역사적으로 팔레스타인인들은 약 5세기에 걸쳐 유태인들과 평화롭고 평등한 관계를 유지해 왔다. 그러나 1967년 6월 5일 이스라엘은 제3차 중동전을 일으켜 팔레스타인인들이 가지고 있는 나머지 영토를 빼앗았고 땅의 주인이었던 이들이 유랑자로 전락하고 말았다.

이스라엘-팔레스타인 문제는 불행히도 20세기의 가장 치열하고 긴 지역 충돌로 역사에 기록되었으며 21세기가 되도록 해결의 실마리를 찾지 못하고 있다. 영토, 민족감정, 민족관계에 가장 근본적인 원인이 있다.

반세기에 걸쳐 자행된 이스라엘의 학살과 박해는 팔레스타인인들에게 지워지지 않는 상처로 남아 있다. 1948년부터 1951년까지 약 400개의 아랍인 마을이 이스라엘 군대에 의해 파괴되었고 집과 땅을 잃은 팔레스타인인들은 난민이 되어 각지를 유랑해야 했다.

도시에 거주하는 이들도 재앙을 피할 수 없었다. 그들은 도시에서 쫓겨나 외진 시골과 해외로 추방당했고 그 와중에 수많은 이산가족이 생기고 부녀자와 어린아이, 노인들이 목숨을 잃었다. 불완전한 통계이기는 하지만 팔레스타인 인구의 거의 절반가량이 난민이 되었으며 400만 명 이상의 팔레스타인인들이 해외에서 떠돌고 있다고 한다.

자신의 죄를 참회하는 것은 결코 쉬운 일이 아니다.

동아시아에서 일본이 처한 상황과 마찬가지로 이스라엘도 과거의 잘못에 대해 팔레스타인인들에게 진심으로 사과하고 배상하는 것이 두 민족 간의 불화를 근본적으로 해결하는 첫 단추가 될 것이다. 인명 피해와 경제적 손실에 대한 배상 외에 팔레스타인인들의 합법적인 권리를 회복시키는 것도 매우 중요하다.

그러기 위해서는 당파 간에 공감대가 형성되어야 하며 다음으로는 법률적인 문제를 해결해야 한다. UN 결의문의 합법성, 팔레스타인의 국가 주권 및 영토의 완전성, 국제인도주의법의 효력 문제 등이 모두 여기에 포함된다.

법률에 의해 공정하게 보호되지 못한 상황에서 진정한 화해가 이루어지기란 불가능하다.

국제 문제는 당사자들만의 노력으로는 해결할 수 없으며 여러 국가의 공동 노력과 타협이 필요하다는 것이 이미 역사를 통해 증명되었다. 하지만 무엇보다도 중요한 것은 역사에 대한 존중과 현실적인 태도를 갖는 것이다. 이 점에 있어서는 제2차 세계대전 이후 독일이 보여준 책임감 있는 태도가 좋은 본보기가 될 것이다.

UN에 대한 이스라엘의 오만한 태도도 분쟁을 해결하는 데 큰 걸림돌로 작용하고 있다. 이스라엘은 UN 안보리 결의안 제181호의 결정에 반발해 전쟁을 일으켜 팔레스타인 영토를 점령했을 뿐 아니라, UN이 이스라엘-팔레스타인 분쟁을 중재하는 것도 거부했다. 이스라엘이 1967년 중동전쟁을 일으켜 점령한 팔레스타인 지역에서 군대를 철수할 것을 요구한 UN 안보리 결의안 242호와 338호도 이스라엘 강경파들은 받아들이지 않고 있다.

정착촌 비거주자 문제도 해결하기가 쉽지 않다. 이 문제를 해결하지 못하면 팔레스타인의 국가 건립과 지역 평화를 실현하는 것은 불가능하다. 장기적인 평화 체제를 구축하려면 정착촌 거주자들이 현실을 직시하고 팔레스타인 법률을 준수해야 하지만 이 역시 거의 불가능해 보인다. 이스라엘 점령지역에서 불법 거주자들을 추방하는 문제도 이스라엘이 처리해야 할 중요한 과제다.

다비드 벤구리온David Ben-Gurion 이스라엘 전 총리는 "이스라엘 군인의 발밑에 있는 땅은 모두 이스라엘 영토다"라고 말했다. 이스라엘인들이 타국의 주권을 얼마나 무시하는지 이 발언에서도 확연히 드러난다. 그들이 국제법의 보호를 받고 있는 이스라엘-팔레스타인의 경계를 무시하고 오랫동안 타국의 영토를 점령하고 있음에도 불구하고 이스라엘 국내에서 그에 대해 이의를 제기하는 사람이 거의 없는 것도 그런 인식이 바탕에 깔려 있기 때문이다.

또한 자원 분배도 큰 문제다. 요르단 강 서안에 있는 연 6억 입방미터의 수자원 가운데 4억 9000만 입방미터를 이스라엘이 점유하고 있고 팔레스타인은 1억 1000만 입방미터밖에 갖지 못했다. 경지면적과 수자원 부족이 팔레스타인이 겪고 있는 고질적인 식량난의 근본 원인이다.

문제의 핵심은 바로 예루살렘에 있다. 팔레스타인은 예루살렘을 팔레스타인의 수도로 삼겠다고 주장하지만 이스라엘이 이를 받아들이지 않고 있다. 이 문제를 해결하기 위해 국제사회는 두 나라의 국경선이 예루살렘을 통과하게 하는 방안을 제안했지만, 이스라엘 강경파가 결코 양보하지 않고 있다.

그렇다면 해결방법은 무엇일까?

양측이 화해하고 평화 체제를 구축하는 것만이 상호 공존하고 공동 번영을 실현할 수 있는 방법이다. 이스라엘의 입장에서 팔레스타인과의 화해는 아랍과 이슬람 세계로 향하는 창구를 연다는 의미가 있다.

그런데 그러기 위해서는 양측 모두 한 발씩 양보해야 한다. 민감한 예루살렘 문제와 수자원 문제에 이르기까지 양측이 서로 조금씩 양보해야 한다. 무력과 폭력으로는 진정한 평화를 실현할 수 없다.

성경에 유태인과 아랍인이 모두 아브라함의 자손이라고 기록되어 있다. 역사적으로도 그들은 오랫동안 평화롭게 공존해왔으며 십자군이 침입했을 때에도 힘을 합쳐 막아냈다. 서구 열강들의 간섭으로 형제끼리 한 세기 동안 벽을 쌓고 서로 할퀴고 싸웠을 뿐이다. 과거의 평화를 회복하기 위해 이스라엘과 팔레스타인 모두 인식을 바꾸어야 한다.

더욱이 상업적으로 비상한 수완을 가진 유태인들은 태생적으로 전쟁보다는 협상을 통해 문제를 해결하는 것에 더 익숙하다. 상인들은 이익을 위해서라면 남과 싸울 수도 있지만, 아무리 그렇다 해도 삶의 터전이 불안해지는 것은 결코 바라지 않는다.

"이스라엘은 결코 무력으로 안전을 지키려고 하지 않을 것이다. 이스라엘은 필요하다면 모든 적과 싸워 이길 수 있지만, 만일 이스라엘이 원하는 것이 평화라면 팔레스타인 영토에서 철수해야 한다."

이것은 다름 아닌 에후드 올메르트Ehud Olmert 이스라엘 전 총리가 2008년 9월 사퇴를 선언하면서 했던 말이다. 올메르트는 당시 분쟁을 영구적으로 해결하는 방안으로 국제사회가 인정하는 이스라엘-'팔레스타인국' 국경선을 긋는 방법을 제안했다.

5
미국에게 '노'라고 말하는 이스라엘

과거 10년간, 또는 그 이상의 세월 동안 미국은 습관처럼 자주 남의 나라를 괴롭히고 짓밟았지만 반대로 타국에 의해 괴롭힘을 당한 경우는 거의 없다.

하지만 그런 일이 전혀 없었던 것은 아니다. 게다가 그 나라는 미국이 번번이 화를 내면서도 마땅히 반격할 방법을 찾을 수 없게 만들었다.

과연 어느 나라일까?

이미 예상했겠지만 그 나라는 바로 이스라엘이다.

2010년 3월 바이든 미국 부통령이 이스라엘 방문 기간에 푸대접을 받은 일에서도 이 점이 명확하게 드러난다. 당시 바이든이 이스라엘-팔레스타인 평화 구축에 관한 회담을 위해 이스라엘을 방문했다. 그런데 바이든이 열심히 이스라엘 고위 관리들을 만나고 다니던 그때, 이스라엘 내무부가 뜻밖에도 동예루살렘에 주택 1600채를 새로 건설하겠다는 계획을 발표한 것이다. 동예루살렘은 1967년 이스라엘이 무력으로 점령한 지역으로 팔레스타인이 자신들의 수도로 삼겠다고 요구하고 있는 지역이기도 하다. 바이든으로서는 체면이 구겨지는 일이 아닐 수 없었다.

네타냐후 이스라엘 총리는 자신은 이 결정의 발표 시기에 대해 알지 못했다며 "일어나지 말았어야 했던 해로운 사건"이라며 유감을 표하면서도 주택 추가 건설 계획을 철회하지는 않았다. 그러자 미국이 심하게 분노해 양국 관계가 일시적으로 경색되었다. 이에 대해 마이클 오렌 Michael Oren 주미 이스라엘 대사는 "미국과 이스라엘의 관계가 35년 만에 최악의 상황으로 치달았다"고 말했다.

역사학자이자 미국과 이스라엘 관계에 대해 낙관론을 견지해온 오렌은 이 사건을 1975년 미국이 이스라엘에 시나이 반도에서 철군할 것을 요구했을 때 키신저 당시 미 국무장관과 라빈 이스라엘 총리가 강경하게 대립했던 일과 비교했다.

표면적으로 보면 이 사건은 이스라엘 내무부와 총리실, 외교부의 소통 부족으로 일어난 일이지만, 좀 더 깊이 들어가보면 네타냐후의 묵인하에 이루어진 밀고 당기기식 전략 구사였다. 그 목적은 대외적으로는 협상의 카드를 하나 더 쥐고, 국내적으로는 정부가 팔레스타인과의 문제에서 크게 양보하지 않을 것임을 보여주는 데 있었다.

이스라엘의 이 행동은 우물에 빠진 상대에게 돌을 던지는 격이었다. 오바마 정부는 부시 정부에 비해 이스라엘에 우호적이지 않았으며 의식적으로든 무의식적으로든 이스라엘과 일정한 거리를 유지하고 있었다. 오바마 정부가 지지율 급락 속에서 발등에 떨어진 국내 문제를 처리하느라 여념이 없는 와중에 이스라엘이 미국 정부에게 일격을 날린 것이었다. 이스라엘-팔레스타인 문제에 적극적으로 개입하지 말라는 메시지였다.

미국의 동맹국들 가운데 이스라엘처럼 용감하게 행동한 나라는 지금 껏 없었다. 이스라엘의 이런 자신감은 어디에서 나오는 것일까?

무엇보다도 중요한 것은 이스라엘의 탄탄한 경제력과 군사력이다. 이 스라엘은 중동에서 가장 강한 실력을 가진 나라다. 경제력과 군사력을 합친 종합실력이 다른 중동 국가들에 비해 월등히 앞설 뿐만 아니라 핵 무기도 보유하고 있다. 이것은 미국이 이스라엘과 우호관계를 유지하는 이유이기도 하다. 이스라엘은 미국이 아우로 생각하는 나라들 중에서도 실력이 제법 괜찮은 축에 속한다. 사실 이스라엘이 팔레스타인처럼 약 소국이었다면 유태인들이 아무리 자비를 털어가며 로비를 했다 해도 미 국이 그렇게 오랫동안 이스라엘을 비호했을 리 만무하다. 세상 모든 일 은 이익을 중심으로 돌아가는 법이다.

물론 이스라엘도 미국과 밀접한 관계를 유지하기 위해 많은 노력을 기울였다. 미국의 이익과 관련된 거의 모든 사안에서 이스라엘은 확고 부동하게 미국의 편을 들어주었으며, 미국과의 관계 유지를 위해 천문 학적인 로비 자금을 쏟아부었다. 아랍 국가들은 미국이 이스라엘을 '싸 고돈다며' 불만을 토로하지만, 미국 정부와 의회에 대한 이스라엘의 로 비가 다른 나라들과는 비교도 할 수 없을 만큼 조직적이고 역사가 오래 되었다는 점은 아랍 국가들도 인정하는 바다.

워싱턴에서 활동하고 있는 이스라엘의 로비스트들은 미국 의회의 문 이 자신들을 향해 시종일관 활짝 열려 있다고 말한다. 그 문 안에서 이스 라엘-팔레스타인 문제에 대해 진정한 토론이 이루어지는 일은 극히 드 물다. 미국 국회의원 가운데 이스라엘에게 '노'라고 말할 수 있는 이가 거의 없기 때문이다.

이런 배경을 이해한다면 미국이 매년 이스라엘에 30억 달러의 원조를 제공하는 이유도 명백해진다. 이는 미국의 한 해 대외원조액의 3분의 1에 달하는 액수다. 이스라엘이 다른 국가들에 비해 미국의 원조를 더 받아야 할 뚜렷한 이유가 있는 것도 아닌데 말이다. 국제무대에서 미국은 늘 이스라엘의 보디가드를 자처해 왔다. 미국이 1982년부터 UN 안보리에서 부결권을 행사해 이스라엘에 불리한 결의안을 좌초시킨 것만 해도 30차례가 넘는다.

이번에도 예외가 아니었다. 주택 추가 건설 계획으로 백악관이 이스라엘에 대해 노골적인 불만을 표출한 후 미국-이스라엘 공공정책위원회American Israel Public Affairs Committee 등 미국 내 유태인 로비단체들이 두 팔을 걷어붙이고 나서서 백악관이 양국의 긴장 완화를 위해 모종의 조치를 취하도록 부추겼다.

세상 모든 일에는 이유가 있다. 영문 모르게 사라진 일일수록 그 뒤에는 분명한 진실이 숨어 있는 법이다.

이란 핵문제에 있어서도 이스라엘은 미국에게 결코 멀리할 수 없는 존재다. 미국은 이스라엘이 일방적으로 이란을 공격해 미국을 '활화산'으로 끌고 들어가는 것을 원치 않지만, 또 한편으로 이란을 압박하기 위해서는 이스라엘이라는 파트너가 반드시 필요하다.

에너지 분야에서도 이스라엘은 미국의 든든한 우방이다. 미국이 세계적인 패권을 계속 유지하려면 중요한 자원(석유와 천연가스)을 보유하고 전략적으로 중요한 위치에 있는 중동을 통제해야 하는데, 중동을 통제하기 위해서는 이슬람 세계의 한복판에 믿을 수 있는 동맹국이 반드시 있어야 한다.

이스라엘과 미국의 공통된 가치관과 유사한 사회정치제도도 양국 관계를 이어주는 탄탄한 기반이다. 따라서 미국은 이스라엘을 중동의 가장 중요한 전략적 자원이자, 다른 세력(이란, 리비아 등)을 견제할 수 있는 중요한 지렛대로 삼고 충실한 후원자를 자처하고 있는 것이다.

이스라엘이 중동에서 거침없이 큰 목소리를 내는 것도 이 같은 사정을 모두 알고 있기 때문이다. 이스라엘은 무슨 일이 있어도 미국이 자신들을 버리지 못한다는 확신을 가지고 있다. 하지만 이스라엘 외에 미국과 이런 관계를 맺을 수 있는 나라는 없다. 유태인처럼 막대한 자금과 막강한 권력을 가지고 있고 뛰어난 로비 능력에 노련한 정치 수완을 겸비했으며, 단결심 또한 대단한 민족이 이 지구상에 많지 않기 때문이다.

국제 관계에서 가장 가치 없는 것은 눈물이다. 실력과 온화한 미소에서 나오는 소프트파워만이 국제사회에서 발언권을 확보할 수 있는 무기다.

6
죽어가는 사해

이스라엘은 사해 연안에 위치해 있다. 사해의 진흙은 피부 재생 능력이 탁월한 것으로 유명하다. 그 때문에 이스라엘과 팔레스타인의 충돌이 끊이지 않음에도 불구하고 해마다 세계 각지에서 수많은 사람들이 사해로 몰려든다. 피부병을 앓고 있는 사람들에게 사해는 곧 천국과도 같다.

그런데·몇 년 전 이스라엘 환경부가 피부병 환자들을 탄식하게 할 소식을 발표했다. 사해가 곧 사라질 위기에 처했다는 것이다.

2009년 말 이스라엘 환경부가 발표한 보고서에 따르면, 사해의 해수면이 해마다 낮아지고 있고 이를 막을 수 있는 적절한 조치도 이루어지지 않고 있기 때문에 지구상에서 해발 고도가 가장 낮고 염분 함량이 가장 높은 이 내륙호수가 머지않은 장래에 진정한 '죽은 바다'로 변하게 될 전망이다. 아무리 길게 잡아도 2050년이면 지구상에서 사해를 볼 수 없을 것으로 예상된다.

이 연구보고서는 적절한 대비책이 나와야만 사해의 '죽음'을 막을 수 있다고 경고했다. 사해가 사라진다면 이스라엘, 요르단 등 주변 국가에게는 재앙과도 같은 일이 될 것이다.

사해는 이름과는 달리 활력이 충만한 곳이다. 사방이 뜨거운 사막으로 둘러싸여 있어 해수증발량이 많기 때문에 사해의 물에는 고농도의 소금과 각종 광물질이 함유되어 있다. 사해에서 튜브나 구명조끼가 없이 물에 둥둥 떠다닐 수 있는 것도 이 때문이다. 사해는 관광명소로 주변에 고급호텔들이 즐비하게 서 있고 일 년 내내 관광객들이 끊이지 않는다. 소중한 천연자원이자 관광자원인 이곳이 천천히 사라지고 있다는 현실에 사람들이 안타까움을 금치 못하고 있다. 관광업 외에도 사해에 의지하고 있는 관련 산업들이 적지 않다. 요르단이든 이스라엘이든 사해의 풍부한 광물자원에 눈독 들이고 있는 기업이 많다. 그들 역시 사해가 진정한 '죽은 바다'가 되는 것을 원치 않는다.

사해가 사라지고 있다는 소식에 상심한 것은 과학자와 사진작가, 영화감독, 그리고 지리 교과서를 통해 이곳을 배우고 언젠가는 직접 가서 몸이 물에 뜨는 것을 느껴보겠다는 소망을 품고 있는 아이들도 마찬가지다.

이스라엘 환경부는 정부와 의회에 가능한 모든 방법을 통해 사해의 소멸을 막아줄 것을 촉구했다. 그들이 처음 구상한 계획은 지중해에서 바닷물을 끌어오는 것인데 막대한 비용이 소요되는 사업이다. 이스라엘 -팔레스타인 분쟁으로 나날이 쇠퇴하고 있는 이스라엘의 경제 상황으로는 이렇게 큰 비용을 감당하기 어렵다. 현재로서 기대할 수 있는 가장 현실적인 방법은 홍해와 사해 사이에 수로를 건설하는 것이다. 이렇게 하면 사해로 유입되는 수량을 늘릴 수 있을 뿐 아니라 홍해에서 사해로 흘러가는 물을 이용해 수력발전을 할 수도 있다. 그러나 이 프로젝트에 필요한 약 50억 달러의 비용을 한 국가가 감당하는 것은 불가능할 뿐만 아니라 프로젝트가 순조롭게 진행되기 위해서는 평화적인 주변 환경이 조성되어야만 한다. 세계은행은 홍해에서 사해로 흘러들어가는 물이 중동 평화와 협력의 상징이 될 것이라고 전망했다.

하지만 문제는 이스라엘과 팔레스타인이 첨예하게 대립하고 있고, 아랍과 이스라엘의 분쟁이 날로 격화되고 있는 상황에서 누가 과연 평정심을 유지하면서 이스라엘과 협상하려 할 것이며, 또 전운이 감도는 곳에 수로를 건설하는 프로젝트에 누가 돈을 투자하려 하겠느냐는 것이다.

아무런 노력도 하지 않은 것은 아니다. 2005년 요르단과 이스라엘, 팔레스타인 정부가 홍해와 사해 사이에 수로와 수력발전소를 건설하는 프로젝트를 공동으로 추진하기로 합의했다. 하지만 이스라엘과 팔레스타인의 정치적 갈등과 무력충돌로 인해 아직도 답보 상태에 머물러 있다.

정치적 장벽을 넘는 것은 결코 쉬운 일이 아니다. 이스라엘은 팔레스타인 지역을 둘러싸는 분리장벽을 건설함으로써 큰 대가를 치르고 있다. 이스라엘이 분리장벽을 설치한 후 아랍 국가들 사이에서 이스라엘과는 그 어떤 협력도 하지 않기로 암묵적인 공감대가 형성되었다. 홍해 연안에 위치한 이집트는 '홍해-사해 간 수로 건설 프로젝트'가 아랍연맹의 결의를 위반하는 것이라고 공개적으로 밝혔다. 이스라엘이 팔레스타인 문제에서 태도를 바꾸지 않는 한 이집트, 사우디아라비아 등 아랍 국가들이 이스라엘의 사해 살리기에 동참하지 않을 것으로 보인다.

이스라엘-팔레스타인 분쟁으로 피해를 입고 있는 것은 요르단 강도 마찬가지다. 겉으로 보면 사해의 소멸은 유일한 수원인 요르단 강에서 공급되는 물의 양이 적은 것이 그 원인이지만, 근본적으로 사해의 수원 고갈과 요르단 강의 수량 감소를 일으킨 것은 이스라엘과 요르단의 '물 전쟁'이다.

이스라엘과 요르단에서 요르단 강 서안에 이르는 지역은 대부분 사막이거나 반사막 지대로 본래 물이 매우 부족하다. 그 때문에 요르단 강 연안 국가들 사이에서 수십 년 동안 수자원을 둘러싼 분쟁이 끊이지 않고 있다. 유감스럽게도 이스라엘과 요르단이 대립하고 있고, 이스라엘과 리비아의 관계가 경색되어 있으며, 이스라엘과 팔레스타인도 오랜 분쟁을 벌이고 있다. 이렇게 복잡한 관계 속에서 각 당사국들 모두 이성적으로 공동의 위기에 대처하지 못하고 있다.

중동 평화협상이 결렬과 재개를 수없이 반복하고 있는 것과 마찬가지로 중동의 수자원협상도 숱한 우여곡절을 겪고 있다. 우선 이스라엘과 팔레스타인의 관계가 안정되어야만 이 모든 협상에서 진전을 기대할 수 있다.

객관적으로 볼 때 이스라엘은 수자원협상에 비교적 성실하게 임했다. 하지만 문제는 팔레스타인 문제에서 협상의 기초인 신뢰와 평정을 깨뜨리고 있다는 점이다. 이스라엘-팔레스타인 분쟁으로 인해 이스라엘 정부의 집중력이 분산되었으며, 경제적으로도 큰 손실을 입어 다른 국가들과 사해와 수자원 문제를 해결할 수 있는 역량이 크게 감쇄되었다. 수자원 문제와 사해 문제를 해결할 수 있는 시간적인 여유가 점점 줄어드는 동안 요르단 강 유역의 인구는 나날이 급증하고 있다.

새로 태어난 생명들이 물과 평화를 갈구하고 있다. 과연 누가 그 아이들의 소망을 해결해줄 수 있을까?

제8장

집중력이 분산된 미중 관계

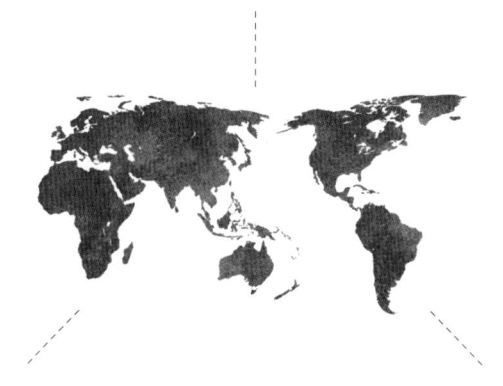

지난 10년 동안 미국이 세계를 쥐락펴락할 수 있었던 배경에는 과거 20년 동안 미국이 모든 주의력을 경제적 가치에만 집중시켰던 역사가 있다. 미국이 정확한 목표에 주의력을 집중시키면 언제나 성과가 나타났지만 주의력이 조금이라도 흐트러지면 어김없이 난처한 궁지에 빠지곤 했다. 그런데 유감스럽게도 세 명의 대통령이 연달아 각각 다른 일에 정신을 빼앗기고 말았다. 클린턴에게는 이성과의 로맨스가, 부시는 이라크 전쟁이, 그리고 오바마에게는 의료개혁이 각각 한눈을 팔게 한 대상이었다. 그에 대한 대가로 클린턴은 위대한 대통령이 될 기회를 잃어버렸고, 부시는 알 카에다를 소탕할 수 있는 기회를 망쳤으며, 오바마는 미국 경제를 회복시킬 수 있는 절호의 기회를 놓쳐버렸다.

오바마의 실수는 미중 관계에까지 영향을 미쳐 오바마 취임 이후 한때 화기애애했던 미중 관계가 급속히 냉각되고 말았다.

1

오바마의 '융통성'

오바마가 부지런하고 성실하다는 것은 누구도 인정하는 바다. 그는 취임한 지 2년도 안 되어 여러 가지 개혁을 추진한 것도 모자라 이라크에서 계획대로 군대를 철수했으며 몇몇 나라들과의 긴장 관계까지 해소했다. 그런데 안타깝게도 아주 중요한 한 가지 문제에 대해서는 그리 심혈을 기울이지 않았다. 바로 미중 관계다.

그렇다고 아무 것도 하지 않고 방치했던 것은 아니다. 오바마 정부의 고위급 관리들이 대중 관계에 많은 노력을 기울였고 2009년 1분기부터 3분기까지 빈번하게 중국을 방문해 경제협상을 진행했다. 그런데 2010년이 되자마자 대만에 대한 미국의 무기 수출, 구글의 중국 철수, 오바마 대통령과 달라이 라마의 회견, 미중 통상마찰 등 두 나라 사이에서 갈등이 속속 터져 나왔다. 한창 물이 올랐던 미중 관계가 롤러코스터를 타듯 추락한 것이다.

취임 초기 오바마가 미중 관계를 가장 중요한 외교 관계로 삼고 중국의 번영과 성장을 낙관하고, 힐러리가 한 술 더 떠서 미중 양국이 '한 배를 탄 동지'라고 말했던 것이 무색하게도 말이다. 당시의 미중 관계는 부시 집권 시절의 화기애애한 분위기를 이어받아 친밀하게 유지되고 있었다.

하지만 미국 정치의 속성을 잘 꿰뚫고 있는 미국 언론계 인사들은 그것이 오바마 정부에게 중국이 간절하게 필요했기 때문임을 잘 알고 있었을 것이다. 당시는 미국이 금융위기의 충격에서 벗어나지 못하고 있던 때였다.

믿겨지지 않는다면 미중 관계가 언제부터 삐걱거리기 시작했는지 돌이켜보자. 미중 양국이 불협화음을 내기 시작한 시기는 미국 정부가 금융위기에서 벗어나 경제가 조만간 회복될 것이라고 예상하던 때와 정확히 일치한다. 2009년 7월 무렵 미국 경제학자들이 미국의 경기침체가 끝났다고 주장하기 시작했고 8월 초에는 오바마도 "미국의 경기침체가 끝났다"고 선언했다. 그리고 바로 다음 달인 9월 중순 미국 정부는 중국산 저가 타이어에 보복관세를 부과하고 WTO에 중국을 제소했다.

바로 이 점이 중국인들에게 매우 좋지 않은 인상을 남겼다. 강을 건너자마자 배를 부수어 땔감으로 쓰려는 것과 다를 바 없었다. 그런데 오바마는 얼마 되지 않아서 다시 "앞으로는 이런 일이 없을 것이니 중국이 양해해주길 바란다"고 말했다. 이에 대해 보복관세 부과 조치가 오바마가 의료개혁을 앞두고 미국 국내 여론을 유리하게 유도하기 위한 수단이었다는 분석이 잇따랐다.

그런데 결과는 어땠을까? 오바마는 자신의 말재주가 얼마나 '융통성' 있는지 아낌없이 보여주었다. 미국은 그 뒤에도 한 번도 아닌 여러 번이나 비슷한 조치들을 속사포처럼 쏟아냈다.

그런데 융통성이라는 것이 양날의 검과 같아서 대화를 통해 많은 일을 해결하는 것 같지만, 다른 한편으로는 사리에 어긋나는 일들도 많다는 것을 의미한다. 미국 학자와 언론들도 오바마가 너무 쉽게 타협하고 남의 의견에 휘둘려 종종 소탐대실한다고 지적했다.

중요한 것은 정치가가 어느 정도 융통성을 발휘하는 것은 이해할 수 있지만, 결정권을 가진 책임자가 융통성이 지나치거나 줏대가 없으면 여러 가지 문제를 낳는다는 사실이다. 오바마의 과도한 융통성은 이미 미중 관계에 여러 가지 갈등을 불러왔으며 앞으로도 이 중요한 양자 관계의 발전을 심각하게 저해할 수 있다.

　이 점은 이라크 문제에 정신을 빼앗기면서도 중국과의 관계를 소홀히 하지 않았던 부시 전 대통령을 떠올리게 한다. 부시가 백악관을 떠나던 날, 필자가 한 프로그램에서 이렇게 말한 바 있다.

　"중국인들은 머지않아 미중 관계를 신중하게 처리했던 부시를 그리워하게 될 것이다."

2
부시의 대중 정책

　오바마가 부정하고 낮게 평가했던 부시가 미중 관계에 있어서는 오히려 오바마의 스승이 될 수 있다. 오바마는 세 가지 점에서 부시를 본받아야 한다.

　첫째, 부시는 감정을 중시했다.

　부시는 많은 일들을 겪으며 중국이라는 나라가 일부 언론이 장님이 코끼리 다리 더듬듯 떠들어대는 것과 달리 열정이 많고 의리를 중시한다는 사실을 깨달았다. 그때부터 부시는 중국과 우호적인 관계를 유지했다. 중국인들에게 가장 깊은 인상을 남긴 것은 베이징올림픽 당시 힐러리가 강력하게 보이콧을 주장했음에도 불구하고 부시가 온 가족을 데리고 올림픽 개막식에 참가했던 일이다.

　둘째, 부시는 큰 틀을 지키기 위해 작은 것은 포기할 줄 알았다.

　부시 집권 시기에도 일부 정치인과 이익단체들이 중국을 향해 노골적인 비난과 공격을 쏟아낸 것은 마찬가지지만, 부시는 미중 양국의 원만한 관계라는 큰 틀을 유지하기 위해 문제를 크게 확대하지 않았다. 중국산 제품에 대한 특별보호관세 부과 법안에 대해 부시가 네 차례나 거부권을 행사한 것도 그런 맥락에서 이해할 수 있다. 부시도 국내 정치를 위해 관세 부과라는 카드를 이용하는 방안을 고려하지 않은 것은 아니지만, 중요한 미중 관계를 국내 정치를 위해 희생시킬 수 없다고 생각했던 것이다.

셋째, 부시는 '이익상관자stakeholder'라는 개념을 제시하고 '유행'시켰다. 세 가지 가운데 이 점이 가장 중요하다.

이 개념을 처음 제시한 사람은 부시 행정부에서 무역대표부 대표를 지내기도 한 로버트 졸릭Robert Zoellick 전 미국 국무부 차관이지만 이를 대중 정책의 기본 개념으로 삼은 것은 역시 부시 대통령이었다. 이 개념이 사람들에게 공감을 얻기 시작하면서부터 미중 관계가 사실상 정상 궤도로 올라섰으며 그 후로 오랫동안 안정을 유지했다.

부시 집권 말기에 이르러서는 '이익상관자'의 개념이 거의 성숙 단계에 이르러 오바마는 그대로 이어받기만 하면 그만이었다. 하지만 오바마는 부시의 정책이라면 무엇이든 일단 뒤집고 부정하기에 급급했다. 게다가 아쉽게도 그는 아주 오랫동안 이를 대신해 미중 관계를 정립할 수 있는 새로운 개념을 내놓지 못했다.

결과적으로 2010년 미중 관계는 황량한 벌판에 버려져 오도 가도 못하는 신세가 되었다. 이렇게 된 데에는 오바마도 어느 정도 책임이 있다. 오바마가 전략적인 차원에서 부시의 일부 외교 정책에 반대한 것을 전혀 이해하지 못하는 바는 아니지만, 문제는 미중 관계가 부시 정부가 오바마 정부에게 남겨준 가장 훌륭한 외교 유산이라는 점이었다. 그러므로 오바마는 굳이 미중 관계를 크게 개혁하거나 바꿀 필요가 없었다.

더욱이 경기 부양을 위해 2년 가까이 애썼음에도 불구하고 미국 경제는 여전히 침체를 벗어나지 못하고 있었다. 실업률은 떨어지지 않고 미국인들 사이에서 실망감이 확산되고 있었으며, 외교 분야에서도 오바마 정부는 아프가니스탄 전쟁과 이란과 북한의 핵위기를 대처하느라 충분히 바빴다. 그런 상황에서 굳이 부시가 거둔 성과를 포기하면서까지 중국을 자극할 필요가 있었을까?

사실 오바마가 국내에서 정치권과 여론의 강한 압력을 받았던 것은 이해한다. 때로는 어느 정도 타협이 필요한 것도 사실이다. 하지만 현명한 정치가라면 해야 하는 것과 하지 말아야 할 것을 구별할 줄 알아야 한다. 더욱 치명적인 것은 오바마가 부시처럼 미중 관계의 큰 틀을 유지하지 못했다는 점이다. 이것은 곧 그가 미중 관계를 진정으로 중요하게 생각하지 않았음을 의미하는 것이다.

오바마는 취임 직후부터 의료개혁, 금융개혁 등을 야심차게 계획하고 추진해 어느 정도 가시적인 성과를 거두었다. 하지만 아쉽게도 오바마가 '가장 중요한 외교 관계'라고 입버릇처럼 말하던 미중 관계에 있어서는 체계적으로 설계하거나 추진하지 않았다. 이 점이 중국에게 그가 겉과 속이 다른 인물이라는 인상을 주었다. 이는 결국 미중 양국의 관계 발전을 저해하는 결과를 낳았으며 오바마는 중국과의 적극적인 협력을 통해 경제를 회복시킬 수 있는 기회를 잃어버리고 말았다.

일부에서 오바마가 미중 관계를 '홀대했던' 것을 진심으로 후회하는 날이 올 것이라고 말한 것도 무리가 아니다. 오바마는 지지율이 반 토막 나는 것을 보면서 이것이 중국에게 더 강경하게 대처하지 못했기 때문이 아니라 국민들의 최대 관심사인 경제와 민생 문제에 있어서 이렇다 할 성과를 내지 못했기 때문임을 알았을 것이다. 사실 미국의 경기 부양이라는 문제에 있어서 중국과의 관계는 매우 중요한 의미를 가지고 있었다. 남아공 대통령이 10여 명의 장관과 수백 명의 기업가를 데리고 중국을 방문한 것도 바로 같은 맥락에서 이해할 수 있다.

여러 미국 학자들이 지적한 것처럼 오바마는 과거 수십 년 동안 역대 미국 대통령들이 중국을 비난하고 공격했지만 모두 입바른 소리에만 그쳤을 뿐 중국을 실질적으로 바꾸어놓지는 못했다는 사실을 알아야 한다. 오바마가 '스승'으로 삼는 링컨이나 케네디라면 그처럼 힘만 들고 성과도 없는 일은 처음부터 아예 시작도 하지 않았을 것이다.

3
링컨이 남긴 교훈

2009년 9월 11일, 오바마 정부가 갑작스럽게 중국산 타이어에 대한 보복관세 부과를 발표한 것은 아무도 예상치 못한 일이었다. 이것이 미중 양국의 화기애애했던 관계에 찬물을 끼얹은 사건이었음은 그 후에 일어난 일들로 충분히 증명되었다.

오바마가 이처럼 소탐대실의 실수를 저질렀다는 것도 의외지만 그보다 더 뜻밖인 것은 그 결정을 발표한 시기였다. 월가에서 금융위기가 시작된 지 꼭 1주년 되는 때였으므로 백악관으로서는 스스로 중국을 "한 배를 탄 동지"라고 했던 것을 새삼스럽게 떠올리며 그 1년 동안 중국이 미국을 향해 보낸 지지와 지원을 돌아보아야 하는 시기였다. 더구나 미국 피츠버그에서 곧 G20 정상회담이 열릴 예정이었으므로 강대국 간의 협력과 공조가 주요 이슈로 떠오르고 있는 시기이기도 했다. 그런데 바로 이런 때에 미국이 기습적으로 중국을 향해 무역공격을 했다는 것 자체가 시의적절하지 못했으며 G20 정상회담의 의미를 퇴색시킬 수도 있는 위험한 일이었다.

아마 오바마의 '스승'들이 하늘에서 통탄하지 않았을까 싶다.

오바마는 기회가 있을 때마다 링컨 대통령을 자신의 '스승'으로 칭하며 그의 낙천성과 국민을 사랑하는 마음을 본받겠다고 말했다. 그러나 그는 링컨을 진정으로 본받지 못한 것 같다. 다른 건 몰라도 가능한 모든 역량을 동원해 단결시키는 링컨의 지혜는 조금도 배우지 못했다. 만약 링컨이 살아 있었다면 그는 절대로 바다 건너 저편의 중국을 그렇게 난데없이 공격하는 일 따위는 하지 않았을 테니까 말이다. 오바마가 그토록 비난하고 깎아내렸던 부시 주니어조차도 그런 얼토당토않은 법안은 번번이 거부한 바 있었다.

남북전쟁에서 북군의 승리 요인을 분석할 때 사람들이 남군과 북군의 실력과 경제적, 정치적 요인만큼이나 중요하게 평가하는 것이 바로 링컨의 뛰어난 리더십이다. 특히 내각을 단결시킨 링컨의 모습에서 '단결시킬 수 있는 모든 역량을 단결시키는' 큰 지혜를 분명하게 엿볼 수 있다.

위기가 닥쳤을 때 링컨은 가능한 한 모든 사람을 단결시키고 적을 동지로 만들어야 한다는 사실을 누구보다 잘 알고 있었다. 링컨 대통령이 대통령에 당선된 뒤 자신과 선거에서 경쟁했던 대통령 후보 네 명을 고위직에 임명한 것은 미국 역사에서도 매우 드문 일이다. 윌리엄 시워드William Seward 국무장관, 새먼 체이스Salmon Chase 재무장관, 에드워드 베이츠Edward Bates 법무장관, 그리고 사이먼 캐머런Simon Cameron 국방장관이 바로 그들이었다.

동서고금을 통틀어 이렇게 했던 지도자는 거의 없었다. 개인적인 친분을 배제하고 인사 문제를 공정하게 처리한 지도자는 있어도 경쟁자를 요직에 등용한 사례는 없었다. 게다가 그들은 경선 초기에 링컨을 얕보고 무시하고 조롱했던 이들이었다.

그러나 링컨은 국가에 이롭기만 하면 자신의 개인적인 감정은 그다지 중요하게 생각하지 않았다. 국가적으로 어려운 시기에 내각이 단결할 수 있다면, 설령 그것이 그저 상징적인 단결일 뿐이라 해도 매우 중요한 일임을 그는 알고 있었다.

특히 링컨과 새먼 체이스의 관계는 링컨의 남다른 지혜를 더 분명하게 보여준다. 체이스는 링컨에 의해 재무장관으로 임명된 후에도 대통령을 향한 야망을 버리지 않고 호시탐탐 기회를 엿보았다. 비록 선거에서 링컨에게 패배하기는 했지만 그는 여전히 자신이 링컨보다 더 유능하다고 생각하고 링컨에게 큰 불만을 품고 있었다. 특히 놀라운 것은 체이스가 재무장관으로 내각에 입성한 직후에 다음 선거에서 자신이 공화당 대통령 후보 자리를 놓고 링컨과 경쟁할 것이라고 선언했다는 사실이다. 뿐만 아니라 체이스는 링컨이 정책을 결정할 때마다 사사건건 이의를 제기해 링컨과 대립하고 갈등을 일으켰으며 재무부의 인사권을 자신에게 완전히 넘겨달라고 요구했다. 그는 또 링컨을 압박하기 위한 방법으로 툭하면 사직서를 던지는 버릇이 있어서 임기 동안 네 번이나 사직서를 내기도 했다.

체이스의 이런 행동에 대해 공화당 내부에서도 불만이 터져 나왔다. 어느 날 사람들이 링컨에게 체이스를 경질할 것으로 요구하자 링컨은 이런 이야기를 들려주었다.

"농촌에서 자란 사람들은 말벌에 대해 잘 알고 있을 것이오. 내가 젊은 시절 켄터키의 한 옥수수 농장에서 일한 적이 있소. 하루는 말에게 쟁기를 씌워 밭을 가는데 그 말이 어찌나 게으름을 부리던지 다루기가 여간 힘들지 않았소. 그런데 어느 순간 말이 갑자기 번개처럼 달리는 것이 아니겠소? 말은 밭 끝까지 가서야 겨우 멈추었는데 자세히 보니 커다란 말벌이 말의 등 위에 올라 앉아 있는 것이었소. 내가 무심코 손을 휘둘러 말벌을 쫓으려는데 옆에 있던 동료가 날 말리며 이렇게 말했소. '말이 빨리 달린 것이 바로 그 말벌 덕분이잖아.' 지금 체이스 장관을 빨리 달리게 하는 것이 바로 '대통령이 되고 싶은 욕심'이라는 말벌이라오. 그래서 나는 그 말벌을 쫓아버릴 생각이 없소."

이것이 바로 링컨이다. 자신의 자리를 노리는 야심만만한 부하직원이 그의 눈에는 재미있는 인물로 보이고, 그 야망이 오히려 장점으로 여겨졌던 것이다.

용인술의 관점에서 보면 위험한 인물을 바깥에 두기보다는 오히려 가까이 두는 것이 낫다는 지혜를 엿볼 수도 있는 대목이다. 남북전쟁이 벌어지고 있는 복잡한 상황에서 링컨은 체이스가 자신의 사정권 밖에서 공화당의 내분을 일으키는 것을 원치 않았던 것이다. 게다가 체이스는 전쟁자금조달 임무를 계획보다 앞당겨 달성할 만큼 유능한 인재이기도 했다.

어려운 시기에는 사람들, 특히 중요한 인물들을 단결시키는 것이 매우 중요하다. 설령 친밀하게 협력하도록 만들 수는 없더라도 강력한 힘이 자신과 대립하는 것은 막아야 한다.

링컨의 이런 지혜가 오바마에게 중요한 교훈이 될 수 있다. 미중 관계가 한바탕 불화를 겪은 후에도 미국 경제는 조금도 나아지지 않았고, 오히려 그의 지지율만 50퍼센트 밑으로 급락하지 않았는가. 취임 직후 한때 지지율이 80퍼센트에 육박했던 것과 비교하면 그 차이가 확연히 드러난다.

4
13억 배의 기회

역사는 우리에게 충고를 해주는 것에 그치지만 현실은 우리에게 확실한 경고를 던져준다. 시대가 정말로 많이 변했기 때문이다.

2011년 중국이 세계무대에서 차지하는 위상은 더 이상 수십 년 전, 아니, 불과 10여 년 전과도 비교할 수 없을 만큼 달라졌다. 이제 미국이나 러시아의 말에 순순히 따르기만 하는 나라는 거의 없다. 미국과 중국이 치열하게 대립한다 해도 다른 나라들은 팔짱 낀 채 구경만 할 뿐 일부러 끼어들려고 하지 않을 것이다.

베트남의 상황만 보아도 이 점을 분명히 알 수 있다. 2010년 7월 23일 힐러리 클린턴 국무장관이 베트남 하노이에서 열린 아세안지역안보포럼ARF에 참석한 자리에서 중국, 필리핀, 베트남 등이 대립하고 있는 남중국해 영유권 문제에 대해 "미국의 이해와 직결된 사안"이라고 발언했다. 이 발언 직후 남중국해를 둘러싼 미국과 관련국들의 세력 경쟁에 전 세계의 관심이 쏠렸다. 특히 베트남이 미국과 같은 편에 설 것이라는 추측이 잇따랐다. 하지만 베트남 정부는 그로부터 한 달 후인 8월 25일 응웬치빙Nguyen Chi Vinh 베트남 국방부 차관을 중국으로 보내 외부의 추측을 강하게 부인하며 베트남이 미국과 군사동맹국이 되는 일은 영원히 없을 것이라는 메시지를 전했다. 응웬치빙 차관은 베트남은 '삼각관계'가 맺어지는 것을 원치 않을 뿐더러 중국이 발전하기를 희망한다고 분명히 밝혔다.

그러자 미국 언론들이 힐러리의 과격한 언사에 대해 의구심을 쏟아내기 시작했다. 『월스트리트 저널』은 힐러리의 남중국해 발언을 '허황된 언사'라고 노골적으로 비난하며 미국 정부가 큰 '실수'를 저질렀다고 논평했다. 일부 무기상들을 제외한 대다수 경제계 인사들은 이 문제에 대해 비교적 신중한 입장을 고수했다.

결국 얼마 후 오바마와 힐러리는 미국과 중국이 치열하게 대립할수록 다른 국가들이 그 틈을 타고 끼어들어 미국이 비워놓은 자리를 차지할 수 있다는 것을 깨달았다. 이것이 바로 2011년 초 미국이 적극적으로 중국에 화해의 손길을 내민 이유다. 미국인들의 말을 그대로 빌리자면, 13억의 기회를 모른 척 외면할 수 있는 나라가 어디에 있겠는가?

연설을 좋아하는 오바마는 워싱턴 미국 초대 대통령이 유명한 「고별연설」에서 했던 이 말을 잊어서는 안 된다.

"어느 한 나라에 대해 습관적인 편애나 습관적인 혐오를 품은 국가는 어떤 면에서 보면 자신들의 그 애착심이나 증오심의 노예라고 할 수 있다."

하지만 다행스럽게도 의심을 품은 채 신중하게 접촉해야 했던 기나긴 냉전 시기를 거친 후 부시 집권 시기에 이르러 미국인들은 마침내 과거의 무거운 부담감을 버리고 "미중 관계가 역사적으로 가장 좋은 시기"를 맞이했다고 말할 수 있게 되었다. 다시 말해, 워싱턴이 말한 습관적 혐오에서 벗어난 것이다.

각기 다른 시기에 중국을 방문한 미국 기자들의 말에서도 이 점이 잘 드러난다. 1970년대 미국 기자들은 베이징 공항에 내리자마자 자신을 마중 나온 통역사에게 "동물원에 가서 판다를 구경시켜 주십시오"라고 말했다고 한다. 당시는 신비스러운 중국에 대해 흥미를 가진 시기였던 것이다.

1980년대에는 미국 기자들이 베이징 공항에 내리자마자 "디스코텍을 구경시켜 주십시오"라고 말했다. 그때는 개방된 중국을 조금씩 인정하기 시작하는 시기였다.

1990년대로 들어선 후에는 중국을 방문한 미국 기자들이 "정치적 견해가 다른 사람을 만나고 싶습니다"라고 했다. 중국의 발전에 대해 회의적인 의견이 우세한 시기였기 때문이다.

하지만 요즘 중국을 방문하는 미국 기자들은 아마 이렇게 말할 것이다. "상무부 고위 관리를 만나고 싶습니다." 이제는 전 세계가 중국의 급부상을 이성적인 시선으로 바라보고 있기 때문이다.

이 모든 변화는 세월의 흐름 때문이기도 하지만, 관념의 변화가 가져온 기적과 번영을 증명하는 것이기도 하다. 칼럼니스트 토머스 프리드먼은 이렇게 과거를 회상했다.

"1970년대 키신저와 저우언라이周恩來가 처음 만나 양국 간의 전략적 관계를 구축했을 때 키신저가 '미국 상인들이 날 붙들고 중국인들에게 속옷 10억 벌을 파는 것이 꿈이라고 하더군요'라고 우스갯소리를 건넸다."

그런데 지금은 미국과 중국이 서로에게 가장 큰 무역대상국이 되어 있다. 미국인들이 공산국가인 중국에게 물건을 팔고 있다는 사실도 우습지만, 그보다 더 우스운 것은 공산국가인 중국도 미국에게 물건을 팔고 있다는 점이다.

세월이란 이렇게 오묘한 것이다. 불과 몇 십 년이 흘렀을 뿐인데 과거의 '꿈'이 현실이 되고 미중 양국이 둘도 없는 경제파트너로 변신하지 않았는가.

객관적으로 보면, 30여 년 전 미중 양국이 국교를 수립한 근본적인 원인은 지정학에 있었다. 양자 간 교역을 개시한 것은 국교 수립 이후에야 논의되기 시작했으며 사실 그리 중요한 부대효과도 아니었다. 닉슨 대통이 처음 베이징을 방문했을 때까지도 미국인들이 중국과 사업을 하는 것은 불법이었다.

핵심은 '13억으로 곱하면 어떤 것이든 너무 많아진다'는 데 있다. 반대로 한 기업가는 "이 지구상의 어떤 기회도 중국과 비교하면 너무도 보잘것없게 보인다"고 말했다.

아주 간단한 이치지만 이 점을 깨닫기까지 사람들은 너무 오랜 시간을 낭비하고 말았다.

5
눈 속의 대들보를 부러뜨리다

때로는 재난이 인간관계와 국제 관계를 근본적으로 바꾸어놓기도 한다. 도움의 온정이 서로 간의 거리를 좁히기 때문이기도 하지만, 그보다 더 중요한 것은 위기가 닥치면 현실을 대하는 사람들의 태도에도 변화가 생기기 때문이다. 미중 관계에 근본적인 전기가 출현하게 된 계기가 바로 9·11 사건이었다.

위급한 시기에 중국 정부와 국민들이 보여준 따뜻한 온정에 부시 정부와 미국인들이 중국을 보는 시각에 변화가 생겼다. 미국인들은 과거 대중 정책의 방향이 틀렸다는 것을 깨달았고 그 결과 미중 관계도 빠르게 변화했다. 그해 11월 중국이 순조롭게 WTO에 가입한 후에는 미중 양국이 여러 가지 국제 문제에 있어서 더욱 긴밀하게 협력하고 정치 관계도 서서히 안정되어갔다.

하지만 미중 교역 관계는 숱한 우여곡절을 겪으며 발전했다.

2003년 5월은 양국 교역 관계의 '분수령'이 된 날이다. 그 전에도 무역마찰이 발생하기는 했지만 범위도 작고 통제할 수 있는 수준이었다. 그런데 바로 이날 존 스노우John Snow 미국 재무장관이 위안화 평가절상에 대해 언급한 후 위안화 환율을 둘러싼 논쟁이 점점 고조되었다. 그리고 '무역 불균형', '중국의 WTO 가입 약속' 등 여러 가지 문제들이 잇따라 불거지더니 2003년 하반기에는 미중 양국의 무역마찰이 전방위로 확대되었다.

경제학자와 역사학자들은 이 시기를 매우 흥미로운 관점에서 분석했다. 대다수 미국인들이 위안화 환율 문제에 대해 논쟁하고 있을 때 일부 학자들은 이 논쟁이 미중 관계에 악영향을 미칠 것을 우려했다. 미국 온라인 잡지 『더글로벌리스트The Globalist』 편집장 겸 애널리스트 스테판 릭터Stephan Richter는 또 다른 관점에서 이 문제를 바라보았다. 릭터는 "1960~70년대, 또는 1980년대에 공산주의에 강력하게 반대하는 사람에게 '앞으로 다가올 2003년에 중국에게 가장 우려되는 점이 평가절하된 위안화'라고 말했다면 미친 사람 취급을 받았을 것이다"라고 말했다.

피터 손턴Peter Thornton 미국대두협회 아시아 마케팅매니저도 "날씨와 중국, 이 두 가지가 시카고 곡물거래소의 시황을 결정한다"라고 말했다. 미국 농장에서 생산하는 대두와 대두 제품은 절반 이상이 수출된다. 2003년 미국이 위안화 평가절상을 요구한 후 중국이 미국산 대두 수입을 중단하고 검역격리조치를 시행하는 등 강력하게 맞대응했음에도 불구하고 중국은 여전히 미국산 대두의 가장 큰 고객이었다.

워싱턴의 싱크탱크와 정치가들이 미중 관계를 이성적이고 장기적인 안목에서 내다보기 시작한 것도 바로 그 시기였다. 영국 언론도 "전 세계가 잠에서 깨어난 중국과 공존하는 법을 배워야 한다. 미국도 물론 예외가 아니다"라고 지적했다.

그런 점에서 2002년 9월 부시 대통령이 국가안보전략을 통해 "강력하고 평화로우며 번영한 중국이 출현하기를 환영한다. 미국은 부단히 변화하는 중국과 건설적인 관계를 발전시켜 나갈 것이다"라고 천명했다. 이에 대해 배닝 가렛Banning Garrett 미국 전략분석가는 "부시 정부가 테러리즘과 이른바 '불량국가Rogue state' 타도를 위해 노력하는 동안에는 중국과의 충돌을 일으킬 겨를이 없다. 이번 정부는 중국과 대립하는 것이 미국에게 유리할 것이 없다고 판단한 것 같다"고 예리하게 분석했다.

귀 기울여 들어보아야 할 것은 미국의 유명한 경제학자 폴 크루그먼 Paul Krugman 교수가 자신의 저서에서 언급한 말이다. 그는 "국제무역은 한쪽이 이기면 다른 쪽이 지는 경쟁이 아니라 양쪽 모두가 이기는 호혜주의를 바탕으로 한다"고 말했다.

게임이론 가운데 유명한 '죄수의 딜레마'를 살펴보아도 대부분의 경우 양측이 협력하는 것이 양측 모두 배반하는 것보다 모두에게 유리하다. 중요한 것은 상대를 정복하는 것이 아니라 협력을 이끌어내는 데 있다. 이는 경제 분야든 정치 분야든 마찬가지다.

『거대한 용 : 중국의 미래－산업, 경제, 세계질서Big Dragon : China's Future-What It Means for Business, the Economy, and the Global Order』의 공저자인 미국 학자 댄 버스틴Dan Burstein과 아르네 드 케이저Arne de Keijzer도 일찍이 "충돌과 대립, 냉전으로 인해 수많은 기회를 잃어버렸으며 이는 결코 좋은 일이 아니다. 특히 미국인과 중국인은 서로 적응하고 협력할 수 있는 잠재력을 가지고 있지만 분위기에 따라 그 잠재력이 억제당해 새로운 목표들이 완성되지 못하고 좌절될 수 있다"고 경고했다.

이와 함께 공생이라는 개념도 점점 공감대를 얻었다.

뉴욕에 본사를 둔 중국계 투자업체 헨리 C. K. 류Henry C. K. Liu의 랴오쯔광廖子光 사장은 "미중 양국은 과거의 착각을 버리고 공생 관계를 실현할 수 있으며 이는 합리적인 일이다. 양국이 비록 여러 분야에서 차이점이 있기는 하지만 그 차이가 서로를 위협하지는 않기 때문이다"라고 말했다.

미중 양국 간에 공생 관계를 구축하기 위해 미국은 이데올로기 전도사의 입장에서 중국을 바라보지 말고 중국과 적극적으로 교류해야 한다는 사실을 많은 사람들이 깨닫기 시작했다. 중요한 것은 미국이 자국의 이익을 희생시키면서까지 중국의 비위를 맞추지 않았던 것처럼 중국도 미국의 편견을 떨쳐내기 위해 고유의 민족성을 버리지는 않을 것이라는 사실이었다.

이런 관념상의 충돌과 변화가 당시 졸릭 국무부 차관을 비롯해 중국에 대해 비교적 깊이 알고 있는 미국 정부 인사들의 주의를 끌었다. 부시 정부 내부에서 중국을 적으로 대할 것인지 동지로 대할 것인지 논쟁이 계속되고 있을 때, 중국을 국제 시스템 안으로 편입시킬 경우 중국이 설령 경쟁상대가 되더라도 중국의 위협이 훨씬 줄어들 수 있다는 인식이 확산되기 시작했다.

졸릭은 "우리는 과거 30년 동안 7기 정부를 거치는 동안 중국을 국제 시스템 안으로 편입시키기 위해 꾸준히 노력해 왔다. 그 노력들이 결실을 얻었다. 중국의 참여가 없다면 자본시장, 상품 가격, 환율, 상품 모방 문제 등 그 어느 것도 근본적으로 해결할 수 없다. 그래서 우리는 전략의 중심을 다시 설정했다. 우리의 목표는 중국을 국제 시스템 안으로 편입시키는 것이며, 또 그렇게 하는 이유도 분명하게 알고 있다"라고 허심탄회하게 말했다. 현재와 미래의 미중 관계에 큰 영향을 미칠 '이익상관자'라는 개념이 탄생하고 정립된 것도 바로 그때부터였다.

미국 정부의 개념이 바뀐 것은 긍정적인 의의가 있었다. 일본의 한 심리학자는 가정이 파괴되는 과정을 이렇게 묘사했다. 남편의 나쁜 버릇을 고치기 위해 아내가 쉬지 않고 잔소리를 해대면 남편의 버릇이 고쳐지기는커녕 도리어 더 심해지고 그러면 아내의 잔소리는 더 심해진다. 악순환이 시작되는 것이다. 남편의 단점에 대해 아내가 언제나 똑같은 방법으로 대응한다면 문제가 계속 악화될 뿐이고 결국에는 결혼생활이 파탄 나게 된다. 아내가 눈 속에 있는 대들보를 뽑아버리고 거미줄을 걷어내야만 두 사람의 관계가 긍정적인 변화를 얻을 수 있다. 이 점은 국제 관계에서도 마찬가지다. 눈 속에 있는 대들보와 거미줄을 제거하는 과정은 언제나 험난하지만 그럴 만한 가치가 충분하다.

한 미국 학자는 "중국이 급부상하고 있다. 세계적으로 중국처럼 한 나라의 발전으로 이렇게 많은 기회가 생겨난 경우는 없었다"고 말했다. 사실 중국에게 까다롭게 대했던 일부 미국인들도 중국의 개방이 미국 사회에 수많은 기회를 안겨주었으며 수혜자가 피해자보다 훨씬 많음을 인정하지 않을 수 없었다. 이것이 바로 미중 관계를 복잡하면서도 끈끈하게 이어주는 연결고리였다.

6
전화관계학

한 심리학자가 인간관계, 특히 남녀관계의 친밀도를 전화와 문자메시지를 통해 알 수 있다는 흥미로운 견해를 내놓았다. 그의 주장에 따르면,

언제든 망설임 없이 전화를 걸 수 있다면 친밀한 관계이고 낯선 관계일수록 전화를 거는 시간이 적절한지, 어떤 말은 해도 되고 어떤 말은 하면 안 되는지 등등 고려할 것이 많아진다. 또 문자메시지를 보냈을 때에도 답장이 빨리 올수록 가까운 관계라고 할 수 있다. 문자메시지에 빠르게 답장을 보낸다는 것은 서로 소통하고자 하는 욕구가 그만큼 높다는 것을 의미하기 때문이다. 만약 상대가 문자메시지에 곧장 답장을 보내지 않았을 때 아예 전화를 걸어 확인하거나 직접 용건을 말한다면 아주 친밀한 사이라고 할 수 있다. 그만큼 상대에게 관심이 있고 상대의 반응을 궁금해 한다는 것을 의미하기 때문이다.

이 점은 국제 관계에서도 크게 다르지 않다.

한 유럽 학자는 대서양동맹에 분열 조짐이 나타나고 있음을 증명하면서 미국과 유럽의 외교적 접촉의 빈도가 2001년부터 급격히 줄어든 것을 그 근거로 들었다. 1990년대에는 미국 국무장관이 평균적으로 매달 한 차례씩 유럽을 방문했지만, 2000년대로 들어서면서 콜린 파월 국무장관은 2001년에는 6차례, 2002년에는 단 세 차례만 유럽을 방문했다.

반면 미국과 중국 간의 고위층 왕래는 점점 늘어났다. 파월 미 국무장관은 "미중 고위급 회담이 워낙 자주 열리다보니 더 이상 언론에서 중대한 뉴스로 다루지 않는다. 이것은 옳은 일이다. '진정한' 뉴스는 우리가 회담을 연다는 사실 자체가 아니라 우리가 함께 어떤 일을 성사시키느냐에 있기 때문이다"라고 말하기도 했다.

그렇다. 진실하고 허심탄회하고 신속하고 전면적인 교류는 미중 관계 변화의 가장 중요한 특징이며, 미중 관계의 더 안정적인 발전을 가능하게 하는 핵심적인 요소다.

과거 10년간 미중 관계, 특히 경제 통상 분야에서 활발한 교류가 이루어졌다. 고위급 회담이든 다양한 차원의 교류이든 모두 적극적인 소통 욕구와 문제 해결을 위한 노력이 반영되어 나타난 것이다. 양국 모두 문제를 해결할 수 있는 가장 좋은 방법이 대화라는 것을 잘 알고 있었다. 부시 정부 시기였던 2003년 11월 5일, 파월 당시 국무장관은 한 연설에서 이렇게 말했다. "불과 2년 사이에 미중 양국 정상이 4차례나 회담을 했고, 나도 두 달 동안 중국 외무장관 등 외무부 관계자들과 5번이나 만났다. 그 외에도 전화 회담이 셀 수 없이 많이 이루어졌다."

뒤이어 그는 재미있는 이야기를 공개했다.

"어제 새벽 6시쯤 리자오싱李肇星 외무장관이 니카라과에 있는 내게 전화를 걸었다. 우리는 이미 서로 격식에 크게 구애 받지 않는 사이가 되었다. 내가 취임한 직후에는 12시간의 시차로 인해 탕자쉬안唐家璇 외무장관과 전화 통화를 하려면 사전에 시간을 조율하는 과정을 거쳐야 했다. 그 때문에 한 번 통화를 하려면 보통 24시간, 길게는 36시간이 걸렸다. 대화 내용도 미리 준비해야 했기 때문에 상대방이 무슨 말을 하려는지 사전에 모두 알았다. 그런 까닭에 통화가 자연스럽게 이루어지지 못했다. 그런데 내가 워낙 자주 전화를 걸다 보니 중국도 미리 대화 내용을 준비하기 힘들었고, 또 내가 무슨 말을 할 것인지 사전에 알려주지 않았기 때문에 중국 측도 준비할 수가 없었다. 그런 일이 반복되자 중국 측에서도 '휴, 됐소. 전화를 걸고 싶으면 아무 때나 바로 겁시다'라고 했다. 우리 관계는 이미 격식을 차리지 않을 만큼 친밀해졌다. 약 한 달 전 리자오싱 외무장관이 전화를 했을 때 나는 집에 있었다. 토요일이었다. 전화벨이 울려서 전화를 받았더니 비서가 리자오싱 선생이 전화를 했다고 말했다. 곧 전화가 연결되고 대화를 나누었다. 그런데 그때 우리 집 개 두 마리가 짖기 시작했다. 우리 집 초인종이 울린 것이다. 내 아내가 위층에서 내게 소리쳤다. '문 좀 열어줘요!' 나는 어쩔 수 없이 '리 장관, 잠 깐만 기다리시오'라고 말하고 문으로 달려갔다. 전화 내용을 기록하던 서기는 우리 대화에 담긴 의미를 이해하지 못했겠지만 사실 이것은 우 리 관계가 진정으로 가까워지고 실질적인 단계로 들어섰음을 의미하는 것이다. 서로 친구처럼 에두르지 않고 직접적으로 이야기하고 소통하기 때문에 이런 일이 가능한 것이다. 이것이 바로 우정이며 강력한 동반자 관계다."

파월의 이 말은 부시 집권 시기에 미중 관계가 큰 변화를 겪었음을 단 적으로 설명해주고 있다. 파월이 소개한 일화는 불과 몇 년 전까지만 해 도 상상도 할 수 없는 일이었으며 미국과 중국뿐만 아니라 그 어떤 나라 에서도 보기 힘든 일이었다. 대화중에 이런 사소한 집안일이 끼어들 수 있다는 것은 그들의 관계가 단순한 우호 관계가 아니라 신뢰와 편안함 을 바탕으로 하고 있음을 알려주는 것이다. 이것은 미국의 다른 우방국 들이 선망하는 관계이기도 하다.

이런 관계는 시라크 대통령과 슈뢰더 총리 시기 프랑스와 독일의 관 계를 떠올리게 한다. 벨기에 브뤼셀에서 열린 EU 정상회담의 마지막 날 이었던 2003년 10월 14일, 슈뢰더 총리가 시라크 대통령에게 독일의 전 권을 위임했다. 사상 초유의 일이었다. 당시 슈뢰더 총리는 베를린에서 열리는 중요한 의회 표결에 참석하기 위해 귀국해야 했다. 하지만 EU 정상회담도 매우 중요했기 때문에 시라크 대통령에게 회의에서 자신의 권리를 대신 행사해 줄 것을 부탁했던 것이다.

이 소식이 알려지자 국제사회가 놀랐을 뿐 아니라 두 나라의 관계를 부러워했다. 이는 독일과 프랑스가 중요한 국제 문제에 있어서 거의 비 슷한 입장에 있으며 양국 지도자의 관계가 아주 친밀함을 의미하는 것이었다.

 그들을 부러워한 것은 그들의 후임 정상도 마찬가지였다. 그런 상황에서 메르켈 독일 총리가 사르코지 프랑스 대통령에게 전권을 위임하는 상황을 상상할 수 있었겠는가. 마찬가지로 2010년의 힐러리가 중국 지도자에게 주말에 전화를 걸어 대화를 나누는 것도 거의 불가능한 일이었다.

7
후퇴는 없다

 2006년 3월 29일 카를로스 구티에레스Carlos Gutierrez 미국 상무장관이 한 연설에서 의미심장한 발언을 했다.

 "삶은 선택의 연속이다. 이익을 위해서는 무언가를 희생시키는 선택을 할 수도 있다. 그렇지 않으면 후퇴해야 하지만 후퇴하고 싶은 사람은 없다. 미국과 중국이 국제사회에서 중요한 이익상관자의 입장에서 함께 협력할 수 있음을 보여줄 수 있는 소중한 기회가 찾아왔다."

 누구도 후퇴를 원치는 않기 때문에 미국 정부의 요직 인사가 교체된다 하더라도 미중 관계, 특히 경제 관계가 근본적으로 변화할 가능성은 없다.

 미중 관계가 이렇게 발전하기까지 두 사람의 공이 컸다. 바로 부시 대통령과 졸릭 국무차관이다. 두 사람이 '이익상관자'라는 개념을 만들어내 미중 관계에 적용시키고 전략경제대화체제를 구축했다.

 전략경제대화체제가 구축된 데에는 미중 정상 간의 빈번한 상호 방문이 큰 역할을 했다. 두 정상이 자주 회견함으로써 과거의 소통 부족 문제가 해소되었던 것이다. 소통은 신뢰 관계 구축에 중요한 역할을 한다. 인간관계에서든 국제 관계에서든 밀접한 연락과 소통이 중요하고 실제 접촉을 통해 신뢰가 싹 트기 때문이다.

경영학자 아이착 아디세스Ichak Adizes는 "자신의 주장을 홍보하는 것도 경영의 일부다. 소통할 수 없고 남을 설득할 수 없다면 경영할 수도 없다. 중요한 대외 관계를 잘 처리하는 것도 경영의 중요한 일부분이다"라고 말했다.

전화나 전자우편이 보급되면서 소통 방식이 다양해지기는 했지만 가장 오래되고 실용적인 소통 방식은 역시 직접 만나서 대화하는 것이다. 과거 미중 양국에게 가장 부족했던 것이 바로 직접적인 대면과 대화였다.

마크 커크Mark Kirk 미국 하원 미중실무팀 공동의장은 "미중 관계 발전의 가장 큰 걸림돌은 기본적인 이해가 부족하다는 것이다. 이것은 두 나라의 언어가 근본적으로 다르기 때문이다"라고 했다.

일반적으로 미국인들이 기본적인 스페인어를 배우는 데는 6개월밖에 걸리지 않지만 중국어를 배우는 데는 2년이나 걸린다고 한다. 미국에 중국어를 구사할 줄 아는 인재들이 더 많이 필요하고 중국을 연구하고 중국에 대해 알기 위해서는 더 많은 시간과 노력이 필요하다는 것을 알 수 있다.

마크 커크 의장은 서로에 대한 기본적인 이해가 쌓인다면 양국 간의 많은 문제들이 해결될 것이라고 믿었다. 그는 "미중 양국이 서로 대립한다면 21세기는 행복한 시대가 될 수 없을 것이다. 반대로 양국이 협력한다면 과거 그 어느 때보다도 큰 번영을 누릴 수 있을 것이다"라고 단언했다.

신뢰 관계를 구축하는 데는 시간이 필요하다. 미중 관계뿐만 아니라 세계 그 어떤 나라도 타국과 복잡한 관계로 얽혀 있다. 따라서 신뢰를 구축하기 위해서는 무엇이든 대가를 치러야 하며 '시간'이 바로 가장 큰 대가 중 하나다.

2006년 12월, 헨리 폴슨Henry Paulson 당시 미 재무장관은 미중 전략경제대화에 참석해 "당장 눈에 보이는 성과를 내기는 어렵다. 진정으로 중요한 것은 신뢰 관계를 구축하는 것 자체에 있다"고 말했다.

인간관계와 마찬가지로 국가 간에도 신뢰를 쌓으려면 큰 인내심이 필요한 법이다.

헨리 폴슨은 전략경제대화체제의 역할에 대해 "이는 미국 의회 내부에 팽배한 '중국공포증'을 없애기 위한 것이다. 일부 의원들이 막대한 경상수지적자와 미국인들의 실질소득 정체 등 미국의 경제 문제들을 중국 탓으로 돌리고 있다"고 솔직하게 털어놓았다.

폴슨은 그런 원망들이 이치에 어긋나고 과장된 것들이지만 보호무역주의를 부를 수 있다고 우려하며 미중 양국 간에 장기적인 대화체제를 강화하는 한편, 미국 국내, 특히 월가의 불안 여론을 완화하기 위해 단기적인 성과도 보여주어야 한다고 주장했다.

그는 2007년 6월 5일 한 연설에서 의회와 이익단체들의 불만과 우려에 대해 "전략경제대화는 장기적인 성과를 내기 위한 것이므로 단기적인 성과에 급급한 곳에서는 인정받기 어렵다"고 말했다.

역사와 현실의 복잡한 문제로 인해 미중 양국의 신뢰 관계 구축은 '점진적인' 과정을 거쳐야 한다. 양국의 관심 의제는 물론 서로에 대해서도 지속적으로 탐구해야 한다. 오바마 취임 이후에 나타난 불협화음과 우여곡절도 이 점을 증명해주었다.

2006년 12월 중순, 우이吳儀 중국 부총리와 폴슨 미 재무장관이 중국의 5000년 역사를 보여주는 영상물을 관람했다. 그 자리에서 우이 부총리는 "우리는 일부 미국인들이 우리에 대해 아는 것이 거의 없을 뿐만 아니라 중국의 현실에 대해 많은 오해를 하고 있음을 절실하게 느낀다"고 말했다. 이 발언에 대해 『타임』지는 "우이 부총리의 발언은 폴슨 재무장관을 비롯한 미국 고위급 '드림팀'을 향한 것일 뿐 아니라 미국 의회 전체를 겨냥한 것이었다"고 평론했다.

미국 의회에는 다양한 이익을 대표하는 이들이 복잡하게 섞여 있을 뿐 아니라 의원의 수가 너무 많아서 어떤 사안이든 추진하기가 쉽지 않다. 의회의 이런 복잡한 특징으로 인해 미중 관계의 순탄치 않은 여정은 이미 예고된 것이었다. 신뢰를 구축하기 위해 시간이 필요하다고 한 것도 바로 그 때문이다.

심리학자들은 평범한 인간관계에서 진정으로 신뢰할 수 있는 사람은 50명을 넘지 않는다고 말한다. 신뢰할 수 있는 사람이란 비교적 오랫동안 접촉하고 관찰해왔으며 자신과 비슷한 삶의 목표를 가지고 있는 사람을 의미한다. 바꾸어 말하면, 수백 명과 신뢰 관계를 구축하는 것은 거의 실현하기 힘든 어려운 일이며 또 그럴 필요도 없다.

그러면 어떻게 해야 할까?

'통로'의 원활한 소통을 유지하는 것이 중요하다. 오바마가 취임한 후기존의 미중 전략경제대화와 미중 전략대화를 하나로 합치고 1년에 한 차례씩 개최하는 것으로 바꾸었다.[25] 이는 미중 관계의 교류에 도움이되지 않는다.

---

25 부시 집권 시절 전략경제대화는 1년에 두 번 열렸다고 한다.

미중 관계가 험난한 길을 걷고 있는 요즘, 유일한 해결방법은 자주 교류하는 것이다. 미중 전략대화와 전략경제대화를 합쳐 전략 및 경제 대화로 바뀐 후에 대화의 횟수와 소통의 적극성이 줄어들었고 뒤이어 2010년에 미중 양국 간에 여러 가지 갈등이 나타났다. 부시 집권 시기였다면 여러 번의 전략경제대화와 고위급 지도자들의 중국 방문을 통해 문제가 해결되었을 것이다. 아주 중요한 시기에 전략대화와 경제대화가 합쳐져 1년에 1회밖에 열리지 않고 고위층의 방문 횟수도 2009년만큼 많지 않았던 것은 매우 유감이다. 이것이 갈등이 쌓인 원인 중 하나임은 부인할 수 없다.

8
'길 위에서 길을 잃은' 2010년

미중 관계의 역사에서 2010년은 '정체된' 한 해로 기록될 것이다. 무역마찰과 정치적 논쟁, 특히 미국의 황해(서해) 군사훈련과 힐러리의 남중국해 문제 개입 등으로 인해 미중 관계라는 '고속도로'에 심각한 정체 현상이 나타났다.

시급한 해결이 필요하던 시기에 적당한 계기가 찾아왔다.

후진타오胡錦濤 중국 주석의 방미 일정이 2011년 1월로 확정되면서 정체되었던 미중 관계가 활기를 띠기 시작한 것이다. 뒤이어 게이츠 미 국방장관도 곧 중국을 방문할 것이라는 소식이 전해지자 오랫동안 서먹서먹하던 양국의 군사 관계에 훈풍이 불기 시작했다.

미중 관계에서 군사 분야는 경제나 정치 분야에 비해 교류가 적었다. 어떤 의미에서 군사 분야는 미중 관계의 '희생양'이라고 할 만했다. 미중 관계가 서먹해질 때마다 '썰렁한' 군사 관계가 사람들의 관심을 끌곤 했다.

2010년의 상황이 전형적인 예다. 2010년 초 미국이 대만에 무기를 수출해 미중 관계에 찬물을 끼얹었고, 뒤이어 황해에서 미국 항공모함이 참가하는 한미합동군사훈련을 실시하자 미중 관계에 짙은 먹구름이 드리웠다.

가장 이해하기 힘든 것은 남중국해에 관한 힐러리 국무장관의 발언이 고의적인 도발이라고 할 만한 '월권' 행위였다는 점이다.

이런 발언을 할 때는 국방부 장관이 총대를 메는 것이 일반적이다. 게다가 힐러리 국무장관의 태도가 게이츠 국방장관보다 훨씬 강경했다. 당시 많은 사람들이 이 점에 의혹을 제기했고, 심지어 어떤 이들은 힐러리가 차기 국방장관 자리를 노리고 있는 것이 아니냐는 추측을 내놓기도 했다. 힐러리가 대통령이 될 수 없다면 아예 내각의 각 요직을 두루 거치는 편을 선택한 것이 아니냐는 것이었다. 비슷한 시기에 게이츠 국방장관이 자신의 은퇴에 대해 진지하게 언급한 것도 이 같은 추측에 힘을 실어주었다.

이유야 어떻든 황해와 남중국해에서 미국과 중국이 군사적으로 대립하면서 미중 관계를 더욱 경색시킨 것이 사실이다. 표면적으로는 미중 군사 관계가 갑작스럽게 냉각된 것처럼 보이지만 그 배후에는 미국의 국가안보전략이라는 커다란 배경이 숨어 있다.

미국이 수립한 국가안보전략의 핵심 원칙 중 하나가 바로 미국이 절대 우위를 고수한다는 것이다. 백악관의 주인이 아무리 바뀌어도 이 원칙에는 변함이 없다. 오바마 집권 이후 미국 경제가 줄곧 침체되어 있었지만 백악관과 미국 국방부는 '추격자'들에 대한 경계를 조금도 늦추지 않았다. 이것은 미중 관계와 미러 관계가 완전한 신뢰 관계로 발전하지 못한 중요한 원인이기도 하다. 이 밖에 미국과 중국의 구조적인 모순과 거대한 이익 충돌, 서로에 대한 진정한 신뢰의 결여 등도 원인이다.

주의 깊게 생각해보아야 할 것은 2010년 여름, 중국이 일본을 제치고 GDP 규모 세계 2위로 올라서면서 미국 정치권과 군사 분야에서 중국에 대한 의심이 더 강해졌다는 사실이다. 공교롭게도 이 무렵에 미중 관계가 급격히 경색되었다.

미국의 아태 전략 조정도 미중 군사 관계를 더욱 냉각시킨 중요한 원인이다. 미국의 글로벌전략에서 아시아태평양은 매우 중요한 지역이다. 우선 미국의 안전을 위해 지켜야 할 울타리이고, 한국, 일본, 호주 같은 확실한 우방국이 있을 뿐 아니라, 중국과 러시아 같은 잠재적인 전략 경쟁자도 있고 북한 핵문제라는 뜨거운 감자도 품고 있는 지역이다. 이런 관점에서 보면 한반도의 정세 긴장은 미국의 아태 안보를 위협하는 요인인 반면, 미국의 '아시아 복귀pivot to Asia'[26]를 가속화시키는 요인이기도 하다.

사실 미국의 아시아 복귀는 이렇게 억지로 추진해서는 안 된다.

한반도 긴장을 빌미로 아시아로 복귀하는 미국의 방식이 이 지역의 긴장을 더 심화시켰음이 이미 증명되었다. 2010년 여름부터 미국은 동북아 지역에서 군사훈련을 잇따라 실시하고, 2010년 말에는 미국의 항공모함 3척이 동북아로 이동해 한반도의 긴장을 고조시켰다.

미국은 이 일련의 조치들이 중국과는 무관하다고 누차 강조했지만,

---

26 이라크, 아프가니스탄 등 중동 문제에 주력하던 미국이 전략의 중심축을 다시 아시아로 옮기는 전략을 일컫는 말이다.

남북한 대치 국면에 기름을 끼얹은 것이든 중국 옆으로 거대한 항공모함을 띄운 것이든 모두 중국을 불편하게 했다. 경제적인 관점에서 보면 미국은 거대한 성장잠재력을 가진 아태 지역의 발전에서 변두리로 밀려나길 원치 않는다. 미국 경제가 침체된 상황에서 오바마 정부는 아태 지역 경제성장의 혜택을 얻기를 희망한다. 이를 위해 미국은 아태 지역 각국과의 관계를 강화하는 한편, 이 지역 경제에서 중국의 발언권을 약화시키려는 것이다. 아태 지역에서 미국과 중국 간에 발생한 마찰은 한마디로 경제 및 정치 분야에서의 발언권 경쟁이다.

그럼에도 불구하고 오바마 정부가 보여준 행동은 실망스럽기 그지없다. 중국과 군사적으로 대립하는 것은 현명한 행동이 아니며 군사충돌은 더욱 상상할 수도 없다. 테러 소탕과 핵확산 억제를 위해서는 미중 양국이 군사적으로 원만한 관계를 유지해야 하고, 또 경제적으로도 중국의 방대한 시장과 성장잠재력은 미국인들에게 포기할 수 없는 매력이다. 미국과 중국이 반목한다면 미국은 경제적으로 큰 대가를 치르게 될 것이며 오바마의 수출배증계획[27]도 좌절될 것이다. 중국은 이미 다른 국가들과의 관계 발전을 적극 추진하면서 미국 시장과 자금에 대한 과도한 의존을 지양하고 있다. 선택의 폭이 커지면 운신의 폭도 넓어지는 법이다.

이런 인식을 바탕으로 미국은 2011년에 대중 정책을 수정했다. 오바마도 미중 관계를 파탄 낸 역사의 '죄인'이 되고 싶지 않았을 것이다.

미중 관계에서 불협화음을 최대한 줄이는 것이 미국의 경제 회복은

---

27 2010년 7월 오바마 대통령이 발표한 것으로 5년 내에 수출을 2배로 늘리겠다는 계획이다.

물론 여러 가지 국제적 사안을 해결하는 데 있어서 매우 중요하다는 사실을 오바마 정부는 알아야 한다. 글로벌경제 회복을 위해 미중 양국은 함께 힘을 합쳐 역경을 헤쳐나가는 것이 매우 중요하다.

세계 최대 선진국과 최대 개발도상국이 대립하고 GDP 규모 1위 국가와 2위 국가가 환율전쟁과 무역전쟁을 벌인다면, 세계 경제의 위기 극복은 요원한 일이 될 것이다. 이 점에 있어서는 부시 정부가 오바마 정부에게 좋은 본보기가 될 수 있다. 미중 양국의 갈등을 해결하기 위해서는 큰 틀을 유지할 수 있다면 작은 것은 포기할 줄 아는 지혜가 필요하다.

제9장

약해진 백악관

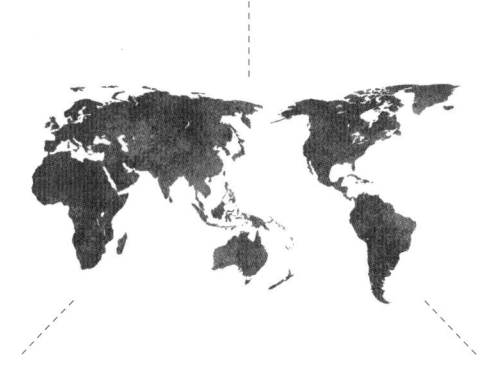

"당신은 말해도 듣지 않고, 들어도 알지 못하고, 알아도 하지 않으며, 해도 잘못하고, 잘못하고도 알지 못하고, 잘못을 알아도 고치지 않고, 고쳐도 따르지 않으며, 따르지 않고도 말하지 않는다!"

영화 〈강호(江湖)〉[28]에 나오는 유명한 대사인 이 말이 아마도 공화당이 오바마에게 하고 싶었던 말일 것이다.

---

[28] 류더화(劉德華), 장쉐여우(張學友) 주연의 2004년 홍콩 영화다.

1
힘겨운 '동맹 게임'

취임 초기 2년 동안 오바마와 공화당은 궁합이 맞지 않는 부부처럼 쉬지 않고 티격태격했다. 남편은 바깥에서 사업이 좌절을 겪으면서도 자기 잘못은 없다고 생각하고, 아내는 남편을 향해 리스크를 조심하고 돈을 함부로 쓰지 말고 원만한 관계를 유지하라며 끊임없이 바가지를 긁었다. 아내의 잔소리에 질린 남편은 급기야 중대한 결정을 하면서 아내와 상의도 없이 독단적으로 처리했고, 그 결과 밑천을 날리는 바람에 발언권이 약해졌다. 결국에는 아내가 경제권(예산)을 틀어쥐자 남편도 고분고분해졌다.

물론 이렇게 되기까지 참담한 권력 투쟁을 겪고 적잖은 대가를 치러야 했지만, 주도권을 되찾았을 때의 성취감과 쾌감은 짜릿한 것이었다. 2010년 11월 중간선거가 끝난 후 미국 전역에서 공화당 인사들의 환호성이 울려 퍼졌다. 민주당의 정책에 대한 '여론조사'라고 할 수 있는 이 투표에서 오바마는 식은땀을 흘려야 했다.

민주당 정부에 대한 유권자들의 불만이 표출된 덕분에 공화당은 민주당으로부터 아주 가뿐히 하원 다수당 자리를 탈환했고 상원 의석 수도 민주당과의 격차를 크게 좁혔다. 중간선거 후 오바마와 의회 사이에 미묘한 기류가 흐르기 시작했다.

역사는 숨 돌릴 틈도 없이 급하게 반복되었다.

의회가 새로 구성된 지 얼마 되지 않아서 과거 클린턴 대통령과 의회 사이에 벌어졌던 전쟁이 재연되었다. 공화당이 하원을 장악한 후 예산 문제에 대해 오바마 정부를 향해 날카롭게 추궁하기 시작했고 백악관은 수세에 몰렸다.

오바마는 그동안 공화당 의원들의 미움을 산 대가를 톡톡히 치러야 했다.

오바마는 민주당과 공화당이 한 배를 탄 공동운명체라며 공화당을 적이 아닌 동지로 후대할 것처럼 말했지만, 공화당 의원들은 얼마 가지 않아서 자신들이 무시당하고 있음을 깨달았다. 그들이 건의한 경기 부양책은 가볍게 묵살되었고 오바마는 공화당 의원들의 전원 반대를 못 본 척 했다.

그 후에 추진된 의료개혁은 공화당 의원들을 더욱 분노하게 만들었다. 오바마와 민주당 의원들은 독단적인 방식을 계속 밀고 나감으로써 공화당을 철저히 적으로 만들었고, 공화당 의원들은 대단한 단결력을 발휘해 똘똘 뭉쳐 중간선거 승리를 위해 매진했다.

중간선거의 대승은 이미 준비된 것이었다.

의회의 판도가 바뀌자 오바마가 고민에 빠졌다. 향후 2년 동안 국정 운영이 어려울 것임은 자명한 사실이었다. 하원의 가장 중요하고도 특별한 역할은 세수 및 지출에 관한 법안을 발의하는 것이고 수많은 법안들이 하원에서 발의되었다. 그런 하원을 공화당이 장악했다는 것은 오바마의 운신의 폭이 크게 축소될 것임을 의미했다. 오바마가 처한 곤경은 백악관과 의회의 미묘한 관계가 표현된 것이었으며, 민주당과 공화당이 심리적으로 평등한 관계를 유지하지 못하면 시소처럼 언제든 상하 위치가 바뀔 수 있음을 보여주는 것이기도 했다.

따로 떼어놓고 보면 대통령과 일개 국회의원의 권력은 감히 비교도 할 수 없을 만큼 확연하게 차이가 나지만, 국회의원 수백 명이 모인 의회는 수많은 계층과 단체의 이익과 요구를 대변하므로 국가 보안 등의 이유로 일시적으로 무시할 수는 있다 해도 오랫동안 외면할 수는 없다. 오랜 역사를 거치며 의회는 대통령과 평등하게 경쟁하는 관계모델을 구축해 왔고 대통령에게 비굴하게 머리를 조아리지 않는다. 최고의 인기를 누렸던 레이건 대통령도 이 정치적 숙명에서 자유로울 수 없었다. 그의 지지율이 최고점에 다다랐을 때 의회에서 강한 저항이 나타났던 것이다. 레이건의 두 번째 임기에 찾아온 '밀월기'의 대부분은 공화당 의원들과의 권력투쟁으로 헛되이 흘려보내야 했다. 당시 국회의원들은 레이건이 살갑게 웃으며, 또는 비굴하게 허리를 굽히고 자신을 지지해달라고 애원하길 바랐다. 미국 정치제도를 지탱하는 세 개의 축 가운데 대통령(행정부)과 의회가 가장 중요하고, 또 대부분의 충돌과 갈등도 그 둘 사이에서 발생한다. 대통령과 의회는 정치와 외교 분야에서 자연스럽게 분업이 이루어졌다. 외교 분야에서는 대통령의 권력이 의회보다 강하지만 국내 정치에서는 대통령의 권력이 의회보다 훨씬 약하다.

역사를 돌이켜 보면 대부분 양측이 암묵적으로 권력 균형을 유지했고 어느 쪽이든 균형을 깨면 상대의 강한 저항에 부딪혔다. 한마디로 대통령과 의회는 '장미의 전쟁'을 벌이는 부부처럼 언제든 충돌하고 다툼을 벌일 수 있다.

일반적으로 의회는 지방분권주의를 실현할 수 있는 가장 중요한 보루다. 미국 건국 이래 지방의 압력과 국가 정책 사이에 긴장과 갈등이 진정으로 사라진 적은 한 번도 없었다. 거의 항상 지방과 이익단체의 이익을 대표하는 의회와 전국을 관할하는 대통령이 국내 의제를 두고 끊임없이 분쟁을 벌였다. 반면 외교 분야에 대해서는 의회의 개입이 상대적으로 적었다.

대통령과 의회가 많은 문제에서 상호 의존적인 관계에 있기 때문에 손잡고 힘을 합치는 것이 양쪽 모두에게 유리하다. 하지만 미국 역사를 돌이켜 보면 의회와 화기애애한 관계를 유지한 대통령은 많지 않았다. 1930년대 초의 프랭클린 루스벨트 대통령, 1960년대 중반의 린든 존슨, 1980년대의 레이건이 의회와 비교적 화목한 관계를 유지했을 뿐 그 외 대부분의 시기에는 대통령과 의회 사이에 갈등과 불확실성이 겹겹이 도사리고 있었고, 이 때문에 많은 대통령들이 자신의 주장을 정책으로 추진하는 데 어려움을 겪고 권위에도 상처를 입었다. 프랭클린 루스벨트가 의회와 원만한 관계를 유지할 수 있었던 가장 큰 원인은 당시의 시대적 상황에서 찾을 수 있다. 루스벨트가 취임했을 당시 미국은 경제가 통째로 붕괴될 위기에 처해 있었고 그의 두 번째와 세 번째 임기 때는 세계대전으로 위협받고 있었기 때문에 위기를 극복하기 위해 국민들이 힘을 하나로 응집시켜야 할 필요성이 있었다. 여기에 루스벨트의 독특한 개인적인 매력과 원대한 정치적 안목에 덧붙여져 의회가 자연스럽게 그를 중심으로 똘똘 뭉쳤다.

린든 존슨의 성공 요인은 그가 오랫동안 의회에 직접 몸담았던 점에 있었다. 존슨은 1931년부터 의회에서 근무했고 1937년에는 보선을 통해 하원의원으로 당선되었으며, 1948년에는 상원에 입성해 1955년 마침내 다수당 대표가 되었다. 다수당 대표가 된 후 존슨은 자신의 능력을 충분히 발휘해 탄탄한 권력 기반을 구축함으로써 장장 6년에 걸친 상원의 '존슨 시대'를 열었다.

자신의 권력 네트워크를 구축하기 위해 존슨은 '다수당 원내대표'라는 겉보기에는 빈약해 보이는 발판을 최대한 활용해 훗날 백악관 입성을 위한 탄탄한 입지를 다졌다. 그가 여러 정치인들의 약점을 단단히 틀어쥐고 친근함과 위엄을 동시에 구사할 때면 의회가 긴장했다. 존슨은 미국 역사상 거부권을 가장 적게 행사한 대통령 중 한 명이기도 하다. 1963년부터 1968년까지 의회의 임기가 두 번 바뀌는 동안 그가 거부권을 행사한 것은 30번밖에 되지 않는다. 그의 전임자인 케네디 대통령은 1기 의회 기간에만 거부권을 20차례 행사했고 아이젠하워 대통령은 의회 임기 4기 동안 무려 181번이나 거부권을 행사했다. 베트남 전쟁을 전면 확전시키는 오판을 저질러 발목을 잡히지 않았더라면 존슨은 정말로 자신이 표어로 내걸었던 '위대한 사회' 계획을 성공적으로 실현시키고 위대한 대통령이 되었을 것이다.

레이건은 루스벨트나 존슨과는 달랐다. 그는 루스벨트처럼 위태로운 시대적 상황을 만나지도 않았고 존슨처럼 의회에 탄탄한 기반을 가지고 있지도 않았다. 그에게 있는 것은 개인적인 매력과 노련한 정치적 수완뿐이었다. 이것은 오바마가 가장 본받아야 할 점이기도 하다.

레이건은 데일 카네기Dale Carnegie '인간관계론'(어떻게 하면 남에게 공감대를 얻고 대중에게 영향을 미칠 수 있는지)의 가장 바람직한 본보기다. 그는 자신이 가진 두 가지 '밑천'을 충분히 이용했다.

첫째는 전임 대통령 카터의 실패다. 레이건은 취임 첫해에 카터와는 완전히 다른 주장을 펼쳐 여론의 큰 호응을 얻었다. 정책 방향이든 인간관계에 있어서든 레이건은 카터와 선명한 대조를 이루었다.

둘째는 정치계에 깊숙이 발을 담그지 않았던 그의 이력이다. 워싱턴 정치계와 너무 깊은 연관을 맺지 않았던 레이건은 눈치 빠르게 의회에서 '아웃사이더'의 역할을 충실히 수행했다. 그는 의회 내부 각 계파의 입장을 충분히 고려했을 뿐 아니라 각계 유명인사(특히 의회 내 권세가)들과 아무런 선입견 없이 융화되었다.

레이건은 처세의 대가였다. 대통령에 당선된 첫날, 그는 자축연회를 열고 지방의 원로 50명을 초대했다. 카터 정부에 의해 냉대받았던 그들은 의아해 하면서도 흔쾌히 초청에 응했다. 그 중에는 과거 레이건을 노골적으로 비난하고 공격했던 이들까지 다수 포함되어 있었다. 가장 감탄스러운 것은 레이건을 싫어하고 백악관에 입성하겠다는 야심을 품었던 하워드 베이커Howard Baker(공화당 상원 원내총무)가 곧장 레이건의 가장 든든한 지지자가 되었다는 사실이다. 하워드 베이커의 이러한 태도 전향은 의회에 막대한 영향을 미쳤다.

이들 셋과 비교할 때 클린턴과 부시 주니어 시기의 '동맹 게임'은 그리 순조롭지 않았다. 특히 부시는 의회와 손을 잡기보다는 줄곧 의회의 간섭에서 벗어나길 원했고 의회를 자기 마음대로 좌지우지하고 싶어 했다. '행정특권'을 확보하기 위해 부시는 많은 문제에 있어서 의회를 변두리로 밀어내고 독자적으로 처리하고자 했다. 그는 의회의 '구속'을 받지 않는 권력을 갖는 데 열중했으며 특히 '무역촉진권TPA, Trade Promotion Authority'[29]에 가장 큰 애착을 가졌다.

외교 사무에 있어서도 부시는 반드시 의회의 비준을 통과해야 하는 국제조약을 좋아하지 않았던 것 같다. 대표적인 사례가 바로 그가 「생물무기금지협약」 수정안을 거부하고 의회의 비준이 필요하지 않은 조치를 지지한 것이다. 부시는 행정부와 의회 간의 심리적 균형 및 권력 균형을 모두 깨뜨렸고, 이로써 훗날 그가 의회라는 장벽에 부딪칠 수 있는 불행의 씨앗을 심은 셈이었다.

오바마는 취임 이후 여러 분야에서 부시와의 뚜렷한 차별화를 꾀했지

---

29 다른 나라와의 자유무역협정 체결을 신속하게 진행하기 위해 의회가 정부에 포괄적인 협상권한을 보장해주는 것을 말한다. 의회에서 무역촉진권이 승인되면 의회는 정부가 낸 협정안을 수정할 수 없고 찬반 표결만으로 처리하게 된다.

만 유독 의회와의 관계에 있어서만큼은 부시와 크게 다르지 않았다. 그는 줄곧 의회와 거리를 두고 의회를 배제한 채 독단적으로 일을 처리해 공화당의 미움을 샀으며 이것이 그의 국정 운영에 적잖은 불편을 초래했다. 물론 오바마에게 그런 자신감을 부여한 것은 그가 창조한 역사에 대한 대중과 언론의 흥분과 열광이었다.

하지만 오바마는 그리 오래지 않아 자신의 인기가 뜬구름과 같은 것이었음을 깨달아야 했다.

2
밀월기를 헛되이 보내다

이른바 '밀월기', 즉 정치인이 새로운 직위에 취임한 후 첫 석 달은 정책을 추진하기가 가장 좋은 때로 불린다. 이 시기에는 여론과 언론의 호감과 흥분이 남아 있어서 정책에 대해 비교적 너그럽게 평가하는 경향이 있기 때문이다.

게다가 오바마는 흑인 최초의 미국 대통령이라는 역사를 창조한 덕분에 그 밀월기가 남들보다 좀 더 긴 6개월 정도였다. 하지만 유감스럽게도 그는 이 기회를 제대로 이용하지 못했다. 이것은 오바마가 임기 첫해에 용두사미의 전형적인 모습을 보여주며 수많은 위기와 논란의 중심에 서야 했던 이유이기도 하다.

개인적인 능력과 매력만을 놓고 따지면 오바마는 미국 역사상 가장 우수한 대통령이라고 할 만하다. 그런데 능력과 매력에 근면성과 성실함까지 겸비한 그에게 왜 그렇게 거센 비난이 쏟아지고 또 지지율은 왜 그렇게 낮은 것일까?

우선 객관적으로 보면 오바마 취임 당시 미국은 안팎으로 어려움에 처해 있었다. 국내 정치와 외교 분야에서 부시 정부가 저질러놓은 난제들이 너무 많았기 때문에 오바마는 취임과 동시에 첩첩산중으로 내몰렸다. 국내에서는 높은 실업률과 의료개혁 문제가, 대외적으로는 이라크 전쟁과 아프가니스탄 전쟁, 북한 핵문제, 이란 핵문제 등 일련의 혹독한 시련들이 그를 쉬지 않고 괴롭혔다.

긍정적으로 본다면 이런 난제들 덕분에 오바마의 '정치 개혁'에 대해 미국인들이 높은 기대감을 품은 것이지만, 반대로 오바마가 자신이 내놓은 공약들을 실천하지 못한다면 국민과 언론의 실망도 그만큼 클 것이고 걷잡을 수 없는 원망과 비판이 쏟아질 수 있었다.

경솔한 약속이 오바마가 궁지에 몰린 중요한 원인이었다. 평범한 인간관계에서도 공수표를 남발하는 사람은 환영받을 수 없듯이 정치가, 특히 국가지도자는 쉽게 한 약속일수록 그로 인해 치러야 할 대가도 큰 법이다. 부시 대통령(제41대 대통령, 부시 주니어의 아버지)이 연임에 실패한 중요한 원인도 바로 감세를 약속했다가 경제 상황이 악화되자 '부득이하게' 증세한 것이었다. 결국 그의 변덕스러움으로 인해 신뢰도가 떨어지고 지지율이 급격히 하락했다.

카터 대통령도 비슷한 실수를 저질렀다. 대통령 취임 이후 그가 자발적으로 쏟아낸 일련의 약속들이 대부분 제대로 이행되지 못하고 흐지부지되자 그의 신뢰도가 큰 타격을 입었으며 이것이 연임 실패라는 결과로 이어졌다. 몇몇 학자들은 그가 한 약속들을 '불필요하고 어리석은 공약'이라고 비판하기도 했다.

비슷한 성격은 비슷한 운명을 부르는 법이다.

과거 30여 년 동안 백악관이 걸어온 길을 반추해보면 약속을 남발하고 지키지 못한 대통령 두 사람은 모두 연임에 실패했고, 비교적 약속을 잘 지켰던 레이건, 클린턴, 부시 주니어는 연임에 성공했다. 우연인 듯 보이지만 사실은 필연적인 결과였던 것이다.

객관적으로 평가할 때 오바마의 성실성과 개혁 정신은 높이 살 만하다. 다만 너무 급하게 개혁하려다 보니 실수가 연달아 터진 것이다.

오바마에게 높은 인기는 양날의 검이었다. 선거에 승리하기 위해 경선 기간 동안 많은 공약을 쏟아내고, 그 공약들을 지키기 위해 취임 직후부터 서둘러 강도 높은 개혁에 착수했지만 일부 경솔한 방안들이 그 속에 포함되었던 것이다. 이 점은 2009년 초에 실시된 경기 부양책을 보면 확연히 드러난다. 오바마가 의료개혁과 아프가니스탄 추가 파병 문제를 조급하게 추진하려고 했지만 결과적으로는 오히려 향후 국정 운영에 어려움을 가중시키는 결과만 낳았다.

불필요하게 다른 일을 추진해 주의력을 분산시킨 것도 오바마의 큰 실수였다. 중국산 타이어에 대해 특별보호관세를 부과한 것이 전형적인 사례다. 오바마는 이 조치를 통해 일부 이익단체들로부터 호감과 지지를 얻는 데는 성공했겠지만, 미국의 실업 문제를 해결하거나 경기를 부양시키는 효과를 거두지는 못했다. 게다가 더 치명적인 사실은 미중 관계를 해쳤으며 국제적으로 보호무역이 다시 고개를 들게 하는 지렛대의 역할을 했다는 점이다. 바로 그 사건으로 미중 간의 무역마찰이 심해졌을 뿐 아니라 세계 각국에서 무역마찰이 점점 심해져 세계 경제의 위기를 더욱 가중시켰다.

오바마 집권 전반부 2년의 실적에 대해 미국 언론들은 그가 무리한 목표를 세워놓고 너무 급하게 일을 추진했다고 평가했다. 사실 오바마가 백악관에 막 입성했을 때 일부에서 오바마가 단기간에 너무 많은 일을 추진하려고 하다가 실수를 저지를 수 있다고 우려한 바 있다. 개혁을 너무 서둘러 추진하려 하다가 정책을 세심하게 살피지 못하고 형식적인 경기 부양에 그칠 수 있다는 것이었다. 당시 공화당 의원들이 가장 우려하는 것도 바로 이 점이었다.

이상은 아름답지만 현실은 늘 냉혹한 법이다. 오바마는 자신을 향한 높은 지지율을 정책 시행의 원동력으로 전환시키기는커녕 지지율에 밀려 조바심을 내며 일을 성급하게 추진하는 실수를 저지르고 말았다. 유감스럽게도 100일간의 '밀월기' 동안에도 오바마는 과거 린든 존슨이나 프랭클린 루스벨트처럼 호의적인 여론을 이용해 상황을 자신에게 유리한 방향으로 바꾸지 못했다.

오바마가 일을 추진하는 태도는 크게 흠잡을 데가 없지만, 전략이나 완급을 조절하는 능력은 프랭클린 루스벨트나 링컨 같은 역대 대통령들과 큰 차이가 있었다. 오바마도 "취임 첫해에 아쉬운 점이 있다면 발등에 떨어진 불을 끄기 위해 너무 서둘렀다는 것이다"라고 실수를 인정했다.

오바마 취임 첫해의 국정 운영과 개혁은 '혼란스러웠다'고밖에는 달리 표현할 방법이 없다.

린위탕林語堂의 『생활의 발견』에 이런 말이 나온다. "철학의 관점에서 보면 성급함과 지혜는 근본적으로 다른 것이다. 지혜로운 사람은 절대로 성급하게 행동하지 않고, 성급하게 행동하는 사람에게는 지혜가 없다. 유유자적할 수 있는 사람이 진정으로 지혜로운 사람이다."

그런 점에 있어서 빌 게이츠는 오바마에게 좋은 본보기가 될 수 있다. 빌 게이츠의 숨은 성공비결은 바로 그의 중요한 습관에 있다. 바로 일 년에 두 번씩 일주일 동안 '칩거'하는 것이다. 그는 이 '칩거' 기간 동안 태평양 서북 연안의 바닷가에 위치한 자신의 별장에서 혼자만의 시간을 갖는다. 가족을 포함한 그 누구의 방문도 거절한 채 두문불출하고 오로지 자신의 회사인 마이크로소프트의 미래 구상에만 몰두한다. 인터넷 산업에서 일어난 수많은 혁신들이 바로 빌 게이츠의 '칩거'를 통해 탄생했다.

3
강기슭에 앉아 헤엄치는 법을 배우다

갑작스런 당선은 사람들에게 놀라움과 기쁨을 안겨주었지만 준비 부족이라는 위험이 도사리고 있었다.

오바마는 대통령이라는 직무를 수행하기 위한 준비가 매우 부족했고 현실적인 심각성에 대해 깊이 있게 인식하지도 못했다. 이것이 바로 그의 정책이 용두사미로 끝난 가장 중요한 원인이다.

미국처럼 시스템이 거의 완벽하게 갖추어진 국가에서는 주변 상황이 좋다면 지도자는 적절한 언변과 개인적인 매력만 가지고도 별 문제 없이 국정을 운영할 수 있다. 하지만 어려운 시기에는 언변과 매력 외에 풍부한 정치적 경험과 노련한 처세능력도 필요하다.

과거 프랭클린 루스벨트 대통령과 비교할 때 오바마는 준비성이 너무도 부족했다. 루스벨트는 백악관에 입성하기 전부터 병상에 누워서도 미국의 발전을 위해 고민하고 미래의 청사진을 구상했다. 그 덕분에 그는 대통령이 되기 전부터 경제위기와 국내 개혁에 대한 확고한 인식을 갖추고 있었다. 실전 경험도 루스벨트가 오바마보다 월등히 많았다. 루스벨트의 오랜 뉴욕 주지사 경험은 훗날 그가 뉴딜정책을 시행하는 데 큰 도움이 되었다. 그는 취임하자마자 여러 가지 새로운 정책을 시험대에 올리고 많은 인재를 등용하는 등 대통령으로서의 직무에 본격적으로 착수했다.

제26대 미국 대통령 시어도어 루스벨트도 프랭클린 루스벨트와 비슷했다. 그는 다방면의 책을 섭렵한 독서광이었을 뿐 아니라 25세에 이미 국가 개혁을 위한 구상을 마쳤다. 뉴욕 주지사 재임 시절 많은 성과를 내며 높은 명망을 얻은 그는 부통령 재임 당시 매킨리 대통령이 암살당하자 대통령직을 물려받았으며 그와 동시에 미국에서 진보주의운동의 거대한 막이 올랐다. 그가 추진한 일련의 정책들은 모두 그가 젊은 시절부터 구상해놓은 것들이었다.

그들과 비교하면 오바마는 사상적으로든 실전 경험에서든, 인재 확보에 있어서든 준비가 크게 부족했다. 그의 국정 운영이 궁지에 몰린 것도 우연이 아니었다. 대표적인 예가 바로 내각에서 아주 중요한 역할을 하는 재무장관 자리를 반 년 동안이나 공석으로 비워두었고, 그 후에도 2년 동안 네 명이나 이 자리를 거쳐갔다는 점이다. 오바마와 루스벨트의 상반된 모습은 투철한 준비성이 얼마나 중요한지 알 수 있는 좋은 예다.

중요한 일을 하기 전에 '예행연습'을 하는 것이 도움이 된다는 사실은 과학적으로도 증명된 것이다. 미국의 한 과학자는 사람들이 직접 몸으로 해보지 않더라도 무언가를 배울 수 있다는 연구 결과를 발표했다. 사람은 놀라운 잠재능력을 가지고 있어서 심지어 물에 들어가지도 않고 강기슭에 앉은 채로 수영을 배우는 것도 가능하다는 것이다. 수영의 정확한 동작을 구사하면서 자신이 물속에서 헤엄치고 있다는 상상을 하는 것만으로도 수영기술을 익힐 수 있는 것이다.

우리는 종종 상상하는 대로 실현할 수 있다. 이 점은 준비성이 투철했던 여러 명의 미국 대통령들이 몸소 실천을 통해 증명한 바 있다. 성공이 하늘에서 뚝 떨어지는 법은 없다. 거의 모든 성공이 꾸준한 준비와 노력으로 얻어낸 결과다.

나폴레옹이 대표적인 예다. 그는 실제 전투에 참가하기 전에 이미 오랫동안 마음속으로 '군사훈련'을 실시했다. 역사문헌에도 나폴레옹이 군사학교 재학 시절에 자신이 지휘관으로서 실제 전투를 지휘하는 상상을 하며 치밀한 전략과 전술을 구상해 기록하고 코르시카 섬의 지도까지 덧붙여놓은 노트가 400페이지가 넘었다고 기록되어 있다.

드골도 자유프랑스운동의 지도자가 되기 몇 년 전부터 프랑스의 지도자가 되겠다는 확실한 포부를 가지고 『검의 날The Edge of the Sword』이라는 소책자에 지도자가 갖춰야 하는 리더십에 대해 자세히 적어놓았다. 그가 이 소책자에 썼던 내용들은 훗날 그가 대통령이 된 후에 모두 실현되었다.

어려움에 대해 충분히 예측하지 못했던 것도 오바마에게 준비가 부족했음을 보여주는 것이며 이것은 그가 정책 시행에서 곤경에 처했던 중요한 원인이다. 대표적인 예가 바로 의료개혁이다.

근거 없는 낙관론도 준비 부족으로 인해 생겨난 것이다. 특히 미중 관계는 근거 없는 낙관론에 의해 가장 큰 피해를 보았다.

2009년 중반 금융위기가 끝나고 미국 경제가 회복기로 들어섰다고 판단한 오바마 정부는 그때부터 국제 관계, 특히 국제 무역 관계에 있어서 더 이상 다른 나라들과 한 배를 탄 운명임을 강조하지 않고 보호무역주의로 기울었다. 이는 국제 문제의 해결을 지연시켰을 뿐 아니라 새로운 경제성장의 원동력을 모색하는 데도 걸림돌이 되었다. 중국과의 관계 악화는 그보다 더 심각했다. 그때부터 미중 교역 관계에 무역마찰이 점점 늘어나기 시작하더니 2010년에는 두 나라의 관계가 꽉 막힌 도로처럼 진퇴양난의 곤경에 처하고 말았다.

4
바둑의 이로운 점

바둑을 좋아하는 사람들은 바둑을 둘 때 순서가 매우 중요하다는 것을 잘 알고 있을 것이다. 바둑을 두는 순서가 잘못될 경우 승부가 완전히 달라질 수 있다. 따라서 한 수 한 수를 두는 순서를 결정하는 데 많은 고민을 하기 때문에 바둑은 승부가 나기까지 시간이 매우 오래 걸린다.

정책을 시행하는 것도 마찬가지다.

오바마는 현실적인 어려움에 대해 충분히 예상하지 못하고 정치적 경험이 부족했을 뿐 아니라 서둘러 성과를 거두어 높은 지지율에 부응해야 한다는 조급한 마음을 품었다. 그 때문에 정책을 시행하는 순서를 신중하게 고려하지 못했다. 이것이 그가 난처한 상황에 몰린 중요한 원인이다. 의료개혁과 아프가니스탄 추가 파병이 대표적인 사례다.

의료개혁을 추진하고 아프가니스탄 재건에 박차를 가하는 것은 마땅히 해야 할 일이었다. 하지만 문제는 이 두 가지 민감한 문제를 추진하는 순서가 적절하지 못했다는 것이다. 의료개혁이 중요하기는 하지만 그보다는 일자리를 늘려 실업률을 낮추는 것이 민심을 얻는 데 더 효과적이었다. 만일 오바마 정부가 먼저 고용 문제에서 성과를 낸 후에 의료개혁에 착수했더라면 의료개혁에 대한 반발이 그렇게 크지는 않았을 것이다. 마찬가지로 아프가니스탄 재건보다는 테러 소탕에 더 힘을 쏟는 것이 국내외 여론과 언론의 이해와 지지를 얻기가 더 쉬웠다. 만약 오바마가 탈레반과 알 카에다 조직 소탕에서 가시적인 성과를 거두었더라면 국제적으로 그의 명망이 크게 높아졌을 것이고, 그런 다음에 다른 나라들과 연합해 아프가니스탄 재건에 나섰더라면 지지와 공감을 얻을 수 있었을 것이다.

하지만 아쉽게도 오바마는 난이도가 가장 높고 가장 많은 논란을 부를 수 있는 일에 먼저 착수했고, 결국에는 대중과 언론, 정치계 전반에서 강한 반대에 부딪쳐 인기가 급락하고 '밀월기'라는 다시 오지 않을 절호의 시기를 허비하고 말았다.

오바마는 의료개혁을 성급하게 추진했을 뿐 아니라 적극적으로 정책을 홍보하고 국민들에게 이해를 구하지 않아 국민들이 의료개혁에 대해 정확하게 알지 못했다.

그는 의료개혁 추진의 어려움을 과소평가하고 오로지 이것이 국가와 국민에게 이로운 일이라는 사실에만 집중했던 것이다. 그런데 예상치 않게 거센 반발에 부딪히고 적절한 소통이 이루어지지 못함으로 인해 의료개혁이 그의 발목을 단단히 잡고 말았다. 이해관계가 상충되는 일부 이익단체들 뿐만 아니라 공화당까지도 의료개혁 법안에 반대하고 나선 것은 오바마에게 매우 뜻밖의 일이었다.

예기치 못한 반응이 나타났을 때에도 오바마는 인내심을 발휘하지 못했다. 그는 공화당과 충분히 소통하고 그들의 의견을 경청하지 않았다. 도리어 민주당이 의회의 과반수를 차지하고 있다는 것만 믿고 너무 성급하게 공화당의 동의 없이도 강행 통과시킬 수 있다는 자신감을 내비쳐 공화당의 반발을 더욱 부추기는 결과를 낳고 말았다. 그 다음부터는 무슨 일을 추진하든 공화당의 동의를 얻기가 힘들었던 것은 물론이다.

시기를 선택하는 것은 더욱 중요한 일이었다. 의료개혁 자체만을 놓고 본다면 바람직한 정책임에 틀림없었다. 금융위기가 발생한 후 국민들이 살기가 팍팍해지고, 특히 의료보험에 가입되지 않은 사람들에게는 의료비 부담까지 겹쳐 심각한 사회적 갈등이 쌓여 있었다. 이런 상황에서 취약계층의 복지를 우선적으로 고려해야 한다는 것이 의료개혁의 가장 큰 취지였다. 오바마가 추진한 의료개혁의 중점이 바로 전 국민의 의료보험 가입 의무화였다.

하지만 아무리 좋은 정책이라도 언제 추진하느냐는 매우 중요한 문제다. 2009년 상반기 오바마는 전략적 선택의 기로에 놓여 있었다. 어떤 것을 정책 시행의 최우선 순위로 둘 것인가 하는 것이었다. 그 중요한 시기에 오바마는 고용 개선이 아닌 의료개혁을 최우선 과제로 선택했고, 그 바람에 고용 창출을 위한 좋은 기회를 놓쳐버리고 새로운 경제성장축을 모색하는 일도 순조롭게 추진되지 못했다.

또 하나 간과할 수 없는 것은 의료개혁이 반대에 부딪히고 지지율도 지속적으로 하락하자 오바마가 궁여지책으로 여러 사회계층으로부터 지지를 구하려고 시도했다는 점이다. 대표적인 것이 바로 철강노조의 지지를 얻기 위해 중국산 타이어에 대해 특별보호관세를 부과한 일이다. 이로써 미중 양국 간 무역마찰의 '판도라의 상자'가 열리고 말았다.

의료개혁으로 인해 불거진 정치적 마찰은 확대일로를 걸었다. 의료개혁 법안이 의회에서 통과되자 공화당은 충격을 받았다. 그들은 오바마가 자신들의 의견에 조금도 귀를 기울이지 않고 다수당이라는 민주당의 이점을 이용해 의료개혁을 강행한 것에 크게 실망했다. 당시 표결 결과를 보면 공화당 하원의원 가운데 의료개혁 법안에 찬성표를 던진 사람이 단 한 명도 없었다. 오바마가 취임 초기에 민주당과 공화당의 초당적 단결을 실현하겠다는 계획을 내놓은 것과 아이러니하게 대비된다.

이 일로 오바마와 공화당 사이에 깊은 골이 생기고 말았다. 공화당 인사들은 공개적인 자리에서 오바마가 내놓은 의료개혁 법안이 '민주당 내부에서 나온 것'이며 이 법안이 시행되면 '보험료 급등, 일자리 감소, 세수 증가, 의료서비스 저하' 등의 결과가 초래될 것이라고 강한 불만을 토로했다. 민주당과 공화당은 의회 개회 기간에 의원들끼리 완전히 따로 떨어져 상대 진영과 눈조차 마주치지 않을 만큼 관계가 냉각되었다.

그때부터 공화당 의원들은 하원의 다수당 자리를 탈환해 의료개혁법을 반드시 철회시키고야 말겠다고 결심했다. 결국 2011년 1월 19일 저녁, 하원 의장직에 오른 지 얼마 되지 않은 공화당의 존 베이너John Boehner는 오바마를 향해 1년 가까이 별러온 복수의 일격을 날렸다. 공화당 동료의원들과 함께 공화당이 과반수를 차지한 하원에서 오바마의 의료개혁법 폐기안을 통과시킨 것이다. 뒤이어 각 주에서 잇따라 이를 지지하자 오바마 정부의 체면이 땅에 떨어졌다.

이로써 공화당은 2010년 중간선거에서 자신들이 내걸었던 공약, 즉 의료개혁법 폐기라는 약속을 지켜 자신들의 전투력과 추진력을 증명했으며 1년 전의 굴욕에 대해 민주당에게 통쾌하게 복수했다.

5

타협의 습관화

오바마가 취임한 후 가장 많이 언급했던 단어가 바로 타협이다. 하지만 그가 했던 타협 중에는 외국의 입장에서 수긍할 수 없고 공화당도 찬성하지 않는 것들이 많았다. 심지어 부자 감세 문제에 대한 오바마의 타협은 민주당 의원들까지도 반대했다. 민주당의 해리 리드Harry Reid 상원 원내대표는 분노한 나머지 이를 '투항'이라고 비난했다.

어떻게 된 일일까?

2008년 대통령 선거 당시 오바마는 연소득 20만 달러 이하의 개인과 연소득 25만 달러 이하의 가구[30]에 대해서만 세수부담을 줄이겠다고 약속했다. 이는 부시 정부의 부자 감세 조치를 완전히 뒤엎겠다는 선언이었다. 당시 이 공약은 여론과 민주당으로부터 큰 호평을 받았다. 부자 감세는 부시 집권 기간 동안 민주당이 강력히 반발해온 정책이었다.

오바마가 당선된 후에도 한참을 기다려 2010년 말이 되어서야 부시 정부가 남긴 부자 감세 조치가 곧 만료를 앞두게 되었다. 그런데 그때 민주당을 경악하게 만드는 일이 벌어졌다. 오바마가 변덕을 부려 공화당이 주장하는 부자 감세 연장에 타협할 수 있다고 입장을 바꾼 것이었다. 게다가 그는 이 타협을 전술적 후퇴로 그럴듯하게 포장했다.

이때 극적인 장면이 연출되었다. 2010년 12월 2일, 미국 하원은 표결을 통해 중산층에 대해 영구적으로 감세하는 법안은 통과시키고 부자 감세 연장 법안은 부결시켰다. 그런데 이틀 후 하원에서 발의한 이 법안이 상원에서 부결되었다. 부시의 감세 정책을 적극 지지했던 공화당 의원들이 반대표를 던진 것이었다. 공화당 의원들은 의기양양했다. 2011년 1월부터 공화당이 하원의 다수당이 될 것이기 때문이었다.

그러자 지지율이 바닥인 오바마가 직접 타협에 나섰다. 협상을 통해 오바마는 민주당을 실망시키는 결정을 내렸다. 부시 정부가 제정했던 감세 법안을 원안 그대로 2년간 연장하는 데 동의한 것이다. 오바마는

---

30 중산층 이하를 말한다.

자신의 결정에 대해 "어떤 것을 얻기 위해서는 부득이하게 타협해야 할 때가 있다. 이 나라 자체가 타협을 바탕으로 세워졌다"고 말했다.

역시 언변의 달인다운 해명이었다. 타협이 국가의 기초이므로 자신의 이 결정은 전통을 계승한 것이라는 뉘앙스였다. 하지만 민주당은 그의 말에 결코 동의하지 않았다. 그들의 주장은 절대로 타협해서는 안 된다는 것이 아니라 오바마가 너무 빨리 '투항해버렸다'는 것이었다. 오바마는 이미 2008년 대선 당시의 젊고 패기 넘치는 지도자가 아니었고 애써 패기를 유지하려고 하지도 않았다. 이 점이 과거 오바마의 지지자들에게는 가장 유감스러운 일이었다.

2010년 12월 6일 오바마가 공화당과 타협한 것을 언론은 공화당의 '승리'라고 표현했다. 공화당 의원들은 앞으로 2년간 자신들이 원하는 것을 얻어낼 수 있을 것이라고 기대했다. 설령 원하는 것을 얻지 못한다 해도 오바마가 아무 것도 할 수 없도록 칼자루를 단단히 틀어쥘 수는 있을 것이었다.

오바마의 설명은 무기력하기 그지없었다. 그는 민주당 의원들에게 "모두들 이 타협을 반기지 않을 것임을 안다. 사실 부자 감세 연장은 나도 원치 않는 것이다. 그저 이 조치가 2년 더 시행될 뿐이다"고 말했다.

그런데 문제는 2년 후에도 오바마가 계속 대통령이겠느냐 하는 것이었다. 2012년 대선에서 패배한다면 부자 감세 연장을 어떻게 저지할 수 있겠는가?

공화당은 희희낙락하며 오바마의 타협에 대해 적절히 보답했다. 일부 복지예산을 삭감하지 않고 소득세는 삭감하는 데 동의한 것이다. 1200억 달러의 소득세 삭감 효과를 얻을 수 있는 이 조치에 월가가 반색을 하고 일부 경제학자들은 2011년 미국 경제성장률 예측치를 상향 조정했다. 오바마의 '투항'에서 비장한 느낌마저 들었다. 경제성장과 기업의 이익 증대, 고용 확대 효과를 낼 수 있는 법안을 통과시키기 위해서는 굴욕을 참아내야만 했다. 이것은 그에게 한 차례 도박이기도 했다. 감세가 과연 소비를 자극하고 기업을 성장시킬 수 있는지 지켜보려는 것이었다. 이를 위해 그는 민주당 내에서 이미 나타난 불화에 적절히 대응해야 했다. 대통령 당선 후 2년 동안 그에게서 볼 수 없었던 모습이었다.

짚고 넘어갈 것은 대형 선진국 가운데 유일하게 미국만 재정긴축정책을 시행하지 않았다는 사실이다. 이 타협으로 인해 실로 큰 대가를 치러야 했다. 2년 남은 임기 동안 오바마 정부가 감당해야 할 재정적자가 1조 달러에 달했다. 이미 빚더미에 올라앉아 있는 미국의 재정 상황에 설상가상의 부담이 가중된 것이었다. 미국 언론과 기업계에서도 이 점을 걱정했다. 오바마가 2009년부터 2년 동안 추진한 경기 부양 조치들이 기대한 만큼의 효과를 거두지 못하고 있었다. 실업률도 약 10퍼센트에서 떨어지지 않아 미국인들은 이미 깊은 시름에 빠져 있었다. 이 밖에도 오바마가 임기 말까지 시행할 정책 중에는 돈을 쓰고 적자를 늘리는 정책만 있을 뿐 채무를 줄이기 위한 계획이 없었다. 이는 국민과 해외 투자자들에게 매우 무책임한 것이었다. 미국 언론들은 이것을 두고 시장에 유동성을 주입하기 위한 편법이라고 일침을 가했고, 한 칼럼니스트는 "FRB와 오바마가 지폐를 찍어내는 것 외에 다른 방법은 생각할 수 없을 만큼 멍청해졌다"고 비꼬았다.

그런데 그런 상황이 진정으로 걱정스러운 것은 다른 나라들이었다. 역사적인 경험에 비추어 볼 때 미국이 병에 걸리면 그 약값을 다른 나라들이 부담해야 했기 때문이다.

이번에도 물론 예외가 아니었다. 양적완화든 1조 달러에 달하는 감세

계획이든 세계 경제에 막대한 인플레이션 압력과 수많은 불확실성만 안겨주었다. 이것이 바로 오바마의 타협이 불러온 실제 결과였으며, 이 타협으로 인한 피해는 미국이 아니라 다른 나라들에게 고스란히 전가되었다.

미국 문제에 있어서 세계 어느 나라도 강 건너 불구경할 수 없는 이유가 바로 여기에 있다.

6
정책 시행에 필요한 둔감력

'둔감력'이란 일본 작가 와타나베 준이치가 내놓은 개념이다. 그는 "둔감함이 때로는 느리고 우둔하다는 부정적인 인상을 주기는 하지만 행복한 삶을 살기 위한 수단이자 지혜"라고 말했다. 사실 주변 사람들이나 일에 대해 너무 연연하고 까다롭게 대하면 본질을 잊어버리는 일이 종종 있다.

이 둔감력에 있어서 오바마와 부시는 두 가지 극단적인 모습을 보여주었다.

부시는 둔감력에 있어서는 단연 최고였다. 전 세계가 이라크 전쟁 도발이 옳지 않은 일이라고 비난했지만 그는 들은 척도 하지 않고 자신이 선택이 옳으며 앞으로 잘 될 것이라고 자신했다. 반대로 오바마는 남의 의견을 너무 의식해서 때로는 변덕스러울 정도로 결정을 자주 바꾸었다. 투자와 마찬가지로 정치에도 원대한 안목이 필요하다. 사소한 일에 너무 연연하다보면 큰 일에 주의력을 집중시킬 수 없다. 정치가들이 남의 의견에 과도하게 연연해서 논란을 일으키고 정작 제일 중요한 문제는 간과하는 일이 종종 있다.

와타나베 준이치가 강조한 것도 바로 이것이다. 그는 "둔감력은 느린 것과는 다르다. 둔감력은 어려운 상황에서 발휘되는 인내심과 두꺼운 얼굴로 외부에 저항하는 능력이며, 삶에 대한 적극적인 태도다"라고 말했다.

오바마도 밀월기에는 부시처럼 극단적인 모습을 보여주었다. 공화당과 국민의 절반에도 아랑곳하지 않고 의료개혁을 꿋꿋하게 추진한 것이 대표적인 예다. 하지만 그 결과 민심을 잃고 민주당과 공화당의 불화를 초래하고 경기를 부양하고 고용을 창출할 수 있는 좋은 기회를 놓치고 말았다.

지지율 '폭락'을 경험한 오바마는 또 다른 극단으로 옮겨갔다. 이번에는 외부의 의견에 너무 민감하게 반응했던 것이다. 이익단체와 언론의 평가는 어느 것이 되었든 세세하게 신경 썼다. 그 결과 이익단체의 요구를 이끌려 미중 관계를 포함한 많은 관계에서 불화를 자초하고 힘들게 애쓰고도 성과를 내지 못했다.

미국처럼 수많은 이해관계가 복잡하게 얽히고 언론의 이데올로기가 다양하게 존재하는 국가에서 모든 국민과 이익단체를 만족시킬 수 있는 정책을 내놓기란 처음부터 불가능하다. 완벽함을 추구할수록 오히려 더 아쉬운 결과를 낳게 된다.

정치에는 둔감력 외에 또 한 가지 필요한 것이 있다. 긍정적인 소통과 적극적인 홍보를 통해 '분란'을 최대한 잠재움으로써 지도자가 추진하는 일에 대해 우호적인 분위기를 조성하는 것이다.

이 점에 있어서는 오바마가 스승으로 삼는 링컨이 깊은 인상을 남겼다. 링컨은 파란만장한 인생을 살았다. 불행과 불공평이 늘 그를 찾아왔지만 그는 언제나 긍정적인 마음과 둔감력을 잃지 않았다. 불우한 그림자를 떨치기 위해 밝은 표정과 유머러스한 언변을 유지하며 사소한 일은 자조 섞인 농담으로 넘겨버렸다. 백악관 시절에도 링컨이 풀이 죽어 있거나 작은 일에 연연해 고뇌하고 있는 모습을 본 사람이 거의 없다.

거센 폭풍우가 몰아쳐도 사소한 분란은 무시하고 넘겨버려야 큰 일을 이룰 수 있는 법이다.

7
집착이 때로는 독이 된다

오바마와 반대로 부시는 한 가지 일에 주의력을 너무 집중시켰다. 그는 재선까지 합쳐 8년의 임기 동안 거의 7년의 시간을 이라크 전쟁에 소모했다고 해도 과언이 아니다. 이것은 부시의 지지율이 폭락한 중요한 원인이기도 하다. 지지율 급락에서는 부시도 오바마와 크게 다를 바 없었다. 취임 초기에 90퍼센트에 달했던 지지율이 퇴임 무렵에는 30퍼센트 이하로 폭락했다.

부시가 퇴임을 얼마 남기지 않았을 때 CNN은 그를 '무능하고 불운했던 대통령'이라고 노골적으로 평가했다. 재임 기간에 겪은 위기만 놓고 보면 그와 프랭클린 루스벨트 대통령이 매우 비슷한 처지였다. 루스벨트는 경제위기를 먼저 겪고 나중에 안보 위기(제2차 세계대전)를 겪었고, 부시는 먼저 9·11 사건이 터지고 나중에 금융위기가 찾아왔다는 것이 다를 뿐이다. 그러나 루스벨트는 위기를 성공적으로 극복해 위대한 대통령으로 역사에 길이 남았지만 시는 '무능한 대통령'이라는 오명만 남겼다.

미국 역사학자들이 역대 대통령들을 위대한 대통령, 위대함에 가까운 대통령, 평균 수준의 대통령, 하위급 대통령, 이렇게 네 등급으로 나누어 평가한 적이 있다. 링컨, 프랭클린 루스벨트, 워싱턴 등은 위대한 대통령으로 평가되었고, 트루먼 등은 위대함에 가까운 대통령이었으며, 절반 가까이가 평균 수준의 대통령으로 분류되었다. 극소수만이 하위급 대통령으로 분류되었는데 대부분 실적이 너무 없거나 스캔들을 일으킨 대통령들이었다. 만약 부시의 등급을 평가한다면 아무리 높이 평가해도 평균 수준의 대통령에 겨우 들 수 있을 것이고 하위급 대통령으로 분류될 가능성도 적지 않다.

이라크 전쟁은 부시에게 '아픈 상처'였다. 이 전쟁에서 그는 군사적으로는 승리했지만 정치적으로는 패배했고 자원은 얻었지만 민심을 잃었다. 그 사이에도 포로 학대 스캔들이 발생했으며 반테러 전쟁을 더욱 복잡하고 어렵게 만들어 국제적인 비난을 받았으며 이것이 2006년 중간선거에서 공화당의 패배라는 결과를 낳았다.

미국의 국제적인 이미지가 손상되었음은 물론이다. 일부 미국 학자와 정치가들은 부시 정부가 국제적인 사무에서 폭넓은 조화를 이끌어내지 못해 미국의 리더십과 위신이 하락했으며 스스로 고립을 자초했다고 평가했다. 미국인들은 부시 집권 이전인 8년 전에 비해 미국의 국제적인 위상이 하락한 것을 억울하게 생각했다.

부시는 자신의 포부와 이익을 비교적 긴밀하게 연계시킨 지도자였다. 2002년에 발표한 국가안보전략에서 부시는 자신의 '포부'를 충분히 밝혔다. 이 보고서를 '부시주의'의 탄생으로 보는 시각도 있다. 이 보고서에는 미국 외교정책의 기본 원칙이 소개되어 있다. 즉, 타국이 초월할 수 있는 막강한 군사적 우위를 유지하기 위해 모든 노력을 다하고, 테러리스트들이 미국, 또는 우방국의 국경에 도달하기 전에 선제공격을 가하며, 필요할 경우 타국의 협조를 얻지 못하더라도 단독 행동을 통해 미국의 이익을 수호한다는 내용이었다.

한마디로 요약하면 산 속에 두 마리 호랑이가 공존하는 것을 용납하지 않고 선제공격할 수 있다는 것이었다. 부시의 이런 일방주의는 세계인들에게 깊은 인상을 남겼다. 부시는 자신이 세운 이 원칙을 철저히 지켰다. 특히 첫 번째 임기 동안 부시는 편집증에 가까운 집착으로 자신의 계획을 실천에 옮겼으며, 이 과정에서 국가와 자신과 관련된 이익단체에 막대한 이익을 안겨주었다. 일부 단체와 사람들이 시종일관 그를 지지했던 이유가 바로 여기에 있다.

부시 정부가 기존 방침을 집행하는 '끈기'와 능력은 어느 정부보다 월등했다. 문제는 그 끈기와 능력을 어디에 쏟아부었느냐는 데 있었다.

9·11 사건 직후에는 부시의 주장에 대해 미국 국내에서 거의 이견이 없었다. 하지만 그로 인한 과도한 자신감 때문인지 얼마 지나지 않아서 부시가 독단적이고 일방적인 경향을 보이기 시작했다. 전략의 기본 의도에 대해서는 정치권 전체가 부시의 주장에 동의했다. 대표적인 온건파인 파월 국무장관 등도 부시의 주장 자체에는 반대하지 않았다. 다만 구체적인 사안에 있어서 강경파와 의견 차가 있었을 뿐이다.

관리학의 관점에서 보면, 동일한 목표에 대해 의견 통일이 이루어지면 일이 빠르게 추진되어 가시적인 성과를 거둘 수 있다는 장점이 있다. 그러나 일부 신중하고 사람들의 귀에 거슬리는 이견들이 묻혀버리고 낙관적인 분위기만 고조되면 위기에 대해 충분히 대비할 수 없다는 문제점이 있다.

이라크 전쟁이 그 대표적인 예다. 미국 국방부의 군사적인 준비는 충분했지만 이라크의 정치, 경제, 문화를 재건하는 일에 대한 준비는 매우 미흡했다. 미국이 이라크 문제에서 곤경에 처한 가장 큰 이유가 바로 초기의 정책적 실수에 있었다.

9·11 사건 이후에 찾아온 기회 앞에서 부시 정부는 절반의 성공(탈레반 소탕)과 절반의 실패(이라크 전쟁)를 거두었다. 미국 언론조차도 9·11 사건 직후에 모든 주의력을 집중시켜 알 카에다 조직을 소탕했더라면 미국과 전 세계가 훨씬 더 안전해졌을 것이며 부시 정부가 세계적인 존경과 찬사를 받았을 것이라고 평가했다.

아프가니스탄 전쟁에서 미국이 너무 쉽게 승리한 것이 오히려 미국에게 독이 되었다. 미국 군사력의 압도적인 우위가 너무도 확연하게 드러났던 것이다. 부시든 럼스펠드든 세계적으로 미국에 대적할 나라가 없다는 자만심에 사로잡혔다. 그들은 사담 후세인 정권을 타도하면 이라크인들이 미군을 두 팔 벌려 환영할 것이며 이라크의 전후 재건이 중동 민주화의 출발점이 될 것임을 믿어 의심치 않았다. 부시를 둘러싼 미국 고위층 인사들도 부시의 이런 생각을 옹호해 그의 위험한 자만심을 더 부추겼다.

이런저런 이유들로 인해 부시는 이라크 전쟁을 도발하고 수행하면서 오만과 편견에 사로잡혀 있었고 이것은 미국에 큰 부담을 안겼다.

미국 역사를 통틀어 부시처럼 세계적인 비난과 논란의 중심에 섰던 대통령은 없었다. 미국의 외교적 실책을 돌이켜보면 부시 정부는 일방주의를 밀어붙였을 뿐 아니라 동맹국을 포함한 타국의 문화를 적극적으로 이해하는 데 거의 노력을 기울이지 않았다. 남의 의견을 듣지 않으면 남도 자신의 의견을 들어주지 않는 것이 당연하다.

서방의 일부 사회학자들은 최근 몇 년 간 나타난 국제적인 긴장이 인위적으로 만들어진 것이라고 주장한다. 다른 민족의 욕구와 목적, 특징에 대한 무지가 공포를 낳고, 이것이 침략으로 발전했다는 것이다. 이를 해소하기 위해서는 국가 간에 상호 이해가 필요하며 언론이 사실을 왜곡하고 유언비어를 날조하거나 민족성을 허위적으로 묘사해서는 안 된다. 서로에 대한 존중과 이해, 소통을 통해 관용심을 길러야만 국제적인 갈등을 해소할 수 있다.

부시 정부가 여러 해 동안 동맹국에 대한 태만과 몰이해, 제3세계 국가들에 대한 홀대와 무시를 통해 미국과 동맹국들의 관계를 훼손시키고 미국의 국제적 이미지를 실추시킨 것은 마땅히 반성해야 한다.

신보수주의자인 로버트 케이건 브루킹스연구소 선임연구원의 '화성에서 온 미국인, 금성에서 온 유럽인'이라는 표현이 미국인들 사이에서 큰 공감대를 얻고 있을 때, 유럽인들은 그런 미국인들을 보며 편치 않은 심기를 드러냈다. 유럽 언론은 이를 두고 1944년 6월 6일의 노르망디 상륙작전 승리와 반파시즘 전쟁의 승리가 각국 정부와 국민들의 단합된 힘으로 얻어진 것임을 알아야 한다고 일침을 놓았다. 과거의 노병들이 하나둘씩 세상을 떠나고 현재의 노르망디 해변은 과거의 피비린내 나는 전투를 떠올리기 힘들 만큼 평화롭지만, 유럽인들은 여전히 유럽과 미국이 운명공동체라는 생각으로 합심했던 시대를 그리워하고 있었다.

이 세상을 물고기가 가득 찬 거대한 어항이라고 한다면 미국은 가장 큰 물고기다. 그런데 한 마리도 어항을 뛰쳐나갈 수 없는 상황에서는 가장 큰 물고기가 다른 물고기들과 개별적으로 싸워서는 이길 수 있지만 다른 물고기들이 힘을 합치면 결코 이길 수 없다.

오바마는 부시에 비해 이 점을 잘 알고 겸손하게 처신했지만 부시가 이라크 전쟁에 집착한 것처럼 오바마는 의료개혁에 집착했다.

그런데 부시가 실언과 낮은 아이큐로 사람들의 비난을 받기는 했지만 대통령 이외의 역할은 비교적 잘 수행했다. 남편으로서 아내와 화목한 관계를 유지했고, 아버지로서 자상하고 민주적이었으며, 친구로서는 의리를 중시하고 오랫동안 진실한 우정을 유지했다. 이것은 많은 미국인들이 아직도 부시에게 호감을 가지고 있는 요인이기도 하다. 부시의 보수적이고 솔직하고 의리를 중시하는 성격도 그에 대한 평가에 긍정적으로 작용했다.

부시는 자신의 후원자들과 친구, 심지어 가족처럼 끈끈한 관계를 유지했다. 그들은 부시가 무슨 일을 하든 언제나 그를 지지했고 부시가 위기에 처했을 때마다 적극적으로 나서서 그를 옹호하고 대신 책임을 지기도 했다. 이렇게 진실한 관계는 오늘날 정치계에서는 쉽게 볼 수 있는 것이 아니다.

이런 이유로 인해 부시에 대한 평가도 제각각이다. 어쩌면 시간이 흐를수록 부시에 대한 사람들의 인식이 달라지고 그에 대한 동정론이 더 높아질 수도 있다. 그에게 너무도 많은 시련과 어려움이 닥쳤던 것은 분명한 사실이기 때문이다.

하지만 한 가지 부인할 수 없는 것은 역사학자들만큼은 부시를 높이 평가하지 않을 것이라는 사실이다. 그가 8년의 재임 기간 동안 쌓아놓은 실적이 너무도 적기 때문이다. 힐러리는 자서전 『살아 있는 역사Living History』에서 이런 의미심장한 말을 했다. "그(클린턴)가 2001년 1월 퇴임했을 때 미국은 지금보다 더 강하고 아름답고 정의로운 국가였으며 21세기의 도전에 대응할 준비가 되어 있었다."

8

카트리나가 몰고 온 충격파

살다 보면 상식으로는 설명할 수 없는 기이한 일들이 발생하곤 한다. 같은 날짜에 비슷한 일이 벌어지는 것도 그런 현상 중 하나다.

3월 20일이 바로 그렇다.

2003년 3월 20일, 이라크 전쟁이 발발했다. 이 전쟁은 인도주의를 명분으로 내세웠지만 실제로는 에너지를 얻기 위한 전쟁이었다. 사담 후세인이 사망한 후에도 이라크에서는 인도주의의 재앙이 계속되었고 미국은 결국 사태를 수습하지 못한 채 줄행랑을 쳤다.

이라크 전쟁이 발발한 지 꼭 8년째가 되던 2011년 3월 20일, 공교롭게도 리비아 전쟁이 발발했다. 이 전쟁도 인도주의의 깃발을 앞세운 전쟁이었지만 리비아 역시 석유 매장량이 많은 나라였다. 리비아에는 이라크 전쟁 때보다도 훨씬 빨리 인도주의의 재앙이 찾아왔다.

부시는 두 번의 임기에서 첫해 가을마다 위기가 닥쳤다. 첫 임기 첫해 9월에는 미국에 사상 초유의 9·11 테러 사건이 발생했고, 두 번째 임기 첫해 8월 말과 9월 초에는 허리케인 카트리나의 습격으로 심각한 자연재해가 발생했다. 첫 번째 임기의 9·11 사건은 부시의 정치적 운명과 미국의 국가 발전 방향을 돌려놓았고, 두 번째 임기에 발생한 카트리나의 습격은 부시의 국정 운영 능력을 크게 약화시켰다.

카트리나의 습격으로 후진국에서나 일어날 법한 장면이 미국에서 연출되자 부시와 미국인들의 체면이 땅에 떨어졌다. 재앙은 다면 거울처럼 사회의 갖가지 면모를 그대로 보여주곤 한다. 평소에는 무시되거나 크게 드러나지 않던 일들이 재앙과 혼란의 상황에서는 적나라하게 드러난다. 사람들은 카트리나에 짓밟힌 참혹한 광경에 애통해 하며 빈부격차가 만들어놓은 비극에 가슴을 쳤다.

카트리나는 미국인들에게 아물기 힘든 끔찍한 상처를 입혔다. 이재민들 가운데 빈곤층 흑인들의 참담한 상황이 미국 언론과 여론의 동정심을 자극했다. 자연재해 외에 약탈, 강간 등의 범죄마저 그들을 고통의 나락으로 밀어 넣었다.

이 모든 것이 텔레비전과 신문을 통해 세상에 알려지자 미국인들은 물론 전 세계가 충격에 빠졌다. 그들은 엄연히 미국 국민이며 난민이라고 부르지 말라는 분노에 찬 외침에 터져 나왔다.

언론은 이재민들의 상황을 '제3세계의 광경'에 비유하기 시작했다. 『워싱턴 포스트』지는 이재민들의 참담한 상황이 마치 아이티나 앙골라인 것으로 착각할 정도였다고 보도했다.

미국에서 벌어진 일이라고는 도저히 상상할 수 없었다. 게다가 이재민의 절대다수가 흑인이었다. 『더타임즈』는 허리케인의 습격 이후 가장 충격적인 사실은 재난의 심각성이 아니라 사망자들의 신분이라고 논평했다. 허리케인으로 사망한 사람들이 대부분 가정부와 주방장, 농장 노동자들이었다. 그들을 고용한 부유층 가정들은 허리케인이 들이닥치기 전에 이미 피신했던 것이다. 50만 명에 달하는 뉴올리언스 시민 가운데 약 3분의 2가 흑인이고, 그중 28퍼센트인 빈곤층 가운데 흑인이 84퍼센트를 차지했다.

분노한 미국 언론은 왜 흑인들이 텔레비전 화면을 가득 채울 수밖에 없는지 끈질기게 의문을 제기했다. 카트리나가 습격했을 때에도 뉴올리언스를 떠나지 못한 이들은 대부분 자가용이 없는 빈곤층이거나 허리케인 습격 전에 정부의 경보를 전해 듣지 못한 이들이었다.

허리케인이 상륙하기 전 연방정부는 현지 주민들에게 타지로 피신하라는 경보를 내렸다. 대다수 백인과 부유층은 허리케인이 들이닥치기 전에 거주지를 떠나 피신할 수 있었다. 그러나 비싼 모텔 투숙료를 감당할 수 없거나 자가용이 없어 집을 떠날 수 없었던 빈곤층과 노인, 환자 등 흑인과 남미 이민자들을 피신시키기 위한 적절한 조치는 이루어지지 않았던 것이다. 이 재난이 발생했을 무렵, 미국 인구조사국이 미국의 빈곤율이 4년 연속 상승했다는 우울한 결과를 발표했다. 경제학자들이 인플레이션율을 반영해 새로 발표한 통계자료에 따르면, 미국 노동자들의 실질소득이 오히려 감소한 것으로 나타났다. 미국 경제는 성장했지만 그 성장의 열매가 중소득층과 저소득층 가구에는 돌아가지 않고 고소득층이 독점하고 있는 것이었다. 미국에서 사회적 갈등이 계속 심화되고 있는 가장 중요한 이유가 바로 여기에 있었다.

빈곤층 증가와 빈부격차 확대는 미국 사회의 불안을 가중시켰다. 특히 뉴올리언스 같은 곳은 이미 사회 갈등이 폭발하기 일보직전의 상황에 있었으므로 허리케인 습격이 도화선이 되어 거대한 혼란이 발생할 가능성이 다분했다.

미국 언론들이 분석한 것처럼 일부 지역에서 발생한 약탈과 강도 사건 중 상당 부분은 분노가 그 원인이었다. 부유층이 약탈의 목표가 되기도 했다. 빈민과 흑인들에 대한 차별과 멸시가 자연재해를 통해 노골적으로 드러나고 사회적 모순이 더욱 격화되었다.

뉴올리언스 시내의 하얏트 호텔은 허리케인이 지나간 후 침수되어 구조작업을 벌일 때 직원과 투숙객들을 우선적으로 구조하고 가난한 흑인 노동자들은 제일 마지막에 구조했다.

'미국의 치욕'이라고 불린 이 참담한 광경들은 미국 사회를 향해 뼈아픈 질문을 던지고 있었다.

미국 언론들은 불공평한 사회적 현실에 대해 심도 깊은 의문을 제기하고 자연재해의 환경적, 정치적 원인에 대한 반성을 촉구하는 동시에 재난을 가중시킨 인위적 요인, 특히 사회적 요인에 특별히 관심을 기울여야 한다고 경고했다.

하지만 자각과 반성은 이것으로 끝나지 않았다. 공교롭게도 허리케인이 습격하기 바로 전날 UN이 발표한 『세계사회상황보고서 2005 : 불균형한 빈곤Report on the World Social Situation 2005 : The Inequality Predicament』에 따르면, 과거 20~25년간 여러 가지 불평등한 현상이 계속해서 증가한 것으로 나타났다.

심각한 현실은 세계 인구의 20퍼센트가 80퍼센트의 부를 가지고 있으며 소득과 기회의 불균형이 세계 곳곳에 만연해 있다는 것이었다. 어떤 지역에서는 불균형이 계속 심각해지고 있었다. 한마디로 세계 어느 곳에서든 제2의 뉴올리언스 비극이 재연될 수 있었다.

이 재난은 '미국 정부의 치욕'이기도 했다. 『이코노미스트』 등 언론들이 카트리나 습격에 대한 행정기관의 대처가 얼마나 미흡하고 부족했는지 보도하자 미국은 물론 전 세계가 놀라움을 금치 못했다. 재난이 발생했을 때 부시 정부의 늦장 구조, 혼란한 대처, 중앙정부와 지방정부의 엇박자 등에 여론의 질타가 쏟아지고 부시의 지지율이 취임 이래 처음으로 40퍼센트 이하로 하락했다.

반전단체들은 부시의 이라크 정책으로 화살을 돌렸다. 국민의 안전을 지켜야 할 수많은 주방위군이 이라크로 파견되었다고 강하게 비난했다. 환경보호단체들은 부시 정부의 환경 정책, 특히 부시가 「교토의정서」서명을 거부한 것을 신랄하게 비난했다. 더욱이 인권단체들은 미국 정부가 빈민과 흑인들을 차별하고 무시한 것이 아닌지 의문을 제기했다.

그들은 우선 정부의 위기관리시스템에 의문을 제기했다. 9·11 사건을 겪으며 미국 정부는 외부의 위협, 특히 테러 위협에 대한 대응의식과 대처능력을 크게 강화했다. 하지만 유감스럽게도 자연재해에 대한 대처능력은 사람들의 기대에 훨씬 못 미쳤다. 정부의 늦장 구조에 대해 언론은 정부가 속수무책인 사람들을 그곳에 4~5일이나 방치할 수 있다는 사실을 상상할 수 없다고 질책했다. 동남아에서 쓰나미가 발생했을 때에도 현지 정부는 바로 다음 날 구조를 시작했다.

당시 상원의원이었던 힐러리는 부시 대통령에서 서한을 보내 '카트리나위원회'를 구성할 것을 촉구했다. 힐러리는 "국가가 사전에 제대로 준비하지 못했음을 보여주는 정황들이 점점 더 많이 나타나고 있다. 사망자 수가 계속 늘어나고 있는 상황에서 구조 작업은 진척이 별로 없다. 이는 대형 자연재해에 대한 대처능력이 충분히 발휘되지 못하고 있기 때문이다"라고 지적했다.

언론도 미국의 재해대처능력이 부족하다고 입을 모았다. 사람들은 연방정부와 지방정부가 테러를 효과적으로 방지하고 대처할 능력이 있는지 우려했다. 미국 FEMA(연방비상관리국)의 역할과 능력에 대해서도 의문을 제기했다. 힐러리 등은 클린턴 재임 시절처럼 FEMA를 국토안전부에서 분리시켜 내각급 정부기관으로 격상시켜야 한다고 주장했다. FEMA가 국토안전부로 흡수된 것부터 시작해 구조 활동에서 허둥대는 모습을 보인 것까지 언론과 여론으로부터 심한 질타를 받았다.

FEMA 국장이라는 중요한 직위에 마이클 브라운Michael Brown처럼 전문적인 구급훈련도 받지 않고 개인경력이 과장된 사람을 임명했다는 사실은 부시도 변명할 여지가 없었다. 여러 언론과 정치인들이 부시가 자연재해 방지 및 대처 업무를 하찮게 생각했다고 비난하는 것도 무리가 아니었다.

사실 마이클 브라운 등 세 명의 FEMA 고위 공직자가 모두 2000년 부시의 대통령 선거 당시의 '공신'들이었다. 이런 나눠 먹기식 보은성 인사 자체가 부시가 FEMA를 하찮게 생각했음을 증명하는 것이었다.

또한 중앙정부와 주정부의 협조도 제대로 이루어지지 않았다. 캐슬린 블랑코Kathleen Blanco 루이지애나 주지사는 연방정부가 경찰과 주방위군을 통일적으로 지휘하는 것을 거부했고 주정부와 지방정부의 고위 공무원들도 위기대처능력이 심각하게 부족했다. 그에 비해 릭 페리Rick Perry 텍사스 주지사는 빠르게 대처해 좋은 평가를 받았다. 그는 이재민들을 세심하게 배려했으며 다른 주들과 적극적으로 협력했다.

미국이 반성해야 할 것은 이것으로 끝나지 않았다. 다른 나라들과의 관계와 그 관계 속에서 수행하는 역할에 대해 깊이 반성해야 했다. 카트리나가 습격했을 당시, 때마침 9·11 사건 4주기였다. 허리케인이 남긴 상처를 목격하며 반테러 전쟁과 이라크 전쟁에 대한 자성의 목소리가 더욱 커졌다. 이라크 전쟁과 반테러 전쟁에 필요한 자금을 조달하기 위해 다른 분야의 예산을 줄이지 않았더라면 뉴올리언스의 방파제가 붕괴되지 않았을 수도 있고, 재난 지역의 주방위군 일부 병력이 바그다드와 카불로 파견되지 않았더라면 구조작업이 더 효과를 냈을 수도 있었다. 이 모든 뒤늦은 아쉬움과 반성과 함께 미국 사회 전체가 이라크 전쟁의 비용과 상처, 경제에 미치는 영향, 그리고 인류가 공동으로 직면해 있는 환경파괴, 자연재해, 질병, 빈부격차, 인종차별 등에 대해 깊은 관심을 갖기 시작했다.

이런 반성에 뒤따라 「교토의정서」 문제에 대해서도 광범위한 토론이 이루어졌다. 지구온난화가 카트리나 습격의 직접적인 원인은 아니지만 온실가스 배출로 인한 환경파괴는 이미 분명한 사실이었다. 인류의 발전과 환경이 심각한 불균형에 처하고 오존층이 점점 얇아지고 있다. 기상학자들은 최근 수년 간 지구에서 발생한 기후이변에 대해 깊은 우려를 내놓고 '대자연의 복수'가 앞으로도 계속될 것이라고 경고했다. 그 때문에 오바마도 취임 후 기후문제에 큰 관심을 가졌던 것이다. 비록 큰 효과는 내지 못했지만 부시에 비하면 환경 문제를 훨씬 중요하게 여겼다. 미국의 대외정책에 대한 반성도 이어졌다. 미국에서 허리케인이 발생한 후 미국이 한때 '블랙리스트'에 올렸던 베네수엘라, 쿠바, 이란 등도 잇따라 지원의 손길을 내밀었다. 국가의 은원 관계를 초월해 인류 공통의 운명에 대한 관심이 사람들을 숙연하게 했다.

　미국인들은 진정으로 미국의 실력을 약화시키는 것은 소위 '블랙리스트에 오른 사람'들도, 소위 잠재적인 '경쟁상대'도, 환율도 아님을 깨달았다. 그것은 바로 미국 국방부의 과도한 자신감과 월가의 무시무시한 탐욕, 백악관 주인들의 실수와 집착, 국제적인 공감대를 형성하지 못한 미국의 외교에 있었다.

제10장

그르친 일본

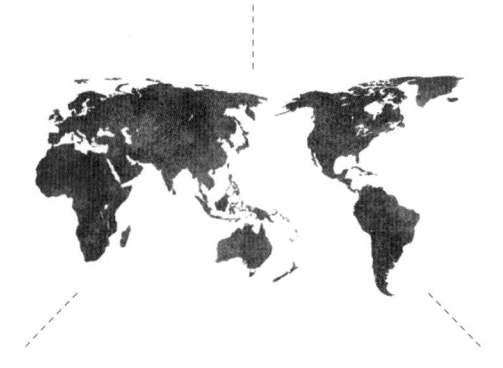

2011년 3월 11일은 일본인들에게 영원히 잊을 수 없는 날일 것이다. 이 날 일본에 건국 이래 최대 위기가 닥쳤다. 진도 9.0의 강진에 이어 발생한 후쿠시마 원전 위기는 일본을 심각한 곤경에 빠뜨렸다.

위기 앞에서 일본인들이 보여준 침착함은 전 세계인에게 깊은 인상을 남겼다. 하지만 도쿄전력이 보여준 무책임함과 일본 정부의 무능함, 관료주의는 일본에 뿌리박혀 있는 시스템 상의 문제를 여실히 드러냈다.

정치가들도 책임에서 자유로울 수 없다. 플라자합의Plaza Accord[31] 체결과 부동산 거품 붕괴 이후 일본은 20년 넘게 침체를 겪었다. 그 사이 10년간 이어진 디플레이션, 그리고 고이즈미 집권 시절 5년은 일본이 이웃나라들과의 관계를 완전히 개혁할 수 있는 절호의 기회였다. 하지만 고이즈미는 이웃나라들에게 오히려 더 심한 상처를 주었고 부패한 권력과 결탁해 천재일우의 기회를 놓쳐버리고 말았다. 이것은 일본에게 있어서 커다란 손실이 아닐 수 없다.

한마디로 일본인들은 존경 받을 만하지만 일본의 대다수 정치인들은 신뢰하기 힘들다. 큰 국민, 왜소한 정치인, 그리고 도쿄전력 같은 악덕기업들이 모여 일본 사회의 독특한 성향을 만들어냈다.

---

31 1985년 9월 22일 프랑스와 독일, 일본, 미국, 영국 등 선진 5개국 중앙은행 총재가 뉴욕 플라자 호텔에서 체결한 합의이다. '미국의 무역수지 개선을 위해 일본 엔화와 독일 마르크화의 평가절상을 유도하고, 순조롭지 못할 때는 정부의 협조 개입을 통해 목적을 달성한다'는 내용을 골자로 한다. 이를 통해 미국의 경상수지 적자가 감소했다.

1
침착한 일본인

3·11 대지진은 일본 역사상 가장 강력한 지진이었다. 진도 9.0의 지진은 히로시마에 투하되었던 원자폭탄 3만 개를 동시에 터뜨린 것과 맞먹는 위력이었다. 게다가 뒤이어 발생한 쓰나미는 해안지역을 완전히 초토화시켰다. 차가운 바닷물이 순식간에 해안으로 수 킬로미터나 밀고 들어와 미처 높은 곳으로 피하지 못한 사람들을 집어삼켰다. 헤아릴 수 없이 많은 사람들이 바닷물에 휩쓸려간 뒤 다시는 돌아오지 못했다.

하지만 사상 유례없는 처참한 재앙 앞에서 일본인들이 보여준 질서의식과 침착함은 참으로 놀라운 것이었다. 대지진 직후에도 도쿄에서는 세금을 내러 온 사람들이 줄을 서서 차례를 기다렸고, 이재민을 돕기 위해 전국에서 자원봉사자가 모여들었으며 곳곳에서 성숙된 질서의식이 돋보였다. 여자와 어린아이 들은 가장 안전한 지역으로 이동시켜 보호하고 식수와 음식도 노약자와 어린아이, 여자 들에게 우선적으로 공급되었다.

일본인들의 침착함은 실로 대단한 것이었다. 구조작업이 진행되는 동안 그들은 평소와 다름없이 생활하며 정부에 대한 무한한 신뢰와 지지를 보냈다.

일본인들의 침착함을 보여주는 사례들은 수없이 많다. 도쿄에서 여진이 발생해 건물이 흔들리고 선반 위의 물건들이 바닥으로 떨어지는 와중에도 방송국에서 생방송 뉴스 진행자가 뉴스를 중단하지 않고 카메라를 향해 "뉴스실이 흔들리고 있고 모두들 침착하게 대피하고 있습니다"라고 말했다. 슈퍼마켓에서는 진열대의 물건들이 바닥으로 떨어지기 시작하자 여종업원이 와인 진열대 쪽으로 달려가 떨어지려는 와인들을 붙잡으며 손님들을 향해 "술병 진열대로 가까이 오지 마세요!"라고 외쳤다. 또 지진이 발생했을 당시 일본 NHK 기자가 한 노인을 인터뷰하고 있었는데 집이 흔들리고 선반 위에 있던 물건들이 떨어지기 시작했다. 그러자 기자는 조금도 망설이지 않고 노인을 자기 몸으로 감싸며 벽에 걸린 물건이 노인에게 떨어지지 않도록 손으로 붙들었다.

일본에서 일하고 있던 중국인 근로자 20명이 한 일본인 직원의 도움으로 가까스로 목숨을 구한 일도 있다.

지진이 발생했을 때 사토수산이라는 회사에서 일하던 중국인 근로자 20명이 일본인 직원의 도움으로 기숙사에서 무사히 대피했다. 그런데 그 일본인 직원은 혹시 대피하지 못하고 남아 있는 사람이 없는지 확인하기 위해 다시 기숙사로 갔는데 그 사이에 건물이 물에 잠기는 바람에 빠져나오지 못하고 목숨을 잃고 말았다. 그런데 더욱 감동적인 것은 그날 밤 눈이 내리고 기온이 뚝 떨어져 산으로 대피한 중국인 근로자들이 추위와 배고픔에 떨고 있을 때, 그들을 구하다 죽은 일본인 직원의 형이자 이 회사의 사장이 동생의 죽음으로 비통한 와중에도 직접 중국인 직원들이 임시로 지낼 곳을 마련해주었다는 사실이다.

커다란 사랑의 이면에는 죽음에 대한 담담함이 깔려 있었다. 일본인들의 이런 담담함은 그들에게 깊이 뿌리박힌 민족성이기도 하다. 18세기 무사 야마모토 쓰네토모가 쓴 무사도에 관한 유명한 책 『하가쿠레葉隱』에 이런 말이 나온다. "반드시 죽는다는 생각을 날마다 되새겨야 한다. 몸과 마음이 평정한 상태에서 매일 화살과 조총, 창과 칼에 갈가리 찢기고 거센 파도에 휩쓸려 떠내려가고 지진으로 죽게 되는 것을 상상해야 한다."

이렇게 침착함을 기르는 것이 돌발적으로 발생한 재난과 사망에 대처하는 데 도움이 되고, 또 살아 있다는 사실을 더 소중하게 여기게 한다는 것은 이미 증명된 사실이다.

운명에 대한 일본인들의 담담한 인식은 그들의 언어에서도 드러난다. 일본에서는 자연재해를 '운명'의 일부로 생각하고, "모든 게 숙명이다"라는 말을 자주 쓴다. 하지만 또 한편으로 그들은 대부분 "포기하지 않는다"는 신념을 가지고 있다.

일본이 여러 번의 재난을 겪으면서도 그때마다 재기한 원인이 바로 여기에 있다.

17세기 일본의 유명한 작가 마쓰오 바쇼가 쓴 하이쿠[32] 중에 이런 글귀가 있다.

인생에는 슬픔과 기쁨, 헤어짐과 만남이 있다
근심이 흩어지면
죽순이 새로 움튼다

서양 언론은 천연자원이 부족한 일본이 경제의 기적을 탄생시킬 수 있었던 비결은 바로 그 국민들에게 있다고 말하곤 한다. 세계인들은 일본 경제의 전망을 비관적으로 바라보며 희망을 갖지 않지만 일본인들은 또 한 번의 기적이 일어날 것임을 믿고 있다. 그들은 특유의 침착함을 발휘해 불행을 겸허히 받아들이고 그것을 행복으로 바꿀 수 있다는 신념을 가지고 있다.

---

32 일본 고유의 짧은 정형시를 말한다.

2
일본의 죄인 도쿄전력

후쿠시마 원전 사고에 대처하는 과정에서 용감하게 자신을 희생한 수십 명의 직원들을 제외하면 도쿄전력이 보여준 행태는 믿기 힘들 만큼 무능하고 비열했다. 그들은 스스로 신뢰를 저버렸으며 일본인은 물론 주변 국가들에게 또 한 번 씻을 수 없는 잘못을 저질렀다.

원자력발전소는 설계 단계에서부터 내진능력과 홍수방어능력을 모두 고려해서 건설되어야 한다. 진도 9.0의 강진과 초대형 쓰나미가 일본을 동시에 강타한 것은 분명 불행한 일이었다. 그러나 인류 역사상 최초의 이 '무더기' 원전 사고를 천재지변으로만 설명하기는 부족한 감이 있다. 이 사고는 천재지변이지만 '인재'이기도 했다.

도쿄전력은 세계 최대 민영 원자력발전업체로서 전체 전력 수요 가운데 3분의 1 이상을 원자력발전으로 충당하고 있는 일본에서 전체 원자력발전량의 절반 이상을 공급하고 있다. 그런데 이렇게 막중한 책임을 지고 있는 도쿄전력에서 지진이 발생한 후 사장이 2주 동안 '실종'되었다거나 부사장이 호스티스를 끼고 술판을 벌였다는 등 초대형 스캔들과 오보 등이 동시다발적으로 터져 나오면서 회사의 신뢰도가 땅에 떨어졌다.

문제의 핵심은 후쿠시마 원자력발전소의 취약함에 있었다. 사실 후쿠시마 원자력발전소는 수명이 끝나 이미 폐쇄되었어야 하는 노후한 원전이었다. 과거에 발생한 두 건의 대형 원전 사고, 즉 1979년 미국 스리마일three mile 섬 원전사고와 1986년 구소련 체르노빌 원전사고는 세계적으로 원전 기술과 관리에 대한 경각심을 일깨워주었다.

하지만 유감스럽게도 후쿠시마 원전은 이 두 사건이 발생하기 전인 1971년에 건설되어 1세대에서 2세대로 넘어가는 과도기의 원자로 기술이 사용되었다. 전체적인 설계에 있어서도 두 차례 원전 사고로부터 얻은 교훈이 반영되지 않았기 때문에 나중에 지어진 원전들에 비해 훨씬 낮은 안전기준이 적용되었다.

더욱 실망스러운 것은 효율을 극대화하기 위해 원자로 노후 현상이 속출하는데도 도쿄전력이 고집스럽게 이 원전을 계속 가동시켰으며, 심지어 수명을 2031년까지 연장시킬 계획이었다는 사실이다. 독일에서는 원자로 노후 현상이 발견되는 즉시 폐쇄 조치를 내리는 것과 아주 대조적이다. 게다가 도쿄전력의 설비들이 그 전에도 여러 차례 사고가 발생한 이력이 있어 언제든 대형 사고가 터질 수 있는 위기가 도사리고 있었다. 2007년 지진이 발생한 후에도 도쿄전력은 원전 사고의 심각성에 대해 제대로 인식하지 못했다. 도쿄전력의 이런 이기심이 상황을 더욱 어렵게 만든 근본적인 원인이다.

3월 11일 오후 지진이 발생한 후 후쿠시마 제1원전의 6개 원자로가 가동이 중단되었다. 이는 원전의 내진 기능이 발휘되지 못했음을 의미하는 것이다. 원자력 발전이란 핵분열 반응을 일으켜 그 과정에서 발생하는 에너지를 얻는 방식이다. 핵분열 과정에서 방출되는 물질을 핵분열 생성물이라고 하는데 세슘과 방사성 요오드가 대표적이다. 따라서 원전에는 이 방사성동위원소들이 방출되지 못하도록 하는 냉각 시스템이 설치되어 있다. 그런데 지진이 발생해 후쿠시마 제1원전의 냉각 시스템에 전원 공급이 차단되고 비상디젤발전기가 작동하기 시작한 지 1시간도 되지 않아서 쓰나미가 원전을 덮쳐 비상발전기가 완전히 침수되었다. 제1원전의 냉각 시스템 전원은 비상 배터리에만 의존해야 했고 이 배터리가 버틸 수 있는 시간은 단 8시간뿐이었다.

이 8시간이 후쿠시마 원전 사고를 만회할 수 있는 생명과도 같은 시간이었다. 바로 이 급박한 시간 동안 도쿄전력은 용서 받지 못할 잘못을 저질렀고 일본 정부도 대처할 수 있는 기회를 놓치고 말았다.

후쿠시마 원전 사고가 발생한 후 도쿄전력은 해수를 이용해 원자로를 냉각시킬 것인지 망설이느라 몇 시간을 허비했다. 해수를 이용해 원자로를 냉각시킬 경우 수십억 달러를 들여 건설한 원전을 더 이상 가동시킬 수 없다는 것이 고민의 이유였다. 다시 말해 수십억 달러를 손해 보지 않기 위해 국가적인 비극을 일으킨 것이다. 이 얼마나 이기적이고 파렴치한 선택인가. 하지만 결과적으로 그들은 아무것도 지키지 못했다. 도쿄전력의 이런 이기적인 고민을 언론에서는 민영기업의 '특징'이라고 비난했다. 도쿄전력이 세계 최대 민영 원전기업이고 일본 정부는 일부 지분만 가지고 있다는 것이 최악의 원전 사고를 초래한 치명적인 원인이었던 셈이다.

원자력발전소는 안전을 가장 우선시해야 하는 기반시설이다. 당초 일본 정부가 원전을 민영화했을 때부터 이 사고는 이미 예고된 것인지도 모른다. 기업은 이익을 위해서라면 얼마든지 최악의 선택을 할 수 있기 때문이다. 국가의 안전이 걸린 설비의 관리를 개인에게 맡겨둔다면 더 나아가 군대, 경찰, 심지어 핵무기인들 민영화하지 못하란 법이 없지 않은가?

결국 도쿄전력은 비상배터리가 다 소진될 때까지 냉각 시스템에 대한 전력 공급을 재개하지 못했고, 압력 밸브를 열어 내부의 증기를 배출시키며 시간을 지연시키는 수밖에 없었다. 압력 밸브를 연다는 것은 증기에 포함된 다량의 방사성 물질이 대기 중으로 방출된다는 것을 의미했다.

3월 12일 오후, 마침내 후쿠시마 제1원전 1호기 건물이 폭발했다. 도쿄전력은 그제야 황급히 해수를 원자로에 유입시켜 온도를 낮추기 시작했다. 이에 대해 원전전문가들은 비상 배터리가 다 소진되기 전에 해수를 유입시켰더라면 제1원전은 폐쇄되더라도 원전 사고가 이 정도로 심각해지는 것은 막을 수 있었을 것이라고 비난했다.

결과적으로 원전은 원전대로 폐쇄되고 환경은 환경대로 오염되었으며, 원전 직원들의 목숨과 국민의 건강을 희생시키고 지역 경제마저 완전히 붕괴시키고 말았다. 게다가 다른 나라 국민들의 생활과 환경에 미친 피해는 이루 말할 수도 없다. 개인, 특히 이기적인 기업이 권력을 가지게 되면 어떤 결과가 초래되는지 확실히 보여주는 사례다.

또 한편으로 이 사고는 일본이 처한 딜레마를 드러낸 것이기도 했다. 민영기업과 재벌이 정부와 사회에 미치는 영향력은 사람들의 상상을 초월한다. 미국인들은 100년 전 시어도어 루스벨트 대통령이 독점재벌을 규제하고 강한 반독점법을 시행한 것에 깊이 감사해야 할 것이다.

그런데 가장 황당한 일은 일본 총리가 후쿠시마 원전이 위험에 처했다는 사실을 텔레비전을 통해 처음 알았다는 사실이다. 원전 사고가 발생했을 때 도쿄전력은 이 사실을 신속하고 투명하게 외부에 발표하지 않고 숨기기에만 급급했다. 일본 국내는 물론 국제사회에서 도쿄전력을 거세게 비난한 것이 바로 이 때문이다. 간 나오토 총리는 도쿄전력이 정부에 원전 사고 사실을 보고하지 않았다는 사실에 충격을 받았다.

어떻게 보면 간 나오토 총리는 도쿄전력에게 무시당했다고 할 수도 있다. 사고가 발생한 후 도쿄전력은 자사의 이익을 지키기 위해 상황을 충분히 통제할 수 있다는 말로 총리와 정부를 안심시키기에만 급급했다. 일본 정부는 도쿄전력의 말만 믿고 원전 사고에 빠르게 대처하지 못했다. 심지어 사고 초기에는 원전선진국들의 지원 제의를 완곡히 거절하기도 했다.

하지만 백 번을 납득하기 힘든 것은 후쿠시마 제1원전 1호기에 문제가 발생한 후 도쿄전력이 국민과 정부에게 이 사실을 발표하기까지 몇 시간이 걸렸다는 사실이다. 기자회견에서도 도쿄전력은 사태를 축소하는 데만 주력해 대중의 분노를 샀다. 언론은 도쿄전력이 "사실은 아주 간략하게 브리핑하고 화제를 돌리기 위한 설명만 장황하게 늘어놓았다"고 비꼬았다.

도쿄전력이 IAEA(국제원자력기구)에 제출한 보고서도 마찬가지였다. 도쿄전력은 중요 지표에 대한 정확한 정보를 제공하지 않았다. IAEA 관계자는 도쿄전력이 제공한 정보가 정확하지 않으며 잘못된 정보도 있었다고 밝혔다. 이 때문에 국제사회도 후쿠시마 원전의 상황과 사고의 심각성을 정확하게 판단할 수 없었다.

더욱 유감스럽게도 지진 이후 미국이 지진 구호 활동을 위해 최신예 항공모함 로널드 레이건 호USS Ronald Reagan를 파견했지만, 후쿠시마 원전의 방사능 누출 사실을 알지 못해 승조원 17명이 방사능에 피폭되는 바람에 다른 지역으로 이동해야 했다. 민영기업을 과도하게 신뢰한 탓에 일본 정부의 긴급조치가 '초보단계'에 머물러 있었고 외부의 긴급대응시스템도 제대로 작동하지 않았던 것 같다.

후쿠시마 원전 사고 당시 지진과 쓰나미로 인해 원전의 냉각 시스템이 파괴되었을 때, 일본 정부가 구조대원과 장비들을 현장으로 급파했지만 구조대원들도 원전과 설비에 대한 지식이 없어 오랫동안 효과적인 작업이 이루어지지 못했다. 이에 대해 일본 방위성 자위대 오리키 료이치 통합막료장은 자위대가 원전 사고를 처리해 본 경험이 없기 때문에 신중하게 접근할 수밖에 없었고 해명했다.

그러나 아무런 것도 핑계가 될 수 없다. 국가가 원전이라는 대단한 효율성과 가공할 위험성을 동시에 가진 프로젝트를 결정할 때 최악의 시나리오를 예상하지 않는다면 그보다 더 무책임한 일은 없다. 어느 나라도 원전 사고가 흔하게 발생하지는 않는다. 원전 사고의 경험이란 직접 체험하는 것이 아니라 역사에서 교훈을 얻고 다른 선진국들에게 배우는 수밖에 없다. 게다가 위기 방지에서 위기 응대까지 모든 것이 국가의 안전에 직결되어 있으므로 더욱 신중하고 치밀하게 대비해야 한다.

간단히 말해 일본이 군사력 확장에 쏟는 열정의 일부만 원전 사고 방지에 쏟았더라도 똑똑하고 성실한 일본인들은 후쿠시마 위기 앞에서 그렇게 속수무책이지는 않았을 것이다. 어떤 의미에서는 역사를 직시하지 못하는 사람은 언제든 큰 잘못을 저지를 수 있다는 점을 새삼 확인시켜 주었다고 할 수 있다. 역사 문제를 완강하게 부인해온 일본은 원전 사고에 있어서도 마찬가지로 다른 나라들의 사례에서 교훈을 얻지 못해 재앙 같은 원전 사고를 초래하고 말았다.

일본 나가사키 원폭투하 59주년 기념일이었던 2004년 8월 9일, 후쿠이 현 미하마에 위치한 일본 간사이전력의 원자력발전소에서 심각한 사고가 발생했다. 원전 3호기 터빈실에서 고온의 증기가 대량 방출된 것이다. 바늘에 찔린 고무풍선처럼 증기가 맹렬하게 누출되었다. 이 사고로 많은 사람이 희생되고 일본 국민 전체가 공황에 빠졌다.

이 사건을 계기로 일본에서 원전 노후 문제가 갑자기 수면 위로 떠올랐다. 이 사고의 직접적인 원인은 냉각수 파이프의 부식이었다. 미하마 원전의 원자로는 가압수형 경수로였는데 일본 전체 원전 중 거의 절반이 이 방식의 원자로였고 설비 노후로 인해 안전이 심각하게 우려되는 상황이었다. 일본 언론들은 비슷한 상황에 있는 원전들의 가동을 일시 중단하고 철저히 조사해야 한다고 주장했다. 비난 여론에 떠밀려 조사가 이루어지기는 했지만 형식적으로 대충 끝나버렸고, 일본인들은 이로 인한 참담한 대가를 치러야 했다. 안전 불감증도 사고의 한 원인이었다. 1991년 미하마 원전 2호기 원자로에서 파이프가 파손되어 방사성 냉각수가 2차 순환 냉각 시스템으로 유입되고 공기 중으로 방사능이 방출되었다. 3호 원자로도 2000년과 2002년에 각각 방사성 냉각수 침출 사고가 발생했다. 하지만 일본인들은 이런 사고에서도 충분한 교훈을 얻지 못했다. 나중에 간사이전력은 원자로의 냉각수 파이프를 27년 동안 단한 번도 교체하지 않았음을 시인했다. 파이프 내벽 두께에 대해서도 초음파 검사를 실시해야 했지만 1976년부터 사고가 발생할 때까지 단한 번도 검사가 이루어지지 않았다.

경제적 수지타산에만 급급해 안전을 무시함으로써 국민들에게 신뢰를 잃었을 뿐 아니라, 더 큰 경제적 손실을 초래했던 것이다. 언론과 국민들은 고이즈미 정부에게 일본 내 모든 원전에 대해 철저한 조사를 실시해 원전의 안전을 확보해줄 것을 요구했다.

하지만 안타깝게도 당시 고이즈미 총리는 한국, 중국 등과의 힘겨루기에 모든 정신을 집중시키느라 이 절호의 기회를 놓치고 말았다. 고이즈미가 만약 미하마 원전 사고에서 교훈을 얻어 원전계획을 전면 검토했더라면 후쿠시마 원전 사고의 상황은 달라졌을 것이다.

역사는 언제나 조용히 인간에게 위험을 경고한다. 그러나 인간이 역사의 호의를 너무 무시하거나 제멋대로 자신들에게 유리하게 해석하면 역사는 결코 잊을 수도 없고 무시할 수도 없도록 강하게 경고한다.

후쿠시마 원전 사고 이후 세계 원전 업계가 큰 충격을 받아 주가가 폭락하고 많은 나라에서 원전 반대를 외치는 시위가 벌어졌다. 리비아 전쟁에 대해 입장 차를 보였던 프랑스와 독일은 원전 문제에 있어서도 극명한 차이를 보여주었다.

프랑스 사르코지 정부는 원전 확대 방침은 계속 고수하면서도 해외에서 돌파구를 찾았다. 리비아가 바로 그 돌파구 중 하나였다. 반면 독일은 신재생에너지 사용을 빠르게 확대시키고 신재생에너지를 수송하는 대규모 전력망을 구축해 원전을 점진적으로 폐쇄하겠다고 발표했다. 이 계획이 발표되자 독일인과 메르켈 총리에 대한 세계의 인식이 달라졌다.

각 국가는 실력과 발전 속도 뿐만 아니라, 리더십, 특히 국가 지도자의 능력과 안목을 놓고도 경쟁하고 있다. 지도자의 리더십과 안목이라는 기준을 놓고 본다면 러시아와 독일이 가장 앞서 있고 일본은 GDP 순위와는 걸맞지 않은 수준에 있다.

3
고이즈미는 어떻게 일본을 망쳤는가

현재 일본이 곤경에 처한 것은 정치가들의 무능함과 무관하지 않다. 나카소네 야스히로 총리 이후 일본에는 존경 받는 지도자가 거의 없었으며 게다가 대부분 '단명했다'. 2006년부터 2011년까지 일본에서는 거의 해마다 총리가 교체되었다. 그에 비하면 고이즈미 준이치로는 매우 특별한 경우였다.

고이즈미는 일본에서 몇 안 되는 '장수 총리'다. 2006년 4월, 고이즈미 총리는 임기 5년을 넘겨 제2차 세계대전 이후 세 번째로 수명이 긴

총리가 되었다. 하지만 이것을 '일본의 비극'으로 여기는 사람들이 훨씬 많았다.

과거 고이즈미의 동지였던 다나카 마키코는 "고이즈미 준이치로는 품질에 심각한 문제가 있는 '불량품'이다. 이 불량품을 폐기처분하지 않으면 일본의 미래는 없다"고 그를 신랄하게 비난했다. 그런데 안타깝게도 이 불량품은 폐기처분되기는커녕 5년 동안 일본의 총리를 지냈다. 그로 인해 일본은 참담한 대가를 치러야 했으며 이 점은 고이즈미가 사퇴한 후에야 천천히 나타났다.

중일 관계만 놓고 보자면, 2002년부터 중일 교역이 중국 전체 수출입에서 차지하는 비중이 매년 감소했으며 고이즈미 재임 시절에 감소폭이 가장 컸다. 중일 교역 관계의 '밀월기'였던 1980년대 초와 비교하면 중일 교역의 열기가 눈에 띄게 수그러든 것이었다. 이는 고이즈미 정부의 황당한 대중 정책과 결코 무관하지 않다.

고이즈미도 전임 일본 총리들은 중일 관계를 정상화시키기 위해 노력했고 한때 우호적이라고 할 만큼 친밀했던 적도 있었다고 인정했다.

2001년 8월 고이즈미는 처음 야스쿠니 신사를 참배하기 전 주변 사람들에게 "참배해도 재앙, 참배하지 않아도 재앙"이라고 말했다.

참배해야 할까, 참배하지 말아야 할까? 치열한 논쟁 끝에 고이즈미는 자신이 자민당 총재 선거 때 했던 "매년 야스쿠니 신사를 참배하겠다"는 약속을 지키기로 결정했다. 그렇게 하는 것이 한국, 중국 등과의 관계 악화를 의미한다는 것은 그도 분명히 알고 있었다. 경솔하게 했던 약속 때문에 스스로 독배를 들이켜야 했던 것이다.

무슨 일이든 처음이 어렵지 그 뒤로는 거리낌 없이 하게 된다. 한 번 열린 탐욕과 방종의 문은 좀처럼 닫힐 줄 몰랐다. 2003년 1월 14일 세 번째로 야스쿠니 신사를 참배한 고이즈미는 더 황당하고 오만한 발언을 했다. "평화를 위해 기도하고 우리가 더 이상 전쟁에 휘말리지 않기를 기원하기 위해 야스쿠니 신사를 참배하는 것"이라고 했던 것이다.

고이즈미도 예상했겠지만 그의 이 발언이 전해지자 한국, 중국 등에서 분노와 비난이 쏟아졌다. 양원창楊文昌 중국 외교부 부장조리(차관보)는 아나미 고레시게 주중 일본 대사를 긴급 소환해 일본 정부에 항의했고, 한국도 "실망과 분노를 느낀다"며 일본을 비난했다. 야스쿠니 신사 참배 문제에 있어서 한국은 이미 오래 전부터 군국주의의 색채가 짙은 야스쿠니 신사를 대체할 수 있는 별도의 추도시설을 건립할 것을 일본에 건의해왔다. 하지만 야스쿠니 신사를 거점으로 하고 있는 일본유족회가 이 제안에 강력히 반발했다. 고이즈미 총리는 일본유족회의 환심을 사고 선거표를 얻기 위해 "야스쿠니 신사를 대체할 수 있는 시설은 없다"고 여러 차례 밝혔다. 2003년 1월의 야스쿠니 신사 참배도 외부에서는 유족회의 지지를 얻기 위한 행동으로 평가했다.

그런데 고이즈미의 야스쿠니 신사 참배에는 일본 정계에서 고개를 들고 있는 우익 세력들에게 영합하는 것 외에 또 다른 목적이 있었다. 일본 경제가 장기간 침체의 터널에서 빠져나오지 못해 민심이 흩어지고 국민들이 자신감을 잃고 일본의 국제적 위상까지 하락하자 고이즈미가 국민들의 자신감을 북돋우는 한편, 자신이 '과감하고 박력 있으며' '말한 것은 반드시 지키는' 지도자임을 보여주기 위해 야스쿠니 신사 참배라는 카드를 꺼내 들었던 것이다.

하지만 그의 기대와 달리 야스쿠니 신사 참배는 국내외에서 비난과 반발을 사는 결과를 낳고 고이즈미 내각의 지지율도 54.6퍼센트까지 하락했다. 2001년 4월 총리 취임 당시 지지율이 90퍼센트에 달했던 것과 선명한 대조를 이룬다. 여론조사 결과 고이즈미에 대한 일본인들의 높은 기대가 깊은 실망으로 바뀌고 '고이즈미 열풍'이 수그러들고 있었다. 정치 쇼에 능한 고이즈미는 더 이상 독특한 헤어스타일과 강경한 어조로 국민들의 호감과 지지를 얻을 수 없었다.

역사는 항상 놀라우리만치 똑같이 반복된다. 약 10년 후 미국 오바마도 당시 고이즈미와 거의 비슷한 상황에 처하지 않았는가. 두 사람 모두 신선한 이미지와 혁신을 앞세워 높은 지지율을 누렸지만 얼마 못 가 지지율이 폭락했다. 게다가 지지율 폭락의 원인이 중국과의 관계 악화였다. 그리고 두 사람 모두 그 후로는 그 어떤 쇼도 성과를 내지 못했다.

일본의 경제 상황도 고이즈미 지지자들의 사기를 꺾었다. 객관적으로 보면 고이즈미도 5년의 임기 동안 전혀 성과가 없었던 것은 아니다. 파격적으로 경제학자 다케나카 헤이조를 경제재정상으로 기용해 수십 년 동안 일본을 괴롭혀온 은행의 부실채권 문제를 효과적으로 해결했다. 그로 인해 서방 언론으로부터 "일본 경제의 묵은 짐을 털어냈다"는 평가를 받았다.

하지만 한편으로는 소득불균형이 점점 확대되어 일본인들의 시름이 점점 깊어졌고, 노령화로 인한 사회적 문제가 대두되었지만 그에 대한 대비가 부족해 고이즈미의 후임자에게 경제적, 사회적 부담을 남겨주었다.

더욱 어리석은 것은 고이즈미가 국내의 지지율 하락을 만회하기 위해 외교적으로 이해할 수 없는 행동을 했던 것이다. 일본의 오랜 우방국인 미국마저도 고이즈미의 '괴상한' 행동을 이해하지 못했다. 미국의 유력 일간지 『보스턴 글로브』는 "고이즈미의 최대 실수가 불필요하게 아시아의 주변국가들, 특히 일본 최대 무역교역국인 중국을 자극한 것에 있다"

고 분석했다. 고이즈미의 당시 행동은 어리석은 것이었다. 타당한 이유도 없이 중국을 분노하게 함으로써 중일 교역 관계를 심각하게 해치고 베이징과 상하이를 잇는 징후京滬 고속철도 건설 참여 등 중요한 기회를 놓치고 말았다. 게다가 일본은 고이즈미 총리가 그토록 의지하던 미국으로부터도 실질적인 혜택을 얻지 못했다.

고이즈미는 국내 개혁에 있어서도 용두사미로 끝났다. 고이즈미는 대대적인 구조 개혁을 실시하겠다고 호언장담했지만 그의 내각은 "임기응변 능력이 부족하다"는 비난을 피해가지 못했다.

중요한 원인은 정확한 판단력과 정책 수립 능력이 부족한 것이었다. 이 점은 고이즈미 정부가 중국과의 관계를 처리하고 UN 안보리 상임이사국 진출을 추진하는 과정에서 보여준 행동에서도 잘 드러난다. 일본이 포스트산업사회로 진입했지만 내부 구조는 그에 걸맞게 발전하지 못했다. 연이은 스캔들과 정책 실패로 언론의 따가운 비난에 직면했지만, 행정부는 계속해서 정책 수립에 있어서 우유부단한 모습을 보여주었다. 이런 성향은 간 나오토 내각까지 이어져 3·11 대지진의 구조 작업에서도 여실히 드러났다.

영국 일간지 『파이낸셜 타임즈』의 평가도 새겨들을 만하다. 『파이낸셜 타임즈』는 "일본은 번영 때문에 마비되었다. 1960~70년대 일본은 서방을 따라잡아야 한다는 필요성 때문에 큰 에너지를 낼 수 있었다. 하지만 일본이 이미 서방 국가를 따라잡았으므로 과거와 같은 에너지를 내기는 힘들다"고 평론했다. 제2차 세계대전 직후와 달리 고이즈미 시기의 일본은 발전의 원동력이 부족하고 변화에 대한 반응속도도 턱없이 느렸다.

1980년대 말부터 정보기술의 혁명과 글로벌화의 물결 속에서 각국이 저마다 경제구조를 개혁하는 동안 폐쇄적인 민족성을 가진 일본은 기술혁명에서 낙후되었고, 재정금융정책이 제 역할을 하지 못하고 심각한 구조적 경제침체에 빠졌다. 그러나 일본은 위기의식을 느끼지 못해 구조개혁이 계속 지연되었고 고이즈미 취임 무렵에는 해결해야 할 경제문제가 산더미처럼 쌓여 있었다.

고이즈미가 총리로 취임했을 당시, 일본은 이미 '잃어버린 15년'이라고 불릴 만큼 오랜 침체에 빠져 있었다. 그러나 고이즈미 취임으로 일본의 침체는 '잃어버린 20년'으로 늘어나고 말았다. 겉으로 보기에는 아주 참신해 보였던 그가 관념은 참신하지 못했던 것이다. 고이즈미든 일본 사회든 모두 변화와 개혁에 대한 결심이 부족했다. 정부는 패기가 부족하고 기업은 혁신의식이 부족했으며 사회는 과도하게 정부에 의존했다. 게다가 극우세력들이 물 만난 물고기처럼 득세해 '야스쿠니 신사 참배', '유사법제有事法制'[33] 등의 문제에서 번번이 자신들의 요구를 관철시켰다. 설상가상으로 과거 일본인들이 자랑스러워했던 기술우위도 사라졌다. 세계적으로 대두된 의약, 미사일, 컴퓨터 소프트웨어, 금융서비스 등은 일본의 경쟁력이 상대적으로 약한 분야였다.

1990년대 일본의 경제성장률은 1퍼센트에 머물렀고, 그 결과 1993년 이전 세계 1위였던 일본의 국제경쟁력이 고이즈미 시기에는 20위권 밖으로 밀려나고 말았다. 고이즈미 총리가 다나카 마키코 외상을 경질한 것은 스스로 정치개혁을 포기했음을 알리는 신호탄이었다.

고이즈미 취임 초기의 높은 지지율은 '개인적인 매력' 덕분이 아니었

---

33 유사시를 대비해 각종 법률을 미리 마련해두는 제도이다. 일본이 타국으로부터 공격 받을 때를 가정해 자위대 활동을 가능하게 한 전시동원법으로 2003년 6월 참의원을 통과했다.

다. 가장 중요한 것은 역대 일본 정부의 개혁 시도가 큰 성과를 거두지 못하고, 경제 침체에 대해 염증을 느낀 일본인들이 강렬하게 변혁을 원하고 있었다는 것이다. 일본 사회는 기존 정치에 '노'를 외치는 정치인이 등장하기를 간절히 바라고 있었다.

2008년 미국의 상황과 비슷한 정치적 분위기 속에서 일본인들은 자민당과 일본 정치에 대한 '대수술'을 약속한 고이즈미가 '자민당의 뿌리 깊은 권력구조를 타파해주길' 기대했다. 한 일본 정치인은 "새로운 정권은 대다수 국민들의 지지 속에서 탄생했다. 기존 제도와 체제의 변화를 원하는 일본인들의 열망이 고이즈미 내각을 탄생시켰다"고 말했다. 이것이 바로 고이즈미의 지지율을 끌어올린 원인이었다.

하지만 고이즈미는 진심으로 개혁을 원치 않았다. 그는 '입에 발린' 혁명에만 열중하고 말로만 약속했을 뿐 지키려고 하지 않았다. 또한 그는 구세력과 복잡한 관계를 맺었을 뿐 아니라 과감하게 개혁을 추진하는 다나카가 구태 관료들에게 공격당하는 것을 묵인했다. 이것이 유권자들, 특히 여성 유권자들의 강한 불만을 샀다. 자민당 총재 선거에서 다나카가 고이즈미와 함께 '반관료주의, 반부패'라는 개혁의 구호를 외치지 않았더라면 고이즈미가 그렇게 순조롭게 총리가 될 수 없었을 것이다.

2002년 1월 30일 새벽 1시는 일본 정치에 중대한 순간이었다. 태평양 너머에서 부시 대통령이 '악의 축' 국가를 발표한 그 시간에 고이즈미 총리는 고통스러운 결정을 내렸다. 비정부기구NGO 문제[34]를 이유로 다나카 마키코 외상을 경질한 것이다.

하지만 정치는 결코 그렇게 단순하지 않다. 다나카가 파면된 진정한 원인은 그녀의 과감한 개혁이 기득권 집단에게 밉보인 것이었다.

다나카는 내각에 입성한 후 다른 각료들처럼 관례에 따르기를 거부해 수십 년 동안 뿌리내린 관료 제도에 파문을 일으켰다. 그녀는 외무성에서 부패한 관료주의를 밀어내겠다고 선언하고 외무성의 부패 사건 다섯 건을 단숨에 처리했다. 그중에는 호텔에서 비자금 4억 2300만 엔을 받은 사건도 포함되어 있었다.

다나카는 외무성의 부정부패를 과감하게 폭로해 일본인들의 지지와 기대를 한 몸에 받았다. 네티즌 사이에서는 부패한 관료들에게 맞선 다나카를 지지하는 의견이 나타났다. 하지만 다나카는 실각의 운명을 피할 수 없었다.

고이즈미의 타협은 한마디로 이익과의 결탁이었다. 참신한 개혁의 이미지와는 대조적으로 고이즈미는 일본의 보수적이고 완고한 세력들과 복잡한 관계를 맺고 있었다. 그는 우익세력의 요구에 맞추어 야스쿠니 신사를 참배하고 교과서를 수정했으며, 헌법을 수정해 군대를 확충하고 부패 세력을 비호해 그들이 제멋대로 방종하도록 했다.

부정부패로 유명한 총리 모리 요시로의 '제자'인 고이즈미는 '은사'의 전략을 충실히 이행했다. 모리 요시로는 가끔 총리 관저로 직접 찾아가 고이즈미에게 정책에 대한 충고를 하기도 했고, 두 사람이 함께 일본의 유명한 휴양지 하코네에서 휴가를 즐기기도 했다. 게다가 고이즈미의 오랜 동지이자 '자민당의 왕자'인 가토 고이치와 스즈키 무네오 자민당

---

34 일본에서 열린 아프가니스탄 재건 지원 국제회의 중 NGO 분과회의에 일본 외무성이 정부에 비협조적인 일본 NGO의 참가를 막으려 했다는 논란이 불거졌다. 야당이 이를 문제 삼자 다나카 외상이 자민당의 스즈키 무네오 의원이 외무성에 압력을 넣어 외무 관료들이 자신에게 보고도 없이 NGO의 참가를 막았다고 답변했다. 노가미 요시지 외무성 사무차관이 이를 부인하자 이 일이 논란이 되었다. 다나카 외상은 기자회견에서 눈물을 흘리며 "내 말을 믿어 달라"고 호소했으나, 고이즈미 총리는 진상규명은 접어둔 채 이 일에 연루된 세 사람을 모두 경질했다.

중의원 운영위원장 등이 정치자금 횡령 등으로 불명예스럽게 사퇴해 고이즈미 내각의 이미지에 먹칠을 하고, 고이즈미 자신도 당내 파벌싸움에 대해 못 본 척 묵인함으로써 통합과 단결이라는 자민당의 정치적 주장을 이행하지 못했다.

고이즈미가 다나카를 경질한 후 일본 정치는 부패하고 속물적인 과거로 다시 돌아갔다.

독특한 역사와 문화 때문에 일본은 정치, 경제, 외교가 매우 밀접하고 복잡한 관련을 맺고 있다. 일본은 정치든 외교든 경제든 단독으로 논할 수 없다. 일본이 고이즈미 임기 동안에도 경제 침체에서 벗어나지 못한 것이 경제 본연의 문제, 특히 금융제도 때문이기는 하지만 정치와 외교의 영향도 무시할 수 없다. 고이즈미가 정치 개혁에 관심이 없고 주변 국가들과의 관계를 악화시킨 탓에 경제 개혁이 정치제도와 관료 세력에 발목 잡히고, 대외무역, 특히 아태국가들의 경제협력이 순조롭게 확대되지 못했다.

더욱 중요한 것은 일본인들이 자신감과 인내심을 상실하게 만든 것이었다. 고이즈미는 '인맥'이라는 수렁에 빠진 나머지 칼을 휘둘러 '썩은 곳'을 도려내지 못하고 국내 정치 개혁은 계속 미뤄둔 채 주변 국가들의 화를 돋웠다가 가라앉혔다가 다시 또 화를 돋우는 악순환에만 정신을 몰두했다. 또한 군사대국으로의 변신에 도취해 개혁파와 관계가 소원해지고 개혁의 기회를 놓쳐버렸다.

고이즈미는 전임 총리들과 마찬가지로 보수파와 역사의 암울한 그림자에서 벗어나지 못했으며, 이것은 고이즈미 자신의 불운이자 일본인들 전체의 비극이었다.

4

포지셔닝이 모든 것을 결정한다

일본의 국가 포지셔닝에서도 문제의 원인을 찾을 수 있다.

지리적 조건과 역사적, 문화적 환경을 고려한다면 일본은 캐나다와 비슷한 국가 포지셔닝을 추구해야 한다. 즉, 경제가 번영하고 생활이 쾌적하며 국제적 이미지와 지정학적 관계가 양호한 경제대국이자 기술대국을 목표로 해야 한다. 정치대국이나 군사대국은 결코 일본에 적합한 목표가 아니다.

일본이 만약 경제대국이자 기술대국을 목표로 했다면 주변 국가들과의 관계도 훨씬 원만하게 유지되었을 것이다.

고이즈미는 국내 개혁을 위해서라도 외교적 노력을 통해 일본 경제 부흥에 유리한 국제 환경을 조성할 필요가 있었다. 하지만 유감스럽게도 일본은 지리적으로는 아시아에 있으면서도 심리적으로는 서방에 속해 있었다. 일본은 아시아 국가들과 공동 번영을 추구하기를 원치 않고 줄곧 '탈아시아'를 꿈꾸며 전쟁 책임에 대해 애매한 태도로 일관하고 툭하면 야스쿠니 신사 참배 등으로 주변 국가의 분노를 샀다.

그 결과 고이즈미 정부에 대한 한중 양국의 신뢰는 점점 사라지고 다른 아시아 국가들도 점차 일본을 곱지 않은 시선으로 바라보게 되었다. '미국만 바라보며 다른 아시아 국가들은 안중에도 없는 것 같은' 일본의 태도에 많은 사람들이 극도의 반감을 느꼈다. 일부에서는 일본인을 '아시아인의 얼굴을 가진 서양인'이라고 말하기도 했다. 일본은 중국과의 분쟁에 열을 올리느라 막대한 기회비용을 치러야 했다. 중국의 고속성장이라는 절호의 기회에 편승하지 못한 것이다. 분쟁 자체가 잘못이라기보다는 불필요한 분쟁을 벌이고 그로 인해 감정까지 상하게 만들었다는 것이 문제였다.

고이즈미가 처음 야스쿠니 신사를 참배하기 전 시라크 프랑스 대통령이 "야스쿠니 신사 참배가 다른 아시아 국가들과 일본의 관계를 해치고 국제사회에서 일본을 고립시킬 수 있다"고 경고했다.

1986년 야스쿠니 신사를 참배했던 나카소네 야스히로 전 일본 총리마저도 "우리의 생각이 국제 관계에서 통용될 것이라고 생각한다면 오산이다. 일방적인 것은 위험하다. 특히 아시아 국가 국민들의 감정을 고려해 국제사회에서 통용될 수 있는 이념을 가지고 정책을 수립해야 한다. 일본이 아시아에서 고립된다면 아시아를 위한다는 일념으로 싸웠던 영령들이 기뻐하겠는가?"라고 충고했다.

하지만 유감스럽게도 고이즈미는 아시아, 특히 동아시아에서 '일방주의'를 벗어나지 못했다. 부시가 세계를 상대로 저질렀던 실수와 같은 실수를 저지른 것이다. 야스쿠니 신사, 댜오위다오釣魚島(일본명 센카쿠), 유사법제 등의 문제에서 그는 독선적이고 자기 주장만을 고집했으며 번번이 상식의 궤도를 벗어나 타국 국민들의 감정을 상하게 해 스스로 점점 고립되어 갔다. '정치대국'을 향한 일본의 꿈은 그 꿈을 꾸는 사람들을 점점 분열시켰다. 고이즈미 재임 기간 동안 일본과 한국, 중국 등 주변 국가들의 관계에 깊은 골이 파였고, 일본 국내 언론조차 고이즈미의 지정학적 외교가 불합격 수준이라고 노골적으로 비난했다. 미국 언론과 학계도 중일 관계 악화의 책임이 전적으로 일본에 있다고 분석하고 고이즈미의 대중 정책을 "어리석고 도발적"이라고 비난했다.

고이즈미가 한중 양국을 철저히 무시한 데에는 미국도 한 요인으로 작용했다. 고이즈미는 미국에게 잘 보이기만 하면 다른 것은 신경 쓸 필요도 없다고 생각했던 것이다. 그는 미일 관계를 아태전략의 핵심으로 삼았다. 역대 일본 정부는 미국에 대해 애증의 모순된 감정을 가지고 있었지만 그는 철저한 친미를 표방하고 "일본은 미국을 떠나서는 생존할 수 없다"고 공공연히 말했다. 고이즈미의 측근들은 고이즈미의 대미 정책에 대해 "미국은 일본을 보호하는 우산과 같다. 미국이 보호해주지 않는다면 일본은 생존할 수 없다"고 설명했고, 고이즈미도 "미국과 원만한 관계를 유지해야만 다른 나라들과의 외교 관계를 안정시킬 수 있다"고 말했다.

미국도 물론 일본의 '구애'를 모른 척하지 않았다. 미국은 일본에 교역을 확대해 경제의 공동 성장을 촉진하자고 건의했으며, 부시는 고이즈미의 '과감한' 개혁계획을 무조건적으로 지지한다는 형식적인 발언도 했다. 이런 지지가 구체적으로 표현된 것이 바로 일본이 막대한 인적, 물적 자원을 동원해 추진한 'UN 안보리 상임이사국 진출' 문제에 있어서 미국이 일본의 입장을 이해한다고 밝힌 것이다. 하지만 UN 개혁을 고려하지 않을 수 없었던 미국은 "기한을 정하지 않고 폭넓은 합의 하에 추진해야 한다"는 단서를 달았다. 그 기한이 언제인지는 부시가 퇴임할 때까지도 계속 논의 중이었다.

게다가 일본 정부를 우울하게 만드는 일이 또 있었다. 부시 시기에 미중 관계가 급속도로 친밀해져 과거에는 미국 고위 관리들이 동아시아를 방문할 때 제일 먼저 도쿄로 갔다가 서울이나 베이징을 방문했지만 이제는 베이징에 먼저 갔다가 서울이나 도쿄를 방문하는 것으로 일정이 바뀐 것이었다. 심지어 가끔은 바쁘다는 이유로 도쿄라는 상징적인 방문 일정은 아예 생략하기도 했다.

현실은 냉혹한 것이다. 내리막길을 걷고 있는 일본의 국력을 탓할 수밖에 없었다.

일본을 속속들이 알고 있는 미국인들과 달리 고이즈미 등 일본인들은 미국에 대해, 특히 실용주의를 가장 우선으로 하는 미국의 국민성을 잘 파악하지 못했던 것 같다. 프랑스의 한 사상가는 미국을 초대형 기업에 비유해 "그들은 항상 경제 이익만을 추구하며 그들의 가장 큰 특징은 변덕스럽다는 것이다. 그러므로 미국과 교류하는 나라들은 그들이 언제든지 돌변할 수 있음을 알고 항상 마음의 준비를 해야 한다"고 말했다.

부시 정부는 전략적인 입장에서 야스쿠니 신사 참배, 교과서 왜곡, 위안부 문제 등에서 공개적으로 일본을 비판했을 뿐 아니라 일본 주변 국가, 특히 중국과 자국의 관계 유지에도 신경을 썼다. 미국의 이런 전략적 입장이 잘 드러난 것이 바로 위안부 결의안의 의회 통과다.

2007년 6월 26일, 전 세계의 이목을 집중시킨 이 표결에서 미국 하원 외교위원회는 찬성 39표, 반대 2표의 압도적인 표차로 일본의 위안부 징용을 비난하는 결의안을 통과시켰다. 결의안 자체는 법률적 효력이 없었지만 정치적인 영향력은 결코 무시할 수 없었다.

위안부 결의안은 아홉 번의 도전 끝에 미국 의회에서 통과된 것이었다. 과거 10년 동안 제2차 세계대전 기간 일본군의 위안부 강제 징용에 관한 결의안이 여덟 차례나 미국 의회에 제출되었지만 일본 우익세력의 방해로 통과되지 못하고 좌절된 바 있었다. 그런데 마침내 일본계 미국인인 마이크 혼다Michael Makoto Honda 하원의원의 주도로 발의된 위안부 결의안이 9수 끝에 첫 번째 관문을 통과한 것이었다.

하원 외교위원회에서 이 결의안이 통과된 후에도 일본은 대대적인 로비를 벌였지만 역사의 수레바퀴를 되돌릴 수는 없었다.

2007년 7월 30일, 마침내 미국 하원에서 위안부 결의안이 통과되었다. 이 결의안은 일본이 위안부 문제를 정식으로 인정하고 사과하며 역사적 책임을 질 것을 요구하는 것이었다. '혼다 결의안'이라고도 불린 이 결의안이 통과된 것은 역사의 당연한 수순이었다. 과거의 몇 차례 표결에서 통과가 좌절되기는 했지만 포기할 줄 모르는 노력이 수많은 '방관자'들을 감동시키고 미국 의회에 깊은 인상을 남긴 덕분이었다.

물론 일본의 '도움'도 어느 정도 역할을 했다. 2007년 초 혼다 의원이 결의안을 제출했지만 과거 여덟 차례의 표결이 모두 실패로 돌아간 탓에 이번에도 통과되지 못할 것이라는 전망이 대부분이었다. 그런데 3월 1일, 고이즈미의 후임인 아베 신조 총리가 "일본군이 위안부를 강제로 징용했다는 증거가 없다"고 공개적으로 발언하자 그를 비난하는 국제 여론이 들끓기 시작했다. 특히 과거의 잘못에 대해 진심으로 사과해 국제사회에서 존중 받고 있는 독일인들도 일본을 비난했다. 독일 잡지 『슈드도이체 자이퉁Süddeutsche Zeitung』은 "아베 신조가 위안부 강제 징용을 부인함으로써 그의 정치적 약점과 도덕적 결함이 확실하게 드러났다"며 "일본이 역사 문제를 반성하지 않지 않는다면 동아시아 주변국들과의 정치적 관계가 훼손될 것"이라고 경고했다. 국제 여론의 강력한 지지 속에서 마이크 혼다 의원이 점점 유명세를 타고 위안부 문제에 대한 관심도 높아졌다.

아베 총리의 미국 방문 이후 미일 관계가 다시 화기애애해지고 미국 하원이 '혼다 결의안'을 거부할 수 있다는 관측이 제기되자 미국 내 아시아계 기업인들이 이 결의안 통과를 위해 다방면으로 노력했다. 그러자 일본 우익단체들도 이에 질세라 로비와 선전에 더욱 힘을 쏟았다. 급기야 그들은 미국의 유력지 『워싱턴 포스트』에 "일본 정부와 군대는 위안부를 강제로 징용하지 않았다"는 내용의 전면 광고를 실었다. 그러나

이 광고가 오히려 역효과를 불러왔다. 아시아계 기업인들이 거세게 분노하고 미국 국회의원들까지도 거부감을 표시하며 "이제 이 결의안을 통과시켜야 할 때가 왔다"는 입장을 잇따라 밝힌 것이다.

특히 고이즈미 집권 기간 동안 미국에서 일본 역사 문제가 크게 이슈화된 적이 없었지만, 고이즈미 임기가 후반기로 갈수록 미국 대형 언론들이 일본 정부의 야스쿠니 신사 참배 문제를 강도 높게 비난하기 시작했다. 미 언론들은 "'야스쿠니靖國'라는 말 자체는 '평화로운 나라'라는 뜻이지만 야스쿠니 신사는 역사적인 논란이 있는 곳으로 평화와는 조금도 관련이 없다"고 비꼬았다.

2006년 5월, 헨리 하이드Henry Hyde 당시 미국 하원 국제 관계위원회 위원장은 더욱 강한 언사로 고이즈미가 미국 의회에서 연설하기를 원한다면 야스쿠니 신사 참배를 중단할 것을 요구했다. 그 무렵 제출된 미일 관계에 관한 미국 의회보고서에서도 "일본이 외교적으로 계속해서 강한 자신감을 피력하고 있다. 이런 자신감이 미국의 국가 이익에는 부합하지만 앞으로 용감하게 '노'를 외치는 일본이 될 수도 있다"고 분석했다.

이런 분위기 속에서 일본의 UN 안보리 상임이사국 진출을 찬성하던 미국의 입장이 점점 애매해지기 시작하자 일본 정부가 의기소침해졌다. 미국 의회의 힘이 전체적인 분위기를 변화시키고 있었다. 더욱이 민주당이 미국 의회의 다수당이 된 후로 인권 문제를 비교적 중시하고 있었고 낸시 펠로시Nancy Pelosi 민주당 하원의장의 입장은 더욱 명확했다. 그 덕분에 아시아계 기업인들이 위안부 문제에 관해 로비할 수 있는 운신의 폭이 더 넓어졌다. 세심한 사람들은 마이크 혼다 의원의 의회 발언 중에 위안부 문제에 대한 민간단체들의 오랜 관심에 감사를 표시한 대목이 있음을 눈치챘을 것이다. 위안부 결의안이 발의된 후에는 100개가 넘는 아시아 민간단체가 미국 의회의 결의안 통과를 촉구하고 나섰으며 그중에서도 미국에서 한국, 중국, 필리핀을 대표하는 이익단체들이 가장 앞장섰다.

사실 미국 정부도 일본이 「평화헌법」[35]을 위반해 방어시스템을 강화한다면 장기적으로는 미국에게 불리한 일이 될 것임을 잘 알고 있었다.

중요한 문제는 부시 정부가 일본이 어느 정도의 군사력을 보유하기를 바란다는 데 있었다. 그래야만 '위험이 충만한' 동아시아에서 일본이 미국의 대리부대의 역할을 할 수 있기 때문이었다. 그러나 또 한편으로 미국은 군사적, 정치적 야심을 가진 국가가 출현해 자국에 도전하는 것은 원치 않았다.

라이스 국무장관처럼 러시아와 동북아 지역에 대해 깊이 있게 알고 있는 학자형 정치가들은 일본의 군국주의 역사를 잘 알고 있었고, 미일 관계를 대등하게 변화시켜야 한다는 '신미일안보동맹파'의 주장은 세계의 맏형을 자처하는 미국의 심기를 더욱 불편하게 했다.

사실 오랫동안 세계 패권을 쥐고 있는 미국인들은 타국을 거느리는 것은 익숙하지만 대등하게 어깨를 나란히 하는 것은 받아들이기 힘들었다. "일본의 군사력이 변화한다면 미국과 더욱 허심탄회하게 의견을 교환할 수 있을 것"이라는 일본 정부 관리들의 의견에 미국인들은 결코 동의하지 않았으며 심한 불안감을 느꼈다.

하이드 외교위원장이 고이즈미에게 미국 의회에서 연설하려면 야스쿠니 신사 참배를 중단할 것을 요구하고 미국 언론들이 점점 일본에 대

---

35 제2차 세계대전에서 일본이 패한 후 승전국인 미국의 주도로 만들어진 일본의 헌법 9조를 부르는 말로, 일본의 군사력 보유 금지와 국가 교전권 불인정을 주요 내용으로 한다.

한 비판의 수위를 높인 배경에는 미국 정치계와 학계에서 오랫동안 유행했던 '병뚜껑론'이 있었다. 이른바 '병뚜껑론'이란 일본의 이익을 보호하면서도 병뚜껑을 열어 군국주의의 망령이 병 속에서 튀어나오는 것은 막아야 한다는 주장으로 미국의 대일 정책에 적잖은 영향을 미쳤다.

미국이 이라크에서는 실수로 판도라의 상자를 열었지만 동아시아에서는 같은 실수를 저지를 수 없었다. 일본이라는 '악마의 상자'를 여는 순간 어떤 일이 벌어질지 상상할 수도 없었다.

미국 정부는 이런저런 이유로 인해 일본이 정치대국으로 성장하는 것을 원치 않았다. 미국인들은 일본이 역사적 과오에 대한 부담감을 계속 짊어지고 있다고 해도 크게 손해 될 것이 없었다. 일본이 짊어진 역사적 부담감은 체중 800파운드의 육중한 고릴라와도 같았다. 육중한 체중의 고릴라를 등에 메고 협상에 나온 일본이 강대국이 될 수 있겠는가?

일본이 조바심을 내며 추진하는 UN 안보리 상임이사국 진출 문제에 있어서 미국인들이 분명한 입장을 밝히지 않고 애매한 태도로 일관한 것도 그럴 만한 이유가 있었던 것이다. 부시 정부가 언론과 국회의원, 일부 고위 관료들을 핑계로 내세우며 일본 정부의 끈질긴 요구를 적절히 무마시킨 것은 미국의 국가 이익, 특히 아태 지역에서의 이익을 위한 전략이었다. 미국이 일본에 바라는 역할은 중국의 급성장과 러시아의 재기, 통일을 염원하는 한국을 견제해주는 것뿐이지 일본이 진정으로 정치대국이자 군사대국이 되는 것은 결코 원치 않았다. 오히려 고이즈미처럼 주변국을 외면한 외교가 동아시아의 정세를 복잡하게 만들지 않을까 걱정하고 있었다.

미국 의회가 일본의 정치, 군사, 기술 동향을 자세하게 분석한 보고서를 지속적으로 작성하고, 미국 정보기관이 일본의 상황을 정확하고 자세하게 알기 위해 인적, 물적 자원을 대량 투입하고 있다는 사실을 간과해서는 안 된다. 미국이 일본에게 아무런 우려도 가지고 있지 않다면 '아우'인 일본의 속내를 알기 위해 그렇게 많은 돈과 노력을 들일 필요가 있겠는가?

부시 정부부터 오바마 정부까지 미국은 언제나 일본을 시시각각 방어하고 경계해왔다. 아태 지역을 경제적, 안보적으로 매우 중요하게 생각하고 있는 미국은 일본을 중국과 러시아를 견제해 줄 중요한 '방파제'로 생각하면서도 일본이 한국, 중국 등과 전쟁을 벌이는 것은 결코 원치 않는다.

이런 사실을 이해한다면 부시 정부가 일본에 대해 적당히 압력을 가하라는 의회와 언론, 학계의 주장을 거부하지 않았던 이유도 짐작할 수 있다. 부시 정부는 한편으로는 일본과 주변국가의 불화가 미국의 이익에 부합하지 않으며 미국은 자국의 이익에 부합하지 않는 일에 찬성한 적이 한 번도 없다는 사실을 일본 정부에 은근히 알렸으며, 또 한편으로는 한국과 중국 정부에 미국은 일본을 비호하지 않으며 미일 관계를 중시하는 것과 마찬가지로 한미 관계와 미중 관계도 중요하게 생각한다는 메시지를 은연중에 전달했다.

이는 미국의 전략적 선택이었다.

고이즈미는 스스로 영리하다고 자부하며 주변국들을 무시하고 미국에게 영합했지만, 결과적으로 미국으로부터 아무런 실질적 혜택도 얻지 못했으며 오히려 중국과의 관계 악화로 경제적으로 큰 기회를 놓치고 말았다. 더욱이 고이즈미가 중국을 무시하고 분쟁을 벌인 10년은 중국 경제성장의 전성기였다.

5
일본의 사과 거부와 미국의 책임

일본은 이해하기 힘든 나라다. 일본인 개개인을 놓고 보면 자기반성에 아주 충실하지만 국가로 보면 역사의 진실을 인정하지 않는다. 일본이 역사적 과오를 인정하지 않는 것은 일본의 문화와 민족성 때문이기도 하지만 미국이 일본을 철저하게 개조시키지 않은 것도 중요한 원인이다.

본보기의 힘은 매우 크다. 일본이 위안으로 삼는 것은 미국도 역시 잘못을 시인하고 사과하는 '습관'이 없다는 사실이다. 과거 반세기 동안 미국은 베트남, 그레나다, 파나마, 이라크 등을 침공하고 유고슬라비아 연방을 폭격해 처참하게 파괴했지만 단 한 번도 사과하지 않았다. 이것이 미국의 '아우'를 자처하는 일본에게 '본보기'가 되었던 것이다.

윗물이 맑아야 아랫물이 맑은 법이다. 일본이 잘못을 절대로 인정하지 않고 잘못을 반복하는 것에 대해 미국이 시종일관 묵인하고 비호하는 태도를 보인 것도 '이해할 수 있다'.

천황관天皇觀이 그대로 유지된 것을 의문스럽게 생각하는 사람들도 있다. 도쿄재판[36] 당시만 해도 미국은 천황을 전범으로 처벌해야 한다는 입장을 보였다. 하지만 중국 내전에서 공산당 쪽으로 승세가 기울자 미국은 일본을 극동아시아에서 공산주의의 방파제로 삼기 위해 천황의 책임을 추궁하고 일본을 곤경에 빠뜨리기로 한 계획을 포기했다.

---

36 제2차 세계대전에서 연합국이 일본의 전쟁범죄자들을 재판하기 위해 1946년 1월 19일에 개최한 재판을 말한다.

천황을 존숭하는 관념은 일본 군국주의 이데올로기의 핵심이다. 일본의 군국주의를 철저히 뿌리 뽑기 위해 연합국 극동위원회와 국제 여론이 천황제 폐지와 공화제 수립을 강력하게 요구했지만, 미국 정부가 압력을 행사해 천황을 '상징적인' 존재로 유지시켰다. 더글러스 맥아더 Douglas MacArthur 일본 점령군 사령관은 "천황은 20개 사단의 전투력과 맞먹는다"고 말했다.

일본국헌법을 통해 일본이 육해공군을 비롯한 모든 전투력을 보유하지 못하도록 금지했지만, 어떤 형식으로든 천황이라는 이 '전투력'을 유지시킨다면 언제든 미국이 필요할 때 일본의 군사력을 회복시켜 이용할 수 있다는 것이 맥아더의 생각이었다.

천황을 그대로 둔 것은 일본에 군국주의의 씨앗을 남겨둔 것이나 다름없었다. 사람이 곧 가장 소중한 자원이다. 미국인들이 일본 군국주의에 가장 크게 기여한 것이 바로 인적 자원을 남겨두었다는 점이다.

미국의 '관용' 덕분에 일본 천황과 전범들이 마땅히 받아야 할 처벌을 면한 셈이다. 기시 노부스케가 대표적인 예다. 그는 만주국 시기에 이른바 '혁신관료'라고 불리던 정치인이다. 하지만 그는 패전 후 죗값을 치르기는커녕 정치계에 복귀해 내각총리대신의 자리까지 올랐다.

전후 일본 정치계와 경제계를 장악한 원로들 가운데 대다수는 처벌을 면한 전범들이었으며 그들의 정책과 사상이 현대 일본에 지대한 영향을 미쳤다. 그들은 자신의 잘못을 인정하지 않았을 뿐 아니라 일본이 대국의 이미지를 회복하고 과거 '대일본제국'의 영광을 되찾기를 염원했다.

쫓겨나지 않은 것은 원로들뿐만 아니라 군사참모와 정보요원들도 마찬가지였다. 맥아더와 그의 측근 찰스 윌로비Charles Willoughby 소장(점령 군사령부 정보참모)은 '아시아의 히틀러'로 불린 도조 히데키의 최측근이자 참모본부 작전과장이었던 하토리 타쿠시로服部卓四郎를 비롯한 육군 및 해군 참모와 정보요원들을 총사령부 '전사편찬실'에서 활동하게 했다. 그들의 표면적인 업무는 전쟁사 연구였지만 실제로는 참모 겸 기획이었다. 맥아더는 일본의 군사력을 회복시킬 필요에 대비해 '불씨'를 남겨두어야 한다고 생각했다. 한국전쟁 기간 동안 맥아더를 위해 '제3차 세계대전'과 일본방위계획에 관한 상세한 방안을 수립한 것이 바로 이 '전쟁사 연구원'들이다.

경제적 기반을 유지시킨 것도 맥아더의 또 다른 '업적'이다. 맥아더가 지휘한 미국 점령군은 일본의 군국주의 타파를 명분으로 경제 개혁을 실시하고 지주 제도를 폐지했지만, 군국주의의 가장 중요한 경제 기반인 독점자본주의는 그대로 유지시켰다. 패전하기 전 일본에서는 이미 독점자본주의가 지주제를 대신해 경제체제로 자리 잡고 있었다.

패전으로 폐허가 되었지만 일본의 독점자본주의는 완전히 붕괴하지 않았다. 미국은 일본이 '적화'될 위험을 막기 위해 독점자본주의에 대해 당근과 채찍을 함께 사용해 개조하는 방식을 택했다. 맥아더는 한편으로는 독점자본주의를 미국화시켜 미국의 꼭두각시로 만들고, 다른 한편으로는 일본 국내에서 독점자본주의에 반발하는 움직임을 가차 없이 진압했다. 미국이 보호해준 덕분에 일본은 자국 방어에 대한 부담감 없이 독점자본주의를 빠르게 발전시키고 국력을 증강시킬 수 있었다. 군국주의 세력들에게 맥아더 장군은 은인이었던 셈이다.

미국은 일본 헌법에도 '심오한 의미'를 담아놓았다. 일본이 전쟁을 포기하고 군사력을 가질 수 없도록 규정한 헌법 제9조에 훗날 일본의 재무장이 가능하도록 여지를 남겨둔 것이다.

미국 점령군이 처음 일본 정부에 제안한 헌법 초안 중 제8조 제1항에는 "국가 주권을 대표해 도발하는 전쟁을 포기하고, 무력 위협이나 무력을 이용해 타국의 분쟁을 해결하는 것을 영원히 포기한다"고 되어 있었다. 일본이 분쟁 해결을 위해서든 자위를 목적으로든 전쟁을 완전히 포기해야 한다는 뜻이었다.

그런데 일본은 맥아더의 묵인 하에 이 조항을 "국가 주권을 발동해 도발하는 전쟁과 무력에 의한 위협, 또는 무력행사를 국제적 분쟁 해결의 수단으로 사용하는 것을 포기한다"로 수정했다. 따라서 이 조항은 훗날 '국제적 분쟁을 해결하기 위한 수단'으로서의 전쟁만을 포기하고 자위적인 목적의 전쟁은 포기하지 않는다는 뜻으로 해석할 수 있게 되었다.

미국이 제안한 제8조 제2항, 즉 "앞으로 육해공군 및 기타 군사력을 보유하지 않으며 국가교전권도 인정되지 않는다"는 조항도 앞머리에 "전항의 목적을 달성하기 위해"라는 단서가 붙었다. 이렇게 되자 자위적인 목적의 군사력은 보유할 수 있다고 해석될 여지가 생겼다.

미국 점령군은 일본의 이런 수정을 용인하는 한편, 수정된 제8조 제1항과 제2항을 합쳐 현행 헌법 제9조로 추가시킴으로써 훗날 일본이 해외 파병과 본토 방어를 위해 군사력을 강화할 수 있는 명분을 제공했다. 그런데 일본 우익세력들은 한술 더 떠서 아예 헌법을 개정해 군대 확장을 합법화시키려 하고 있다. 최근 들어 일본에서 나타난 군국주의 책동이 대부분 헌법의 이러한 허점에 기댄 것이다.

그 후 일본의 국력이 강해지고 기술이 발전함에 따라 청산되지 못한 역사의 잔재들이 일본의 비정상적인 심리를 자극했다. 고이즈미 이후 정부의 권위가 약화되자 일본 군대와 우익 정치세력들의 이런 변태적 심리가 일본 정부의 전략과 정책에도 영향을 미쳐 아태 지역, 특히 동아시아에 불안감을 조성하고 주변 국가들의 경계심을 불러일으켰다.

이렇게 된 데에는 매슈 리지웨이Matthew Ridgway의 책임도 무시할 수 없다. 일본 패망 후 "일본이 다시 무장하는 일은 없을 것"이라고 누차 밝혔던 요시다 시게루 일본 총리가 1950년부터 입장을 미묘하게 바꾸기 시작했다. 일본 헌법에 자위권 포기는 명시되어 있지 않다며 "스스로 방어할 수 있는 방법을 고려해야 할 것"이라고 공공연하게 언급한 것이다. 그가 말한 '스스로 방어할 수 있는 방법'이란 바로 샌프란시스코평화조약[37] 이후에 발효된 미일안보조약이었다. 이 조약을 통해 일본은 미군을 계속해서 자국에 주둔시킴으로써 미군에 의지해 자국을 보호하는 한편 차츰 군비를 확장시켜나갔다.

점령군의 묵인 하에 일본은 과거 군인과 정치인들에 대한 과거청산을 중단하고, 1950년 9월부터는 각 학교에 다시 일장기를 게양하게 했으며 천황을 찬양하는 〈기미가요〉를 국가로 삼고, 1951년 10월에는 요시다 시게루가 야스쿠니 신사를 참배했다.

1952년 4월 28일 샌프란시스코평화조약과 미일안보조약이 발효되자 요시다 시게루 총리와 리지웨이 제2대 주일 점령군 총사령관이 곧장 일본의 군비 강화를 위한 협상을 시작했다. 리지웨이는 미국 기자들에게 "군사 분야에서 일본 스스로 방어를 목적으로 한 육군을 창설하기를 바란다. 경찰예비대가 최종적으로 육군으로 발전해야 한다. 이는 미일안보조약이 일본에 부여한 의무에 포함된다"고 말했다. 이 발언에서 미국의 속내를 분명하게 엿볼 수 있다.

쉽게 말해서 미국은 일본이 해군과 공군을 보유하는 것은 원치 않으며 일본인들을 '세계에서 가장 값싼 보병'으로 만들어 미국의 아시아 침

---

37 제2차 세계대전 종식을 위해 일본과 연합국 48개국이 맺은 평화조약이다.

략 및 중국과 소련 방어를 위한 방패막이로 삼으려 했던 것이다. 하지만 일본의 속내는 달랐다. 그들은 지상군뿐만 아니라 육해공 삼군 부대를 모두 재건하기를 바랐다.

표면적으로는 일본 정부가 미국의 무리한 요구에 굴복한 것처럼 보였지만, 실제로 일본은 미국의 요구대로 따르지 않았다. 일본의 국력이 강해지고 미국이 한국전과 베트남전을 치르느라 다른 일에 신경 쓸 여력이 없게 되자 일본에 대한 미국의 요구와 간섭도 줄어들게 되었다. 실질적인 자유를 얻게 되자 일본의 해상자위대는 얼마 가지 않아서 서태평양 지역에서 가장 막강한 해군력을 갖추게 되었다.

일본 정부는 해군 강화를 위한 노력을 한시도 중단한 적이 없다. 신형 군함과 해군 전투기, 해군 무기시스템 등을 조용히 확장시키더니 핵무기 보유에 대한 강한 열망까지 내비치기 시작했다.

냉전이 종식된 후 소련의 위협이 사라지자 일본의 전략적 중심도 소련의 침략 방어에서 일본의 해상항로 수호로 옮겨가 더욱 적극적으로 활동영역을 넓히기 시작했다. 군사력 확장, 국제적인 위상 강화, UN 안보리 상임이사국 진출 등 일본이 추진하는 일들이 기본적으로는 막강한 경제력을 바탕으로 한 것이지만, 미국의 지원이 없었더라면 결코 불가능했을 것이다.

부시가 취임한 후 미국의 외교 전략에도 변화가 생겼다. 일본을 아시아에서 가장 중요한 동맹국으로 삼은 것이다. 아시아에 대한 영향력을 강화하고 아태전략을 효과적으로 수행하기 위해 미국은 일본의 군사력 확장을 묵인했을 뿐 아니라 미일안보조약을 개정해 일본의 군사적 지위를 격상시키기도 했다.

'형님'의 든든한 지원을 받자 '아우'는 마음 놓고 힘을 기르기 시작했다. 고이즈미는 심지어 "미국과의 관계가 가까워지기만 하면 일본의 다른 문제들도 모두 해결된다"고 말하기도 했다.

적어도 고이즈미 시기에 일본이 자신들의 역사적 과오에 그토록 '뻔뻔하게' 행동했던 것은 미국의 은밀한 지지를 등에 업고 있었기 때문이다. 당시 '지일파'인 리처드 아미티지Richard Armitage 국무차관을 위원장으로 하는 재팬 체어Japan Chair**38**가 미일안보동맹 강화를 주장했는데, 그 목적은 일본을 '극동아시아의 영국'으로 만드는 데 있었다. 이 사실이 일본인들의 사기를 고취시키고 일본인들을 착각에 빠뜨렸다.

부시 정부도 후반으로 갈수록 일본에 대한 경계심을 높이기는 했지만, 고이즈미 내각의 야스쿠니 신사 참배 등 한일 관계와 중일 관계를 훼손하는 일련의 사건들에 대해서는 전혀 개입하지 않고 못 본 척 했다.

부시의 두 번째 임기 때는 미중 관계가 급격히 친밀해지면서 미일 관계는 상대적으로 소원해졌다. 하지만 오바마 시기에는 미국이 '아시아복귀' 전략을 이행하기 위해 일본의 여러 가지 요구들에 '관용'을 베풀며 일본과의 관계 개선에 다시 나섰다.

이 모든 것이 일본인들을 안심시킨 탓인지 비상식적인 상황까지 발생했다. 사상 초유의 대지진이 발생한 상황에서 뜻밖에도 일본 정부가 과거 침략 역사를 미화하고 부정해 한국과 중국을 분노하게 한 것이다. 물론 이런 '집착'의 이면에 일본 문화의 전통과 민족성이 짙게 깔려 있음도 무시할 수 없다.

---

38 미국의 가장 중요한 일본 및 아시아·태평양 지역 연구부서로 미국의 초당적 대아시아 전략 지침서인 '아미티지 보고서(Armitage Report)'를 작성한 곳이다. 아미티지 보고서 작성에는 폴 월포위츠 국방부 차관을 비롯한 11명이 참가했으며, 아미티지가 대표 집필하였다.

6
군국주의의 정신적 토양

일본은 풀리지 않는 수수께끼 같은 나라다. 일본에서 오래 생활한 사람들도 그 나라를 완전히 이해하고 동화되기 힘들다고들 말한다. 일본을 연구하는 학자들에게도 일본인들은 복잡하고 모호하고 변덕스러운 이미지다.

미국 인류학자 루스 베네딕트Ruth Benedict는 "일본인은 싸움을 좋아하면서도 예의 바르고, 완고하면서도 적응성이 풍부하며, 유순하면서도 귀찮게 시달림을 받으면 분개하고, 충실하면서도 불충실하고, 용감하면서도 겁쟁이이며, 보수적이면서도 또한 새로운 것을 즐겨 받아들인다"라고 했다.

이런 대립적인 성격이 하나로 합쳐질 수 있다는 사실이 실로 불가사의하다. 하지만 이런 모순된 민족성의 이면에서 몇 가지 문제의 해답을 찾을 수 있다. 일본인들의 문화적 심리가 일본 군국주의의 탄생과 발전에 깊은 영향을 미쳤다는 점이다.

맹목적인 충성과 천황관의 뿌리에는 군국주의가 있다. 봉건시대에 '충성'은 세속의 우두머리, 즉 무장들의 의무였다. 하지만 메이지 시대에는 정치가들이 자신들의 목표(일본의 정신통일)를 이루기 위해서 천황을 고립시키고 세속과는 완전히 분리된 '신성한 우두머리'로 만들었다. 그렇게 해야만 국민들을 단결시켜 나라에 충성하도록 만들 수 있었기 때문이다.

그 후 천황은 점차 국내의 모든 정쟁을 초월한 상징적인 존재이자 '충성'의 대상이 되어 천황을 신격화하는 종교적 전통이 나타났다. 일본 문화처럼 인간관계를 바탕으로 형성된 문화에서 천황은 충성의 상징으로서 국기보다도 훨씬 큰 의미를 가진다. 그렇기 때문에 '천황의 명령'이라는 한 마디만으로도 무한한 '충성'을 불러일으킬 수 있는 것이다. 다른 나라에서는 결코 상상도 할 수 없는 일이다. '충성'은 죽음에서 납세, 참전에 이르기까지 다양한 의무를 강제로 이행시킬 수 있는 힘을 가지고 있다. 일본인들은 특정 개인에게 절대적으로 충성하는 것에 익숙하다. 국가 원수에 대한 그들의 이런 태도는 제왕에 대한 숭배라고 할 수 있다.

1945년 8월 15일 일본이 투항했을 때, 전 세계가 믿기 힘든 '충성'의 힘을 똑똑히 목도했다. 서양인들은 일본이 투항할 수 없을 것으로 생각했다. 많은 일본군들은 소위 정의를 위해 싸우고 있었고 일본 본토에서도 끝까지 싸워야 한다고 주장하고 있었다. 하지만 천황의 말 몇 마디로 전쟁이 끝나고 모든 일본인이 복종했다. 해외 파병 부대의 지휘관이든 본토에 있는 도조 히데키든 그 누구도 반발하지 않았다. 미군기가 공항에 착륙하자 예의를 갖추어 영접하고 불과 일주일 전까지만 해도 결사 항전을 선언하던 일본이 항복을 인정하고 완전한 평온을 이룬 것이다. 패전의 와중에서도 일본인들에게 최고의 법칙은 '충성'이었다.

일본인들의 이런 '천황관'은 민족을 하나로 모아 응집시키는 힘을 가지고 있다. 특히 어려움에 처했을 때 단결해서 난관을 극복하고 재기하는 데 큰 효과를 발휘한다. 이것은 지금껏 천황이 유지된 중요한 원인 중 하나다. 하지만 불행하게도 일본인들의 이런 '충성'과 '천황관'은 양날의 검처럼 그들 스스로에게 해가 되었을 뿐 아니라 타국인들에게도 피해를 주었다. 1920~30년대에 일본이 대외침략에 몰두했던 원인이 바로 군국주의에 사로잡힌 천황제에 있었다.

반물질주의와 '무사도 정신'은 맹목적인 충성이 극단적으로 발휘된 결과였다.

서양과 달리 전쟁 이전에 일본인들은 물질보다는 정신을 더 우선으로 여겼다. 역사학자 진순신陳舜臣은 이를 '영혼의 감동'이라고 표현했다. 일본인들은 세계를 직관적으로 인지하고 인간의 자연스러운 욕망과 감정을 원래 모습 그대로 인정하고 표현하는 경향이 있다. 옛날 일본 시들을 보면 가장 흔한 주제가 남녀 간의 사랑이다. 과거 일본인들의 연애는 감각적인 쾌락에 치중했으며 무엇에도 구애 받지 않는 자유로움이 있었다. 그들은 인생의 진정한 의미를 사랑에서 찾았다.

금욕주의를 강조했던 중국이나 인도와 달리 일본인들은 본연의 욕망을 자유롭게 분출하고 표현했다. 그 때문에 자연주의와 민족주의가 일본 문화의 심리적 전통이자 종교의식의 주류를 이루었다. 일본에서 섹스문화가 발달한 것도 이런 심리와 관련이 있다.

물질보다 정신을 우선시하는 일본의 사회적 분위기로 인해 일본인들은 특정한 일에 비이성적으로 열광한다. 이러한 경향이 가장 두드러지게 나타난 것이 바로 무사도 정신이다. 중국 명나라 때 의원 허의준許儀俊은 일본에 다녀온 후 쓴 책에서 일본인들은 "병으로 죽는 것은 치욕이요, 싸움터에서 죽는 것은 영광으로 삼는다"고 했다. 그로부터 300년 후인 메이지 시대에 일본으로 망명한 중국인 사상가 량치차오梁啓超도 일본군의 출정 깃발에 '전사하기를 기원한다'라고 크게 쓰여 있는 것을 보고 충격을 받았다고 했다.

전쟁을 중하게 여기고 목숨을 가볍게 여기는 일본인들의 정신은 실로 감탄할 만하다. 하지만 이런 무사도 정신이 과거 100년 동안 일본 통치자들에 의해 대외침략의 정신적 무기로 이용된 것은 참 불행한 일이다.

이른바 '무사도 정신(사무라이 정신)'과 '야마토다마시大和魂'라고 불리는 일본 고유의 용맹스런 정신 때문에 무수히 많은 생명이 국가를 위해 스러졌으며, 무사도 정신의 맹목적인 자기희생은 할복자살이라는 극단적인 행동으로 이어졌다. 일본군들에게 가장 영예로운 일은 전사하는 것이고 투항은 치욕스러운 일이었다. 이런 인식이 군대는 물론 일본인들의 의식세계 속에 깊이 깔려 있다. 무사는 오로지 전투에만 열중해야 하고 무조건 복종할 것을 강요하는 무사도 정신이 일본 군인들을 인간의 본성을 잃은 전쟁도구로 만들어버렸다.

무사도 정신에 세뇌된 일본 군인들은 전쟁에서 극도로 광분한 상태가 되었다. 서양에서는 전사자가 4분의 1이 넘어가면 투항은 자연스러운 일이지만, 일본군은 마지막 한 사람이 남을 때까지도 혈전을 벌였다. 그들의 이런 극단성이 제2차 세계대전을 더욱 잔혹한 전쟁으로 만들었음은 부인할 수 없는 사실이다. 이 전쟁무기들이 가는 곳마다 피비린내 나는 참극이 벌어졌다. 인류 최악의 살인극으로 불리는 난징南京대학살 같은 사건들을 보면 인간이 저지른 일이라고는 믿기 힘들다.

무사도를 이야기할 때 빼놓을 수 없는 것이 바로 복수의 풍습이다. 이 풍습 역시 번번이 일본 통치자들의 야욕을 채우기 위한 수단으로 사용되었다.

과거 일본에는 주인이 죽으면 하인들도 따라 죽는 순장 풍습을 기반으로 한 충성 의식이 깊이 뿌리내려 있었는데 여기에서 파생된 것이 바로 복수의 풍습이다. 무사들은 주인이나 가문의 장자가 살해당하면 반드시 보복하는 것이 철칙이었다.

제2차 세계대전 기간 동안 일본 통치자들은 일본인이나 일본 군대가 타국으로부터 모욕과 습격을 받았다는 유언비어를 퍼트려 일본인들의 복수심을 자극하고 뻔뻔스럽게 침략을 감행했다. 77사변[39]이 바로 그 대표적인 사례다.

특히 전쟁에는 일본인들의 반물질주의가 가장 적나라하게 표출된다. 미국이 물질에 대한 강한 집착을 가지고 있다면, 일본은 반대로 비非물질적인 자원에 집요하게 매달린다. 일본인들은 정신은 모든 것을 압도하며 영원하다는 인식을 가지고 있다. 훈련된 소수의 정예부대로 다수의 적과 맞서 싸울 수 있고 자신의 몸으로 적의 총탄을 막아낼 수 있다고 믿는다.

전쟁 기간 동안 일본 언론들은 전투에 패하더라도 죽음 자체가 정신력의 승리라는 황당한 궤변을 늘어놓으며 사람들을 선동했다. 일반 국민들은 공장에서 24시간 철야 노동하는 것이 힘들지 않느냐는 질문을 받을 때면 하나같이 "육체적으로 피곤할수록 의지력과 정신력은 더욱 강해진다"고 대답했다. 전시 노동자들과 사병들이 전쟁자금을 위해 월급 삭감에 기꺼이 동의한 것도 이런 인식 때문이었다.

세계대전이 발발했다는 소식에 당시 도쿄 대학 교수였던 난바라 시게루(훗날 도쿄 대학 학장)는 "세상의 상식을 초월해 제멋대로 세계에 도전하는구나"라고 탄식했다.

일본문화론의 대가 야마모토 시치헤이는 유명한 저서 『공기空氣의 연구』에서 "일본인은 '공기(분위기)'에 지배되는 민족"이라고 했다. 일본에서는 '분위기'가 모든 것을 주도할 수 있다. 일본인들은 인간관계와 환경에 지배되기 때문에 분위기에 이끌려 비이성적이고 충동적이며 맹목적

---

39 1937년 7월 중국 베이징 교외에 위치한 루거우차오(盧溝橋)에서 중일 간에 일어난 충돌 사건으로 중일 전쟁의 도화선이 되었다. 일본군이 루거우차오에서 군사훈련을 하던 중 일본 병사가 사라졌다는 이유를 들어 이 일대를 공격했다.

인 행동을 하게 된다는 것이다.

일본인들이 충동에 휩싸이게 되면 상상할 수 없는 결과를 부를 수 있다. 이것이 미국이 일본에 대한 경계심을 늦추지 않는 이유다.

더 무서운 것은 반물질주의에 도취된 일본인들이 전국적으로 광적인 열기에 휩싸여 현실을 객관적으로 바라보지 못하고, 자원이 부족한 나라가 정신력만을 믿고 승리할 수 있다는 망상에 사로잡히거나, 피점령국 국민들의 저항을 무시하고 자신들은 영원히 건재할 수 있다고 믿으며 패배를 절대로 인정하지 않는 것이다. 하지만 그들의 이런 성향이 도리어 실패의 악운을 부른다.

더 깊이 파고 들어가면 민족중심주의와 '야마토다마시'의 깊은 영향력을 확인할 수 있다. 일본의 민족중심주의는 역사적으로 깊은 뿌리를 가지고 있다. 그것은 일본 민족의 기원과 일본의 지리적 상황, 사회 발전의 특징에 의해 결정된 것이다. 예로부터 대륙문명의 침략을 두려워해야 하는 섬나라의 일본인들은 세상과 단절되기를 염원했고, 그 때문에 자연스럽게 독립적인 성향을 가지게 되었으며 불안감을 떨치지 못했다.

일본인들의 민족중심주의와 국가지상주의는 메이지유신 이후에 생겨난 것이 아니다. 일본이 세계 최고의 국가라고 믿는 그들의 인식은 오랜 역사를 가지고 있다. 이런 자만심은 처음에는 단순히 국가에 대한 열렬한 사랑, 끝을 모르는 야심에서 시작되었다.

게다가 일본 국토와 그 안에 있는 모든 것은 신에 의해 만들어졌으며 신에게 보호 받고 있다는 신국사상神國思想은 일본인들의 우월의식을 더욱 고취시켰다. 일본 유가에도 스스로 다른 외래사상보다 더 우월하다는 인식이 깔려 있다. 이런 민족우월의식은 점차 민족중심주의로 발전했다.

미국인 저널리스트 로버트 크리스토퍼Robert Christopher는 자신의 저서 『일본정신Japanese Mind』에서 "일본인들은 강한 민족감정을 가지고 있지만, 그와 동시에 자기 민족의 약점도 크게 인식하고 있다. 세계적으로 가장 효율 높은 경제와 가장 앞선 기술을 가지고 있으며 잠재적인 군사대국인 일본은 외국인들의 눈에 가끔씩 질투가 날 만큼 강대하게 보인다. 하지만 일본인들 스스로는 수많은 재난으로부터 위협 받으며 불안감에 떨고 있다"고 지적했다.

태풍과 지진의 끊임없는 공격, 육지 침몰의 위험, 협소한 영토, 부족한 자원 등 불리한 조건들이 일본 민족의 공포심과 자괴감을 유발하고, 집단적이고 극단적인 민족심리를 형성시켰으며 응집력과 배척정신으로 발전했다.

위기감과 자괴감은 사람을 발전하게 하는 촉진제가 된다는 점에서 순기능도 있다. 그러나 모든 일에는 적당한 균형이 필요하다. 과도한 자괴감은 자만심과 억지로 변하기 마련이다. 일본인들은 타국에 대한 숭배에서 국수주의로 급변하고, 자괴감이 순식간에 유아독존식 자만심으로 변하는 등 극단을 오가기 때문에 위험하다고 말하는 것이다. 학자들은 이렇게 극단적인 감정 기복이 일본인들을 아주 사소한 이익에 연연하는 우물 안 개구리로 만들었다고 분석한다.

'야마토다마시'와 군국주의가 연관성이 있다는 것은 많은 사람들이 알고 있지만, '야마토다마시'와 극단적인 군국주의가 결합된 것이 불과 100년 사이의 일이라는 점은 잘 알려져 있지 않다. '야마토다마시'라는 말이 처음 사용된 것은 10세기 말에서 11세기 초의 일이다. 그 무렵 발표된 『겐지이야기源氏物語』라는 책에서 야마토다마시라는 말이 나오는데 당시에는 자주적인 기백, 처세의 재능 등을 뜻하는 말로 사용되었다.

그 후 약 800년 동안 야마토다마시에는 '평화'라는 뜻이 담겨 있었다. 하지만 막부 시대 말기부터 다른 의미로 사용되기 시작했다. 유명한 국학자 히라타 아쓰타네의 '야마토다마시론'은 일본 막부 말기 사회적 위기가 닥치고 서구 열강이 일본을 침입하는 사회적 배경 속에서 등장한 것으로 그 밑바탕에 '존왕양이尊王攘夷(왕을 숭상하고 오랑캐를 물리친다는 뜻)' 사상이 깔려 있다. 서구 열강의 위협을 받는 위기 상황에서 야마토다마시는 일본 사회에 어느 정도 긍정적인 역할을 했다.

그러나 안타깝게도 절대집권의 천황제 국가를 수립하는 과정에서 '야마토다마시' 정신이 자립, 자강, 자존自尊이라는 본래의 뜻에서 점차 멀어지더니 무사도 정신과 연결되어 군국주의로 확대되었다. 이런 심리를 바탕으로 형성된 '야마토다마시'와 무사도 정신은 군국주의와 파시즘에 빠진 일본 통치자들에 의해 침략전쟁의 강력한 도구로 사용되었다.

근대 천황제 국가가 만들어 낸 국가신도國家神道라는 종교도 메이지 유신에서부터 태평양 전쟁의 패전에 이르기까지 80년 동안 일본인들의 정신을 지배했다. 선동과 선전을 통해 일본은 신국神國이 되고 침략전쟁은 성전聖戰이 되었으며, 이른바 '팔굉일우八紘一宇'[40] 사상이 국가의 원칙이자 근본이 되었다.

미국 전략폭격조사단은 보고서에서 일본이 미국을 상대로 전쟁을 도발한 것을 두고 "일본의 전쟁능력을 한 번만이라도 본다면 그들이 미국과의 전쟁을 결심한 것이 '정신 이상 때문이 아닌가?'라는 의문을 가질 것이다"라고 결론을 내렸다. 여기에서 '정신 이상'이란 '천황은 신이고

---

40 천황을 위해 전 세계를 하나의 집으로 만드는 세계 정복을 이룩하자는 정신으로 천황제 파시즘의 핵심 사상이다. 태평양 전쟁 시기 일본이 제국주의 침략을 합리화하기 위해 내세운 구호이다.

일본은 신국이며 다른 국가들과 달리 실패하지 않는다'는 일본인들의 신념을 가리키는 것이다. 일본인들에게는 신앙에 가까운 이 신념이 미국인들에게는 미신으로밖에는 보이지 않을 것이다.

일본 통치자들은 현실 세계에서도 일본이 절대적으로 우월하다는 과장과 선동으로 세계 지배라는 허황된 사명감을 일본인들에게 주입시키고, 성전을 무조건적으로 미화시켜 일본인과 무고한 타국인들을 참혹한 침략전쟁 속으로 몰아넣었다.

일본 철학자 나카무라 하지메는 "일본이 민족주의나 국가주의의 우월성을 강조하는 한 진정한 친구를 찾을 수 없을 것이다"라고 경고했다. 민족중심의식이 팽배한 일본인들은 타인이 겪을 일은 안중에 두지 않았다. 일본 정부는 '대동아공영권'을 수립해 동아시아와 동남아의 공동 번영을 이룩하겠다는 것을 전쟁의 명분으로 내세웠고, 이에 고무된 일본 사병들은 타국을 더 철저히 유린하고 짓밟았다. 게다가 패전 이후에도 상당수의 일본인들이 잘못을 인정하지 않고 교과서를 날조하고 영광을 위해 성전을 벌였다는 태도를 보여 일본인들의 감정을 상하게 하고 일본의 국가 이미지에 먹칠을 했다.

더욱 위험스러운 것은 일본 경제가 발전함에 따라 민족중심주의가 군국주의의 망령을 다시 소생시켜 세계 평화에 '우환'을 남겼다는 점이다.

지리적 환경의 영향도 무시할 수 없다. 일본 열도는 계절풍 지역이라는 특수한 지리적 환경에 처해 있어 폭우를 동반한 태풍이 자주 찾아오고 세계에서 강설량이 가장 많은 국가 중 하나다. 폭우와 폭설이라는 자연환경이 일본인들에게 이중성, 즉 열정적이지만 냉정함을 잃지 않고, 심지어 냉혹한 민족성이 형성되는 데 은연중에 영향을 미친 것이다. 일본인들이 극도로 변덕스럽고 예측불허의 성향을 보이는 것도 그 때문이다. 겸손하고 예의 바르기로 유명한 일본인들과 난징대학살을 자행한 일본인들을 연결시키기 힘들지 않은가.

군국주의는 생성되었을 때부터 발전하고 붕괴되고, 꺼졌던 불씨가 다시 살아난 현재까지 일본인들의 문화와 심리에 본질적인 영향을 미치고 있다.

무조건적인 충성과 반물질주의 성향, 과도한 자괴감과 불안감으로 인한 자만심, 배척심, 민족중심주의, 민족이기주의가 일본인들의 정신적 구조를 불완전하게 만들었다. 이런 불완전한 심리를 극복하고 균형을 유지하는 것이 일본인들이 피할 수 없는 과제다.

일본인들 자신도 인정하듯 일본인의 적은 그들 자신이다. 일본 군국주의의 뿌리를 철저히 도려내려면 군국주의가 자생하고 기생하는 토양 자체를 없애야 한다. 그렇게 하기 위해서는 일본 정부와 국민들이 역사를 반성하고, 일본의 유명한 학자 우메하라 다케시가 말한 것처럼 세상을 다시 바라보고 객관적인 시선으로 자신을 인식해야 한다. 군국주의의 망령을 없애고 역사와 내면의 어두운 그림자에서 벗어나 찬란한 현실 속으로 들어가지 않으면 악순환이 계속될 것이다. 철저한 반성을 통해 일본이 자국을 다시 인식하고 동아시아 경제와 사회의 발전을 함께 누리기를 희망한다.

발전의 길은 타인과 함께 걸어야 한다

이 책을 집필하는 동안 쑹디宋迪가 기획에 큰 도움을 주고 바오잉薄瑩이 내게 많은 영감을 주었으며, 마춘란馬春燃이 내 원고를 교정해주었다. 또 쉬충徐總은 날 계속 격려해주었다. 특별히 감사해야 할 사람은 나의 아우다. 책의 제목도 동생과 함께 고민하다가 나온 것이다. 사실 한 나라의 발전도 '친구'의 자질과 환경에 의해 어느 정도 영향을 받는 것이 아닐까?

집중하는 사람이 가장 고통스럽다

한 모임에서 빌 게이츠의 부친이 사람들에게 질문을 던졌다.

"사람의 인생에서 가장 중요한 것이 무엇이겠습니까?"

그런데 놀라운 것은 워렌 버핏과 빌 게이츠의 대답이 똑같았다는 사실이다. 두 사람 모두 '집중'이라고 대답했다. 집중하는 사람이 고통을 두려워하지 않는 중요한 원인이 여기에 있다. 사람이 어떤 일에 집중하면 세상에 대한 모든 걱정을 잊고 행복감을 느낀다. 반대로 집중하지 못하는 사람은 희열을 느낄 수 없다. 마찬가지로 한 나라가 옳은 일에 집중하지 못하면 기회를 놓쳐버리고 부시 대통령처럼 잘못된 이라크 전쟁으로 스스로를 고통스럽게 하고 세상에 고통을 줄 수 있다.

역량에 대한 인식

고통의 원인은 대부분 불명확한 포지셔닝과 자아인식에 있다. 사실 아무리 형편없는 사람이라도 잘 할 수 있는 일이 있고, 아무리 훌륭해 보이는 사람도 훌륭하게 할 수 없는 일이 있다. 그러므로 자신의 역량에 대해 정확하게 인식하는 것이 매우 중요하다. 이라크 전쟁을 일으킨 부시 대통령이 이 점을 증명하는 좋은 예다.

힘을 잘못된 곳에 사용하지 않는 것도 지혜다

아서 코난 도일Arthur Conan Doyle의 『마지막 사건』에 이런 말이 나온다.

"나의 존재로 인해 런던의 공기가 맑아질 수 있다. 1000여 개의 사건 가운데 내 힘을 잘못된 곳에 사용한 적이 없다고 믿는다."

사실상 개인이든 정부든 좋은 쇠는 칼을 만드는 데 써야 한다. 힘을 잘못된 곳에 사용하면 모두가 고통스러워진다. 대표적인 인물이 바로 오바마다. 오바마가 취임한 지 2년 만에 지지율이 추락한 중요한 원인이 바로 힘을 잘못된 곳에 사용한 것이다.

신뢰의 약으로 고통의 병을 치료할 수 있다

인간관계의 가장 중요한 기반은 신뢰와 칭찬이다. 남녀 관계든 친구 관계든, 동료 관계든 모두 마찬가지다. 사실 이것은 국가 관계에서도 중요한 바탕이 된다. 북한과 미국 사이에 건널 수 없는 골이 파인 중요한 원인은 발언권을 쥔 미국인들이 북한을 믿지 못하고 경멸하는 것이다. 반대로 미국과 이스라엘은 서로를 칭찬하고 신뢰하고 있기 때문에 두 나라의 관계가 안정적일 수밖에 없다.

실패의 원인은 오직 타인의 잘못에 있다

실패한 지도자는 아랫사람의 잘못만을 보고, 실패한 연인은 상대방의 잘못만을 탓하며, 실패한 투자자는 주가 하락만을 원망한다. 하지만 그 결과는 언제나 자신과 남에게 모두 고통을 주고 득보다는 실이 훨씬 크다. 미국 학자들은 미국이 왜 세상의 원한을 사는지에 대해 타인의 잘못을 찾는 데만 열중하고 자신의 우월감과 구세주 의식을 감추지 않는 것에 일부 원인이 있다고들 말한다.

국제 문제도 재미있게 논할 수 있다

토인비는 "인생에서 얻을 수 있는 가장 큰 성취는 일과 노는 것 사이의 경계를 모호하게 하는 것이다"라고 말했다. 만약 자신이 하는 일에서 행복감을 느낀다면 토인비가 말한 성취를 얻은 것이다. 자신을 고통스럽게 하는 투자는 정확한 투자가 아니며, 고통스럽기만 하고 희열은 느낄 수 없다면 옳은 일이 아니므로 집중할 필요가 없다.

내 책이 많은 이들을 웃음 짓게 하기를 바란다.